Monika Beyerle

Authentisierungsstrategien im Dokumentarfilm: Das amerikanische Direct Cinema der 60er Jahre

Für Michael
Herzlichst

David Galloway (Hg.)

Crossroads
Studies in American Culture

Band 14

Monika Beyerle

Authentisierungsstrategien im Dokumentarfilm: Das amerikanische Direct Cinema der 60er Jahre

WVT Wissenschaftlicher Verlag Trier

D 30
Die Deutsche Bibliothek - CIP-Einheitsaufnahme
Beyerle, Monika:
Authentisierungsstrategien im Dokumentarfilm:
Das amerikanische Direct Cinema der 60er Jahre /
Monika Beyerle. -
Trier: WVT Wissenschaftlicher Verlag Trier, 1997
(Crossroads ; Bd. 14)
Zugl. Frankfurt, Univ., Diss., 1996
ISBN 3-88476-257-5

Titelbilder: Bob Dylan in *Don't Look Back*

ISBN 3-88476-257-5

WVT Wissenschaftlicher Verlag Trier
Postfach 4005, D - 54230 Trier
Bergstraße 27, D - 54295 Trier
Tel. (0651) 41503, Fax (0651) 41504

Vorwort

Die vorliegende Untersuchung entspringt meiner Mitarbeit an einem von der Volkswagen-Stiftung geförderten interdisziplinären Forschungsprojekt mit dem Titel "Der amerikanische Dokumentarfilm in Forschung und Lehre der deutschen Amerikastudien", das von 1987 bis 1991 am Zentrum für Nordamerikaforschung (ZENAF) der Universität Frankfurt und ab 1989 in Kooperation mit dem Fachbereich Amerikanistik der Universität Tübingen durchgeführt wurde. Im Rahmen dieses Projektes wurden etwa 120 amerikanische Dokumentarfilme ausgewählt und angeschafft, die im Institut für den Wissenschaftlichen Film (IWF) in Göttingen archiviert sind und als Videokopie ausgeliehen werden können. Die Verfügbarkeit dieser sonst nur schwer zugänglichen Werke, unter denen solche, die dem Direct Cinema zuzuordnen sind, einen von sieben thematischen Schwerpunkten bilden, stellt die materielle Ausgangsbasis dieser Arbeit dar. Darüber hinaus profitiert sie von im Lauf des Projektes vorgenommenen umfangreichen Literaturrecherchen, deren Ergebnisse in einer speziellen Bibliographie zusammengefaßt sind (vgl. Barchet et al. 1992).

Die vorliegende Arbeit wäre jedoch nicht ohne die vielfältige Ermutigung, Unterstützung und Förderung einer Reihe von Personen zustande gekommen, denen ich an dieser Stelle Dank sagen möchte. Prof. Dr. Günter H. Lenz, der das Forschungsprojekt leitete und die Arbeit als Doktorvater betreute, hat mir durch seinen Einsatz für mich und mein Vorhaben sowie durch sein Vertrauen, seine konstante Zuversicht und Gelassenheit Mut und Kraft gegeben. Prof. Dr. Christine N. Brinckmann, die Co-Leiterin des Projektes, schenkte mir eine Vielzahl von Anregungen. Sie stand mir mit großem Engagement zur Seite und widmete mir immer wieder generös und bereitwillig von ihrer knapp bemessenen Zeit. Wertvolle gedankliche Impulse erhielt ich außerdem von den TeilnehmerInnen des Doktorandenkolloquiums der Professur für Filmwissenschaft unter der Leitung von Prof. Dr. Heide Schlüpmann. Zusätzliche organisatorische und finanzielle Unterstützung wurde mir nach Abschluß der Projektarbeiten durch das Zentrum für Nordamerikaforschung zuteil.

Dank gebührt darüber hinaus meinen Eltern, die mir in verschiedener Hinsicht, vor allem aber durch ihre optimistische Grundeinstellung und Geduld, den Rücken gestärkt haben. Rückenstärkung gaben mir auch meine Freundinnen und Freunde aus der Mittwochs-Gruppe, die mich den Zugang zu meinem inneren Potential nicht verlieren ließen. Ferner profitierte die Arbeit von anregenden Diskussionen mit Michael

Barchet, Dr. Christof Decker und meiner Freundin Dr. Eva-Maria Warth, die mir in der letzten Phase hilfreich zur Seite stand. Mein ganz besonderer Dank gilt jedoch Mohammed Hassani, dessen Zuneigung und Vertrauen auch in den schwierigeren Momenten, die beim Entstehen einer solchen Arbeit auftreten können, in nichts nachließ.

Inhalt

1. Einleitung

> Die mögliche Welt des Films und die wirkliche Welt außerhalb des Films sind niemals, unter keinen Umständen, identisch. Sie mögen einander strukturgleich sein, auf denselben Regeln beruhen und eine hohe Ähnlichkeit aufweisen. Immer aber wird da, wo der Film ist, die Wirklichkeit nicht sein. Film und Realität schließen sich gegenseitig immer aus; man könnte geradezu die Wirklichkeit als das definieren, was nicht Film ist. (Engell 1992, 180)

Obwohl sich Film und Realität, wie Lorenz Engell im obigen Zitat feststellt, gegenseitig immer ausschließen, hat es doch seit der Erfindung des Kinos zu allen Zeiten filmische Bewegungen gegeben, die "im Rahmen des logischen Anspruchs der Erzählung und der augenblicklichen Grenzen der Technik" (Bazin 1975, 142) danach strebten, den Zuschauern über eine ästhetische Angleichung von Film und Realität eine möglichst perfekte Illusion der Wirklichkeit zu bieten. Bei den meisten dieser realistischen Bewegungen gründet sich dieser Impuls auf eine Zurückweisung älterer, mittlerweile konventionell anmutender Repräsentationsformen, die in irgendeiner Form als wirklichkeitsverfälschend angesehen werden. Im Grunde verfolgt jedoch jede Ausprägung des filmischen Realismus, die sich als Reaktion auf die kinematische Tradition entwickelt, auch wenn sie die Illusion der Wirklichkeit überzeugender hervorzubringen versteht als ihre Vorgänger, ein unerreichbares Ideal. Denn auch sie kann nur bestimmte Aspekte und Qualitäten des Realen integrieren und betonen, während sie andere vernachlässigt oder ignoriert. Die vorgenommene Angleichung an die Realität ist also niemals absolut, sondern immer selektiv und mehr oder weniger abstrakt.

Das amerikanische Direct Cinema oder Uncontrolled Cinema, das in der vorliegenden Arbeit im Mittelpunkt steht, ist Teil einer realistischen, innovativen Tendenz des Kinos, die zum Zeitpunkt des Aufkommens dieser dokumentarischen Strömung zu Beginn der 60er Jahre in vielen Teilen der Welt eine Renaissance erlebte. In England und Frankreich entwickelten sich das Free Cinema respektive die Nouvelle Vague, in den USA etablierte sich zur gleichen Zeit das New American Cinema. Obwohl diese Bewegungen mehr zum Spielfilm beziehungsweise zum Experimentalfilm tendierten, subsumierten sie auch dokumentarische Varianten. Man könnte das Direct Cinema daher auch als einflußreichste und bekannteste dokumentarische Strömung des New American Cinema der 60er Jahre ansehen, wie dies manchmal geschieht. Auch wenn sie verschiedene Gattungen umschlossen und diverse inhaltliche und formale Unterschiede aufwiesen, hatten diese Strömungen eines gemeinsam: Sie verstanden sich als Gegenpol zum herkömmlichen *mainstream*-Kino, das sich in den meisten Ländern an ästhetischen Konventionen und Produktionsbedingungen des Hollywood-Studiosystems orientierte. Während diese Form des Kinos einen unverstellten Zugang zur Realität erschwerte oder gar nicht erst beabsichtigte, verfolgten die Vertreter der ästhetisch und politisch innovativen Strömungen ein diametral entgegengesetztes Ziel: Ihnen ging es darum, die zeitgenössische Realität in ihrer Alltäglichkeit und Vielfalt möglichst unkonventionell, unmittelbar und unverstellt zu reflektieren. Dies hieß im allgemeinen jedoch nicht, daß die Filmemacher der neuen Generation realistische Positionen in einem ganz engen Sinn vertraten. Sie revoltierten vielmehr "gegen die Verknöcherung von Institutionen und den Konservatismus des Alten" (Gregor 1983, 553), indem sie für einen freieren, subjektiveren, persönlicheren Film einstanden, der reale Schauplätze bevorzugte, die visuellen Aspekte des Mediums hervorhob und häufig Kritik an herrschenden politischen, sozialen, kulturellen und ästhetischen Normen übte. Die Vertreter des Free Cinema richteten ihre Aufmerksamkeit verstärkt auf Probleme der englischen Arbeiterklasse, die bis dahin von der Kinokultur ihres Landes weitgehend ignoriert worden war, und auf Aspekte des Alltagslebens. Die Mitglieder der Nouvelle Vague stellten insbesondere den subjektiven Aspekt des Filmemachens heraus; zudem konzentrierten sie sich auf die Analyse von Erzählkonventionen des Hollywoodkinos, die in ihren eigenen Werken durch alternative Formen der Konstruktion ersetzt werden sollten. Die Filmemacher des New American Cinema attackierten die selbstzufriedene intellektuelle und künstlerische Elite ihres Landes. Sie verstanden sich als Sprachrohr der Gegenkultur, deren Aufgabe darin lag, die Belange und Sensibilitäten von Minoritäten, Außenseitern, Jugendlichen in unpolierten, kompromißlosen Werken zu artikulieren.

Im Kontext dieser Bewegungen nimmt das Direct Cinema, das nicht nur gegen Hollywood, sondern auch gegen den traditionellen Dokumentarfilm opponierte, eine außergewöhnliche Stellung ein, denn es bewirkte eine grundlegende, sehr weitreichende Revitalisierung des Dokumentarfilmschaffens. Darüber hinaus erzeugte es eine beispiellose Euphorie und revolutionäre Aufbruchstimmung, die, zumindest für einen kurzen Zeitraum, das Gefühl eines völligen Neuanfangs des Films aufkommen ließ. Diese besondere Aura, die sich um das Direct Cinema bildete, erklärt sich weniger aus einer inhaltlichen Radikalität der Filme, sondern aus der Tatsache, daß hier eine von Vertretern der Bewegung mitentwickelte grundlegende technische Neuerung mit einem festumrissenen radikalen ästhetischen Programm gekoppelt wurde, das auf dieser technischen Basis erst zu verwirklichen war. Dieses im engen Sinne realistische Programm zielte in besonderem Maße und in noch nie dagewesener Art und Weise darauf ab, den kinematischen Abbildcharakter zu betonen, Aspekte des Realen in die filmische Struktur zu integrieren; Konkretheit, Unmittelbarkeit und Vieldeutigkeit zu evozieren. Dadurch schien es mit einem Mal, als habe sich ein alter Traum des Kinos erfüllt, als sei es nunmehr tatsächlich möglich geworden, die Realität, "wie sie wirklich ist", direkt aufzuzeichnen und zu enthüllen. Diese reizvolle, wenn auch illusorische Vorstellung wurde vor allem durch eine überschwengliche, übersteigerte Rhetorik heraufbeschworen und geschürt, die die Filmemacher vor allem in der Frühphase der Bewegung zu Hilfe nahmen, um ihre filmische Methode zu propagieren.

Die technische Voraussetzung für das Direct-Cinema-Programm, das in jedem Fall eine überzeugende Illusion der Wirklichkeit anstrebte, bildete die Entwicklung von leichten 16mm-Kameras mit kabelloser Synchrontonvorrichtung, die es zum ersten Mal erlaubten, ein Geschehen an Ort und Stelle ohne großen technischen Aufwand und störende Eingriffe in die Wirklichkeit visuell *und* akustisch aufzuzeichnen. Plötzlich konnten sich Filmemacher mit ihrer Ausrüstung freier bewegen als jemals zuvor und aufgrund dessen ganz neue Themen in innovativer Art und Weise behandeln. Anhand der Dreharbeiten zu *Primary* (1960), der als erster Direct-Cinema-Film gilt, skizziert der Filmemacher Richard Leacock die neue Situation: "For the first time we were able to walk in and out of buildings, up and down stairs, film in taxicabs, all over the place, and get synchronous sound" (Cameron/Shivas 1963b, 16). Insbesondere das Aufzeichnen von sich spontan und unbeeinflußt entfaltenden Alltags- und Gesprächssituationen wurde durch die neue Technik und diverse parallele Entwicklungen wie Zoomobjektiv und hochempfindliches Filmmaterial extrem erleichtert oder überhaupt erst möglich. Da die filmische Methode des Direct Cinema inzwischen zu einer Standardpraxis des Dokumentarfilms geworden ist, fällt es aus heutiger Sicht zunächst gar nicht leicht sich vorzustellen, welch enorme Faszination sie damals auslöste und welcher Realitätseindruck damit verbunden war, zum ersten Mal im Film Personen in authentischen Situationen in ihrer alltäglichen, von einer Vielzahl von Dialekten geprägten Ausdrucksweise sprechen zu hören.

Bis zum Aufkommen des Direct Cinema war Ton im Dokumentarfilm überwiegend synthetisch hergestellt worden. Originalton gab es nur im Rahmen von Interviews und öffentlichen Reden, die man auf Schallplatte aufnahm (vgl. Hohenberger 1988, 121). Diegetische Kontinuität wurde daher zumeist mit Hilfe eines Off-Kommentars erzielt, der die Zuschauer direkt adressierte, ihnen die Bilder erklärte und sie dadurch in einer gewissen rationalen Distanz zum Gezeigten hielt. Das Direct Cinema strebt demgegenüber eine indirekte Form der Adressierung an, die den Eindruck vermitteln will, die Geschichte erzähle sich von selbst, und die den Zuschauern mehr Freiheit läßt, das Gesehene selbst zu evaluieren.

Auch das *cinéma vérité*, eine dokumentarische Strömung, die sich zeitgleich mit dem Direct Cinema in Frankreich etablierte, arbeitete mit derselben neuen 16mm-Synchronton-Technik, entwickelte aber beim Einsatz der Ausrüstung Auffassungen und Methoden, die denen der Amerikaner entgegenstehen. Daher sind die beiden Bewegungen nicht gleichzusetzen, obwohl die Begriffe - auch von den Filmemachern - häufig synonym verwendet werden.[1] Jean Rouch und Edgar Morin beispielsweise, die Begründer des *cinéma vérité*-Stils, suchen in *Chronique d'un été* (1960/61) die Aufmerksamkeit der Zuschauer auf den Prozeß des Filmens zu lenken. Sie bedienen sich der Interview-Methode, fördern die aktive Mitwirkung der Protagonisten und ihre Einflußnahme auf alle Phasen der Produktion, ja nehmen sogar ihre Reaktion auf den Rohschnitt in den Film hinein (vgl. Winston 1978-79, 4). "[...] with Rouch it is less important to record people unaware, 'life as it is,' than it is to capture 'life as it is provoked'" (Berman 1978, 21).

Das Direct Cinema beruht demgegenüber auf theoretischen Vorsätzen und selbstgewählten methodischen Beschränkungen anderer Art. Die Vertreter dieses Ansatzes sehen ihre Aufgabe darin, authentische Situationen in ihrem realen unkontrollierten Verlauf mit Kamera und Tonaufzeichnungsgerät spontan zu erfassen. Die Filmemacher nehmen die Rolle von Beobachtern ein, die jeglichen direkten Eingriff in die Drehsituation bewußt unterlassen. Das Prinzip der Nichtintervention und Nichtinszeniertheit prägt jedoch nicht nur die Aufnahmephase, sondern die ästhetische Gestaltung der Filme insgesamt. Dies äußert sich in dem Bestreben, die natürliche Chronologie der Ereignisse in der Montage weitgehend aufrechtzuerhalten sowie auf extradiegetische Musik und erklärenden Kommentar, wie er im traditionellen Dokumentarfilm üblich ist, zu verzichten. Im Idealfall entsteht auf diese Weise während der Rezeption eines solcherart gestalteten Werkes in den Zuschauern zumindest vorübergehend die Illusion, unmittelbar an den gefilmten Ereignissen teilzuhaben, die sich ohne jeglichen Hinweis auf eine eingreifende, Form gebende, den Sinn des Gezeigten beschränkende und interpretierende Instanz in ihrem natürlichen, unkontrollierten Fluß wie von selbst vor ihren Augen zu entfalten scheinen.

---

[1] Dies wird auch hier der Fall sein, soweit es sich aus dem Kontext nicht anders ergibt, weil eine Reihe der zitierten Autoren ebenfalls mit dem Begriff *cinéma vérité* operieren, der mitunter in der amerikanischen Schreibweise, ohne Akzent, angeführt wird.

Der Impuls, Filmerfahrung und Wirklichkeitserfahrung einander anzugleichen, den Zuschauern die Realität mit ästhetischen Mitteln näherzubringen, Konkretheit, Unmittelbarkeit und Vieldeutigkeit zu evozieren, kennzeichnet neben dem Ansatz des Direct Cinema auch eine etwa zehn Jahre währende realistische Bewegung im Spielfilm, die sich nach dem zweiten Weltkrieg in Italien entwickelte und unter dem Begriff "Neorealismus" bekanntgeworden ist. Diese Bewegung weist jedoch noch in anderer Hinsicht Parallelen zu dieser dokumentarischen Strömung auf. Denn wie das Direct Cinema fünfzehn Jahre später erzeugte auch der Neorealismus eine besondere revolutionäre Aufbruchstimmung, die sich daraus erklärt, daß er eine entscheidende Erweiterung der Ausdrucksformen des fiktionalen Films vornahm. Aufgrund dessen bewirkte er ebenfalls eine radikale Neuorientierung des Kinos, die die Perspektive auf das, was vor ihm lag, veränderte, und etliches von dem, was nach ihm kam, erst ermöglichte (vgl. Kolker 1983, 20). Der Neorealismus hatte zum Beispiel eine wichtige Vorbildfunktion für das Free Cinema und die Nouvelle Vague, die jeweils einige Aspekte seines Ansatzes übernahmen. Darüber hinaus kann er als Wegbereiter des Direct Cinema gelten, denn die Untersuchung wird zeigen, daß diese dokumentarische Strömung in ihren Werken unter anderem ästhetische Prinzipien modifiziert und weiterentwickelt, die in denen der italienischen Filmemacher bereits zum Tragen gekommen waren.

Wie viele andere realistische Bewegungen verstand sich auch der Neorealismus als Gegenpol zum eskapistisch und konventionell anmutenden Hollywood-Studiofilm beziehungsweise zu seinem italienischen Äquivalent, den melodramatischen, romantischen Filmen der "Ära der weißen Telefone", die in eleganten, gutbürgerlichen Settings spielten. Der Neorealismus bezog seine entscheidenden Impulse aus der Abgrenzung gegen den Faschismus, insofern strebte er nicht nur einen besonderen filmischen Stil an, sondern vertrat auch eine spezifische soziale, moralische und politische Philosophie. Ziel der Bewegung war es, die zeitgenössische Realität der italienischen Arbeiter und Bauern nach der Befreiung vom Faschismus so wirklichkeitsgetreu wie möglich zu porträtieren. Daher holten die Filmemacher die Kamera aus dem Studio und plazierten sie an Alltagsorten und auf der Straße. Hier waren die Bilder nicht so kontrollierbar wie dort, was den Filmen einen für die damalige Zeit außergewöhnlichen Eindruck von Unmittelbarkeit und Wirklichkeitsnähe verlieh. Dieser Eindruck wurde noch dadurch unterstrichen, daß die Filmemacher ohne feste Dialoge und festes Drehbuch und häufig nicht mit professionellen Schauspielern, sondern mit begabten Laiendarstellern arbeiteten, deren Sprache durch den jeweiligen lokalen Dialekt gefärbt war. Allerdings wurden die Dialoge üblicherweise im Studio nachsynchronisiert, was für den Realitätseindruck der Filme jedoch ebenfalls von Vorteil war, da sich über das "freie Spiel vor der Kamera ohne Verbindung zum Mikrofon" (Bazin 1975, 145) der Aktionsradius und die Mobilität der Akteure ganz erheblich vergrößerten. Die mehr oder weniger improvisierte fiktionale Handlung ereignete sich vor einem Hintergrund mit stark dokumentarischen Zügen, denn ein Hauptthema der Neorealisten bestand darin, "die Verbundenheit des Menschen mit seinem sozialen Milieu und mit der Natur" (Gregor/Patalas 1976, 271) hervorzuheben. Landschafts- und Architekturaufnahmen, die Charakteristika und spezifische Atmosphäre eines Schauplatzes betonten, nahmen daher großen Raum ein; daneben wurde viel Wert auf authentische, signifikante Details gelegt.

Auch die zu erzählende Geschichte sollte nicht *er*funden sein wie im Hollywoodfilm, dessen in sich geschlossene Stories sich durch eine hochgradig konstruierte Sinnproduktion auszeichnen, die nichts dem Zufall überläßt, sondern *ge*funden, mitten aus dem Leben gegriffen, d.h. Zeitungsberichten, eigenen Erlebnissen etc. entnommen. Zudem sollte sie die strukturellen Eigenschaften der Realität besitzen, ihren mangelnden Sinngehalt, ihre Zufälligkeit, Zusammenhanglosigkeit und Unvollständigkeit. Die Montage förderte den Eindruck des Offenen und Unbestimmten noch, da sie der einzelnen Sequenz eine gewisse Autonomie im textuellen Gefüge ließ. Ziel der Neorealisten war es also nicht, "die Wirklichkeit mit Hilfe des Films zu ergänzen, zu vervollständigen und zu reparieren", wie es der Hollywoodfilm versucht. "Sie soll[te] vielmehr als das, was sie ist, erhalten bleiben, als konkretes Fragment statt als abstrakter Zusammenhang" (Engell 1992, 169).

Die über innovative formale und narrative Mittel vollzogene strukturelle Angleichung von Film- und Wirklichkeitserfahrung führte die italienischen Filmemacher dazu, die Behauptung aufzustellen, in ihren Werken komme die Realität unverfälscht zu Wort. Hier tut sich eine weitere Parallele zum Direct Cinema auf, das aufgrund seines im Vergleich zum Hollywoodfilm und zum traditionellen Dokumentarfilm ungleich stärkeren Transparenzeindrucks mit ähnlichen Ansprüchen auf Authentizität und einen privilegierten Zugang zur Wirklichkeit operierte. In bezug auf den Neorealismus, eine realistische Strömung des Spielfilms, war diese These, nicht zuletzt durch die immer mehr von den ursprünglich anvisierten ästhetischen Prinzipien abweichenden Filme seiner herausragenden Vertreter, beim Aufkommen des Direct Cinema längst entkräftet.

Im Kontext der Diskussion, die das Direct Cinema Anfang der 60er Jahre auslöste, wurden diese Ansprüche hingegen heftig und kontrovers und in einer Weise, die Verwirrung auf mehreren Ebenen stiftete, debattiert. Dies ist einerseits darauf zurückzuführen, daß Ansprüche auf Authentizität und Wahrheit im Zentrum des dokumentarischen

Gattungsdiskurses stehen, wie die vorliegende Untersuchung noch ausführlich darlegen wird. Andererseits erklärt sich die starke Reaktion aus der besonderen Position, die das Direct Cinema nicht nur in der Dokumentarfilmgeschichte, sondern auch in der theoretischen Diskussion einnimmt: Aufgrund ihrer technischen Neuerungen und ihres spezifischen ästhetischen Programms führte die Bewegung den ersten und bis heute wohl einschneidendsten Bruch mit dem bis dahin dominanten dokumentarischen Modus herbei. Zudem entwickelte sie sich zeitgleich mit dem bis dato tiefgreifendsten Umschwung in der Filmtheorie. Wie die Arbeit verdeutlichen wird, erzeugte die zeitliche Koinzidenz all dieser Faktoren eine Situation, die die nüchterne, unvoreingenommene Rezeption und Einschätzung des Direct Cinema zum Zeitpunkt seines Aufkommens fast unmöglich machte und bis in die Gegenwart erschwert. In jedem Fall geriet über den Paradigmenwechsel in der Theorie die Unhaltbarkeit der Authentizitätsansprüche, die das Direct Cinema erhob, ins Blickfeld. Tatsächlich absorbierte die überzogene Rhetorik der Bewegung die Aufmerksamkeit von Theoretikern und Kritikern in einem solchen Ausmaß, daß eine eingehendere Analyse der Filme, die diese Ansprüche auf der Basis eines *close reading* in spezifischer Weise hätte relativieren können, so gut wie ausblieb. An dieser Vernachlässigung der wissenschaftlichen Auseinandersetzung mit den einzelnen Werken hat sich bis auf wenige Ausnahmen, auf die im Lauf der Arbeit zurückzukommen sein wird, auch in der Zwischenzeit nicht viel geändert.

Die vorliegende Untersuchung möchte einen Beitrag zur Korrektur dieses Mißverhältnisses leisten, indem sie eine systematische Analyse der Authentisierungsstrategien des Direct Cinema vornimmt, die nur auf der Basis eines intensiven Studiums der konkreten filmischen Texte möglich ist. Im Rahmen dieser übergeordneten Fragestellung wird sich das Erkenntnisinteresse vor allem auf eine Untersuchung von Charakter, Funktion und Wirkungsweise derjenigen Authentisierungsstrategien richten, die sich im Rahmen des von Robert Drew geprägten Ansatzes herausgebildet haben. Der ehemalige *Life*-Journalist formulierte das ästhetische Programm des Direct Cinema als erster und erprobte es in Zusammenarbeit mit einer Gruppe von Kollegen, unter denen Richard Leacock, Donn Alan Pennebaker und die Gebrüder Maysles als die Bekanntesten hervorzuheben sind, in einer relativ großen Anzahl von Filmen. Drews Ansatz wird mitunter als paradigmatisch für die Bewegung insgesamt angesehen, es etablierten sich jedoch ab Mitte der 60er Jahre Direct-Cinema-Filmemacher wie William Jersey, Ed Pincus/David Neuman und Frederick Wiseman, die seine Methode formal und inhaltlich in spezifischer Weise modifizierten. Aber auch für sie bildet der von Drew geprägte Ansatz als frühester und einflußreichster die theoretische und praktische Ausgangsbasis der von ihnen vorgenommenen Weiterentwicklungen und Ausdifferenzierungen.

Die Schlüssel- oder Pionierstellung des Drewschen Ansatzes ist von Vorteil für die Analyse, da, wie weiter oben bereits anklang, in der Frühphase eines neuen Repräsentationsmodus die euphorische, die neuen Ausdrucksmöglichkeiten propagierende Rhetorik der Filmemacher mit der ersten, ursprünglichen Reaktion von Publikum, Theorie und Kritik auf deren Werke zusammentrifft und sich aus dieser intensiven Konfrontation besonders aufschlußreiche Rückschlüsse in bezug auf das Wesen der jeweiligen Bewegung und das Diskursfeld, in dem sie verankert ist, ziehen lassen. Weiterhin ist von Vorteil, daß der von Drew geprägte Ansatz von einer ganzen Reihe von Personen getragen wurde, die mit der Zeit individuelle Auffassungen der Methode entwickelten und sich aus diesem Grund nach und nach von ihrem Mentor lösten, um ihre Projekte in unabhängigen Produktionsfirmen nach eigenen Vorstellungen voranzutreiben. Aufgrund dieser Entwicklungsgeschichte des Ansatzes wird es möglich, der Frage nachzugehen, ob sich über die Analyse der verschiedenen Authentisierungsstrategien eine Art personenübergreifender Tiefenstruktur herauskristallisiert, die die Werke der einzelnen Filmemacher trotz augenfälliger inhaltlicher und formaler Differenzen miteinander verbindet, und, sollte dies der Fall sein, anhand einiger Beispiele aufzuzeigen, wie sich diese Tiefenstruktur im jeweiligen Fall manifestiert.

Die von den Vertretern eines dokumentarischen Modus formulierten Authentizitäts- und Wahrheitsansprüche bilden die konzeptuelle Basis der in den einzelnen Filmen zum Einsatz kommenden Authentisierungsstrategien, die dem jeweiligen Ansatz Überzeugungskraft verschaffen sollen. Insofern empfiehlt es sich im Rahmen eines Projektes wie der vorliegenden Arbeit, die Rhetorik der Direct-Cinema-Filmemacher genauer zu studieren. Die Authentizitätsansprüche der Bewegung sollen daher in einen breiteren filmhistorischen und filmtheoretischen Kontext gestellt werden, der ihre Genese herleiten und verständlich machen kann, selbst wenn sich dabei zugleich ihre Unhaltbarkeit erweist. Diesen Kontext bietet vor allem ein Rückblick auf die traditionelle Theoriebildung, der die entwicklungsgeschichtliche Basis dokumentarischer Authentizitäts- und Wahrheitsansprüche anhand herkömmlicher Versuche, die Gattung zu definieren und ihre Essenz zu bestimmen, nachzeichnet. Dabei werden jedoch Erkenntnisse der jüngsten Theorie und Geschichtsschreibung zum amerikanischen Dokumentarfilm mit einbezogen, die die traditionelle Verortung der Gattung im Spannungsfeld zwischen Spielfilm und äußerer Wirklichkeit durch eine weitere Komponente sprengen, die sich als wesentlich für ein Verständnis des dokumentarischen Gattungsdiskurses erweisen wird: eine programmatische Tendenz, sich nicht nur vom Spielfilm, sondern auch von vorangegangenen dokumentarischen Strömungen (polemisch) abzugrenzen, um die eigenen Authentizitäts- und Wahrheitsansprüche durchzusetzen. Die Berücksichtigung dieser Komponente macht es unter anderem beispielsweise möglich, einen Beitrag zur (Er-)Klärung von Definitionsproblemen zu leisten, die die Auseinandersetzung mit dokumentarischen Repräsentationsformen immer noch belasten (vgl. Kap. 2).

Neben der Erörterung diachroner filmgeschichtlicher und filmtheoretischer Zusammenhänge, die dazu dienen, das Direct Cinema im dokumentarischen Diskursfeld und in der Geschichte der Gattung zu verankern, geht es im theoretischen Teil der Arbeit vorrangig auch darum, das komplexe, zwischen Anlehnung und Differenz changierende Verhältnis von Dokumentar- und Spielfilm, wie es sich im Lichte neuerer theoretischer Entwicklungen darstellt, genauer zu charakterisieren. In seinem Buch *Blurred Boundaries. Questions of Meaning in Contemporary Culture* hebt der Filmtheoretiker Bill Nichols die Ambivalenz dieses Verhältnisses hervor, wenn er die Trennlinie zwischen Dokumentar- und Spielfilm als "[o]ne of the most blurred of recent boundaries" (1994, x) markiert und dies in Hinblick auf den Dokumentarfilm weiter ausführt:

> Claims of authenticity butt up against evidence of story telling; claims of objectivity confront signs of dramatic intensification; claims that what we see belongs to the historical world of actual occurrences come up against indications that the act of representation shaped and determined the event in fundamental ways. (1994, x)

Diese Trennlinie erscheint, was das Direct Cinema angeht, besonders unscharf. Denn einerseits definiert es sich zwar in Opposition zu Hollywood, gleichzeitig nähert es sich jedoch mehr als jeder andere dokumentarische Modus in bestimmten Aspekten seiner Ästhetik der 'classical mode' des Hollywoodkinos an. Im Rahmen des in dieser Arbeit anvisierten Projektes ist es daher besonders reizvoll, aber auch besonders geboten, das ambivalente, bisher keineswegs eindeutig und hinreichend geklärte Verhältnis von Dokumentar- und Spielfilm genauer auszuloten, da eine adäquate Analyse der Authentisierungsstrategien des Direct Cinema nur auf dieser theoretischen Grundlage vorgenommen werden kann. Bei dieser vergleichenden Betrachtung finden formale und narrative Aspekte, die diese dokumentarische Bewegung kennzeichnen, besondere Berücksichtigung und Beachtung (vgl. vor allem Kap. 3).

Auch die folgenden Kapitel der Arbeit werden das zwischen Anlehnung und Differenz changierende Verhältnis von Direct Cinema und Spielfilm weiter beleuchten und spezifizieren. Nach einer Schilderung der Entwicklungsgeschichte des von Drew geprägten Ansatzes und seiner technologischen Voraussetzungen steht im vierten Kapitel jedoch die systematische Darstellung der Authentizitätsansprüche und der diversen auf spezifischen strukturellen und formalen Signifikationspraktiken beruhenden Authentisierungsstrategien des Ansatzes im Mittelpunkt. Diese Darstellung bezieht Ergebnisse aus den ersten beiden Kapiteln ein und entwickelt sie weiter, etabliert aber darüber hinaus eine Reihe weiterer theoretischer Konzepte, die für die Analyse dieser Authentisierungsstrategien von Bedeutung sind. In dem Zusammenhang wird auch detailliert auf das Verhältnis von klassischem Erklärdokumentarismus und Direct Cinema eingegangen, das nicht weniger komplex und ambivalent ist als das dieser dokumentarischen Strömung zum Spielfilm, wenn auch in ganz anderer Art und Weise. Im Laufe dieses vierten Kapitels kristallisieren sich die charakteristischen Merkmale und ästhetischen Prinzipien des Ansatzes allmählich heraus, ebenso wie seine verdeckte teleogische Struktur, die in der Präsentation privilegierter Momente der Enthüllung ihre Erfüllung findet und bestimmte Elemente und Qualitäten im textuellen System bewußt betont.

Das fünfte Kapitel wird die im theoretischen Teil der Arbeit erzielten Ergebnisse anhand von drei exemplarischen Analysen der Filme *The Chair* (1963) von Drew Associates, *Happy Mother's Day* (1963) von Richard Leacock und *Don't Look Back* (1967) von Donn Alan Pennebaker konkretisieren, ausdifferenzieren und bestätigen. Neben einer Positionsbestimmung der einzelnen Werke im Kontext des von Drew geprägten Direct-Cinema-Ansatzes und einer Schilderung der jeweiligen Produktionsbedingungen steht hier die Analyse der als besondere Authentizitätsgaranten des Ansatzes fungierenden privilegierten Momente und ihre Einbettung in die narrative Gesamtstruktur im Vordergrund. In diesem Zusammenhang werden auch Aspekte wie Sympathielenkung und Zuschauerpositionierung behandelt, die verdeutlichen, in welcher Weise sich die subjektive Haltung der Filmemacher zu den gefilmten Personen und ihrem Thema in die Form und Struktur der Werke einschreibt und infolgedessen die Reaktion der Zuschauer auf das Gezeigte beeinflußt. Darüber hinaus vermittelt die Analyse der drei inhaltlich, aber auch formal recht unterschiedlichen Filme zumindest eine ungefähre Vorstellung davon, welch relativ breiten ästhetischen Spielraum der Ansatz innerhalb seiner selbstgesetzten methodischen Beschränkungen und charakteristischen Zielsetzungen bietet.

Das Schlußkapitel stellt die drei Filme dann noch einmal skizzenhaft gegeneinander, um auf bestimmte strukturelle und formale Unterschiede und Ähnlichkeiten zu verweisen. Dadurch wird eine Tendenz konkreter faßbar, die die Entwicklung des Ansatzes insgesamt prägt. Ein kurzer Überblick über neuere Ausdrucksformen im Dokumentarfilm beschließt die Ausführungen.

2. Definitionsprobleme und Theoriebildung im Bereich des Dokumentarfilms

> [...] documentaries enact polemical dialogues both with previous nonfiction styles and with reigning codes of dominant cinema. Further, succeeding styles tend to repudiate the methods of earlier periods [...]. Each new contender will generate recognizable, perhaps even self-conscious, figures through which to signify the spontaneous, the anticonventional, the refusal of mediating process. (Arthur 1993, 109)

In dieser Aussage Paul Arthurs zeigt sich eine ausgesprochen fruchtbare Tendenz der jüngsten Theorie und Geschichtsschreibung zum amerikanischen Dokumentarfilm. Die besondere Qualität dieser Tendenz liegt darin, daß sie die Entwicklung und Ausformulierung verschiedener dokumentarischer Ansätze nicht nur als historisch bedingt, sondern als aufeinander bezogen erkennt und analysiert. Über diese Herangehensweise wird es möglich, den Dokumentarfilm als eigenständige Gattung mit einer eigenen Gattungsgeschichte und vor allem mit einem eigenen Gattungsdiskurs wahrzunehmen. Deutlicher als bisher zeigt sich, daß sich dokumentarische Bewegungen innerhalb eines spezifischen gesellschaftspolitischen und ästhetischen Kontexts entwickeln und daß nachfolgende Strömungen auf vorangegangene reagieren - oftmals in polemischer Art und Weise - und zwar in erster Linie, indem sie deren formale "truth claims" (Kuehl 1988, 109) und "guarantees of authenticity" (Arthur 1993, 109) zurückweisen und durch eigene ersetzen.

Dieser innovative Ansatz wird in systematischer Form, integriert in einen anspruchsvollen theoretischen Rahmen, insbesondere auch von dem Dokumentarfilmtheoretiker Bill Nichols in seinem 1991 erschienenen Werk *Representing Reality* vertreten.[1] Nichols unterscheidet und analysiert vier dokumentarische "modes of representation", den "expository mode", den "observational mode", den "interactive mode" und den "reflexive mode", über die im Rahmen dieser Arbeit noch Näheres zu erfahren sein wird.[2] Obwohl alle diese "modes" im Prinzip seit der Frühzeit des Kinos

---

[1] In diesem Zusammenhang ist darauf hinzuweisen, daß sich dieser Ansatz in Nichols' früherem Artikel "The Voice of Documentary" (1983, 17-30), auf den sich Paul Arthur mehrfach bezieht, bereits abzuzeichnen beginnt.

[2] Vgl. hierzu Nichols 1991, vor allem pp. 32-75.

verfügbar waren, entfaltete sich jeder von ihnen während einer bestimmten historischen Periode zum dominanten Modus, der in der Folgezeit von anderen Dominanzen ersetzt oder mit früheren Modi kombiniert wurde. Die verschiedenen dokumentarischen Modi lösen einander also nicht in linearer Chronologie ab, vielmehr existieren frühere parallel zu späteren weiter und bilden Teil eines Fundus, auf den nachfolgende Strömungen zurückgreifen.

> [...] each mode deploys the resources of narrative and realism differently, making from common ingredients different types of text with distinctive ethical issues, textual structures, and viewer expectations. (Nichols 1991, 34)

Allerdings entwickelt sich auch jeder dominante Modus als Reaktion auf den früheren, sprengt dessen thematische und ästhetische Begrenzungen, variiert seine gesellschaftliche Zielsetzung und nimmt einen eigenen unverwechselbaren Standpunkt gegenüber der Realität ein. Nach und nach wird die Konventionalität eines jeden Repräsentationsmodus immer offensichtlicher, und die Zeit ist reif für einen anderen, der dann seinerseits an Einfluß gewinnt.

Vor allem zwei miteinander verbundene methodische Vorgehensweisen kennzeichnen traditionelle Versuche, den Dokumentarfilm zu definieren, seine Essenz zu bestimmen. Die eine besteht darin, ihn in Relation zum Spielfilm zu betrachten, d.h. Unterschiede und Ähnlichkeiten zwischen beiden Formen auszuloten. Die andere versucht das besondere Verhältnis des Dokumentarfilms zur äußeren Wirklichkeit[3] zu charakterisieren. Die Verbundenheit der beiden Vorgehensweisen drückt sich darin aus, daß eine konzeptionelle Positionsveränderung im einen Bereich eine Positionsveränderung im anderen zur Folge hat: Das bis in die 60er Jahre starke Bedürfnis der Filmtheorie, den Dokumentarfilm vom Spielfilm abzugrenzen, rief gleichzeitig die Vorstellung hervor, der Dokumentarfilm böte einen unmittelbareren Zugang zur Wirklichkeit, er sei ein Abbild der Wirklichkeit. Eine bedeutsame Veränderung ergab sich, als in den 60er Jahren die Semiotik Eingang in die Filmtheorie fand. Von da an wurde auch der Dokumentarfilm nach und nach als Signifikationssystem (an)erkannt - und damit seine (formale) Verwandtschaft zum Spielfilm. In gleichem Maße wurden die Ansprüche auf einen privilegierten Zugriff des Dokumentarfilms auf die Wirklichkeit zurückgenommen. Darauf wird weiter unten noch ausführlicher eingegangen.

---

[3] Nichols würde hier den Begriff 'historical world' verwenden. Darunter versteht er die Welt, "as we know and encounter it, or as we believe others to encounter it" (1991, x).

Indem Nichols (wie Arthur) seine Aufmerksamkeit auf den dokumentarischen Gattungsdiskurs richtet und diesen analysiert, sprengt er die von der Filmtheorie traditionell vorgenommene Verankerung des Dokumentarfilms im Spannungsfeld zwischen Spielfilm und äußerer Wirklichkeit und etabliert eine dritte wesentliche Komponente für seine Definition und sein Verständnis: den Dialog der Gattung mit sich selbst, mit der eigenen Geschichte und den eigenen Diskursformen. Die Berücksichtigung dieser dritten Komponente kann vielleicht erklären helfen, warum die Frage, was ein Dokumentarfilm ist, wie er zu definieren sei, von der Filmtheorie bis zum heutigen Tage nicht zufriedenstellend beantwortet werden konnte. Sie kann darüber hinaus auch Licht darauf werfen, warum es der Filmtheorie so schwer fällt, wie Annette Kuhn Ende der 70er Jahre bemerkte, eine Metasprache über das Dokumentarische zu entwickeln, denn "much that has been written about documentary has been descriptive and has accepted it on its own terms" (Kuhn 1978, 71). Um einen Beitrag zur Klärung dieser Fragen zu leisten, ist es allerdings notwendig, sie im Rahmen eines größeren Kontextes zu diskutieren.

Noch 1987 stellt Carl Plantinga fest: "We seem to know what a documentary is, but nonetheless have difficulty defining it or even determining how it is distinguished from the fictional film" (1987, 44). Im gleichen Artikel bemängelt Plantinga, herkömmliche Versuche der Definition blieben entweder zu vage und oberflächlich, um brauchbare Unterscheidungskriterien zwischen Dokumentar- und Spielfilm herauszubilden und das spezifische Verhältnis des Dokumentarfilms zur äußeren Wirklichkeit zu bestimmen, oder es handele sich um normative, zu eng gefaßte Definitionen, die nicht alle dokumentarischen Formen berücksichtigen.[4] So hält Plantinga die vielzitierte Kurzdefinition des Dokumentarfilms als "the creative treatment of actuality"[5] von John Grierson, einem führenden Vertreter der britischen Dokumentarfilmbewegung der 30er und 40er Jahre, für zu allgemein, um den Dokumentarfilm vom Spielfilm zu unterscheiden. Darüber hinaus attestiert Plantinga, wie neben ihm auch andere Filmtheoretiker, Griersons Definition einen eher normativen und einschränkenden als beschreibenden Charakter. Gegen diese Kritik an Grierson ist einerseits einzuwenden, daß sich dessen Definition im Kontext seiner weiteren Überlegungen als komplexer

---

4 Vgl. hierzu den bereits zitierten Artikel von Plantinga, "Defining Documentary," vor allem p. 44ff., der auf diese Definitionsproblematik anhand von mehreren Beispielen näher eingeht.

5 Diese Definition wird von Forsyth Hardy in seiner "Introduction" zu Grierson 1979a, p. 11, erwähnt.

erweist, als man zunächst denken könnte, und andererseits, daß es eher die besagten Theoretiker sind, die den Dokumentarfilm normativ festlegen, wenn sie Griersons Vorstellungen entgegen dessen Absicht zu einer allgemeingültigen Definition ausweiten. Aus Griersons Schriften geht nämlich unmißverständlich hervor, daß sich seine Überlegungen lediglich auf den von ihm vertretenen und propagierten 'social documentary' beziehen, den er von anderen Strömungen, dem poetischen Dokumentarfilm beispielsweise, abgrenzen wollte. Griersons Dokumentarfilmverständnis ist untrennbar mit dem Anspruch auf Vermittlung bestimmter moralischer Wertvorstellungen, "the making of virtues" und einem "sense of social responsibility" (Grierson 1979a, 40f.) verbunden. Insofern gründet sich seine Ablehnung von Werken wie Walther Ruttmanns *Berlin: Die Symphonie der Großstadt* (1927), die zur "symphony tradition of cinema" gehören und eher poetische, lyrische Qualitäten betonen, auf die mangelnde Sozialkritik in dieser Richtung - eine Tendenz, die er für gefährlich hielt, weil in ihrem Rahmen die Probleme der arbeitenden Bevölkerung zugunsten formal-ästhetischer Experimente vernachlässigt werden (vgl. Grierson 1979a, 39ff.). Auch wenn sich Griersons Überlegungen als einflußreich auf die dokumentarische Praxis und das dokumentarische Diskursfeld erwiesen haben, ist die Verantwortung für die unkritisch-normative Verallgemeinerung seiner Ansichten und definitorischen Bestrebungen nicht bei ihm selbst zu suchen.

Im weiteren Verlauf seines Artikels kritisiert Plantinga auch die Definition der Filmwissenschaftlerin Jeanne Allen. Sie sieht die Funktion des Dokumentarfilms vor allem in seinem argumentativen, aufklärerischen Charakter, nicht in seinem Unterhaltungswert (vgl. 1977, 37). Hier moniert Plantinga, daß auch ihre Definition poetische oder nicht-argumentative Dokumentarfilme[6] nicht integrieren kann. Außerdem hebt er hervor, auch didaktische Spielfilme könnten Beweismaterial zugunsten einer spezifischen Argumentation akkumulieren, von daher biete ihre Definition kein wirkliches Unterscheidungskriterium (Plantinga 1987, 45). Obwohl sich die Unzulänglichkeit bisheriger Definitionsversuche noch anhand weiterer Beispiele aufzeigen ließe, erscheint es mir aufschlußreicher, statt dessen die Rolle der Dokumentarfilmtheorie in diesem Zusammenhang näher zu beleuchten. Führt man sich die Entwicklung dieser Theoriebildung vor Augen, fällt auf, daß die meisten Überlegungen und Definitionsversuche von den Dokumentaristen selbst stammen, daß sie gewissermaßen die Theoretiker ihrer eigenen Sache waren oder immer noch sind. Hierin liegt ein signifikan-

---

[6] Wie beispielsweise auch die Direct-Cinema-Filme.

ter, das dokumentarische Diskursfeld prägender Unterschied zum Bereich des Spielfilms, in dem Theorie und Praxis viel unabhängiger voneinander operieren. Die oben angesprochene Vorgehensweise, den Dokumentarfilm im Spannungsfeld zwischen Spielfilm und äußerer Wirklichkeit zu verorten, geht demnach im wesentlichen auf die Praktiker des Genres zurück.

Die Implikationen dieses Sachverhaltes für die Theoriebildung sind weitreichend, und es erscheint mir sinnvoll, sie in Verbindung mit der von Nichols und Arthur diagnostizierten Tendenz der Dokumentaristen zu diskutieren, sich von vorangegangenen Strömungen abzugrenzen. Bevor dies geschieht, sollen jedoch die beiden miteinander in Beziehung stehenden traditionellen Ansätze, die Position des Dokumentarfilms zu bestimmen, in ihrer historischen Entwicklung skizziert werden.

Die eine das dokumentarische Diskursfeld prägende Tendenz setzt den Dokumentarfilm in Opposition zum Spielfilm, und zwar sowohl in Hinblick auf seine Produktions- und Distributionsbedingungen wie auch in Hinblick auf seine gesellschaftspolitische Funktion und ästhetische Gestaltung. Die Aufgabe des Dokumentarfilms, wie sie zuerst von Grierson, Rotha und anderen führenden Vertretern des klassischen 'social documentary' der 30er und 40er Jahre definiert wurde, lag vor allem in seiner Aufklärungsfunktion. Der Dokumentarfilm sollte Einblick in gesellschaftliche Zusammenhänge gewähren und gesellschaftliche Probleme analysieren, um das Bewußtsein der Zuschauer zu verändern und sie zum sozialen Handeln anzuregen. Auch wenn man auf eine überzeugende dramatische Struktur durchaus Wert legte, standen die Vermittlung von Wissen und die appellative Funktion in diesen Filmen zumeist im Vordergrund. Sie wurden entweder von größeren Organisationen oder staatlichen Institutionen gesponsort, oder sie entstanden im Auftrag einer Regierung, wie die Propagandafilme der amerikanischen Armee. Viele wurden auch unabhängig produziert, meist von kleineren Teams oder Gruppierungen. Das Distributionssystem war nicht so sehr auf eine Auswertung im Kino angelegt, sondern stützte sich auf alternative Abspielorte in Schulen, Universitäten, Gemeindezentren, Filmclubs, Fabriken usw., die ein politisch interessiertes Publikum ansprachen und nicht in gleichem Maße profitorientiert waren wie die Filmtheater. Wenn die Filme, wie vor allem die Regierungsfilme und die Wochenschauen, im Kino gezeigt wurden, hatten sie dort eine marginale Position, waren Teil des Vorprogramms und nicht der eigentliche Grund für den Kinobesuch. Mit dem Aufkommen des Fernsehens in den 50er Jahren änderten sich die Bedingungen von Produktion und Konsumtion im Dokumentarfilmbereich grundlegend, die nie unproblematisch und sonderlich stabil gewesen waren, da sie sich kapitalistischen Marktgesetzen zu entziehen suchten (vgl. Guynn 1990, 20). Der Dokumentarfilm geriet in eine immer stärkere Abhängigkeit vom Medium Fernsehen. Inzwischen stellt die dortige Ausstrahlung für die meisten Dokumentarfilme fast die einzige Möglichkeit dar, ein (größeres) Publikum zu erreichen,[7] da sich ein alternatives Distributionsnetz auf Dauer nicht erfolgreich etablieren konnte.[8]

Die Tendenz, den Dokumentarfilm vom Spielfilm abzugrenzen, macht sich auch an der ästhetischen Gestaltung der Filme selber fest. Dies bestätigt der Filmtheoretiker William Guynn, der Ansätze verschiedener Dokumentaristen und ihre Aussagen zur eigenen Methode unter diesem Aspekt betrachtet hat:

> It is precisely against fiction and its traditions that documentary theory has been constituted. Like the literary theory of nineteenth-century historiography, documentary seeks to overcome its paradoxical situation by covering over the traces of its relation to the dominant form of cinema. This is the reason why documentary theory is seldom analytical and almost always polemical. (Guynn 1990, 18)

Guynns Untersuchung konzentriert sich auf die Zeit vor 1970: die britische Dokumentarfilmbewegung (Grierson, Rotha), die Theorien Dsiga Wertows, den ethnographischen Film der 50er und 60er Jahre, der einige Gemeinsamkeiten mit dem Direct Cinema aufweist, sowie die Vorstellungen des ontologischen Realismustheoretikers André Bazin.[9] Für Guynn gründet sich die im obigen Zitat herausgestellte Verwandtschaft von klassischer Historiografie und Dokumentarfilm auf die bis in die 60er Jahre hinein vorherrschende Annahme, bei beiden Diskursformen handele es sich um transparente Repräsentationsmedien, oder, in Guynns Formulierung, um "language[s] without artifice" (Guynn 1990, 13). Wie Guynn feststellt, der sich hier auf theore-

---

[7] Eine Ausnahme bilden die wenigen Dokumentarfilme, die den Sprung ins Kino geschafft haben. Dies gilt insbesondere für einige 'rock documentaries', z.B. Pennebakers *Don't Look Back* (1967), Michael Wadleighs *Woodstock* (1970) und in jüngerer Zeit für Errol Morris' *The Thin Blue Line* (1988) oder seinen Film über Stephen Hawking, *A Brief History of Time* (1991).

[8] Am erfolgreichsten scheinen solche alternativen Vertriebsnetze in Zeiten gesellschaftlicher Krisen und gesellschaftlichen Umbruchs gewesen zu sein, die gleichzeitig Blütezeiten dokumentarischen Filmschaffens waren, wie in der 'Great Depression' der 30er Jahre und während dem Erstarken der Bürgerrechts- und Studentenbewegung in den 60er Jahren. Zusammenschlüsse von Filmemachern, die sich dem Ziel widmeten, eine Art Gegenöffentlichkeit herzustellen, waren in den 30er Jahren die *Film and Photo League*, *Nykino* und *Frontier Films* und in den 60er Jahren vor allem die in verschiedenen US-amerikanischen Großstädten angesiedelten *Newsreel*-Kollektive.

[9] Er ist der einzige reine Theoretiker, den Guynn für seine Untersuchung heranzieht.

tische Überlegungen Roland Barthes' zur Historiografie stützt, fußt diese Art des Denkens allerdings auf einer unhaltbaren

> reduction of the tripartite nature of the linguistic sign: the referent is set apart from discourse - it is external and causal; the signified is eclipsed behind the referent, conflated with it. Thus the historiographer does not produce history as meaning; he or she does not speak, except under the dictation of external events. According to this model of historic discourse, the signifier directly expresses the real, despite what modern linguistics has established concerning the nature of all signification [...]. (Guynn 1990, 14)

Die hier kritisierte Tendenz zur naiven Gleichsetzung von Signifikat und Referent verstärkt sich im Fall der Kinematografie noch durch den Eindruck von Transparenz, den das filmische Bild im Gegensatz zum geschriebenen historiografischen Text vermittelt. Gegenüber der Fotografie, die als ihr Vorläufer gesehen wird, hat die Kinematografie zudem den Vorteil, daß sie ein Bild produziert, "whose power of analogy is prodigious and capable of mimicking the chronology of real events by representing the movement of persons and objects through time" (Guynn 1990, 14). Obwohl der Transparenzeindruck den Spielfilm ebenso charakterisiert wie den Dokumentarfilm, nutzt dieser ihn in anderer Weise, weil er für sich beansprucht, die reale Welt tatsächlicher Ereignisse zu repräsentieren. Während der Transparenzeindruck im Spielfilm dazu dient, die Überzeugungskraft einer Geschichte zu stärken, die in einer inszenierten imaginären Welt spielt, nutzen die von Guynn untersuchten Formen des Dokumentarfilms den Transparenzeindruck im Sinne einer Verschiebung ('displacement'), die die Produktion von Bedeutung aus dem filmischen Text in die Realität selbst zu verlagern sucht. Dieses Bedürfnis zeigt sich nicht nur in der Strukturierung der Filme selber, sondern vor allem auch in der konzeptionellen und rhetorischen Einschätzung der eigenen Arbeit von seiten der Dokumentaristen. Sie beeinflußt neben der ästhetischen Ausgestaltung die Art und Weise, wie dokumentarische Filme von Zuschauern und Kritikern wahrgenommen und "gelesen" werden. Diese Verschiebung, die den Diskurs der klassischen Historiografie und den des Dokumentarischen gleichermaßen kennzeichnet, basiert in erster Linie auf der Annahme, daß beide ihre Akteure, die Ereignisse, über die sie berichten, sowie deren Abfolge nicht *er*finden, sondern *vor*finden. Die Elemente der Geschichte (im doppelten Sinne) sind als latente Form im Realen bereits enthalten. So verstanden besteht der Akt des Erzählens, auf den Dokumentarfilm bezogen, lediglich darin, dieser latent vorhandenen Geschichte mittels des filmischen Diskurses manifeste Form zu verleihen (vgl. Guynn 1990, 22).

Brian Winston verdeutlicht in seinem Artikel "Documentary: I Think We Are in Trouble" den grundlegenden Widerspruch der hier geschilderten Sichtweise, indem er die formale Abhängigkeit des Dokumentarfilms vom Spielfilm betont. Wie er schreibt, wurde der Begriff 'documentary' interessanterweise erst zu einem Zeitpunkt gebraucht - und zwar von Grierson in einer Besprechung von Flahertys Klassiker *Moana* in der *New York Sun* vom 8. Februar 1926 -,[10] als der Dokumentarfilm begonnen hatte, Strukturmerkmale des Spielfilms zu übernehmen.[11]

> Only when Flaherty began to structure his actuality material so that it too might satisfy those needs could Grierson and others detect a new form and name it "documentary." But the need for structure implicitly contradicts the notion of unstructured actuality. The idea of documentary, then and now, is sustained by simply ignoring this contradiction. Paul Rotha therefore could sum it up thus: "Documentary's essence lies in the dramatization of actual material." (Winston 1988, 21)

Der "wahre" Dokumentarfilm, wie Grierson und Rotha ihn verstanden, sollte die Realität nicht nur wiedergeben und beschreiben, sondern auch interpretieren: "You photograph the natural life, but you also, by your juxtaposition of detail, create an interpretation of it" (Grierson 1979a, 38). Auch wenn der Dokumentarfilm auf Studioaufnahmen, professionelle Schauspieler und ein ausgearbeitetes Drehbuch verzichtete, sollte das fertige Werk doch eine ähnliche logische Abfolge und narrative Entwicklung aufweisen wie der Spielfilm. Indem Grierson und Rotha auf einer dramatisierenden Anordnung des Materials über die Montage bestanden, wollten sie den von ihnen propagierten "wahren" Dokumentarfilm vom simplen "film of fact" positiv abgrenzen. Darunter verstanden sie einerseits den Nachrichtenfilm ("the newsreel") und andererseits den "interest film". Während ersterer ihrer Ansicht nach lediglich die reproduktiven Fähigkeiten der Kamera ausbeutete und dabei deskriptiv blieb, dominierte im "interest" oder "lecture film" der Kommentar; das Bild besaß rein illustrativen Wert.[12]

---

[10] "[...] *Moana* being a visual account of events in the daily life of a Polynesian youth and his family, has documentary value", schrieb Grierson (1979b, 25) damals.

[11] Zwar wird die erstmalige Verwendung des Begriffs 'documentary' häufig Grierson zugeschrieben, dieser selbst sagt jedoch in "First Principles of Documentary", er habe ihn von den Franzosen übernommen, die ihn allerdings lediglich auf "travelogue" bezogen (vgl. 1979a, 35).

[12] Vgl. dazu Grierson 1979a, p. 35f. sowie Guynn 1990, p. 23.

Implizit erkannten die britischen Dokumentaristen die Verwandtschaft zwischen Dokumentar- und Spielfilm also durchaus an, indem sie die eingreifende Funktion des Filmemachers bei der Strukturierung des belichteten Materials zu einer Gesamtaussage, die die vorfilmischen Ereignisse interpretiert, berücksichtigten. Andererseits waren sie bestrebt, die mit dieser Intervention notwendigerweise verbundenen sinnstiftenden Selektionsprozesse zu negieren bzw. zu naturalisieren.[13] Zur Begründung dieser, ob bewußt oder unbewußt vorgenommenen, Operation bezog sich Grierson in "First Principles of Documentary" auf die dokumentarische Methode seines Lehrers Robert Flaherty.[14] Laut Grierson ging es Flaherty darum, "the essential story of the location" (Grierson 1979a, 38) zu erzählen.

> [Documentary] must master its material on the spot, and come in intimacy to ordering it. Flaherty digs himself in for a year, or two maybe. He lives with his people till the story is told "out of himself". (Grierson 1979a, 38)

Flaherty selbst nannte dies den "Sinn aus der Natur hervortreten" (Klaue/Leyda 1964, 86) lassen. Der Dokumentarist wird somit als Instrument betrachtet, das die der Realität inhärente Bedeutung lediglich extrahiert (vgl. Guynn 1990, 23).

In diesem Zusammenhang verweist Guynn auf einen wichtigen Unterschied zwischen Historiografie und Dokumentarfilm. Die Intervention des Historikers beschränkt sich darauf, das nicht von ihm selbst hergestellte historische Material in eine diskursive Form zu bringen. Der Dokumentarist hingegen konstituiert und formt in gewisser Weise erst die "Fakten" oder Dokumente, aus denen der fertige Film besteht, bei der Aufzeichnung (vorausgesetzt es handelt sich nicht um einen Kompilationsfilm) und ordnet sie darüber hinaus in der Montage sowie beim Zusammenfügen von Bild- und

---

13 Jonathan Culler gibt die folgende Kurzdefinition dieses Begriffs: "'Naturalization' emphasizes the fact that the strange or deviant is brought within a discursive order and thus made to seem natural" (1975, 137). Zur weiteren Verdeutlichung möchte ich hier noch Todorovs Teildefinition des Begriffs der "vraisemblance", der mit dem der Naturalisierung gleichzusetzen ist, anfügen: "one can speak of the *vraisemblance* of a work in so far as it attempts to make us believe that it conforms to reality and not to its own laws. In other words, the *vraisemblable* is the mask which conceals the text's own laws and which we are supposed to take for a relation with reality." Tzvetan Todorov, "Introduction", *Le Vraisemblable*, *Communications* 11 (1968), pp. 2-3; zitiert nach Culler 1975, p. 139.

14 Bezeichnenderweise greifen später auch Siegfried Kracauer und André Bazin, die wichtigsten ontologischen Realismustheoretiker der Nachkriegszeit und gedanklichen Wegbereiter des Direct Cinema, auf sein Beispiel zurück.

Tonspur (vgl. Guynn 1990, 17).[15] Traditionelle Konzeptionen des Dokumentarischen in bezug auf seine textuelle Struktur gründen sich von daher auf eine doppelte Negation von Intervention - nicht nur bei der Montage, sondern auch bei der Aufnahme. Dies gilt für den klassischen Erklärdokumentarismus ebenso wie für den ethnographischen Film, der sich in den 50er Jahren zu einer institutionalisierten wissenschaftlichen Disziplin entwickelte, und ebenso für das Direct Cinema der 60er Jahre. Eine Ausnahme in dieser Hinsicht bildet die Theorie Dsiga Wertows, die statt dessen den Textcharakter des (Dokumentar)films in allen seinen Aspekten betont.

Die Tendenz, den Dokumentarfilm in Opposition zum Spielfilm zu setzen, basiert ja auf der Vorstellung, daß er eine andere Position zur Realität einnimmt, einen unmittelbareren Zugang zu ihr bietet. Der Dokumentarfilm wird als "natural progeny of cinema" gesehen, dem die Aufgabe obliegt, das Medium von "extracinematic accretions imposed by the literary and theatrical arts" (Guynn 1990, 18-19) zu befreien und somit seiner eigentlichen Bestimmung zuzuführen. Im Rahmen dieser Sichtweise ergibt sich diese Bestimmung aus der Fähigkeit der Kinematografie, die Realität aufzuzeichnen und zu enthüllen, wobei mit dieser Fähigkeit gleichzeitig ein normativer Anspruch verbunden wird. Am nachdrücklichsten hat neben Bazin Siegfried Kracauer diesen Anspruch in *Theory of Film. The Redemption of Physical Reality* (1960) formuliert und begründet. Er läßt sich jedoch in den Aussagen der meisten Dokumentaristen nachweisen.

Interessant ist in diesem Zusammenhang, daß Kracauer und Bazin zwar Gedanken aufgriffen, wie sie aus der Dokumentarfilmtheorie, vor allem von Grierson, bekannt sind, sich aber nicht als Dokumentarfilmtheoretiker verstanden. Vielmehr vermieden sie es bewußt, "dem Dokumentarfilm-Genre eine eigene referentielle Beziehung zur Realität zuzuschreiben" (Paech 1990-91, 28). Für Kracauer können alle Filme, seien sie Spiel- oder Dokumentarfilme, Anspruch auf ästhetische Gültigkeit im Sinne des Mediums erheben, "if they build from their basic properties; like photography, that is,

---

15 Zwar hat es auch der Historiograf nicht mit "vorgegebenen" Fakten zu tun, denn auch er abstrahiert und wählt entsprechend aus, um seine spezifische Interpretation des Sachverhalts zu stützen. Dabei muß er jedoch auf vorhandenes Material (das *von anderen* in der Vergangenheit produziert wurde) zurückgreifen, während der Dokumentarist sich auf Ereignisse stützt, die *er selbst* in der Vergangenheit bis zu einem gewissen Grade hergestellt (aufgezeichnet) hat. Insofern gilt mit den genannten Einschränkungen: "The historian's intervention is posterior to the data, which is already constituted, the documentarist intervenes at both moments in the constitution of the historic discourse" (Guynn 1990, 17). Man kann demnach sagen, daß der Dokumentarist seinem Material nähersteht als der Historiograf.

they must record and reveal physical reality" (Kracauer 1960, 37). Wie Eva Hohenberger feststellt, gilt die Aufgabe der 'Errettung der äußeren Wirklichkeit', die Kracauer dem Medium als solchem überantwortet, für den Dokumentarfilm "in besonderem Maß, da er als bewegte Fotografie betrachtet wird, die die Realität analog zu unserer Wirklichkeitswahrnehmung direkt abbilden kann" (Hohenberger 1988, 20). Aus dieser gedanklichen Position erklärt sich auch die von vielen Dokumentaristen vertretene Ansicht, der Dokumentarfilm sei dem Spielfilm moralisch überlegen, die erst in jüngerer Zeit zum Teil heftig kritisiert wird.[16] "Fiction was what deceived and distracted. Fiction ignored the world as it was in favor of fantasy and illusion. It was of little consequence, especially if it came from Hollywood" (Nichols 1991, 108). Hingegen erfüllte der Dokumentarfilm im Zuge seiner Aufklärungsfunktion die Aufgabe, die Gesellschaft mit ihren eigenen Problemen zu konfrontieren, die Realität zu zeigen, 'wie sie wirklich ist'.

Die Tendenz, den Dokumentarfilm vor allem in Hinblick auf sein Verhältnis zur äußeren Wirklichkeit, zu einer "nicht-fiktiven Realität" (Hohenberger 1988, 17) zu fassen, führte zu einer Überbetonung seines Abbildcharakters. Bis in die 60er Jahre hinein wurde er, trotz aller Widersprüche, die dies beinhaltet, vor allem als 'Fenster zur Welt' (miß)verstanden. Er galt im Sinne der 'correspondence theory' Plantingas (vgl. 1991, 43ff.) als Imitation oder Re-präsentation[17] der Realität, und nicht in erster Linie als Repräsentation im Sinne eines ästhetisch gestalteten Textes mit eigenen rhetorischen, argumentativen und narrativen Strategien. Nicht nur auf der Ebene der Montage tritt also der 'Sinn aus der Natur' hervor, auch auf der Ebene der Einstellung beherrscht das Ideologem "der 'sich selbst abbildenden Natur'" (Hohenberger 1988, 17) traditionelle Vorstellungen des Dokumentarischen. So hinderlich für die Entwicklung einer Metasprache wirkte sich diese Überbetonung des Abbildcharakters

---

[16] Auf welcher Basis dies gerechtfertigt erscheint, wird im Lauf der Arbeit noch deutlich werden.

[17] Plantinga führt eine Unterscheidung ein zwischen "re-presentation" und "representation", um die unterschiedlichen Konzepte, die diesem Begriff zugrunde liegen können, zu verdeutlichen: "[...] the former implies a relationship of imitation or correspondence between text and 'the real,' while the latter term need not. 'Representation' implies no necessary resemblance between sign and referent. [...] The word 're-presentation' has an almost mystical connotation, as though reality were being preserved (or captured) on celluloid and reintroduced to an audience at a different time and place" (1991, 53). Dennoch möchte ich den Begriff 'Repräsentation' in seiner üblichen Schreibweise beibehalten, da ich ihn immer in dem von Plantinga definierten zweiten Sinne verwende, es sei denn, es ginge aus dem Kontext etwas anderes hervor.

aus, daß Eva Hohenberger noch 1988 feststellen konnte: "Die theoretische Diskussion über den Dokumentarfilm steckt daher immer noch in Abbilddebatten fest" (Hohenberger 1988, 17).

Dieses Ideologem der 'sich selbst abbildenden Natur', auf das auch Kracauer und Bazin zurückgreifen, hatte sich zunächst in bezug auf das mit Hilfe einer mechanischen Apparatur erzeugte fotografische Bild entwickelt und wurde dann auf den Film übertragen. Das Verhältnis von menschlichem Auge und Kameraauge, wie es in diesem Zusammenhang gedacht wurde, erschöpfte sich nicht in einer Analogisierung von natürlicher und filmischer Wahrnehmung. Das Kameraauge wurde vielmehr zum besseren Auge, das, da "das menschliche Auge sich täuschen kann", aufgrund seiner apparativen Eigenschaften "die Wahrheit der Abbildung" (Hohenberger 1988, 19f.) garantiert. Bazin hebt einen psychologischen Aspekt der Fotografie hervor, wenn er das mit dem mechanischen Auge der Kamera eingefangene Bild als ein ohne Zutun des Fotografen bzw. Kameramanns produziertes ansieht, das nicht auf bloßer Ähnlichkeit beruht, sondern vielmehr "von der physischen Präsenz des Objekts in einem bestimmten zeitlichen Moment zeugen kann" (Koch 1992, 22). Das Bewußtsein darüber bewirkt im Betrachter eine spezifische Disposition, ein besonderes Vertrauen in die Objektivität des Objektivs, die er auf das Bild überträgt, "d.h. die objektive Produktion wird zum objektiven Bild" (Hohenberger 1988, 18). Oder, mit den Worten Bazins:

> Welche kritischen Einwände wir auch immer haben mögen, wir sind gezwungen, an die Existenz des repräsentierten Objektes zu glauben, des tatsächlich re-präsentierten, das heißt, des in Zeit und Raum präsent gewordenen. Die Fotografie profitiert von der Übertragung der Realität des Objektes auf seine Reproduktion. (Bazin 1975, 24)

Durch die im Rahmen dieser Sichtweise gedanklich vorgenommene Naturalisierung der Aufnahmeapparatur, diese Entsubjektivierung des Objektivs wird die mit dem Akt des Abbildens immer und unauflösbar verbundene Intentionalität verdeckt. Die Einstellung[18] *von* etwas - einer Sache oder einer Person - wird betont, rückt in den Vordergrund, die Einstellung *zu* etwas wird dagegen naturalisiert. Das *Was* überlagert das *Wie*, der Inhalt die Form, obwohl Form und Inhalt nicht voneinander zu trennen sind, sich vielmehr gegenseitig bedingen. Gertrud Koch stellt diesbezüglich fest: "Die technische Einstellung ist eine intentionale Einstellung, Ergebnis einer Kette von Detail-

---

[18] Unter "Einstellung" möchte ich hier sowohl den gezeigten spezifischen Bildausschnitt verstehen als auch das aus einer Abfolge von Einzelbildern bestehende ungeschnittene, kontinuierlich belichtete Stück Film.

entscheidungen". Zu diesen gehört die Wahl des Bildausschnitts und der Perspektive, die Entscheidung für eine statische oder bewegte Kameraführung, das Setzen von Licht etc., ganz abgesehen von der Wahl des Filmmaterials und der Aufnahmetechnik:

> Die Einstellung umfaßt also bereits jede Menge intentionaler Handlungen, die darauf ausgerichtet sind, aus der Technizität der Aufnahmeapparatur und der Physikalität der Objektwelt ein drittes, das filmische Bild zu konstruieren. Dabei mögen die Tücke des Objektivs und die des Objekts gegen die Intentionalität zurückschlagen [...]. Eine Einstellung setzt eine Bezugnahme auf Objektwelten voraus, eine Welt aus Willen und Vorstellung. Noch der zufällig und willkürlich festgelegte Ausschnitt aus einer Objektwelt, wie ihn der "Schnappschuß" repräsentiert, wird im nachhinein als semantisch gehaltvoll präsentiert, so als sei das Zufällige der Garant des Authentischen. (Koch 1992, 9)

Hinzu kommt, daß die Aufnahmetechnik, wie die Projektionstechnik, die deren technisches Prinzip lediglich umkehrt, auf bestimmte Sehkonventionen und Wahrnehmungscodes zurückgreift, die uns von älteren visuellen Medien so vertraut sind, daß wir sie für natürliche Voraussetzungen unseres Sehens halten. Das Filmbild - sei es auf die Leinwand projiziert oder vom Fernseher ausgestrahlt - wird vom Code der Zentralperspektive bestimmt, der sich während der Renaissance entwickelte und den Betrachter in *einer* Position fixiert. Gleichzeitig und in engem Bezug zur Zentralperspektive entwickelte sich das Prinzip der rechteckigen Rahmung, eine Konvention, die heute noch das Filmformat beherrscht.[19] Eine Erläuterung der Konzepte des französischen Filmtheoretikers Jean-Louis Baudry, der seinerseits einer neutralen Sicht der kinematographischen Apparatur durch eine Untersuchung ihrer ideologischen Implikationen vor allem in Hinblick auf Zuschauer- und Subjektpositionierung entgegengewirkt hat, wäre hier ebenfalls interessant, würde jedoch zu weit führen.[20]

In Bazins Verständnis des fotografischen bzw. filmischen Bildes bewahrt dieses eine existentielle Verbindung zum Referenten, eine quasi mystische Beziehung zur

---

[19] Vgl. Jutz/Schlemmer 1990, 15-32. Jutz und Schlemmer stellen in dem Zusammenhang interessanterweise fest, daß die Bedeutung des Rahmens in dem Maße zunimmt, wie sich der Illusionscharakter des Bildes verstärkt. "Während in der Malerei die Attacke auf die nachahmenden Künste in vollem Gang ist, werden mit der Fotografie und dem Film, mimetischen Künsten par excellence, das rahmende Prinzip und die Perspektive erneut in ihr Recht eingesetzt, ja, man könnte sogar behaupten, daß sie ihren Fortbestand dem Aufkommen dieser neuen Medien verdanken" (p. 26).

[20] Vgl. dazu Jean-Louis Baudry 1974/75, pp. 39-47 sowie ders. 1976, pp. 104-128.

Realität, da es im Gegensatz zu einem Gemälde nicht nur ikonische, sondern auch indexikalische Qualitäten besitzt. Es partizipiert daher an der Realität, für die es gleichzeitig einen Ersatz darstellt. Es geht nie ganz im Signifikationsprozeß auf, sondern bietet darüber hinaus so etwas wie "unsymbolized access to the world of reference" (Guynn 1990, 31). Der Dokumentarfilm ist in diesem Sinne eine extreme Form des realistischen Films, der für Bazin auf einer Analogisierung von natürlichem und filmischem Sehen beruht. Er bezieht seine Legitimation aus der besonders engen Verbindung zwischen Referent und Bild. Eine ähnliche Konzeption des Dokumentarischen, insbesondere was die Aufnahmeinstanz betrifft, findet sich bereits bei Grierson in einem Aufsatz über seinen Mentor, Robert Flaherty. Nach Griersons Einschätzung wird in dessen Händen die Kamera zum magischen Instrument, das mehr sieht als das menschliche Auge und die inneren Qualitäten der Dinge offenbaren kann. Doch damit nicht genug:

> [the camera-eye's] magic is even more than this. It lies also in the manner of its observation, in the strange innocence with which, in a mind-tangled world, it sees things for what they are. This is not simply to say that the camera, on its single observations, is free from the trammels of the subjective [...] The magical fact of the camera is that it picks out what the director does not see at all, that it gives emphasis where he did not think emphasis existed. (Grierson 1979a, 30-31)

Wie noch deutlich werden wird, basiert sowohl die Rhetorik der Direct-Cinema-Filmemacher als auch die ästhetische Struktur der Filme auf einer ähnlichen Naturalisierung der Aufnahmeapparatur, wie sie hier geschildert wurde. Auch Griersons Vorstellung von der "strange innocence" des Kameraauges kommt im Direct Cinema wiederum zum Tragen.

Im folgenden soll noch einmal auf die von Nichols und Arthur herausgearbeitete, bei theoretischen Überlegungen und Definitionsversuchen zu berücksichtigende dritte Komponente eingegangen werden: Die Tendenz des Dokumentarfilms, sich nicht nur vom Spielfilm, sondern auch von vorangegangenen Strömungen im eigenen Diskursfeld polemisch abzugrenzen. Dabei möchte ich die Überlegungen dieser beiden Theoretiker durch die bereits geäußerte Feststellung ergänzen, daß es in erster Linie die Praktiker des Genres waren, die es auch zu definieren und zu theoretisieren versuchten. Zusätzlich möchte ich eine Beobachtung anbringen, die sich nicht zuletzt aus diesem engen Verhältnis zwischen Theorie und Praxis ergibt: daß die herkömmliche

Dokumentarfilmtheorie (und -kritik) dort, wo sie unabhängig von der Praxis überhaupt existierte, vor allem reaktiven Charakter hatte, daß sie bis in die jüngste Vergangenheit von den Ideen und Vorstellungen der Dokumentaristen dominiert wurde. D.h. Theoretiker und Kritiker tendierten dazu, die Rhetorik der Filmemacher zu verdoppeln, indem sie von diesen vertretene Ansichten und Ansprüche auf Authentizität ihrer jeweiligen dokumentarischen Methode übernahmen und relativ unreflektiert und distanzlos reproduzierten.[21] Auch die von ihnen vorgebrachte Kritik an Form und Inhalt einzelner Filme oder auch am jeweiligen methodischen Konzept bewegte sich selten über den vorgegebenen Rahmen hinaus. Sie orientierte sich entweder an den Kriterien des bis dahin dominanten Modus oder übernahm wiederum unkritisch die Sichtweise der Vertreter eines nachfolgenden Modus, die nunmehr diese Ansprüche überzeugender zu vertreten schienen. Was wahrgenommen wurde, war die polemische Qualität vieler Äußerungen der Dokumentaristen; weitaus weniger ihr programmatischer Charakter: die Tendenz, sich abzugrenzen und die stilistischen und thematischen Merkmale des eigenen Ansatzes als unabdingbare Voraussetzungen "wahren" Dokumentierens zu deklarieren. Dies hatte, wie gesagt, zum Ziel, die Authentizitäts- und Wahrheitsansprüche des eigenen Repräsentationsmodus gegenüber denen vorangegangener zu legitimieren und durchzusetzen. Diese Abhängigkeit und Distanzlosigkeit der Theorie gegenüber dem Diskurs der Dokumentaristen, deren programmatische Äußerungen nicht zuletzt dazu dienten, den Realitätseindruck ihrer Werke zu stärken, dürfte viel dazu beigetragen haben, eine Theoretisierung des Dokumentarfilms im Sinne der von Kuhn geforderten Metasprache so lange zu verhindern.

Bedingt durch diese Abhängigkeit liefen traditionelle Versuche, den Dokumentarfilm zu definieren, fast zwangsläufig darauf hinaus, ihn mit spezifischen textuellen Merkmalen und gesellschaftlichen Funktionen gleichzusetzen. Dies brachte den Impuls mit sich, ihn immer wieder neu zu definieren, wobei bestimmte dokumentarische Praktiken ausgegrenzt wurden, um neueren Definitionen zu Allgemeingültigkeit zu verhelfen. Beispielsweise kam Anfang der 60er Jahre der Gedanke auf, daß mit den technischen Neuerungen des Direct Cinema, die das Aufzeichnen von Synchronton maßgeblich erleichterten, die Notwendigkeit und die Berechtigung von inszenierten Sequenzen nicht mehr bestand. Daher wurde der Vorschlag geäußert, Werke, die mit dem Mittel der Inszenierung arbeiteten, aus dem dokumentarischen Kanon herauszulösen und zukünftig mit einem anderen Begriff zu bezeichnen. Dieser Vorschlag fiel

---

21 Dies gilt beispielsweise für die traditionellen Werke der Dokumentarfilm-Geschichtsschreibung, wie sie in den 70er Jahren gängig waren.

mit einer dokumentarischen Praxis in den 60er und 70er Jahren zusammen, die inszenierte Sequenzen - zumindest galt dies für die offizielle Rhetorik - grundsätzlich vermied. In den 80er Jahren gab es jedoch eine Rückbesinnung auf dieses traditionelle Stilmittel, das tatsächlich nie völlig von der Bildfläche verschwunden war. Des öfteren verband sich sogar jetzt damit ein Plädoyer für die Verwendung inszenierter Sequenzen und anderer expressiver Stilmittel im Dokumentarfilm.[22] Dieser Impuls zur Redefinition des dokumentarischen Diskursfeldes und seiner Geschichte führte freilich zu unauflösbaren Widersprüchen, so daß alle auf diese Weise zustande gekommenen (Teil-)Definitionen als unbefriedigend empfunden wurden. Im Lichte der von Nichols und Arthur diagnostizierten Abgrenzungstendenz zeigt sich ja gerade, daß der ebenso polemische wie programmatische Charakter des dokumentarischen Gattungsdiskurses die Zurückweisung der jeweils dominanten formalen Mittel und politischen Zielsetzungen geradezu bedingt, um einen neuen Modus zu etablieren. Allerdings erweist sich dies bei näherer Betrachtung zu einem gewissen Grad als Pose, als (rhetorische) Strategie, die das Unkonventionelle, Neue betont und die Nähe des neuen Modus zur Tradition, zum schon Dagewesenen herunterzuspielen und zu kaschieren sucht.[23]

In der zweiten Hälfte der 70er Jahre begannen sich Theoretiker, Historiker und Kritiker endlich von der bis dahin das Diskursfeld bestimmenden Sichtweise der Dokumentaristen zu lösen und eine Perspektive zu entwickeln, die unterschiedlich(st)e Strömungen subsumieren konnte. Kennzeichnend für diese neue Entwicklung innerhalb der Theorie, wie sie im angelsächsischen Raum von Nichols, Guynn und Kuhn und in der Bundesrepublik vor allem von Hohenberger und Paech eingeleitet wurde, ist ein Ansatz, der das Charakteristische des Dokumentarischen nicht in erster Linie an bestimmten textuellen Merkmalen und gesellschaftlichen Funktionen festmacht. Das theoretische Modell von Bill Nichols, das er in *Representing Reality* darlegt, erscheint mir in diesem Zusammenhang am fundiertesten. Seiner Ansicht nach weckt der dokumentarische Text - unabhängig vom jeweiligen Repräsentationsmodus - vor allem bestimmte Annahmen und Erwartungen in den Zuschauern, die sich von denjenigen, die sie an einen Spielfilm herantragen, unterscheiden. Wie im nächsten Kapitel dargestellt werden soll, gründen sich diese Annahmen und Erwartungen besonders

---

[22] Vgl. dazu Plantinga 1991, aber auch Nichols 1991 sowie die Filme *Roger and Me* (1989) von Michael Moore und *The Thin Blue Line* (1990) von Errol Morris, die diese Tendenz realisieren.

[23] Darauf werde ich im Rahmen der Analyse des Verhältnisses vom "observational mode" des Direct Cinema zum "expository mode" des klassischen Erklärdokumentarismus (Hohenberger) noch näher eingehen.

auf ein indexikalisches Verhältnis des Dokumentarfilms zur äußeren Realität, wobei dies seinen Status als Text nicht tangiert. Ein wichtiger Punkt in diesem Zusammenhang ist folgender: Im Gegensatz zum Spielfilm, dessen imaginäre Welt durch eine grundsätzlich metaphorische Beziehung zur Wirklichkeit gekennzeichnet ist, lenkt der Dokumentarfilm unsere Aufmerksamkeit ohne Umschweife auf "the world of brute reality even as it also seeks to interpret it, and the expectation that it will do so is one powerful difference from fiction" (Nichols 1991, 110). Den Rahmen dafür bietet ein übergeordneter dokumentarischer Realismus, der viele ästhetische Formen annehmen kann:

> [It] negotiates the compact we strike between text and historical referent, minimizing resistance or hesitation to the claims of transparency and authenticity. [...] realism is the set of conventions and norms for visual representation which virtually every documentary text addresses, be it through adoption, modification, or contestation. (Nichols 1991, 165)

2.1 Zur besonderen Position des Direct Cinema in der theoretischen Diskussion

Nachfolgend möchte ich die besondere Position beleuchten, die das Direct Cinema nicht nur in der Dokumentarfilmgeschichte, sondern auch in der theoretischen Diskussion einnimmt. Es löste eine in der Geschichte des Genres beispiellose technische und ästhetische Erneuerung aus. Dazu stellt Richard M. Barsam fest:

> The origins of direct cinema are found in its avant-garde nature, in the realist impulse, in worldwide movements toward a new cinematic realism, and in the new developments in motion-picture technology. Direct Cinema [...] represented a break with the rigid formulae and the pedantry of approaches that characterized the American nonfiction film tradition until that point. It was a catalyst in freeing American nonfiction filmmakers from the Griersonian mode, in sparking a resurgence of creativity in a genre that had become increasingly static, and in helping to satisfy what André Bazin called "our obsession with realism." (Barsam 1986, 132)[24]

---

[24] Bazin zitiert nach "The Ontology of the Photographic Image." *What Is Cinema?* Vol. 1. Berkeley: University of California Press, 1967, p. 12.

Barsam hat zwar durchaus recht, wenn er die innovativen Qualitäten des Direct Cinema und seine befreiende Katalysatorfunktion für die bis dahin von Griersons Ansatz geprägte Dokumentarfilmtradition hervorhebt. Allerdings kommt man bei genauerer Betrachtung der Filme und der Rhetorik der Bewegung nicht umhin, Barsams Aussage bis zu einem gewissen Grad zu relativieren. Bei den Direct-Cinema-Filmemachern bestand zwar die Tendenz, sich nach außen hin vom klassischen Erklärdokumentarismus abzugrenzen, als dessen Symbolfigur Grierson in der Theorie immer wieder eingesetzt wird. Dennoch übernahmen sie in ihrer Rhetorik insbesondere die von ihm vertretenen Ansprüche auf Nichtintervention bei der Aufnahme und der Montage - auch wenn sie sie mit anderen filmischen Mitteln zu verwirklichen suchten. Nicht zuletzt, weil das Direct Cinema das Prinzip des Nichteingreifens aufgrund seines beobachtenden Ansatzes überzeugender als bisher auch als Grundprinzip seiner filmischen Methode etablieren konnte, läßt es sich in dieser Hinsicht auch als Weiterentwicklung des Erklärdokumentarismus' und Griersonscher Vorstellungen mit innovativen Mitteln begreifen.[25]

Die technischen Voraussetzungen für die Revitalisierung des Genres, die das Direct Cinema auslöste, wurden durch die Entwicklung von leichten 16mm-Hand- oder Schulterkameras mit kabelloser Synchrontonvorrichtung geschaffen, die es zum ersten Mal möglich machten, ein Geschehen an Ort und Stelle ohne großen technischen Aufwand und störende Eingriffe in die gefilmte Situation visuell und akustisch aufzuzeichnen. Letztlich waren es jedoch weniger die neuen technischen Möglichkeiten, die das Direct Cinema zu einer abgrenzbaren dokumentarischen Strömung mit charakteristischen Merkmalen machten, als die aus ihnen abgeleiteten theoretischen Vorsätze und selbstauferlegten methodischen Beschränkungen, die sich in den Werken niederschlagen sollten.

Ohne hier bereits den methodischen Ansatz des Direct Cinema im einzelnen zu schildern, möchte ich zunächst darlegen, auf welcher Basis die Filmemacher das Prinzip des Nichteingreifens in ihren Werken realisiert sahen. Dies dient auch der Einführung meiner zentralen These, daß das Direct Cinema mehr als jeder andere dokumentarische Modus mittels bestimmer formaler und narrativer Strategien den Abbildcharakter des Gezeigten betonen will und den Konstruktcharakter in den Hinter-

---

[25] Zwar arbeitete auch Flaherty bereits mit einem beobachtenden Ansatz, war aber im Gegensatz zu den Direct-Cinema-Filmemachern verstärkt darauf angewiesen, Szenen für die Kamera zu inszenieren, was eine deutliche Intervention in die Aufnahmesituation darstellte. Vgl. dazu beispielsweise Hohenberger 1988, 116-120.

grund treten läßt. Dabei ist festzuhalten, daß diese Betonung des Abbildcharakters über die spezifische Art der Konstruktion zustande kommt, d.h. über den Einsatz bestimmter ästhetischer Mittel, die den Abbildcharakter und damit verbunden den Authentizitätseindruck der Filme verstärken (sollen). Diese Sichtweise steht dem Tenor mancher Aussagen der Filmemacher entgegen, die, sei es euphorisiert durch die technischen Fortschritte, sei es, um die Wirkkraft ihrer Werke zu vergrößern, propagierten, ihr Ansatz böte - im Vergleich zum traditionellen Dokumentarfilm und zum "classical Hollywood cinema" - einen unmittelbareren, direkteren Zugang zur Realität. In gewissem Sinne ist dies zwar richtig, denn die neue Ausrüstung führte tatsächlich zu einer bis dahin nicht gekannten Mobilität: Mit einem Mal konnte ein Zwei-Personen-Team Menschen mit der Kamera überall hin folgen, ohne das Geschehen wie bisher nachhaltig zu beeinflussen und zu stören. Vor allem das Aufzeichnen von Alltags- und Gesprächssituationen wurde durch die neue Technik wesentlich erleichtert, ja zum Teil überhaupt erst möglich. Andererseits veränderte diese Technik, auch wenn sie das Spektrum möglicher Themen und ihrer filmischen Umsetzung maßgeblich erweiterte, nicht die ontologische Basis des Dokumentarfilms zur Realität. Dennoch war es gerade dieser Gedanke, daß der Dokumentarfilm im Vergleich zum Spielfilm eine privilegierte Position zur Realität einnehme, der, wie wir gesehen haben, die dokumentarische Debatte bis dahin entscheidend geprägt hatte. Auf ihn griffen die Direct-Cinema-Filmemacher nun wiederum zurück, um ihre filmische Methode nicht nur gegenüber dem Hollywoodfilm, sondern auch gegenüber dem klassischen Erklärdokumentarismus aufzuwerten und durchzusetzen.

Das grundlegende Ziel der Direct-Cinema-Filmemacher bestand darin, reale Personen in ungestellten, authentischen Situationen zu filmen. Idealerweise gingen sie unvoreingenommen und ohne feste Drehpläne an ein Projekt heran und versuchten die Ereignisse im Prozeß ihrer Entfaltung mit Kamera und Mikrophon spontan zu erfassen. Sie lehnten jegliche Einmischung und jegliche direkte Kommunikation mit den gefilmten Personen ab, stellten keine Fragen und gaben keine Anweisungen. Auch das Inszenieren, Nachstellen oder Wiederholen von Ereignissen wurde tunlichst vermieden. Mehr als jede andere dokumentarische Methode versuchte das Direct Cinema, den Zuschauern das Gefühl zu geben, unmittelbar am gefilmten Geschehen teilzuhaben, am Schauplatz dabeizusein und Personen zu beobachten, die auch ohne Anwesenheit des Filmteams so und nicht anders agiert hätten. "Cinema verite asks nothing of people beyond their permission to be filmed", charakterisiert Stephen

Mamber, der sich als erster intensiver mit dem Direct Cinema beschäftigt hat, die idealtypische Situation (Mamber 1974, 3).

Das Prinzip des Nichteingreifens in die Drehsituation verbanden die Filmemacher mit einem ähnlichen ästhetischen und moralischen Anspruch an die Montage. Sie sollte weitgehend der natürlichen Chronologie der Ereignisse folgen, um die sich vor der Kamera ungestört entfaltende Wirklichkeit möglichst objektiv wiederzugeben. Hinzu kam der Anspruch, auf extradiegetische Musik und einen erklärenden oder wertenden Kommentar zu verzichten. Dadurch sollten die Zuschauer in die Lage versetzt werden, die Erfahrungen der Filmemacher am Drehort so unverfälscht wie möglich nachzuvollziehen, um sich auf diese Weise eine eigene, unvoreingenommene Meinung über das Gesehene zu bilden.[26]

Allerdings wird bei näherer Betrachtung der Filme deutlich, daß keiner von ihnen die selbstauferlegten Gebote und methodischen Vorsätze hundertprozentig einlöst. Insbesondere die Werke der Drew Associates, mit denen das Direct Cinema seinen Anfang nahm und die diese dokumentarische Strömung entscheidend prägten, sind, wie Jeanne Hall aufgrund ihrer Analyse von sechs frühen Beispielen festellen kann, treffender als "films of *transition* than revolution" (Hall 1990, 16) zu charakterisieren, da in ihnen ein "struggle between convention and innovation" (Hall 1990, 17) stattfindet. Damit ist gemeint, daß in diesen Filmen genuine Direct-Cinema-Segmente neben solchen, die eher den Konventionen des Erklärdokumentarismus oder des klassischen Hollywoodfilms gehorchen, zu finden sind.[27] In etlichen Segmenten dominiert der Kommentar über das Bild, häufig finden sich verkappte Interviews, und die Montage erfolgt oftmals nach anderen Gesichtspunkten als denen der reinen Chronologie. Filmemacher wie Leacock, Pennebaker und die Maysles, die alle zunächst für Drew gearbeitet hatten und sich dann von ihm lösten, um unabhängig zu produzieren, fanden später zwar subtilere Mittel und Wege, ihre Texte so zu strukturieren, als erzähle sich die Geschichte "wie von selbst". Aber auch bei ihnen gibt es hier und da interessante stilistische Brüche, die der sonstigen Betonung des Abbildcharakters ein irritatives Moment - nicht notwendigerweise im negativen Sinne - beifügen.

---

26 Zur Einführung in das Direct Cinema vgl. auch meinen Aufsatz, "Das Direct Cinema und das Radical Cinema," 1991, pp. 29-53.

27 Meiner Ansicht nach gilt diese Aussage nicht nur für die frühen Drew-Filme, die Hall analysiert, sondern für alle, z.B. auch für *The Chair*, einen späten Drew-Film, wie ich im Rahmen meiner Analyse zeigen werde.

Angesichts dieser stilistischen "Unreinheiten" ist es umso überraschender, aber auch umso signifikanter, daß die Direct-Cinema-Bewegung mehr an ihren übertriebenen rhetorischen Ansprüchen als an den konkreten Werken gemessen wurde. Kritiker und Theoretiker diskutierten und philosophierten zwar ausgiebig über die methodischen Vorsätze der Filmemacher und zerpflückten ihre unhaltbaren Ansprüche an Objektivität und Realitätsnähe, die der Bewegung letztlich mehr schadeten als nutzten, unterzogen die Filme selbst aber kaum jemals einer eingehenden Analyse.[28] Jeanne Hall hat diesen Sachverhalt in *Refracting Reality* überzeugend herausgearbeitet:

> Documentary scholars were of course right to question such claims. But most simply dismissed cinema verite films for not being "windows on the world" and denounced cinema verite filmmakers for believing or pretending that they were. And many relied upon the rhetoric of the movement for information about the films rather than on the sounds and images of the films themselves. (Hall 1990, 12)

Natürlich gab es auch Kritiker, die dem Ansatz des Direct Cinema positiv gegenüberstanden und die übertriebenen Ansprüche der Filmemacher zu relativieren und in die richtige Perspektive zu rücken versuchten. Aber auch sie orientierten sich zumeist mehr an den Aussagen der Filmemacher über ihre Methode als an einer Analyse der Werke.[29] Die Reaktion der Ablehnung und Geringschätzung, die das Direct Cinema bei einer ganzen Reihe von Kritikern (und Theoretikern) hervorrief, erscheint mir jedoch besonders signifikant, weil sie von einer in der Geschichte des Dokumentarfilms bis heute unübertroffenen Heftigkeit war, so daß sie zuweilen fast hysterische Züge

---

[28] In dem Zusammenhang wie im folgenden ist zu berücksichtigen, daß die Filmwissenschaft, die sich mittlerweile in vielfältiger Weise ausdifferenziert hat und sich auf semiotische, narratologische, psychoanalytische, strukturalistische, poststrukturalistische und andere Konzepte stützt, in den 60er Jahren lediglich in Ansätzen existierte. D.h. viele grundlegende Fragen, die heute als geklärt gelten, waren damals noch offen.

[29] Eine Ausnahme in dieser Hinsicht ist Stephen Mambers bereits genannte Studie, *Cinema Verite in America. Studies in Uncontrolled Documentary*, die lange Zeit die einzige war, die sich ausführlicher mit den Werken der verschiedenen Filmemacher auseinandersetzte. Daneben existieren die Studien von Issari und Paul (1979) und Marcorelles (1973), die sich jedoch mehr mit dem Direct-Cinema-Ansatz im allgemeinen als mit einzelnen Filmen befassen. Diese Situation hat sich bis heute nicht entscheidend geändert. Hervorzuheben sind lediglich die Dissertationen von P.J. O'Connell (1988) und Jeanne Lynn Hall (1990). Allein mit dem Werk Frederick Wisemans hat man sich intensiver beschäftigt, und mittlerweile sind mehrere Monographien erschienen.

annahm und selbst in den theoretischen Werken von Nichols, Hohenberger und anderen noch nachwirkt.[30]

Dies hat meiner Ansicht nach mehrere Gründe. Einer davon ist sicherlich, daß sich mit dem Aufkommen des Direct Cinema der erste und bis zum heutigen Tag wohl einschneidendste Bruch mit einem bis dahin dominanten Repräsentationsmodus vollzog und daß dieser Bruch Verunsicherungen und Verwirrungen in mehrerlei Hinsicht mit sich brachte.[31] Es wurde zum Beispiel die Frage laut, ob die Direct-Cinema-Filme überhaupt als Dokumentarfilme zu betrachten seien. Denn im Rahmen eines traditionellen Dokumentarfilmverständnisses, das an bestimmte textuelle Merkmale gebunden war, galt zu jener Zeit der vom Direct Cinema verpönte *voice-over*-Kommentar (und eine direkte Form der Adressierung)[32] (noch) als Inbegriff des Dokumentarischen.[33] Gleichzeitig entstand Verwirrung über den ontologischen Status der Filme, die durch das Zusammentreffen von technologischem Fortschritt mit einem neuen dokumentarischen Ansatz ausgelöst und durch die Ansprüche der Filmemacher auf Objektivität und Realitätsnähe noch geschürt wurde. War man nun tatsächlich dem näher gekommen, was Bazin in seinem "Myth of Total Cinema" als der Erfindung des Kinos inhärentes Ziel beschrieben hatte, "namely an integral realism, a re-

---

30 So schlägt beispielsweise Thomas Waugh (1985) bei seiner Diskussion des Direct Cinema einen ausgesprochen abfälligen, mißgelaunten Tonfall an, dem der von Brian Winston (1988) in nichts nachsteht. Und der Dokumentarfilmer Emile de Antonio verkündet folgendes: "*Cinéma vérité* is first of all a lie and secondly a childish assumption about the nature of film. *Cinéma vérité* is a joke. Only people without feelings or convictions could even think of making *cinéma vérité*" (Rosenthal 1980, 211).

31 Noch heute bilden die Ende der 50er und Anfang der 60er Jahre entwickelten technischen Neuerungen in ihrer perfektionierten Form die technische Basis dokumentarischer Filmarbeit. Allerdings existieren seit einiger Zeit noch leichtere und unauffälliger zu handhabende kostengünstigere Videoverfahren, die die 16mm-Technik mehr und mehr ersetzen.

32 Auf den Unterschied zwischen direkter und indirekter Adressierung wird später noch näher eingegangen.

33 "When you take off the narration, people say, 'Well, it's not documentary any more'", bemerkt Pennebaker dazu in einem Interview (Levin, 1971, 235). Die Erschütterung des traditionellen Dokumentarfilmverständnisses wurde auch durch eine ganze Reihe von "Pseudodokumentarfilmen", die die Erwartungen der Zuschauer hinters Licht führten, indem sie den Direct-Cinema-Stil imitierten, vorangetrieben. Diese Filme beruhten auf Inszenierung, manche arbeiteten mit professionellen Schauspielern. Beispiele sind *No Lies* (1973) von Mitchell Block, *David Holzman's Diary* (1967) von Jim McBride, *Daughter Rite* (1978) von Michelle Citron. Diese mit dem Direct Cinema in Verbindung stehende Welle solcher Filme, die Ende der 70er Jahre wieder verebbte, zeugt ihrerseits von der Bedeutung dieses ersten großen Bruchs in der Dokumentarfilmgeschichte.

creation of the world in its own image, an image unburdened by the freedom of interpretation of the artist or the irreversibility of time" (Bazin 1967, 21)?[34] Die Enttäuschung darüber, daß diese Frage trotz gegenteiliger Behauptungen von seiten der Filmemacher und innovativer Technik und Methode nicht mit Ja zu beantworten war, schlug schließlich auf eine Einschätzung des Direct Cinema selbst zurück. Sie entlud sich in zahllosen Artikeln von Kritikern, die sich dazu berufen fühlten, den Direct-Cinema-Filmemachern wieder und wieder zu attestieren, ihre Werke könnten schon aufgrund der diversen Selektionsprozesse - Wahl des Ausschnitts, Verknüpfung der Einstellungen in der Montage, etc. -, wie sie bei der Produktion notwendigerweise stattfinden, kein Abbild der Realität, 'wie sie wirklich ist', bieten. Die Filme seien also nicht objektiv, sondern stellten eine Interpretation der Realität dar.

Zwar vermitteln manche Aussagen der Filmemacher durchaus den Eindruck, auch sie seien sich über die ontologische Basis ihrer Filme nicht immer im klaren gewesen, eine genauere Betrachtung läßt jedoch vermuten, daß solcherlei Aussagen vor allem ihrer Überzeugungskraft dienen sollten. Gleichzeitig ist verständlich, daß die Filmemacher in ihrer Rhetorik auf die dokumentarische Tradition zurückgriffen, um ihrem Ansatz Akzeptanz zu verschaffen und die Unsicherheit und das Risiko, die das Erproben und Publikmachen einer neuen Methode mit sich bringt, zu verringern. Dies gilt umsomehr dann, wenn die eigene Methode, zumindest aus damaliger Sicht, tatsächlich der Verwirklichung dieser Ansprüche näher zu kommen scheint als alles bisherige. Daß diese Strategie eher schaden und eine unvoreingenommene Rezeption erschweren würde, war zu diesem Zeitpunkt wohl nicht vorauszusehen.[35] Rückblikkend läßt sich hingegen sagen, daß das Direct Cinema, indem es sich auf der Schnittstelle zweier unvereinbarer theoretischer Richtungen entwickelte, die in der traditionellen Dokumentarfilmtheorie immer schon latent vorhandenen und stillschweigend perpetuierten Widersprüche unfreiwillig an die Oberfläche beförderte: die bereits angesprochene Notwendigkeit der eingreifenden Strukturierung des filmischen Textes, die dem Anspruch entgegensteht, die der Realität inhärente Bedeutung lediglich zu extrahieren und abzubilden.

---

[34] Da eine deutsche Übersetzung dieses Aufsatzes nicht existiert, ist das Zitat englisch wiedergegeben.

[35] Die Ansprüche der Filmemacher, ihre Filme böten einen direkten Zugang zur Wirklichkeit, wurden denn auch in der Anfangsphase des Direct Cinema am ungebrochensten vorgetragen und in späteren Jahren zunehmend relativiert.

Die kritische Haltung gegenüber dem Direct Cinema läßt sich nämlich noch von einer anderen Perspektive her erklären, und zwar aus einem bedeutsamen Umbruch in der Filmtheorie, der sich zeitgleich mit der Entfaltung des Direct Cinema in den 60er Jahren vollzog. Gemeint ist das Aufkommen der Filmsemiotik, die die bis dahin geltende Vorstellung von Film als 'window on the world', wie man sie von den ontologischen Realismustheoretikern her kannte, allmählich durch eine Konzeption als 'signifying practice', als System zur Produktion von Bedeutung ersetzte. Seitdem gilt in der Filmtheorie die Vertrautheit mit der Semiotik als Basis für die analytische Auseinandersetzung mit Spielfilmen und Dokumentarfilmen gleichermaßen:

> This trajectory takes us from an "ontological" interest in cinema as the phenomenal depiction of real-life "existents," to an analysis of filmic realism as a matter of aesthetic convention and choice. The emphasis shifted to art as representation, i.e. likeness, picture, copy, model [...] Film theory thus gradually transformed itself from a meditation on the film object as the reproduction of pro-filmic phenomena into a critique of the very idea of mimetic reproduction. Film came to be seen as text, utterance, speech act, not the depiction of an event but rather an event in itself, one which participated in the production of a certain kind of subject. (Stam et al. 1992, 184)

Der Einbezug semiotischer Konzepte in die Filmtheorie hatte für die theoretische Diskussion des Dokumentarfilms vielleicht noch weitreichendere Folgen als für die des Spielfilms. In bezug auf das Direct Cinema gilt, daß dieser Umbruch eine Verschiebung des Diskursfeldes auch in filmpolitischer Hinsicht bewirkte, die seine nüchterne und unvoreingenommene Rezeption und Beurteilung aus anderen Gründen als den bereits genannten erschwerte. Während aus der Sicht der von der traditionellen Filmtheorie und der Abbilddebatte geprägten Kritiker und Theoretiker der letztlich nicht zu leugnende Konstruktcharakter der Direct-Cinema-Filme enttäuschte, erschien den semiotisch ausgerichteten Filmtheoretikern wiederum die hier angelegte Betonung des Abbildcharakters suspekt oder galt ihnen gar als manipulativer Schachzug, um die Zuschauer hinters Licht zu führen. In jedem Fall wurde der Ansicht, daß es sich dabei auch um eine legitime dokumentarische Strategie handeln könnte, die in spezifischer Weise auf den eigenen Gattungsdiskurs rekurriert, in dieser Diskussion wenig Raum gegeben.

Indem das Direct Cinema traditionelle Authentizitäts- und Wahrheitsansprüche mit innovativen filmischen Mitteln durchzusetzen versuchte, geriet es in die Schußlinie beider theoretischer Richtungen. Wie Annette Kuhn in ihrem Artikel "The Camera I. Observations on Documentary", der sich mit dem beobachtenden Ansatz des

Direct Cinema auseinandersetzt, festgestellt hat, wird diese "Angreifbarkeit" durch gewisse textuelle Strategien des Dokumentarfilms begünstigt, die die Direct-Cinema-Filme aufgrund ihrer überwiegend narrativen Struktur und indirekten Adressierungsweise in besonderem Maße zu nutzen wissen[36]:

> The absence of marks of meaning production in such films, their presentation of themselves as transparent, entails also an apparent lack of any language other than that of everyday speech (or natural/naturalised language). (Kuhn 1978, 72)

Kuhn führt auch das Fehlen einer Metasprache über das Dokumentarische unter anderem auf diesen Effekt zurück, verbunden mit einer weiteren plausiblen Erklärung:

> Because of their avowed status as non-fictions, there is a tendency to place documentary films outside the legitimate space of analysis of narrativity in films, a tendency which rests on a conflation of fiction and narrative. (Kuhn 1978, 72)

Diese "conflation of fiction and narrative", die in der traditionellen Theorie von der Tendenz bestimmt war, den Dokumentarfilm vom Spielfilm abzugrenzen, setzte sich in theoretischen Debatten und Kritikerdiskussionen der späten 60er, 70er und 80er Jahre in gegenläufiger Richtung fort, und zwar in dem Sinne, daß der Dokumentarfilm nunmehr häufig als "fiction like any other" (Nichols 1991, xi) verstanden wurde. Diese Tendenz zur Gleichsetzung von Dokumentarischem und Fiktionalem läßt sich sicherlich auch als Gegenreaktion auf die bisherige Theoriebildung verstehen. Im Extremfall hatte sie zur Folge, daß dem Dokumentarfilm jegliche Existenz(berechtigung) abgesprochen wurde.[37] In diesem Zusammenhang ist festzuhalten, daß diese

---

[36] Obwohl der traditionelle Dokumentarfilm sich natürlich auch auf sie beruft.

[37] Diese Position schreiben Noel Carroll und Carl Plantinga den französischen Filmtheoretikern Christian Metz und Jean-Louis Comolli zu. In bezug auf Metz stützt sich diese Einschätzung allerdings nur auf einen Satz: "Every film is a fiction film" (47), den Metz 1975 provokant formulierte. Wie Carroll zurecht vermutet, will jener damit sagen, daß es sich beim Film notwendigerweise um ein Repräsentationssystem handelt. Aus dieser Äußerung jedoch zu schließen, Metz leugne die Existenz des Dokumentarfilms, bedeutet meiner Ansicht nach eine gravierende Verzerrung der Tatsachen. Richtiger wäre es zu sagen, daß Metz sich kaum mit dem Dokumentarfilm beschäftigt hat, daß aber seine Theorien über den fiktionalen Film auch für eine Theorie des Dokumentarischen relevant sind und dort bereits Anwendung gefunden haben, und zwar vor allem bei Guynn, der Metz' 'Grande syntagmatique' in *A Cinema of Nonfiction* als Analysefolie verwendet. Daß Metz über den Dokumentarfilm reflektiert, zeigt sich in einem Abschnitt von *Essais sur la signification au cinéma*, wo er die Frage aufwirft, ob der Dokumentarfilm,

Tendenz in erster Linie von den Theoretikern vorangetrieben wurde, während die Dokumentaristen sich nach wie vor in Opposition zu Hollywood definieren, auch wenn sie in ihren Werken unter anderem mit Strategien des Spielfilms arbeiten.[38]

Die Etablierung der Filmsemiotik in den 60er Jahren bewirkte einen Umschwung in der Theorie von einer (Über-)Betonung des Abbildcharakters hin zu einer (Über-) Betonung des filmischen Konstruktcharakters. Daraus resultierte eine zunehmend kritische Haltung gegenüber jeglicher Form des kinematischen Realismus, unabhängig davon, ob es sich um Dokumentar- oder Spielfilm handelte, die sich in den 70er Jahren zu einer regelrechten Attacke auf das "realistische" Kino auswuchs.[39] Angegriffen wurde insbesondere die Ästhetik des 'classical Hollywood cinema', da sich dort der kinematische Illusionismus in prototypischer Weise manifestierte. Ideologisch su-

---

den er unter die "nicht-narrativen Filme" subsumiert, überhaupt formale Autonomie besitzt oder sich so stark am Spielfilm orientiert, daß keine eigenständige Bezeichnungspraxis erkennbar wird. In jedem Fall ist für ihn die semiotische Untersuchung des Spielfilms vorrangig, er schließt jedoch eine spätere Auseinandersetzung mit den "nicht-narrativen Filmen" nicht aus (vgl. 1971, 99). Auch in seinem späteren Werk *Le signifiant imaginaire* verdeutlich eine kurze Passage, daß er sich der marginalen Position des Dokumentarfilms bewußt ist und diese als paradox erachtet (vgl. 1977, 55). In jedem Fall zeigt sich bei Metz die nicht aufrechtzuerhaltende Tendenz zur Gleichsetzung von Fiktion und Erzählen, wenn er narrativen Film als Synonym für Spielfilm verwendet und diesem die "nicht-narrativen Filme" gegenüberstellt. Die von Carroll und Plantinga vorgenommene Zuschreibung trifft für Comolli eher zu, da er den Dokumentarfilm tatsächlich in einer Weise definiert, die seine Existenz unmöglich macht. Zwar zeigt er zu Recht auf, daß jeder Film notwendigerweise Bedeutung konstruiert, irrt aber, wenn er jegliche Form des Erzählens oder der Konstruiertheit, ja im Prinzip jede Form der Sinnproduktion nicht nur als fiktional ansieht, sondern diese mit Manipulation - und zwar im negativ konnotierten Sinne von Betrug - in Verbindung bringt. Insofern gewinnt ein Film an Bedeutung, je mehr er "manipuliert": "[Signification] gains in richness, coherence and conviction in proportion to the extent that the impression of reality produced is impeded and falsified by manipulation - in other words, the degree to which it is drawn either towards the exemplarity of fiction or to the generality of the fable" (Comolli 1980, 229).

[38] Paul Arthur verweist darauf in seiner Analyse einiger Dokumentarfilme der 80er Jahre: "Each construes its values and functions in opposition to Hollywood domination, while adhering to certain of that institution's most ingrained effects of knowledge, coherence, and closure" (1993, 134).

[39] Diese Attacke bezog sich auf den klassisch-realistischen Text des Hollywoodfilms wie auf andere Realismuskonzeptionen wie etwa die Bazins, die in mancher Hinsicht ein Korrektiv oder Gegenmodell zur Realismustradition Hollywoods darstellt, auch wenn sie sich wie letztere auf einen illusionären Realitätseindruck gründet, den Schein von Transparenz und Unmittelbarkeit anstrebt. Über Bazins ästhetisches Konzept, das er auf der Basis einer formalen Analyse des klassischen Hollywoodkinos entwickelte, wird im Kapitel über das Direct Cinema noch näheres zu erfahren sein.

spekt erschien vor allem der auf einen Eindruck von Transparenz abzielende Charakter der Hollywoodfilme, ihre Tendenz, die eigenen Produktionsbedingungen zu verbergen. Der Illusionscharakter wird über die Vorstellung einer in sich geschlossenen fiktionalen Welt erreicht, die sich an den Prinzipien der Kausalität ausrichtet, und über konventionalisierte stilistische und narrative Verfahren, die die Zuschauer emotional in das Geschehen auf der Leinwand einbinden.[40]

Im Zuge dieser Attacke lag es nahe, "to equate 'realist' with 'bourgeois' and 'reflexive' with 'revolutionary'" (Stam et al. 1992, 201), wie dies in der Anfangsphase dieser Form der Kulturkritik oft geschah. Besonderen Einfluß in dieser Hinsicht hatte die Realismusdebatte, wie sie in den 70er Jahren in der britischen Fachzeitschrift *Screen* von linken Filmtheoretikern geführt wurde, die Reflexivität, d.h. der Verweis auf den eigenen Textcharakter, das Aufdecken der Produktionsbedingungen im Text, als politische Verpflichtung ansahen. Allerdings erweist sich die gedankliche Anordnung der Begriffe 'realistisch' und 'reflexiv' in einem oppositionellen Verhältnis zunehmend als simplifizierend und unhaltbar, da eine ganze Reihe filmischer (und literarischer) Texte sich gegenseitig befruchtende realistische und reflexive Tendenzen in sich vereinen, die daher nicht notwendig als antithetisch zu sehen sind.[41] Aufgrund dessen setzt sich immer deutlicher die Ansicht durch, daß sich die konservative oder progressive Funktion der jeweiligen Verfahrensweisen nicht pauschal festlegen läßt, sondern nur durch eine detaillierte Analyse am konkreten Beispiel erfaßt werden kann.

Im Bereich Dokumentarfilm verstärkte diese Debatte die Ablehnung des Direct Cinema, das als neue Form des dokumentarischen Realismus galt. Die semiotisch orientierten Theoretiker favorisierten und propagierten vielmehr eine reflexive oder zumindest interaktive Form des Dokumentarischen, die den Konstruktcharakter im Text zu erkennen gibt.[42] D.h. gerade zu dem Zeitpunkt, als durch die Semiotik die

---

[40] Es ist jedoch darauf hinzuweisen, daß auch das 'classical Hollywood cinema' Techniken und Verfahrensweisen entwickelt hat, die dazu dienen, den Illusionscharakter zu brechen, um bestimmte Effekte zu erzielen. D.h., in der Praxis entsprechen nur wenige klassisch realistische Texte voll und ganz dieser abstrakten Kategorie der Transparenz.

[41] Diese Ansicht wird auch von Stam et al. 1992, 201ff., vertreten. Die Autoren heben in dem Zusammenhang insbesondere die von Mitarbeitern von *Cahiers du Cinema* durchgeführte, sehr bekannt gewordene Analyse von John Fords *Young Mr Lincoln* hervor sowie Roland Barthes' Lektüre der Balzac-Novelle *Sarrasine* in *S/Z*, die beide auf diese stilistischen Brüche eingehen.

[42] Dazu Bill Nichols (1991, 56): "Expository and observational films unlike interactive or reflexive ones, tend to mask the work of production, the effects of the cinematic appara-

Voraussetzung dafür geschaffen war, den Transparenzeindruck des Films, der viel von seiner besonderen Überzeugungskraft ausmacht, zum ersten Mal in seiner Konstruiertheit zu analysieren, wurde er paradoxerweise nur noch oder doch vor allem als "(be)trügerisch" wahrgenommen.

Obwohl sich der methodische Ansatz des Direct Cinema gegen die ästhetische Praxis des klassischen Hollywoodkinos richtete, wurde es wie dieses als "transparent purveyor of dominant ideology" (Hall 1990, 11) denunziert. Dies erklärt sich zunächst aus der Tendenz zur Gleichsetzung von Spiel- und Dokumentarfilm. Diese wird jedoch im Fall des Direct Cinema durch gewisse, noch zu erläuternde, überbetonte Ähnlichkeiten in der Erzählweise der beiden Formen begünstigt. Aber noch 1983 schrieb beispielsweise Bill Nichols in "The Voice of Documentary":

> In pure cinema verite films, the style seeks to become 'transparent' in the same mode as the classical Hollywood style, capturing people in action and letting the viewer come to conclusions about them unaided by any implicit or explicit commentary. (Nichols 1993, 260)

Aus seinem Buch *Representing Reality* geht hervor, daß Nichols diese Äußerung heute einschränken und modifizieren würde. Denn seine theoretischen Ausführungen dort gehen ebenfalls in die Richtung meiner These, daß das Verhältnis des Direct Cinema zum klassischen Hollywoodfilm, wie das zum traditionellen Dokumentarfilm, nur von ausgesprochener Ambivalenz geprägt sein konnte.

Zunächst trug die Tendenz der Gleichsetzung von Dokumentar- und Spielfilm also wenig dazu bei, den Dokumentarfilm als eigenständige Gattung mit einem spezifischen historischen Gattungsdiskurs wahrzunehmen. Sie führte jedoch dazu, daß auch er nunmehr als Text verstanden wurde, der der Analyse bedarf, und dies schärfte wiederum das Bewußtsein dafür, daß der Dokumentarfilm zwar ähnliche formale Strategien verwenden mag wie der Spielfilm, diese dort aber ganz andere Funktionen und Implikationen haben können. Von dieser Basis aus operieren die ersten größeren Werke der Dokumentarfilmtheorie von Nichols, Guynn, Hohenberger, Renov, Julianne Burton und Tom Waugh, die ab Mitte der 80er Jahre entstanden. So geht es beispielsweise Bill Nichols in *Representing Reality* darum, die Kategorien und Kriterien der Spielfilmanalyse nicht unbesehen für die Dokumentarfilmanalyse zu übernehmen,

---

tus itself, and the tangible process of enunciation, the saying of something as distinct from that which is said."

sondern statt dessen "documentary filmmaking as a distinct form of cinema [...] with problems and pleasures of its own" (Nichols 1991, xi) zu etablieren und zu erforschen. William Guynn verfolgt in *A Cinema of Nonfiction* ein ähnliches Projekt. Auch er verankert das textuelle System des Dokumentarfilms in einer ambivalenten Position zum Spielfilm, da es zwar strukturelle und narrative Elemente desselben aufweist, aber gleichzeitig andere diskursive Strategien verfolgt. Daraus resultiere eine ambivalente Positionierung der Zuschauer, die ihre "Freude am Text" abwechselnd stimuliere und frustriere.

Tatsächlich erfährt die Auseinandersetzung mit dem Dokumentarfilm im Zuge der generellen Expansion der Filmwissenschaft in den letzten Jahren einen beträchtlichen Aufschwung. Seit der Erfindung des Kinos vor über 100 Jahren sind noch nie so viele Dissertationen, Symposien und 'Special Issues' zum Thema Dokumentarfilm entstanden, abgehalten und veröffentlicht worden wie in der jüngsten Zeit. Dieser neuerliche Enthusiasmus für das Dokumentarische, der sich bislang allerdings auf die Theorie beschränkt und keine Aufwertung des Genres und entsprechende Erleichterungen für Filmemacher und Verleiher auf dem kommerziellen Markt mit sich gebracht hat, erklärt sich einerseits aus der Gewißheit, daß es auf diesem Gebiet tatsächlich noch Grundsätzliches zu erforschen gibt, und andererseits aus einem Bedürfnis, bis jetzt eher vernachlässigte filmische Ausdrucksformen zu demarginalisieren und stärker ins Zentrum der Aufmerksamkeit zu rücken. Dieses Bedürfnis ist auch in anderen Bereichen der theoretischen Auseinandersetzung - dem Stummfilm, dem "ethnic cinema", dem Experimentalfilm und dem Essayfilm - zu spüren. Allerdings wird für die nähere Zukunft in bezug auf eine Theoretisierung des Dokumentarischen - selbst vor dem Hintergrund der hier beschriebenen Situation - eine einschränkende Bemerkung noch gelten, die Bill Nichols seinen Lesern vorbeugend mit auf den Weg gibt:

> *differences* - if not distinctions - from fictional narrative are as crucial to documentary as to the experimental film tradition, and [...] we may have quite a long way to go before these differences can be put in the form of comprehensive coherent propositions with sufficient explanatory power to leave the inquiring mind content. (Nichols 1991, xi-xii)

Diese Warnung gilt auch vor dem Hintergrund der bereits dargestellten Tendenz, den realistischen Dokumentarfilm zugunsten reflexiver Formen abzuwerten und abzulehnen, die auch heute noch das theoretische Diskursfeld mehr oder weniger explizit prägt. Obwohl eine solche Haltung, die in der Forderung zum Ausdruck kommt, das textuelle System des Dokumentarfilms müsse auf den ihm eigenen Konstruktcharakter verweisen, als Reaktion auf die traditionelle Theorie verstanden werden kann, birgt sie wiederum die Gefahr eines normativen Verständnisses. Diesmal mißt es jedoch nicht dem Abbildcharakter, sondern dem Konstruktcharakter zuviel Gewicht bei.[43] Neben vielen vorzüglichen Überlegungen zum Dokumentarfilm findet sich diese Tendenz relativ ausgeprägt in Eva Hohenbergers Buch *Die Wirklichkeit des Films*, in dem die Autorin sich stark von der Argumentation der *Screen*-Theoretiker der 70er Jahre - vor allem der Colin MacCabes - leiten läßt. Dies soll anhand eines Zitates veranschaulicht werden, das hier stellvertretend für andere, ebenso mögliche steht:

> Daher ist, um der Intention des Dokumentarischen, ähnlich wie die Geschichtsschreibung auf das vergangene, auf das gegenwärtige Reale zu verweisen, gerecht zu werden, nach anderen Darstellungsformen zu suchen, die nicht das Unmögliche wollen (das Reale im Film einzuschließen), sondern das Vernünftige versuchen: den Film angesichts einer von Bildern umstellten Welt von dieser Bilderwelt so weit wie möglich zu trennen. Es ist, mit anderen Worten, von der eingeschliffenen historischen Erzählweise zu einer diskursiven überzugehen, da erst das ein reflexiver Dokumentarismus wäre, der sich als mediale Konstruktion von Wirklichkeit ausweist. (Hohenberger 1988, 112-113)

Selbst in Nichols' *Representing Reality*, dessen Bedeutung für meine eigene Arbeit ich hier nicht noch einmal herausstellen muß, ist diese Tendenz, wenn auch viel subtiler, zu verzeichnen. Er scheint Griersons "expository mode" mit seiner argumentativen Struktur implizit als Prototyp des Dokumentarischen anzusehen. Von daher muß er das Direct Cinema mit seiner narrativen Struktur und indirekten Adressierungsweise tendenziell als Sonderfall verstehen, der sich offenbar nicht ohne Schwierigkeiten in seine allgemeinen Ausführungen über das Dokumentarische integrieren läßt. Man kann sich daher des Eindrucks nicht erwehren, daß in seinen Augen der Dokumentarfilm erst mit dem "interactive mode" und mehr noch mit dem "reflexive mode" zu seiner eigentlichen (argumentativen) Bestimmung zurückfindet, auch wenn Nichols es peinlichst vermeidet, dies an irgendeiner Stelle in wertender Absicht deutlich auszusprechen.

---

[43] Allerdings sind gerade in jüngster Zeit ein paar Autoren auf den Plan getreten, die dieses (Miß-)Verhältnis korrigieren wollen. Hierzu zähle ich insbesondere Paul Arthur mit seinem bereits zitierten Aufsatz "Jargons of Authenticity" sowie Philip Rosen mit seinem Aufsatz "Document and Documentary" (beide in Renov 1993).

Im folgenden möchte ich meine Ansicht darlegen, daß gerade in der spezifischen Artikulation des Spannungsverhältnisses zwischen Abbild und Konstrukt ein besonderer Reiz des Dokumentarischen liegt, der es ihm ermöglicht, gewisse Defizite im Vergleich zum Spielfilm zu kompensieren. Auch das Direct Cinema operiert mit diesem Spannungsverhältnis. Bevor ich darauf näher eingehe, ist es jedoch notwendig, die Position des Dokumentarfilms zum Spielfilm und zur Realität, wie sie sich auf der Basis der jüngsten Theorien darstellt, genauer zu fixieren.

3. Der Dokumentarfilm im Lichte neuerer Theorien

Für William Guynn gehört der Dokumentarfilm zur "class of social discourses - juridical or historical - that seek to account for actual occurrences in the phenomenal world" (Guynn, 1990, 13). Der Dokumentarfilm bezieht sich also auf die Welt tatsächlicher Ereignisse, denen ein spezifischer Ort und Zeitpunkt zugeschrieben werden kann. Diese Zuordnung basiert, wie bereits erwähnt, auf der von Guynn festgestellten Verwandtschaft von Geschichtsschreibung und Dokumentarfilm, die er vor allem aus Hayden Whites Analyse historiografischer Diskurse ableitet. Ein wichtiges Unterscheidungskriterium von Geschichtsschreibung (respektive dokumentarischem Erzählen) und fiktionaler Erzählung liegt dabei in ihrer unterschiedlichen Referentialität. Obwohl es sich jeweils um diskursive Praktiken handelt, bezieht sich die Geschichtserzählung auf eine Realität, die außerhalb der Sprache, außerhalb eines Diskurses existiert, während die Fiktion ein überwiegend imaginäres diskursives Universum kreiert. In diesem Zusammenhang stellt Guynn zugleich einschränkend fest:

> There is nothing within discourse, written or filmic, which bears infallible witness to the "truth" or "falsehood" of a field of reference. We accept "truth" on faith or judge it according to signs of truth we find in the text, but these signs can be - and in certain realist texts both fictional and documentary often are - simulated. (Guynn 1990, 15)

Es bleibt demnach die Frage, in welcher Weise sich der dokumentarische und der fiktionale Diskurs *als Erzählung* voneinander unterscheiden, wobei Guynn davon ausgeht, daß beide Formen viele wesentliche Signifikationsstrukturen gemeinsam haben. Zu dieser Prämisse kommt er über einen Analogieschluß zu White, der bei Historikern ähnliche narrative Strategien beobachtet wie bei Romanautoren.

Guynns Zuordnung korrespondiert mit derjenigen von Bill Nichols, der den Dokumentarfilm zu den "discourses of sobriety" (Nichols 1991, 3) zählt. Allerdings ist dessen Charakterisierung weiter gefaßt und nicht so sehr auf die Verwandtschaft von Historiographie und Dokumentarfilm zugeschnitten. Nichols sieht den Dokumentarfilm im Kontext mit anderen nichtfiktionalen Systemen wie Wissenschaft, Politik, Erziehung und Religion: "these systems assume they have instrumental power; they can and should alter the world itself, they can effect action and entail consequences" (Nichols 1991, 3). Die ernüchternde Wirkung dieser "discourses of sobriety" ist darauf zurückzuführen, daß sich ihre Beziehung zur Realität als eine direkte, unvermittelte, transparente darstellt, da sie Einfluß auf die Realität nehmen und dadurch Macht ausüben können. Sie sprechen eher den Verstand an, die Ratio, und weniger die Gefühle, die Libido, wie dies etwa im Spielfilm der Fall wäre. Im Dokumentarfilm hat das an die Vernunft appellierende Wort, das der Wahrheitsfindung dienen soll, einen großen Stellenwert, der Spielfilm hingegen weckt die Erinnerung an die Fantasiestrukturen von Träumen und Tagträumen (vgl. Nichols 1991, 4). Trotz dieser Zuordnung zu den nichtfiktionalen Systemen gilt der Dokumentarfilm im gesellschaftlichen Diskurs nicht als vollkommen gleichberechtigt mit ihnen. Nichols findet hierfür die folgende Erklärung:

> Essentially, documentary films appear as pale reflections of the dominant, instrumental discourses in our society. If movies (fiction) "reflect" our culture, and if this mirror image is the fundamental, determining definition of cinema, then documentaries, too, must pass through this "defile" of a reflection. Instead of directly confronting an issue or problem, the discourse must ricochet off this image-based, illusionistic medium of entertainment. Documentary's alliance with the discourses of sobriety falls under attack due to the imagistic company it keeps. (Nichols 1991, 4)

Nichols verbindet diese Erkenntnis mit einer weiteren Erklärung, die die ambivalente Haltung gegenüber dem Dokumentarischen noch verständlicher macht, indem sie es noch stärker in die Nähe des Spielfilms rückt. Denn wie er hier noch einmal unmißverständlich verdeutlicht, ist die ontologische Basis von Dokumentar- und Spielfilm die gleiche, nämlich im Gegensatz zu anderen Medien (wie etwa der Schrift) durch eine besondere Verbindung zwischen Bild und Realität, Bild und Objekt (Referent) gekennzeichnet, die sich aus der indexikalischen Qualität des fotografisch-filmischen Bildes ergibt. Dies ist deshalb der Fall, da

> *all* photographic and motion picture images made according to the prevailing conventions that allow light reflected from physical objects to be registered on photosensitive film or videotape will exhibit a distinctive bond between image and object. (Nichols 1991, 5)

Wie Nichols konsequenterweise hinzufügt, gilt dieses Faktum jedoch nur für solche Bilder, die noch nach dem bisher üblichen fotografischen Aufzeichnungsverfahren erzeugt wurden, und nicht mehr für digital produzierte, die weder auf ein Originalnegativ und zuweilen nicht einmal auf ein Referenzobjekt zurückzuführen sind.[1]

Daß die Annahme einer gleichen ontologischen Basis für Spiel- und Dokumentarfilm auch heute noch nicht selbstverständlich ist, zeigt sich zum Beispiel in Barry Keith Grants 1992 erschienenem Buch *Voyages of Discovery* über das Werk des Direct-Cinema-Filmemachers Frederick Wiseman. Grant spricht dort von einer "ontological difference between real and fictional images" (Grant 1992, 16), die er unter besonderer Bezugnahme auf den 'observational film' damit begründet, daß dokumentarische Bilder eine engere Verbindung zur Realität aufweisen als die erfundenen, d.h. inszenierten Bilder des Spielfilms, "because we know the events depicted in observational films 'really happened'" (Grant 1992, 15). Obwohl Grant in der Sache recht hat, wie wir noch sehen werden, ist seine Formulierung hier nicht glücklich und dient eher dazu, die ohnehin bestehende Verwirrung über den ontologischen Status von Filmbildern erneut zu schüren. Grant läßt darüber hinaus offen, wie sich dieses "Wissen" über den dokumentarischen Charakter des Gesehenen bei den Zuschauern herstellt. Interessant ist, daß er die ontologische Differenz an der Repräsentation von Todes- und Gewaltszenen festmacht, die im Spielfilm, selbst wenn dieser mit raffinierten Spezialeffekten arbeitet, nie einen solchen existentiellen Horror und eine solche unmittelbare Betroffenheit hervorrufen, wie sie sich beim Anblick dokumentarischen Materials fast zwangsläufig einstellen. Zur weiteren Erläuterung dieser These kontrastiert Grant die moralische Empörung der Öffentlichkeit über sogenannte "snuff films", in denen angeblich Menschen vor laufender Kamera umgebracht werden, mit der lässigen Haltung vieler Zuschauer gegenüber Gewaltszenen im Spielfilm (Grant

---

1 Eine weitere Erklärung für die nur widerstrebende und unvollständige Akzeptanz des Dokumentarischen unter den "discourses of sobriety" wäre eine einschränkende Feststellung, die Nichols an anderer Stelle macht, nämlich die, daß der Dokumentarfilm letztlich weniger zum direkten gesellschaftlichen Handeln animiert als dazu, sich weitere Dokumentarfilme anzuschauen. D.h. eine nicht unwesentliche Funktion des Dokumentarfilms besteht darin, den eigenen Fortbestand als Repräsentationsform zu garantieren. Darin könnte auch ein gewisser Widerspruch zu der hier vorgestellten Theorie zu sehen sein. Wie Nichols feststellt, basiert Realismus als Konzept und als Repräsentationsform auf der Aufrechterhaltung von Distanz: "[...] the documentary apparatus - if we might apply that word, somewhat tentatively - persists by never collapsing the distance between itself and the world reported. [...] Praxis, though, eliminates the distinctive bounds of textual representation. But texts often guard against their own elimination by encouraging a continuous, self-contained cycle of production and consumption that postpones any more direct form of praxis. Desire and need become deeply invested in textual representation. A compulsion to repeat draws us to another text rather than to the historical world to which such texts may refer" (Nichols 1991, 185-186).

1992, 16). Wie im folgenden verdeutlicht werden soll, resultiert diese divergierende Reaktion auf das Gezeigte allerdings nicht aus einer ontologischen Differenz, vielmehr beruht sie auf andersartigen Prämissen und einer anderen Haltung der Zuschauer gegenüber dem dokumentarischen Text.

Doch zurück zu Nichols. Auch er kommt, ähnlich wie Guynn, zu dem Schluß:

> The bond of image to object will not, therefore, certify the historical status of the object nor the credibility of an argument; [...] documentary fails to identify any structure or purpose of its own entirely absent from fiction or narrative. (Nichols 1991, 5-6)

Dies ist eine wichtige Feststellung, denn sie macht deutlich, daß der Beweis für dokumentarische Authentizität intrafilmisch nicht erbracht werden kann, sondern notwendigerweise über bestimmte filmische Strategien, die einen Eindruck von Glaubwürdigkeit und Authentizität vermitteln, konstruiert oder suggeriert werden muß. Das heißt mit Mitteln, die letztlich denen des Spielfilms ähnlich sind oder sich auf dokumentarische Traditionen berufen (sei es in affirmativer oder distanzierender Absicht). Es stellt sich demnach auch für Nichols die Frage, wodurch sich der Dokumentarfilm - abgesehen vom historischen Gattungsdiskurs und den institutionellen Gegebenheiten, in die er eingebunden ist - *als Text* vom Spielfilm unterscheidet.

Diese Frage ergab sich auch bei der Analyse der Direct-Cinema-Filme, die Gegenstand dieser Arbeit sind. Vor allem anhand einer festgestellten unterschiedlichen Gewichtung einzelner Szenen kam die Vermutung auf, daß der Dokumentarfilm, respektive das Direct Cinema, den indexikalischen Sog des (Ab-)Bildes in Richtung auf den Referenten, zur äußeren Realität hin stärker oder in anderer Weise nutzt als der Spielfilm. Dieser Vermutung soll im folgenden vor allem auf der Basis der Kriterien, die Nichols für das Verhältnis von Dokumentar- und Spielfilm als Signifikationspraktiken entwickelt, nachgegangen werden.

Für Nichols ist die Differenz zwischen Dokumentar- und Spielfilm keine absolute, sie gründet sich vielmehr auf bestimmte Annahmen und Erwartungen, die die Zuschauer an den dokumentarischen Text herantragen. Eine grundlegende Erwartung in dieser Hinsicht ist die, daß der Dokumentarfilm sich auf *die* Welt, in der wir alle leben, d.h. die Welt unserer gemeinsamen historischen Erfahrung bezieht, und nicht auf *eine* - imaginäre - Welt, in der wir uns zu leben vorstellen. Im Spielfilm gehen wir von der Annahme aus, daß die profilmischen Ereignisse konstruiert und inszeniert wurden, um eine Geschichte zu erzählen. Zwar kann das Gezeigte im Spielfilm durchaus Ähnlichkeiten mit unserer Welt haben; aber diese Ähnlichkeit ist in erster Linie eine metaphorische: "It is a likeness rather than a replica to which we attend" (Nichols 1991, 109). Auch auf Authentizität legt der Spielfilm Wert, wobei diese vor allem über das Setting und die Ausstattung hergestellt oder suggeriert wird. Die Darsteller, die Dialoge, die Motive für die Handlung sowie die Szenenfolge orientieren sich in erster Linie an dramaturgischen, narrativen Gesetzen, auch wenn sie sich mehr oder weniger an die Realität anlehnen. Die Beziehung zur Welt bleibt in jedem Fall eine metaphorische, sie basiert auf Realitätsverwandtschaft. Damit verbunden ist, daß die Authentizität suggerierenden Elemente innerhalb der erzählten Geschichte einem Sog weg von der historischen Referenz in Richtung auf ihre Relevanz für den Plot und die Geschichte unterliegen.

Im Dokumentarfilm hingegen verflüchtigt sich diese metaphorische Distanz:

> We expect to apply a distinct form of literalism (or realism) to documentary. We are less engaged by fictional characters and their destiny than by social actors and destiny itself (or social praxis). We prepare ourselves not to comprehend a story but to grasp an argument. We do so in relation to sounds and images that retain a distinct bond to the world we all share. (Nichols 1991, 5)

Eine grundlegende Erwartung ist demzufolge, daß die Bilder des Dokumentarfilms - ebenso wie die meisten seiner Töne - der äußeren Realität, wie wir selbst sie erlebt und wahrgenommen haben könnten, wären wir an Ort und Stelle gewesen, entnommen sind. Laut Nichols gehen wir davon aus, daß das profilmische Ereignis (das, was sich vor der Kamera ereignet hat) und der historische Referent übereinstimmen, daß das Bild sozusagen der auf die Leinwand projizierte Referent ist. Damit verbunden ist die Annahme, daß das Gesehene und Gehörte im Zuge der filmischen Bearbeitung wenig oder gar nicht verändert wurde. Inwieweit diese Annahme tatsächlich zutrifft, läßt sich bei der Rezeption jedoch ebensowenig klären wie die Frage, ob und wie die Präsenz der Kamera die profilmischen Ereignisse beeinflußt haben mag. Daß diese Fragen bei Diskussionen über Dokumentarfilme immer wieder aufkommen, verdeutlicht schon, daß sich die Zuschauerpositionierung im Dokumentarfilm von der im Spielfilm unterscheidet.

3.1 Zur Indexikalität

Wie Nichols feststellt, basieren Argumentation, Interpretation und Erklärung der Welt, wie der Dokumentarfilm sie bietet, auf einer *indexikalischen* Beziehung zu der *von uns allen erlebbaren äußeren Realität.* Er gründet sich auf Evidenz, die an die Einmaligkeit des (historischen) Ereignisses gebunden ist. Darin, und nicht in der ontologischen Basis, wie die traditionelle Dokumentarfilmtheorie annahm, sieht Nichols einen grundlegenden Unterschied zwischen Dokumentar- und Spielfilm, auch wenn dieser Unterschied zum Teil auf bestimmten Konventionen, Annahmen und Erwartungen beruht und nicht als absoluter anzusehen ist. Denn auch der Spielfilm macht sich den indexikalischen Bezug zunutze, wenn auch nicht in gleicher Weise wie der Dokumentarfilm, da er ihn in sein metaphorisches System einbindet.[2]

In ihrer Hervorhebung der Indexikalität des Dokumentarfilms gründet Nichols' Theorie auf der Semiotik von Charles Sanders Peirce, der die indexikalischen, ikonischen und symbolischen Aspekte des Zeichens untersucht hat, sowie auf Peter Wollens Einschätzung dieser Theorie in ihrer Bedeutung für das Kino. Nach Peirce offenbart das indexikalische Zeichen eine existentielle Verbindung zum Objekt. Die Beziehung des ikonischen Zeichens zum repräsentierten Objekt ist hingegen eine der Ähnlichkeit, von daher ist die Beziehung zwischen Signifikant und Signifikat nicht willkürlich. Die Beziehung des symbolischen Zeichens zum Objekt ist dagegen vollkom-

[2] Eine Frage, die sich in diesem Zusammenhang stellt, auf die Nichols in seiner Theorie jedoch nur am Rande eingeht, ist die, wie es sich mit dem Inszenieren oder Nachstellen von Szenen verhält. Für Nichols gilt im Bereich des Dokumentarfilms: "location shooting is a virtual sine qua non" (Nichols 1991, 181). Insofern geht er davon aus, daß auch nachgestellte und inszenierte Szenen eine möglichst wirklichkeitsgetreue Repräsentation tatsächlicher Ereignisse anstreben. Als Beispiel, anhand dessen er belegen will, daß die indexikalische Bindung des Referenten zur äußeren Realität auch im inszenierten Dokumentarfilm dominiert, dient ihm Flahertys *Louisiana Story.* Im Gegensatz zu einem Spielfilm ist dort nicht der Cajun-Boy aus dem Bayou, von dessen Erlebnissen der Film handelt, die Hauptperson, sondern die "location photography [that] testifies to the nature of *the* world and to the active presence of Robert Flaherty in it" (1991, 184). Nach Ansicht von Nichols erfährt der realistische Stil im Dokumentarfilm eine Umkehrung. Nicht die Vision des Filmemachers steht im Vordergrund, statt dessen wird seine Verankerung in der Welt unserer gemeinsamen historischen Erfahrung betont, in die er im Moment der Aufnahme integriert ist. Von daher gilt in bezug auf den inszenierten Dokumentarfilm, der realistisch und nicht reflexiv erscheinen will, daß dessen "realist style may be less a guarantee of historical reality [...] than of the historically real recording of a situation or event, whatever its status" (1991, 184-185).

men willkürlich, da das Symbol auf Konventionen und Gesetzmäßigkeiten beruht (vgl. Wollen 1974, 123-124). Bedeutsam ist, daß sich die drei Aspekte des Zeichens nicht gegenseitig ausschließen. "On the contrary, all three aspects frequently - or, he sometimes suggests, invariably - overlap and are co-present" (Wollen 1974, 123). Peirce sah das vollkommene Zeichen als dasjenige, das die drei Aspekte zu gleichen Teilen in sich vereint. In diesem Sinne eignet sich seine Theorie zur Übertragung auf den Film, da er, wie Wollen ausführt, ebenfalls alle drei Aspekte in sich trägt. Im Gegensatz zur Sprache, die vorwiegend mit Symbolen operiert, basiert der Film vor allem auf den indexikalischen und ikonischen Aspekten des Zeichens. Wollen hebt jedoch hervor, wie wichtig es ist, die Präsenz des Symbolischen im filmischen Text anzuerkennen, da sie ihn um eine konzeptuelle Dimension bereichert, die sich über das Gesehene und seine Anordnung vermittelt. Gerade in der Vernachlässigung eines dieser Aspekte, die die ästhetische Wirkkraft des Films nur reduktiv erfassen kann, sieht Wollen eine der größten Unzulänglichkeiten bei der Theoretisierung des Kinos (vgl. Wollen 1974, 141).

Allerdings gibt es unterschiedliche ästhetische Vorstellungen und filmische Methoden, die jeweils einen der drei Aspekte hervorheben. Bazins Ästhetik betont zum Beispiel den indexikalischen Charakter des fotografischen bzw. filmischen Bildes. Metz wiederum sieht das Kino als überwiegend symbolisch, indem er es auf eine Art Grammatik zurückführen will und gewissermaßen als Sprache betrachtet. Eine weitere Alternative bietet, wie Wollen zeigt, die Ästhetik des Hollywood-Regisseurs Josef von Sternberg, der den ikonischen Aspekt des Zeichens betont. Von Sternberg stand jeglicher Form von Realismus ablehnend gegenüber. Statt dessen versuchte er, soweit es irgend ging,

> to disown and destroy the existential bond between the natural world and the image. [...] Instead he stressed the pictorial character of the cinema, he saw cinema in the light not of the natural world or of verbal language, but of painting. (Wollen 1974, 136-137)

Eine weitere Steigerung in dieser Richtung bietet der Zeichentrickfilm, der im wesentlichen auf Ikonizität beruht. Im Zuge dieser Überlegungen liegt Nichols' Gedanke, daß das Verhältnis von Ikonizität und Indexikalität im Dokumentarfilm ein anderes sein könnte als im Spielfilm, durchaus nahe.

Nichols' Theorie beruht also in bezug auf das Verhältnis von Spiel- und Dokumentarfilm bzw. Ikonizität und Indexikalität auf derjenigen von Wollen/Peirce. Wie Wollen feststellt, kommt auch Bazin in seiner Theorie zu Schlußfolgerungen, die denen vergleichbar sind, die Peirce für das indexikalische Zeichen anstellt. Doch während es Peirce darum ging, eine Logik des Zeichens zu formulieren, ging es Bazin vor allem darum, ein ästhetisches Konzept zu entwickeln, dessen Prinzipien mit seiner Betonung des indexikalischen Aspekts des filmischen Zeichens in Einklang stehen. Da die Authentizitätsansprüche und Authentisierungsstrategien des Direct Cinema mit Aspekten der ästhetischen Vorstellungen Bazins korrespondieren, die sie im Rahmen ihres Ansatzes modifizieren, wird darauf in einem späteren Kapitel noch ausführlicher einzugehen sein. Zunächst sollen jedoch die indexikalische Beziehung des Dokumentarfilms zur äußeren Realität und die Konsequenzen, die dies vor allem für die Zuschauerpositionierung im Vergleich zum Spielfilm mit sich bringt, näher beleuchtet werden.

Der Dokumentarfilm, wie Nichols ihn sieht, geht, obwohl er eine Form des Diskurses, eine Signifikationspraxis ist (wie der Spielfilm) und obwohl seine Interpretation des Gezeigten eine über den Text konstruierte ist, nicht völlig in dieser Diskursivität auf: "Documentary directs us toward the world of brute reality even as it also seeks to interpret it, and the expectation that it will do so is one powerful difference from fiction" (Nichols 1991, 110). D.h. der Dokumentarfilm fungiert als Text und lenkt gleichzeitig unsere Aufmerksamkeit auf die äußere Realität unserer gemeinsamen historischen Erfahrung, so als würden wir quasi hinter oder durch den Text auf einen Bereich blicken, in dem Konsequenzen nach sich ziehendes Handeln möglich, notwendig und letztlich unvermeidbar ist (vgl. Nichols 1991, 112).

In diesem Sinne sieht Nichols die Auseinandersetzung mit Tod und Sterben als das eigentliche Thema des Dokumentarfilms an - und gleichzeitig läßt sich daran der Unterschied zum Spielfilm besonders deutlich fassen[3]: Wenn der Dokumentarfilm Bilder vom Tod einer Person zeigt, behauptet er, den tatsächlichen physischen Tod zu zeigen und nicht eine mimetische Repräsentation. Diese Tatsache bewirkt einen großen Unterschied in der Erfahrung oder Wahrnehmung des Bildes, selbst wenn diese Wahrnehmung zum großen Teil darauf beruht, daß die Zuschauer der intratextuell nicht überprüfbaren Behauptung Glauben schenken, daß das, was sie sehen, sich wirklich ereignet hat. Aber auch dann, wenn ein Film sich nicht explizit mit dem Thema Tod auseinandersetzt, bleibt uns die Sterblichkeit der gefilmten Personen im Dokumentarfilm, anders als im Spielfilm, immer bewußt. "This lends urgency to a catego-

---

[3] Dabei rekurriert er auf Bazin, der diese Vermutung, allerdings in bezug auf das Kino im allgemeinen, in seinem Essay "Ontologie des fotografischen Bildes" (1975, 21-27) bereits anstellte.

ry of filmmaking that lacks the appeal to fantasy and imagination possessed by fiction", stellt Nichols (1991, 111) dazu zusammenfassend fest.[4]

3.2 Evidenzcharakter, Zentrifugalität und "doppelte" Zeitstruktur

Die Zielrichtungen von Dokumentar- und Spielfilm, wie Nichols sie vorstellt, erscheinen somit aus der Position der Zuschauer als gegenläufige. Im Dokumentarfilm handelt es sich um eine zentrifugale Bewegung des "looking out", durch die unser Blick durch den Text hindurch oder über seine Grenzen hinweg auf die Welt realer historischer Ereignisse gelenkt wird. Im Spielfilm ist diese Bewegung eine zentripetale des "looking in", in der das imaginäre Universum uns immer mehr in seinen Bann zieht: "Our attention flows inward, to comprehend and interpret a story, set in *a* world rather than outward, to understand and assess an argument about *the* world" (Nichols 1991, 150).[5] Darauf läßt sich zurückführen, daß im Dokumentarfilm das Bild viel stärker als Evidenz dafür angesehen wird, daß ein (historisches) Ereignis stattgefunden hat, während dieser Aspekt im Spielfilm zugunsten des imaginären Geschehens in den Hintergrund tritt.

Joachim Paech kommt in seinem Essay "Zur Theoriegeschichte des Dokumentarfilms" (1990/91) zu ähnlichen Ergebnissen wie Nichols, wenn er in bezug auf den Dokumentarfilm von einer gewissermaßen "doppelten" Zeitstruktur spricht. Dabei greift er auf Roland Barthes' Überlegungen zur Temporalität des fotografischen Bildes zurück. Der Spielfilm geht voll und ganz im "Hier und Jetzt der 'Aufführung' beziehungsweise 'Projektion'" auf. "Das vor-filmisch Reale wird vollkommen Bestand-

---

[4] Dieser Auffassung von Nichols ist allerdings einschränkend entgegenzuhalten, daß auch der Spielfilm die Sterblichkeit der gezeigten Personen eindrucksvoll vor Augen führen kann, zum Beispiel wenn wir junge Schauspieler, die heute alt sind, sehen, was mitunter sehr berührt.

[5] Nichols' Begriffe 'zentrifugal' und 'zentripetal' gehen vermutlich auf eine Analogie Bazins zurück, die Nichols für seine eigene Theorie modifiziert. Bazin verwendet sie, um Theater und Film grundsätzlich zu unterscheiden: "The direction of theater is centripetal, with everything at work to bring the spectator, like a moth, into its swirling light. The direction of cinema is, on the contrary, centrifugal, throwing that spectator out into a limitless and dark world which the camera constantly strives to illuminate" (Andrew 1990, 184-185). Vgl. auch Bazin 1975, insb. pp. 94f.

teil der Realität Film, nur für sie hat es das vor-filmisch Reale als 'mise en scène' und fiktionale Handlung vorübergehend gegeben, um es im Spielfilm 'aufzuheben'". Anders verhält es sich im Dokumentarfilm:

> Die dokumentarische Wiedergabe des Vor-Filmischen als mehr oder weniger kontingentes Ereignis behauptet dagegen das vor-filmisch Reale als unabhängig vom Film existierend und in ihm grundsätzlich abwesend als bereits geschehen (historisches Perfekt) und filmisch daher als Erinnerung in der vergegenwärtigenden Wiederholung. Der *Dokumentarfilm* ist immer doppelt: das vergangene Ereignis u n d der gegenwärtige Film. (Paech 1990/91, 24)

Roland Barthes spricht in diesem Zusammenhang von einer neuen Raum-Zeit-Kategorie der Fotografie, die sich in gewissem Sinn auf den Dokumentarfilm übertragen läßt, auch wenn Barthes selbst diesen Gedanken nicht weiterverfolgt hat, weil für ihn Film offenbar gleichbedeutend mit Spielfilm war. Auch Barthes hebt den indexikalischen Aspekt des fotografischen Zeichens hervor, indem er auf Bazins phänomenologische Sichtweise der Fotografie rekurriert und deren Evidenzcharakter betont. Dazu führt Barthes in seinem Essay "Rhetorik des Bildes" weiter aus:

> Die Fotografie bewirkt nicht mehr ein Bewußtsein des *Daseins* der Sache (das jede Kopie hervorrufen könnte), sondern ein Bewußtsein des *Dagewesenseins*. Dabei handelt es sich um eine neue Kategorie der Raum-Zeitlichkeit: örtlich unmittelbar und zeitlich vorhergehend; in der Fotografie ereignet sich eine unlogische Verquickung zwischen dem *Hier* und dem *Früher*. (Barthes 1990, 39)

Im Gegensatz zu Bazin, Kracauer und anderen sieht Barthes den Film nicht als Erweiterung der "realistischen" Möglichkeiten der Fotografie, sondern in radikaler Opposition zu ihr. Barthes konstatiert für den Film eine andere Zeitlichkeit und eine andere "Pose", in der das "*Dagewesensein* zugunsten eines *Daseins* der Sache" (p. 40) verschwindet.

Diese Feststellung korrespondiert mit Nichols' zentripetaler Bewegung des Spielfilms. Durch sie verflüchtigt sich der Eindruck des "Dagewesenseins" des Referenten in der Vergangenheit zugunsten einer Wahrnehmung, die die Anwesenheit der Charaktere innerhalb der sich in der Gegenwart entfaltenden Geschichte (story), d.h. im Sinne des Eindrucks einer (imaginär präsenten) imaginären Realität betont. Wie Maureen Turim zu Recht meint, gilt Barthes' Feststellung jedoch nicht für bestimmte Formen dokumentarischer Aufnahmen, vor allem nicht für Archivmaterial und Home Movies, da diese sehr deutlich als Dokumente einer Realität, die zum Zeitpunkt der

Aufnahme existiert hat, wahrgenommen werden. Gleichzeitig gilt für Archivmaterial, wenn es im Rahmen eines Dokumentarfilms präsentiert wird, d.h. als Erzählung, die eine bestimmte Botschaft vermitteln will: "such archival footage can be introduced into a narration that incorporates a nearly fictional presentation, as it strives to transport the spectator to another scene, another time" (Turim 1989, 15). Auch der Umgang mit Home-Movie-Material kann variieren, zum einen dient es wie das Fotoalbum als Familienarchiv vergangener Zeiten und Ereignisse, andererseits kann es als Teil der laufenden Gegenwart angesehen und in sie integriert werden. Ich würde Turims These hier noch erweitern und wie Nichols davon ausgehen, daß der Anspruch des Dokumentarfilms, als Dokument oder Evidenz zu gelten, letztlich allen faktischen Repräsentationsformen eignet, obwohl sicherlich graduelle Unterschiede in der Realisierung dieses Anspruchs erkennbar sind.[6]

Für die von ihr hervorgehobene "nearly fictional presentation" dokumentarischen Materials prägt Turim den Zeitbegriff der "nearly present" (Turim 1989, 15), der für ein Oszillieren des Dokumentarfilms zwischen Evidenz des Vergangenen und dem Bemühen um (imaginäre) "Vergegenwärtigung" dieser Vergangenheit steht. Er greift ihrer Ansicht nach insbesondere für Dokumentarfilme, die aktuelle Ereignisse präsentieren, d.h. solche, die zum Zeitpunkt der Vorführung oder Fernsehausstrahlung noch nicht lange zurückliegen. Obwohl ich nicht glaube, daß sich die Relevanz des Begriffs auf diese Art von Filmen beschränkt, stimme ich ihr zu, wenn sie schreibt: "documentary modes of filmic representation can indicate a definite past, even if in some instances they edge towards the present" (Turim 1989, 15). Das Kriterium der Aktualität der aufgezeichneten Ereignisse trifft, wenn man von der ursprünglichen Rezeptionssituation ausgeht, in jedem Fall für die Direct-Cinema-Filme zu, die sich von daher zeitlich in der "nearly present" bewegen. Umgekehrt könnte man in bezug auf die Direct-Cinema-Filme auch von der nahen Vergangenheit sprechen, denn man

---

[6] So mag beispielsweise in den avantgardistischen "city symphonies" der 20er und 30er Jahre der Beweischarakter der Bilder zugunsten formaler Assoziationen und Entsprechungen, die den Film als ganzen strukturieren, zurückgenommen worden sein. In einem reflexiven Dokumentarfilm wie Errol Morris' *The Thin Blue Line* wird der Beweischarakter z.B. durch die widersprüchlichen Aussagen der Akteure gebrochen. Nachgestellte und inszenierte Szenen heben das Suggestive, Unzuverlässige und Unvollständige in der Beweisführung und ihre Konstruiertheit hervor. Dadurch "entautorisiert" der Film die verschiedenen Aussagen durch eine Art textuellen Metakommentar, der die direkte Korrespondenz zwischen realistischer Darstellung und dem Wahrheitsanspruch der aufgestellten Behauptungen über die Realität unterbindet und statt dessen problematisiert. Vgl. dazu Nichols 1991, pp. 57-58.

hat - zumindest gilt dies für die meisten Drew-Filme sowie für Leacocks *Happy Mother's Day* und Pennebakers *Don't Look Back* - über die Medien bereits Kenntnis von den aufgezeichneten Ereignissen erhalten. Das Gezeigte wird somit zumindest auf einer Ebene als etwas, das sich in der (nahen) Vergangenheit zugetragen hat, begriffen und wahrgenommen.

In bezug auf das Vorangegangene könnte man sagen, daß die textuelle Operation des Dokumentarfilms einerseits den Eindruck des "Dagewesenseins" betont und sich andererseits darum bemüht, ihn in den Eindruck des "being there as it happens" zu verwandeln. Dies geschieht oftmals mit Mitteln, die denen des Spielfilms ähnlich sind. Paech stellt dazu fest: "Die Abwesenheit des (historisch gewordenen) Ereignisses ist immer schon Anlaß zur beschwörenden Vergegenwärtigung gewesen". So kommt es, daß "Dokumentarfilme [...] zunehmend die attraktive Ästhetik des Fiktionsfilms ['borgen'], um die Gegenwart des filmisch Dargestellten gegenüber der bedeuteten Vergangenheit zu betonen" (Paech 1990/91, 24). Demnach könnte man die Vergangenheit als die dominante Zeitform oder den Ausgangspunkt des Dokumentarfilms ansehen, die Gegenwart demgegenüber als die dominante Zeitform des Spielfilms. Während der Dokumentarfilm also häufig danach strebt, Gegenwart zu etablieren, muß der Spielfilm sich anstrengen, um andere Zeitformen als die Gegenwart zu erzeugen.[7]

Insbesondere das Direct Cinema hat die Absicht, bei den Zuschauern über bestimmte formale Operationen den Eindruck des "being there as it happens" zu erzeugen, den Eindruck, unmittelbar am Geschehen teilzuhaben. Wie sich zeigen wird, manifestiert sich dieser Vorgang vor allem als Spannung zwischen einer Betonung von Indexikalität und des Evidentiellen auf der Ebene der Einstellung und der Strukturierung und Kontextualisierung dieser Einstellungen in Form einer fiktionalisierenden Diegese, die den Eindruck der Gegenwärtigkeit des Gezeigten (auch) auf einer imaginären Ebene vermittelt. In dem hier angesprochenen Spannungsverhältnis zwischen

---

[7] Dies gilt, auch wenn sich Turim in bezug auf die Frage von Temporalität im Spielfilm zurecht gegen die landläufige Meinung wendet, daß der Spielfilm *immer* als Gegenwart verstanden wird. Wie sie feststellt, lassen solche Behauptungen außer Acht, wie der filmische Text Zeitlichkeit codieren kann. Dies geschieht, indem Segmente durch ihre zeitliche Aufeinanderfolge definiert werden oder durch eine komplexe Kombination visueller und akustischer Hinweise wie "voice-over narration", Überblendungen, Wechsel von Farbe zu Schwarz/weiß etc. Selbst Filme, die in der fortlaufenden Gegenwart spielen, werden von den Zuschauern aufgrund bestimmter "internal distancing devices" manchmal nicht ausschließlich innerhalb dieses imaginären Rahmens wahrgenommen (vgl. Turim 1989, 15-16).

Vergangenheit und "Vergegenwärtigung" sehe ich einen Unterschied zwischen der Diegese, die das Direct Cinema erzeugt, und derjenigen des Spielfilms. Dieses Spannungsverhältnis ist gerade im Direct Cinema deshalb so interessant, weil sich das Dargestellte, von wenigen Ausnahmen abgesehen, auf *einer* fortlaufenden zeitlichen Ebene bewegt, wie dies auch in vielen Spielfilmen der Fall ist. D.h. innerhalb der erzählten Zeit finden keine Sprünge zwischen verschiedenen Zeitebenen statt.[8] Anders verhält sich dies im reinen Kompilationsfilm, der unterschiedlichstes Archivmaterial zusammenbringt, und in Dokumentarfilmen, die Archivmaterial mit Interviews, Direct-Cinema-Sequenzen etc. kombinieren. Nichols selbst setzt sich nicht näher mit der unterschiedlichen Zeitstruktur von Dokumentar- und Spielfilm auseinander, sondern macht den Unterschied in erster Linie am anderen Umgang mit Indexikalität fest. Aber auch er spricht in bezug auf das Direct Cinema, das er mit dem Begriff der "observational mode" kennzeichnet, von einer "particularly vivid form of 'present-tense' representation." Sogar dann, "when the text shifts to a different scene or locale, the sense of an underlying spatial and temporal continuity prevails, one which is consonant with the moment of filming" (Nichols 1991, 40).

Die hier angesprochene "doppelte" Zeitstruktur des Dokumentarfilms in Verbindung mit seiner Betonung des indexikalischen Aspekts ist sicherlich auch mit dafür verantwortlich, daß die Diegese des Direct Cinema brüchiger, widersprüchlicher und schwieriger aufrechtzuerhalten ist als die des klassischen Hollywoodfilms. Sie muß nämlich bei der Strukturierung des Textes sowohl den Beweischarakter des Gezeigten als auch seine imaginäre Vergegenwärtigung berücksichtigen.

3.3 Das Verhältnis von Einstellung und Gesamtstruktur unter besonderer Berücksichtigung des Direct Cinema

Nach Ansicht von Nichols unterscheiden sich realistische Spiel- und Dokumentarfilme zwar in ihrer Orientierung auf *eine* bzw. *die* Welt, gemeinsam ist ihnen jedoch das Bestreben, den von ihnen eingenommenen Standpunkt gegenüber der Welt zu ka-

---

8 Zeitsprünge auf der Mikroebene, wie sie beispielsweise in sogenannten "synthetischen Szenen" vorkommen, sind damit nicht gemeint. Über sie wird später noch zu sprechen sein.

schieren und Erfahrungen und Ansichten so zu präsentieren, als seien sie vorgegeben und würden lediglich enthüllt und widergespiegelt. Dieser Effekt, der in beiden Gattungen mithilfe bestimmter ästhetischer und dramaturgischer Konventionen, die sich im Lauf der Zeit wandeln, erzeugt wird, ist im Direct Cinema ausgeprägter als bei anderen Formen des Dokumentarfilms. Das Direct Cinema versucht nämlich soweit wie möglich ohne *voice-over*-Kommentar auszukommen, der die Aufmerksamkeit der Zuschauer stärker auf den expositorischen Prozeß lenken würde. Zwar werden auch im Direct Cinema, wie im Dokumentarfilm überhaupt, Behauptungen aufgestellt und Feststellungen gemacht, die einen bestimmten ideologischen Standpunkt gegenüber der Welt in sich tragen, dies geschieht jedoch in indirekter, verdeckter Form. Der evidentielle Charakter vergangener Ereignisse im Dokumentarfilm, die er im Rahmen seiner fiktionalisierenden Diegese "vergegenwärtigt", wird demnach in einer Weise genutzt, die diesen spezifischen Blick auf die Welt zu naturalisieren sucht. Nichols sieht in dieser Form der Repräsentation eine mysteriöse oder magische Qualität. Sie resultiert aus der Fähigkeit des Dokumentarfilms, die Welt in ihrer historischen Einzigartigkeit wiederholt reproduzieren zu können - wobei dies jedoch im Dienste ganz unterschiedlicher Argumentationen, Interessen und Ideologien geschieht.[9]

In diesem Zusammenhang führt Nichols den Begriff des "argument" für den Dokumentarfilm ein und stellt diesem den der "narrative" im Spielfilm gegenüber. "Argument treats the historical world as the ground for the figure of its documentary representation" (Nichols 1991, 126). Diese begriffliche Unterscheidung soll darauf verweisen, daß sich im Dokumentarfilm die metaphorische Distanz zur Wirklichkeit aufgelöst hat und die Bilder und Töne statt dessen einen Wahrheitsanspruch vertreten. Sie gelten als Evidenz, die über die spezifische Argumentation des jeweiligen Textes nochmals als Beweismaterial konstruiert wird. Die Betonung des evidentiellen Charakters dient also im dokumentarischen Text dazu, die Glaubwürdigkeit der Argumentation zu stützen, für deren historische Authentizität oder Korrektheit der Text selbst keine Beweise bieten kann. Paech faßt dieses die Bilder des Dokumentarfilms betreffende Phänomen folgendermaßen zusammen: "man kann nur sagen, daß es wirkliche Bilder sind, nicht aber Bilder der wirklichen Ereignisse, die sie bedeuten sollen" (Paech 1994, 31). Die Evidenz aus der Welt unserer kollektiven historischen Erfahrung ist demnach eingeschlossen in ein Signifikationssystem, das ihr erst ihre spezifi-

---

9 Offenkundig wird dies bei der Einbettung von inzwischen zum kollektiven visuellen Kulturgut gehörendem Archivmaterial in immer neue Kontexte und Argumentationshorizonte.

sche Bedeutung innerhalb eines spezifischen Kontextes verleiht. D.h. es gibt im Dokumentarfilm zwei evidentielle Ebenen, wobei die Ebene der faktischen Evidenz auf der Basis der Einstellung die Ebene der Produktion von Bedeutung, die diese Einstellungen kontextualisiert, in ihrer Glaubwürdigkeit unterstützt. Die Bilder des Dokumentarfilms, die letztlich keinen Beweischarakter für die Richtigkeit einer Argumentation haben, können also lediglich den Eindruck vermitteln, daß ein Ereignis sich so zugetragen hat, wie wir als Zuschauer dies vermittelt bekommen, oder daß es sich so zugetragen haben könnte. Diesen "effet de réel" (vgl. Barthes 1978, 134) nutzt der (realistische) Dokumentarfilm, und insbesondere das Direct Cinema, aufs Äußerste - und in anderer Weise als der Spielfilm -, denn daran hängt seine Glaubwürdigkeit und Überzeugungskraft. Die Konstruiertheit tritt hinter den Realitätseindruck zurück bzw. verbindet sich mit ihm in einer Weise, die ihn verstärkt.

Der Ebene der - ungeschnittenen, unmanipulierten - Einstellung kommt in diesem Zusammenhang eine besondere Bedeutung zu. Denn obwohl die Einstellung ja keineswegs frei von subjektiver, interpretierender Bedeutung ist, manifestiert sich doch der *Eindruck*, dies sei so, dort besonders stark. Obwohl dieser Eindruck auch im Spielfilm erzielt werden kann, ist er doch im Dokumentarfilm ungleich stärker, weil er von der Evidentialität und der Zentrifugalität des dokumentarischen Bildes, die dem Signifikationsprozeß einen gewissen Widerstand leisten und ihn dadurch naturalisieren helfen, gestützt wird. In der Tatsache, daß der Spielfilm nicht in dem Maße durch ein solches Spannungsverhältnis zwischen Einstellung und Gesamtstruktur gekennzeichnet ist wie der Dokumentarfilm und insbesondere das Direct Cinema, liegt ein weiterer wesentlicher Unterschied der beiden Gattungen. Zur näheren Erläuterung dieses Verhältnisses kann man Susan Sontags Ausführungen über das fotografische Bild mit der Funktion der Einstellung im Dokumentarfilm und insbesondere im Direct Cinema in Beziehung bringen. Sontag schreibt:

> There can be no evidence, photographic or otherwise, of an event until the event itself has been named and characterized. And it is never photographic evidence which can construct - more properly, identify - events; the contribution of photography always follows the naming of the event [...]. (Sontag 1979, 19)

Dies läßt den Schluß zu, daß die filmische Einstellung einer Fotografie in ihrer Vieldeutigkeit ähnlich ist. Dazu noch einmal Susan Sontag:

> The ultimate wisdom of the photographic image is to say: "There is the surface. Now think - or rather feel, intuit - what is beyond it, what the reality must be like if it looks this way." Photographs, which cannot themselves explain anything, are inexhaustible invitations to deduction, speculation, and fantasy. (Sontag 1979, 23)

Dennoch enthält auch die Einstellung bereits einen "defamiliarizing effect", der sich aus der Selektion des Gegenstands, der Kadrierung, der Wahl des Filmmaterials, den Lichtverhältnissen, der Wahl der Perspektive etc. ergibt.[10] Denn wie die Fotografie kreiert die filmische Einstellung "a reality in the second degree, narrower but more dramatic than the one perceived by natural vision" (Sontag 1979, 52). Zugleich ist die Einstellung jedoch noch relativ vielfältig in ihrer Bedeutung. Ein eindeutigerer Sinn ergibt sich vor allem über die Verknüpfung der Einstellungen in der Montage, über die Kontextualisierung.

Das "naming and characterizing", von dem Sontag spricht, vollzieht sich im Fall der Fotografie z.B. über die Bildunterschrift und die Kontextualisierung. Bei der filmischen Einstellung geschieht dies ebenfalls über die Kontextualisierung, in der sich die spezifische Argumentation und Intentionalität ausdrückt, sowie über das Bild/Ton-Verhältnis. Bild und Ton affirmieren sich entweder oder stehen sich kontrastiv gegenüber oder kommentieren einander in anderer Weise. Barthes untersucht in "Rhetorik des Bildes" zwei auch hier relevante Funktionen, die die linguistische Botschaft in Verbindung mit einer ikonischen Botschaft (hier bezogen auf die Werbefotografie) haben kann. Diese bezeichnet er mit den Begriffen "Verankerung" und "Relaisfunktion" (vgl. Barthes 1990, 34). Im Fall der "Verankerung" kontrolliert und begrenzt der Text die potentiellen Bedeutungen des Bildes, indem er einige Aspekte des Gezeigten hervorhebt und andere vernachlässigt. Im Film ist auch der umgekehrte

---

10 Vgl. dazu Kristin Thompson 1988. Thompson charakterisiert den "defamiliarizing effect" folgendermaßen: "Our nonpractical perception allows us to see everything in the artwork differently from the way we would see it in reality, because it seems strange in its new context" (p. 10). Abgesehen von dieser elementaren Bedeutung, die hier angesprochen ist, hat "defamiliarization" jedoch noch eine weitreichendere Bedeutung, die sich auf den Wandel formal-ästhetischer und narrativer Konventionen im Lauf der Geschichte bezieht: "Even in a conventional work, the events are ordered and purposeful in a way that differs from reality. The works that we single out as most original and that are taken to be the most valuable tend to be those that either defamiliarize reality more strongly or defamiliarize the conventions established by previous art works - or a combination of the two. [...] Defamiliarization is thus an element in all artworks, but its means and degree will vary considerably, and the defamiliarizing powers of a single work will change over history" (p. 11).

Fall möglich, in dem das Bild die Bedeutung der auditiven Botschaft konkretisiert und spezifiziert. "Relaisfunktion" bezeichnet demgegenüber ein komplementäres Bild/ Ton-Verhältnis. Das Gehörte ist wie das Gezeigte Teil eines größeren Syntagmas, dessen Bedeutung sich auf einer höheren Ebene, der der Story oder der Diegese, realisiert. Diese Funktion erlangt im Film eine besondere Bedeutung, denn dort hat "der Dialog keine bloße Erhellungsfunktion", sondern treibt tatsächlich die Handlung voran, indem er "in der Abfolge der Botschaften Bedeutungen anbringt, die im Bild nicht aufscheinen" (Barthes 1990, 36).

Im Dokumentarfilm verbindet sich das Analogische mit dem Evidentiellen und dem Zentrifugalen. Dadurch wird der Kontextualisierung, die einen immer stärker in die Geschichte (im Sinne von "narrative") hineinzuziehen trachtet, richtungsmäßig ein gewisser Widerstand entgegengesetzt, der sich über den suggerierten "direkten" Blick weg vom Text auf das "Reale" ergibt. Was Barthes in "Die Fotografie als Botschaft" über das fotografische Paradoxon schreibt, das aus der Koexistenz zweier verschiedener Botschaften resultiert, "einer ohne Code (das wäre das fotografische Analogon) und einer mit Code (das wäre die "Kunst" oder die Bearbeitung oder die "Schreibweise" oder die Rhetorik der Fotografie)", gilt in jedem Fall auch für das Direct Cinema:

> Dieses strukturale Paradox fällt mit einem ethischen Paradox zusammen: Will man "neutral, objektiv" sein, so bemüht man sich, das Wirkliche peinlich genau zu kopieren, als ob das Analogische der Besetzung mit Werten einen Widerstand entgegensetzte (so lautet zumindest die Definition des ästhetischen "Realismus"). (Barthes 1990, 15)

Diesen "Widerstand", von dem Barthes spricht, nutzt das Direct Cinema in vielfältiger Weise, um das, was es zeigt, zu authentisieren. Es betont das Analogische durch Hervorhebung der denotierten Botschaft der Einstellung gegenüber der konnotierten Botschaft der Gesamtstruktur. Dies geschieht beispielsweise durch das Bestreben, die "natürliche" Chronologie der Ereignisse in der Repräsentation aufrechtzuerhalten, und über die Verwendung von langen Einstellungen, Kameraschwenks und Zooms anstelle von Schnitten. Die Vieldeutigkeit der sich organisch entwickelnden Einstellung oder Szene soll sich gegenüber der Tendenz zur Vereindeutigung, die die Gesamtstruktur aufweist, behaupten. Diese filmischen Methoden, die einen Vorgang der Dekontextualisierung einleiten, tragen dazu bei, daß sich der Prozeß der Signifikation sozusagen umkehrt. In der Wahrnehmung der Zuschauer schiebt sich die denotierte Botschaft über die konnotierte. Barthes' Beobachtungen hinsichtlich der Werbefotografie in "Rhetorik des Bildes" gelten auch in diesem Zusammenhang: "Die Natur scheint spontan die dargestellte Szene hervorzubringen; [...] das Fehlen eines Codes desintellektualisiert die Botschaft, weil dadurch die Zeichen der Kultur als natürlich erscheinen." Es geht also darum, "den konstruierten Sinn unter der Maske eines gegebenen Sinns zu verschleiern" (Barthes 1990, 40). Auf diese textuellen Operationen, die der Authentisierung und Naturalisierung des Gezeigten dienen, werde ich im Kapitel zum Direct Cinema noch zurückkommen.

3.4 Zur Privilegierung des klassischen Erklärdokumentarismus in der Theorie von Bill Nichols

Zum Abschluß möchte ich noch einmal auf die im vorangegangenen Kapitel bereits angedeutete Tendenz von Nichols eingehen, den klassischen Erklärdokumentarismus bzw. den "expository mode", wie er ihn nennt, als Prototyp des Dokumentarischen anzusehen. Diese Tendenz war in seinen früheren Werken, zum Beispiel in seinem Aufsatz "Documentary Theory and Practice" (1976/77), der die im Direct Cinema vorherrschende indirekte Adressierungsweise vernachlässigt, stärker ausgeprägt, sie setzt sich jedoch subtiler auch in *Representing Reality* fort. Zwar berücksichtigt Nichols das Direct Cinema in seinem Buch durchaus und widmet ihm unter der Bezeichnung "observational mode" einen langen Abschnitt. Dennoch zeigt sich in seinen generalisierenden Aussagen zum Dokumentarfilm weiterhin die Tendenz, von der Dominanz "verbaler Erklärungscodes" (Hohenberger 1988, 107) gegenüber visuellen auszugehen:

> The centrality of argument gives the sound track particular importance in documentary. This is in keeping with the relation between documentary film and those discourses of sobriety that circulate through the Word. Arguments require a logic that words are able to bear far more easily than images. (Nichols 1991, 20-21)

Bezeichnenderweise ist es gerade diese "word logic" des klassischen Dokumentarfilms, gegen die sich Robert Drew, einer der Begründer des amerikanischen Direct Cinema, zu wenden suchte, indem er ihr sein Konzept der "picture logic" entgegensetzte. Wie P.J. O'Connell in seiner Dissertation über *Robert Drew and the Development of Cinema-verite in America* herausgearbeitet hat, war es Drews Absicht, die für den Roman und den Spielfilm entwickelten Erzähltechniken auf den Dokumentarfilm zu übertragen, um so einen "more historically accurate 'record of our times'" zu produzieren, der aus einer "mixture of candid photography and story telling structure" bestand (O'Connell 1991, 89). In mehreren ausführlichen Gesprächen erläuterte Drew seine theoretischen Ansichten über Form und Funktion des von ihm angestrebten journalistischen Dokumentarfilm-Konzepts, die hier in einem längeren Zitat veranschaulicht werden sollen:

> And so my theoretical view developed that we had a means of distribution [in television], we had power and drama going on in real life wherever people lived or died or worked hard or fell in love or whatever, and all we needed to do was to supply the journalist, as I thought of it, who could capture these real people, real stories, in real life, edit them in such a way that the stories would tell themselves without the aid of a lot of narration, and we would have a new form of drama on one hand, because it would be real instead of fictional, [and] a new form of journalism on another hand because it would have dramatic logic instead of verbal, schematic logic. [...] I knew that the practical tools I had to take hold of were candid photography, which existed in still pictures but was most rudimentary in motion pictures ... and editing for story through character with dramatic lines rather than editing with some word logic in mind, some lecture logic.[11]

Die Einbindung des Informationsgehalts der Drew-Filme in eine dramatische Struktur sollte ihren Unterhaltungswert steigern. Die Bilder sollten nicht dazu mißbraucht werden, eine vorgefertigte Botschaft zu illustrieren, und die Zuschauer sollten nicht das Gefühl haben, belehrt zu werden. Über das Mittel der indirekten Adressierung versuchte Drew sie in einer ähnlichen Haltung gegenüber dem Gezeigten zu positionieren, wie sie es vom Spielfilm her gewohnt waren, um sie so an die "pleasures of the text", wie der Spielfilm sie bietet, anzuschließen und dadurch ihr emotionales oder libidinöses Engagement für die sich auf dem Bildschirm oder der Leinwand entfaltenden Ereignisse zu fördern. Nicht eine Vermittlung von Wissen über die Ratio steht im Direct Cinema im Vordergrund, sondern ein gefühlsmäßiges Sich-Hineinversetzen und Nachvollziehen der jeweiligen Situation, die ein Verständnis der Zusammenhänge aufgrund einer eigenständigen Interpretation des Gesehenen ermöglichen, die sich aus diegetischen sinnlichen Eindrücken ergibt. Diesen Aspekt seines theoretischen Konzepts hatte Drew zwar schon früh formuliert, konnte ihn aber in seinen

---

[11] Auszug aus einem persönlichen Gespräch zwischen Drew und O'Connell am 20. November 1983 (O'Connell 1991, 89).

Filmen, auch aufgrund vielfältiger äußerer Zwänge, nie völlig überzeugend realisieren. Er wurde von Filmemachern wie Leacock, Pennebaker und den Maysles, die zunächst mit ihm zusammenarbeiteten und sich dann von ihm lösten, in einer Weise modifiziert und weiterentwickelt, die seinen Ansprüchen letztlich näherkam.

Dies hatte allerdings zur Folge, daß sie sich immer mehr von dem journalistischen Konzept, an dem Drew festhalten wollte, entfernten und "offenere" Strukturen fanden, die nicht in gleichem Maße auf eine dramatisierende Zuspitzung der Ereignisse ausgerichtet waren, wie sie die paradigmatische Krisenstruktur der Drew-Filme nahezu fordert. Besonders deutlich wird dies bei Pennebakers *Don't Look Back* und Filmen der Maysles, zum Beispiel *Salesman*, die im Gegensatz zu den Drew-Filmen und Leacocks *Happy Mother's Day* gänzlich ohne *voice-over*-Kommentar auskommen. Zur Verdeutlichung meiner These ist an dieser Stelle wichtig, daß das Direct Cinema, zunächst vor allem in seinem theoretischen Anspruch und später zunehmend auch in der filmischen Praxis, so etwas wie eine "Ästhetik der Sinnlichkeit" propagierte, die dem rational bestimmten, wortdominierten "discourse of sobriety", den Nichols als *die* grundlegende "Pose" des Dokumentarischen ansieht, einen gewissen Widerstand entgegensetzt.[12] Kulturgeschichtlich betrachtet kann das Direct Cinema darüber hinaus als Reaktion auf die "rationalen" 50er Jahre verstanden werden, wie sie Morris Dickstein in *Gates of Eden* (1989), seinem Buch über die ästhetischen und politischen Repräsentationsformen der 60er Jahre, schildert, und somit als Ausdruck des Zeitgeistes dieser Dekade.

Annette Kuhn hat schon 1978 festgestellt, daß sich Dokumentarfilme, die auf indirekter Adressierung beruhen, nicht bruchlos in ein Modell integrieren lassen, dessen Definition wie das von Nichols auf einer Privilegierung verbaler Erklärungsmuster gründet (vgl. Kuhn 1978, 73). Sie sieht beobachtende Dokumentarfilme wie die des Direct Cinema vielmehr als Herausforderung für den klassischen Erklärdokumentarismus:

> certainly in the sense that the observation process is inscribed in their shooting, but more importantly - especially with regard to differentiating them from other forms of

[12] In dieser Hinsicht nähern sich manche Direct-Cinema-Filme dem poetischen Dokumentarfilm, den Nichols in seinem Ansatz bezeichnenderweise nicht berücksichtigt. Auch dort, wie in den "Stadtsymphonien" der 20er und 30er Jahre beispielsweise, basiert die Argumentation nicht in erster Linie auf einer Ansprache der Ratio, es werden vielmehr emotional-assoziative Einsichten in Zusammenhänge evoziert, die über sinnliche Erfahrungen Gestalt annehmen.

documentary - in terms of the particular way in which they place the spectator as observer. (Kuhn 1978, 78)

Auch in diesem Zusammenhang greifen Nichols' generalisierende Aussagen nicht. Für ihn hat im Dokumentarfilm die logische Kontinuität der Argumentation, die völlig disparate Ausschnitte der äußeren Realität als Evidenz zusammenfügen kann, Vorrang vor der raum-zeitlichen Kontinuität, wie sie der Spielfilm suggeriert (vgl. Nichols 1991, 20). Im Direct Cinema kehrt sich dieses Verhältnis um, denn es lehnt sich bewußt an die vom Spielfilm entwickelten Prinzipien raum-zeitlicher Kontinuität an, ja steigert sie noch. Dies geschieht einerseits, um die Beobachterposition in den filmischen Text einzuschreiben, und andererseits, um nicht zuletzt auch darüber die indirekte Form der Argumentation zu naturalisieren.[13] Damit verbunden ist eine Bevorzugung visuell-narrativer Erklärungs- und Interpretationsmuster, denen die anderen, z.B. die über den Kommentar erzeugten extradiegetisch verbalen, untergeordnet sind. Aus dieser Umkehrung der Hierarchie sinnstiftender Diskurselemente, auf der die Sonderfallstellung des Direct Cinema in der Theorie von Nichols letztlich beruht, leitet Eva Hohenberger die folgende, meiner Ansicht nach weit über das Ziel hinausschießende Schlußfolgerung ab:

> Der Zuschauer wird nicht mehr verbal-appellativ angesprochen, sondern ebenso imaginierend-sehend in die Signifikantenkette eingewoben, wie es für den fiktionalen Film beschrieben wurde. Hier besteht auf theoretischem Niveau keine Möglichkeit mehr, dokumentarische von fiktionalen Filmen zu differenzieren. Dokumentarfilme mit einer solchen Struktur *sind* fiktional, denn die zwischen den Bildern konstruierten Sinnzusammenhänge verhindern, daß man auch noch auf das aufmerksam werden könnte, was in ihnen zwingend fehlt, die Wirklichkeit. (Hohenberger 1988, 107)

Auch wenn Nichols das Direct Cinema nicht bruchlos in sein theoretisches Modell integrieren kann, zeigt er doch überzeugend auf, daß die indirekte Adressierung und die Anlehnung an fiktionale formale und narrative Strategien eine solche Gleichsetzung des Direct Cinema mit dem Spielfilm nicht rechtfertigt. Denn durch diese Signifikationspraktiken wird der indexikalische Bezug des Dokumentarfilms zur äußeren Reali-

---

13 Eine Ausnahme bilden hier die Filme Frederick Wisemans, die amerikanische Institutionen wie Schule, Militär, Krankenhaus, Polizei etc. unter die Lupe nehmen. Sie basieren nicht auf einer von raum-zeitlicher Kontinuität geprägten dramatischen Struktur. Hier ist es die jeweilige Institution selbst, die die thematischen Bezüge, die der Text knüpft, vor allem räumlich verortet.

tät, der seinen Beweischarakter betont, ebensowenig tangiert wie seine Zentrifugalität und "doppelte" Zeitstruktur. Insofern bietet Nichols' Ansatz trotz der sich aus der Bevorzugung des klassischen Erklärdokumentarismus ergebenden Einschränkungen ein überaus brauchbares Modell für eine Analyse des Direct Cinema, die dessen Position im Rahmen des dokumentarischen Diskursfeldes wie sein Verhältnis zum Spielfilm genauer bestimmen kann. Wie aus dem Vorangegangenen deutlich geworden sein sollte, gilt Nichols' Feststellung, die sich auf das Verhältnis des Spielfilms zum Dokumentarfilm im allgemeinen bezieht, für das Direct Cinema in besonderem Maße: "Formal strategies overlap but their context and implications often differ significantly" (Nichols 1991, xi). Dieses komplexe, zwischen Anlehnung und Differenz changierende Verhältnis soll in den nächsten Kapiteln weiter erforscht und spezifiziert werden.

4. Das Direct Cinema der 60er Jahre und Drew Associates

4.1 Die Entwicklung des methodischen Ansatzes und seiner technologischen Voraussetzungen

Eine Schlüsselfunktion für die Entwicklung des Direct Cinema kommt dem Journalisten Robert Drew zu. Er hatte einen prägenden Einfluß auf die konzeptuelle Ausformulierung dieses dokumentarischen Ansatzes und war maßgeblich beteiligt an der Realisierung seiner technologischen Voraussetzungen. Drew begann seine Karriere in den 40er Jahren als Redakteur und Reporter der Illustrierten *Life*. Während dieser Zeit verstärkte sich sein Interesse für das Medium Fernsehen, das sich in den 50er Jahren zur mächtigsten Kommunikationsindustrie entfaltete. Drew sah es als *das* Massenmedium der Zukunft, mit dessen Hilfe sich Griersons Vorstellungen einer funktionierenden Demokratie auf der Basis einer "commonly shared experience", die informierte Wählerentscheidungen ermöglichen sollte, verwirklichen ließen (O'Connell 1988, 81f.). Aus diesem Grunde wollte er den Konzern Time Inc., die Muttergesellschaft von *Life*, dazu bewegen, ins Fernsehgeschäft einzusteigen.

Drews langfristiges hochgestecktes Ziel, eine Revolution im Fernsehjournalismus herbeizuführen, erwuchs aus seiner Unzufriedenheit mit dessen herkömmlichen Formen. Dokumentarische Fernsehsendungen wie die von Fred Friendly und Ed Murrow konzipierte *See It Now*-Serie, an der sich viele andere ähnlich gelagerte Projekte orientierten, waren für ihn in erster Linie "lectures with picture illustrations" (Drew 1988, 391), die die Möglichkeiten des Fernsehens als visuelles Medium nicht adäquat nutzten. Sie konzentrierten sich auf ein bestimmtes Thema, dessen verschiedene Aspekte unter Verwendung von Archivmaterial, Interviews und Bildern aktueller Ereignisse beleuchtet wurden. In der Form der Zuschaueradressierung und der Montage lehnten sie sich an die rational bestimmten Prinzipien des von Nichols und anderen beschriebenen "expository mode" an, die sie für ihre Zwecke modifizierten.

Im Dokumentarfilm konstituiert die Authentizität der Bilder und Töne die materielle Basis, die Evidenz für die Argumentation des filmischen Textes. Diese Argumentation kann laut Nichols zwei Formen annehmen, die des "commentary" oder die der "perspective" (vgl. Nichols 1991, 118, 126). Bei der "perspective", die im Direct Cinema vorherrscht, handelt es sich um eine durchgängige implizite Form der Argumentation, die dem Zuschauer eine aktive Rolle zuweist, da er den ideologischen Standpunkt eines Films selbst bestimmen muß. Der Zuschauer nimmt eine "see-for-yourself"-Haltung ein, die in dieser Hinsicht der Haltung im Spielfilm nahekommt. Beim "commentary", der im "expository mode" dominiert, handelt es sich hingegen um eine intermittierende explizite Form der Argumentation, die den moralischen oder ideologischen Standpunkt eines Films gegenüber der Welt relativ deutlich zu erkennen gibt. Hier wird dem Zuschauer eine eher passive "see-it-my-way"-Haltung zugewiesen, die ihn gleichzeitig eine distanziertere, rationalere Position zum Gezeigten einnehmen läßt, denn aufgrund des offen vertretenen Standpunkts fühlt er sich veranlaßt, dessen Stichhaltigkeit anhand des dargebotenen Beweismaterials zu überprüfen.

Mit "commentary" und "perspective" modifiziert und erweitert Nichols sein früheres Konzept von direkter und indirekter Adressierung im Dokumentarfilm (vgl. Nichols 1976-77, 34-48) durch zwei übergeordnete Begriffe, die im Vergleich zu ersteren den Vorteil bieten, nicht nur den "expository mode" vom "observational mode" zu unterscheiden, sondern auch für den "interactive" und den "reflexive mode" zu gelten. Darüber hinaus besteht der Vorteil des erweiterten Konzepts darin, daß es im Gegensatz zum früheren nicht nur die verbale Ansprache der Zuschauer berücksichtigt. Zwar bedient sich die Form des "commentary" häufig extradiegetischer oder diegetischer sprachlicher Statements, die sich direkt an die Zuschauer richten, doch erschöpfen sich ihre Einsatzmöglichkeiten nicht darin. "Commentary" kann ebensogut ein expressives Stilmittel der Montage, der Bildgestaltung oder der Tonspur sein, das unsere Aufmerksamkeit von der repräsentierten Realität oder der Realität des Repräsentierten abzieht und auf den filmischen Diskurs selbst lenkt. Auch die indirekte Adressierung des Direct Cinema in Form von "perspective" schließt, wie wir noch sehen werden, Momente nicht aus, in denen sich die deutlicher auf die Konstruiertheit des Textes verweisende Form des "commentary" durchsetzt. Im Rahmen der Diskussion von "expository" und "observational mode" möchte ich zwar an den Begriffen "direkte" und "indirekte Adressierung" festhalten, dabei aber die Artikulationsmöglichkeiten von "commentary" und "perspective" auf der visuellen wie der akustischen Ebene einbeziehen.

Im Gegensatz zum Spielfilm und zum Direct Cinema dominiert im "expository mode" oder Erklärdokumentarismus die Tonspur über die Bildebene und bestimmt in hohem Maß deren Aussagekraft. Diegetische Kontinuität stellt sich in erster Linie über die körperlose Stimme eines die Zuschauer direkt adressierenden Off-Kommentators her, der das Gezeigte erklärt und evaluiert. Zwar kommt im Rahmen dieses

Modus auch die direkte Adressierung in Form von Interviews zum Einsatz, die dort vertretenen individuellen Standpunkte haben jedoch gegenüber dem *voice-over*-Kommentar, der die übergeordnete logische Instanz des Textes bildet, wenig Eigengewicht. Die Interview-Sequenzen werden vielmehr in die übergeordnete Argumentation eingebunden und fungieren wie das übrige Bildmaterial als Evidenz, um die Überzeugungskraft des Kommentars illustrativ oder kontrastierend zu stützen.

Im Fernsehdokumentarfilm erfolgt die direkte Adressierung darüber hinaus auch häufig in Form von Äußerungen eines im Bild erscheinenden Moderators, im Englischen "anchorperson" genannt, der nicht nur der offiziellen Stimme des Textes, sondern auch der Autorität der Institution Fernsehen körperliche Gestalt verleiht. Der in dieser Weise modifizierte "expository mode" stellt auch heute noch die am weitesten verbreitete Form der Fernsehberichterstattung dar. Die Struktur dieser Filme hat einen autoritär anmutenden Charakter:

> Narration by a newsman, omniscient in tone, was the cohesive factor. It proclaimed objectivity. It quoted dissent, but regularly paired it with official refutation. Through mazes of controversy, newsmen walked a tightrope labeled truth. The phrase "on the other hand ... on the other hand ... on the other hand ..." became a documentary refrain. (Barnouw 1983, 227)

Während die Montage im Direct Cinema raum-zeitliche Kontinuität betont und sich in dieser Hinsicht an die Strukturierungsprinzipien des Spielfilms anlehnt, hat bei der Montage im Erklärdokumentarismus - wie in den meisten anderen dokumentarischen Formen - die logische Kontinuität der Argumentation Vorrang gegenüber dem Wunsch, ein raum-zeitlich definierbares und relativ geschlossenes Universum zu etablieren. Die Techniken des *continuity editing* werden zwar durchaus genutzt, dienen hier jedoch in erster Linie dazu, Raum- und Zeitsprünge zu kaschieren und unterschiedlichstes (Bild-)Material in einer Weise zu verknüpfen, die nicht auf seine disparate Herkunft verweist, sondern statt dessen den Zusammenhang und die Schlüssigkeit der Argumentation hervorhebt und untermauert.

Die typische Organisationsform der Argumentation im "expository mode" ist zumeist die Problem/Lösung-Struktur[1]: Auf die Darstellung eines bestimmten Problems

---

[1] Im Gegensatz dazu konzentriert sich die narrative Struktur des Spielfilms vorrangig auf die Lösung eines bestimmten Konflikts, eines vom Film vorgegebenen Rätsels oder die Überwindung eines Mangels durch Herbeiführung eines neuen Zustands der Ausgeglichenheit.

folgt die Erläuterung seiner verschiedenen Ursachen und schließlich das Aufzeigen von Lösungsmöglichkeiten. Insofern überrascht es nicht, daß die Verbindung zwischen einzelnen Szenen häufig nach dem Prinzip von Ursache und Wirkung erfolgt (vgl. Nichols 1991, 37). Dies führt jedoch oft dazu, daß sich die Bedeutung von Einstellungen und Szenen im Diskurs nicht primär aus dem ergibt, was sie physisch abbilden, d.h. aus dem, worauf sie in Bezug auf einen spezifischen Referenten konkret verweisen. Vielmehr werden Einstellungen und Szenen gern im Sinne von "nominal portrayals" oder "kategorialen Bildern" eingesetzt, die für etwas anderes stehen als das, was sie rein fotografisch repräsentieren.[2] Sie haben hier den Charakter und die Funktion von Beispielen, die eine verallgemeinernde Aussage illustrativ belegen:

> The use of stock footage, for instance, of strike breaking in *Union Maids* or naval bombardments in *Victory at Sea*, is based on shots that depict policement and battleships so that they can be contextualized in order to nominally portray the specific events the film discusses. [...] We do not take this use of such a shot [...] to be a matter of lying - unless the commentary explicitly claims the shot was taken at the moment the bill was passed - because we understand that shots can not only be used as recording units but also as expositional units. And nominal portrayal is the representational practice that most facilitates cinematic exposition. (Carroll 1983a, 28-29)

Zahlreiche Aussagen von Direct-Cinema-Filmemachern belegen, wie sehr ihnen die Verwendung von "nominal portrayals" widerstrebte, zum einen, weil sie sie als verfälschend empfanden, und zum anderen, weil sie meinten, die Atmosphäre eines Ereignisses ließe sich auf diese Weise nicht sinnlich vermitteln.[3] Dennoch läßt sich auch im Direct Cinema der Einsatz von "nominal portrayals" nachweisen. Allerdings gelingt dies oft erst im Rahmen einer genaueren Analyse, da sich der illustrative oder erklärende Charakter solcher Einstellungen und Szenen üblicherweise hinter dem Eindruck von "physical portrayals" verbirgt.[4]

---

[2] Zur Unterscheidung von "physical" und "nominal portrayal" vgl. Carroll 1983a, 27-29.

[3] So betont beispielsweise Pennebaker in einem Interview: "If you want people to care, you have to make it so that when they look at your picture they *know* that this mountain is in Montevideo. [...] I don't know how you do it, but that's what the art has to be about" (Seldes 1969, 49).

[4] Diesen Effekt hat Jeanne Hall insbesondere anhand des Drew-Films *Primary* untersucht, der sehr geschickt mit den Zuschauererwartungen hinsichtlich eines synchronen Bild/-Ton-Verhältnisses operiert, das sich in manchen Fällen als ein den Synchronton lediglich suggerierendes herausstellt. Tatsächlich affirmieren oder ergänzen sich Bild und Ton hier jedoch im Sinne von Barthes' "Verankerung" oder "Relaisfunktion", wobei dem Gezeigten auf subtile Weise eine Bedeutung zugewiesen wird, die über das konkret

Wie bereits dargelegt, wandte sich Drew gegen die eher distanzierte Haltung dokumentarischer Fernsehberichterstattung, in der die "word logic" eines Off-Kommentators und/oder Moderators die visuelle Botschaft bestimmte und die in erster Linie Material und Meinungen *über* ein Thema oder Ereignis zusammentrug und dann das Resultat evaluierte, aber nicht den tatsächlichen Hergang der Ereignisse verfolgte und mit der Kamera begleitete. Was ihm vorschwebte, war dagegen eine Reportage aus einer intimeren Insiderposition heraus, die einen Blick hinter die Kulissen ermöglichte, ähnlich wie die Fotoreportagen von *Life*, denen es gelang, privilegierte Momente von informativer und vor allem emotionaler Signifikanz mit der Kamera festzuhalten. Die Aufgabe des Fernsehens, für die es am besten gerüstet war, lag in Drews Augen nicht in der Vermittlung von Informationen und Fakten - das konnten Zeitungen und Bücher viel besser -, sie bestand vielmehr darin, "to give you a feeling of the situation - the immediacy of the characters and the conflicts and the story" (O'Connell 1988, 91).

Drews Vorstellungen decken sich zu einem gewissen Grad mit stilistischen Prinzipien des *New Journalism*, der sich Mitte der 60er Jahre zu einer einflußreichen literarischen Strömung entfaltete, die die kulturelle Sensibilität der Dekade mitbestimmte. Hierbei handelt es sich um eine Form des Journalismus, die das Reportageformat mit romanhaften und essayistischen Tendenzen verbindet, um "the way people live now" (Wolfe 1975, 68) zu dokumentieren. Sie wurde von Schriftstellern wie Truman Capote, Tom Wolfe, Hunter S. Thompson und Norman Mailer praktiziert und bekanntgemacht. Während der Journalismus der 50er Jahre seine Glaubwürdigkeit aus einer Haltung der "impersonality and objectivity" (Dickstein 1989, 136) bezogen hatte, war den "New Journalists" daran gelegen, ihren Standpunkt durch subjektive Zeugenschaft, die die eigenen emotionalen Reaktionen einbezog, zu bekräftigen:

> What these different strands of writing shared was the range of things traditional journalism left out: atmosphere, personal feeling, interpretation, advocacy and opinion, novelistic characterization and description, touches of obscenity, concern with fashion and cultural change, and political savvy. [...] Sometimes these writers developed a new voice *simply* by including the forbidden, not only the forbidden subject but more often the device or approach forbidden by the older journalistic code. (Dickstein 1989, 132-133)

Abgebildete weit hinausgeht. "*Primary* engages in a sort of 'match game' whereby appropriate (if not ontologically linked) images are offered as illustration or explanation for certain sounds. The more likely the sound-image match appears, the more credible the film becomes on its own terms" (Hall 1990, 46).

Bereits 1953 bekam Robert Drew von der Fernsehgesellschaft NBC seine erste Chance, *Key Picture*, eine nach seinen Vorstellungen konzipierte 40-minütige Fernsehshow zu realisieren, die ähnlich enthüllende Qualitäten haben sollte wie die Reportagen der Illustrierten *Life* (vgl. O'Connell 1988, 61). Während der Produktion stieß er jedoch auf fast unüberwindliche technische Hindernisse und mußte schnell feststellen, daß die damalige Dokumentarfilmtechnik die Verwirklichung seiner Ideen nicht zuließ. Denn die Schwerfälligkeit und Unbeweglichkeit der 16mm-Synchronton-Ausrüstung, die mühsam aufzubauen war, machte das Filmen spontaner, sich überraschend entwickelnder Ereignisse unmöglich. Zu dem gleichen niederschmetternden Ergebnis, vor allem was die Wiedergabe alltäglicher Gesprächssituationen betraf, kam etwa zur gleichen Zeit der Dokumentarfilmer Richard Leacock, der bei Flahertys *Louisiana Story* (1948) als Kameramann mitgewirkt hatte und das technische Dilemma aus seiner Sicht anschaulich beschreibt:

> Already when we were working on *Louisiana Story*, I saw that when we were using small cameras, we had tremendous flexibility, we could do anything we wanted, and get a wonderful sense of cinema. The moment we had to shoot dialogue, lip-sync, everything had to be locked down, and the whole nature of the film changed. The whole thing seemed to stop. We had heavy disk recorders, and the camera that, instead of weighing six pounds, weighed two hundred pounds, a sort of monster. As a result of this the whole nature of what we were doing changed. We could no longer watch things as they developed, we had to impose ourselves to such an extent upon everything that happened before us, that everything sort of died.[5]

Drew erkannte in Leacock einen kongenialen Geist, nachdem er dessen 1954 für die Fernsehserie *Omnibus* produzierten Dokumentarfilm *Toby and the Tall Corn* über das Leben eines Zirkusbesitzers gesehen hatte, in dem Leacock trotz aller technischer Limitierungen versuchte, einen beobachtenden Standpunkt gegenüber dem Geschehen einzunehmen. Die persönliche Begegnung der beiden weckte das Bedürfnis nach einer professionellen Zusammenarbeit und führte 1957 schließlich zur Gründung von Drew Associates, einem losen Zusammenschluß von Filmemachern und *Life*-Korrespondenten, der die Dokumentarfilmszene der 60er Jahre entscheidend veränderte und prägte. Das gemeinsame Ziel bestand anfänglich vor allem darin, die bis dahin gebräuchliche schwerfällige Synchrontonausrüstung durch eine neue, handlichere zu ersetzen, um

---

[5] "Richard Leacock Interviewed," *Film Culture* 22-23 (Summer 1961). Zitiert nach Cameron/Shivas 1963a, p. 12.

Drews vom *Life*-Journalismus inspiriertes Dokumentarfilmkonzept verwirklichen zu können. Als drittes Gründungsmitglied kam der Filmemacher Donn Alan Pennebaker hinzu, der aufgrund seiner Ausbildung als Elektroingenieur in der Lage war, die Vervollkommnung der technischen Ausrüstung voranzutreiben und zu koordinieren. Weitere Personen, die von Anfang an eng mit Drew Associates zusammenarbeiteten, waren die Filmemacher Albert Maysles, Terence Macartney-Filgate, James Lipscomb und Nicholas Proferes sowie die *Life*-Korrespondenten Gregory Shuker und Hope Ryden. Der neue Ansatz sollte zunächst mit vier einstündigen Programmen für die "Close-Up"-Serie der Fernsehgesellschaft ABC erprobt werden. Die finanzielle Unterstützung für dieses kostspielige technische und ästhetische Experiment erhielt Drew von der Fernsehabteilung des Time-Life-Konzerns.

Wie Allen und Gomery in ihrer Studie über die Anfänge des Direct Cinema herausgearbeitet haben, war die Entscheidung von ABC, vier unabhängig produzierte Dokumentarfilme zur besten Sendezeit ins Programm zu nehmen, ausgesprochen ungewöhnlich und bedeutete von daher einen besonderen Glücksfall für Drew Associates (vgl. Allen/Gomery 1995, 213-241). Normalerweise sendeten die drei großen kommerziellen Fernsehanstalten, zu denen neben ABC noch CBS und NBC gehören, ausnahmslos selbst produziertes Material, da sie nur so die Einhaltung der Objektivitätskriterien ihrer jeweiligen Nachrichtenabteilungen garantiert sahen. Zwei Faktoren trugen zu der Entscheidung ABCs bei: Erstens verstärkte sich zum damaligen Zeitpunkt das Interesse von Werbefirmen an "public affairs"-Programmen, zu denen Dokumentarfilme zählen, und erhöhte dadurch deren Attraktivität für die Sendeanstalten. Zweitens einigten sich die drei nationalen Networks um diese Zeit freiwillig darauf, die Ausstrahlung solcher Programme zur besten Sendezeit zu verdoppeln, um ihrer gesellschaftlichen Funktion als Informationsmedium gerecht zu werden und einer verstärkten Regierungskontrolle durch eigene Initiative zu begegnen. Um diesen Beschluß unmittelbar in die Tat umsetzen zu können, war ABC auf Programme "von außen" angewiesen. Denn als kleinstes und jüngstes der drei Networks hatte es noch keine voll ausgerüstete Nachrichtenabteilung und hob daher die Praxis, nur eigene Produktionen zu senden, vorübergehend auf. Hinzu kam, daß Bell & Howell als Sponsor der "Close-Up"-Serie ähnlich wie ABC nur über begrenzte finanzielle Mittel verfügte und daher gezwungen war, mit der "Close-Up"-Serie ein gewisses Risiko einzugehen, um konkurrenzfähig zu bleiben. Zum Leidwesen von Drew Associates kehrte ABC jedoch nach den vier Filmen wieder zu seiner ursprünglichen Politik zurück, nur im eigenen Hause hergestelltes Material auszustrahlen. Seitdem ist das Direct Cinema in den USA vom *public television*, von gelegentlichen Kinovorführungen und alternativen Formen der Distribution, wie sie im Bildungswesen bestehen, abhängig.

Da Time Inc. auch nach dieser Entscheidung seine finanzielle Unterstützung nicht zurückzog, konnten Drew Associates über einen Zeitraum von etwa zwei Jahren noch zwölf weitere einstündige Dokumentarfilme produzieren, von denen allerdings nur zwei in den Networks gezeigt wurden. Die übrigen zehn wurden als "Living Camera"-Serie zusammengefaßt und mehreren kommerziellen Sendeanstalten erfolglos angeboten. Mamber hebt in diesem Zusammenhang zu Recht die verdienstvolle Rolle des Time-Konzerns hervor, der Drews Experimente mit etwa zwei Millionen Dollar finanzierte, obwohl die Chancen, diese Investition in Profite zu verwandeln, von Anfang an als gering einzuschätzen waren (vgl. Mamber 1974, 62).

Die Tatsache, daß die ersten Filme von Drew Associates über ihre landesweite Ausstrahlung einem Massenpublikum zugänglich waren, trug viel dazu bei, daß ihr dokumentarischer Ansatz in der Öffentlichkeit kritisch diskutiert und als paradigmatisch für die Direct-Cinema-Bewegung insgesamt wahrgenommen wurde. In der Folgezeit verlagerte sich diese Diskussion durch die Verdrängung fast aller weiteren Drew-Filme aus dem kommerziellen Fernsehkontext und ihre verstärkte Präsenz auf internationalen Festivals, die auch eine Folge dieser Verdrängung war, immer mehr ins Umfeld unabhängiger Dokumentarfilmproduktion. Entgegen der ursprünglichen Zielsetzung Drews wurden die Filme weniger als "candid television journalism" wahrgenommen denn als Teil einer in den 60er Jahren dominant werdenden neuen Form des dokumentarischen *Films*, des Direct Cinema.

Im Gegensatz zu den Plazierungsproblemen, die den meisten Drew-Filmen sowie den Werken vieler anderer Direct-Cinema-Dokumentaristen den Zugang zum großen Fernsehpublikum verwehrten,[6] konnten die technischen Probleme - die Perfektionierung der leichten 16mm-Kameraausrüstung mit kabelloser Synchrontonvorrichtung, die die notwendige Voraussetzung für den "unkontrollierten", beobachtenden Ansatz des Direct Cinema bildet - zufriedenstellend gelöst werden. Allerdings vollzog sich diese Entwicklung nur stufenweise und über einen längeren Zeitraum. So gilt *Primary* (1960), der den Vorwahlkampf der Senatoren Hubert Humphrey und John F. Kennedy um die Präsidentschaftskandidatur in Wisconsin zeigt, zwar als erster Direct-Ci-

---

[6] Eine Ausnahme bilden die Filme Frederick Wisemans, die alle im amerikanischen Fernsehen gezeigt wurden, zunächst über WNET, New Yorks Public Broadcast System und anschließend landesweit (vgl. Grant 1992, 7).

nema-Film, wurde aber nur zum Teil mit der neuen Technik gedreht.[7] In diesem Zusammenhang ist ferner zu berücksichtigen, daß die effektive Nutzung der neuen Technik von einer Reihe weiterer Neuerungen abhing, die zur selben Zeit entwickelt wurden: Erstmals gelangen die Herstellung eines kompakten, tragbaren Tonbandgeräts wie der Schweizer Nagra sowie die Konstruktion relativ leiser 16mm-Handkameras, die ohne Schutzgehäuse zu verwenden waren und Synchronton selbst bei Nahaufnahmen erlaubten.[8] Hinzu kam, daß neues, hochempfindliches Filmmaterial auf den Markt gebracht wurde, das im Labor noch gepusht werden konnte und somit das Filmen in Innenräumen ohne zusätzliche störende Lampen ermöglichte. Darüber hinaus steigerte das Zoomobjektiv die Beweglichkeit des Direct-Cinema-Filmemachers, weil er den Ausschnitt variieren konnte, ohne die Kontinuität der Aufnahme zu zerstören, und Großaufnahmen möglich waren, ohne die gefilmten Personen durch die Nähe der Kamera zu irritieren.

Das durch die technischen Neuerungen möglich gewordene problemlose Aufzeichnen lippensynchronen Tons ergänzte und vervollständigte den Authentizitätseindruck des filmischen Bildes ganz wesentlich. Es bildete die Basis, aus der die Direct-Cinema-Filmemacher ihren Anspruch auf einen privilegierteren Zugang zur Realität ableiteten. Michael Barchet stellt dazu fest:

> Dokumentarfilm findet zu einem Begriff einer wesenhaften Authentizität bildästhetischer Aufzeichnung letztlich erst an dem Punkt, an dem die völlig unphotographische Technologie der synchronen Tonaufzeichnung die Abbildungsbehauptung des Bildes ausformulierte. Erst mit dem Mittel des Dialogs, das die Konventionen cinematischer Produktion von Wirklichkeit bestimmte, denen der Spielfilm seit der Einführung des Tonfilms folgte, konnte die Ästhetik des Dokumentarfilms "realistisch" genug werden, um die Behauptung einer besonderen Referenz im Realen gegenüber dem Spielfilm als Seherfahrung des Zuschauers zu verteidigen. (Barchet 1989, 54)

Viele Filmkritiken und Interviews mit den Filmemachern aus der Frühphase des Direct Cinema bringen die Faszination und Euphorie darüber zum Ausdruck, daß man nun zum ersten Mal im Dokumentarfilm Personen in authentischen Situationen sprechen hörte. Endlich schien es möglich, dem theoretischen Anspruch Kracauers und

---

7 Vgl. Mamber 1974, p. 36 und O'Connell 1988, pp. 137-145.

8 Diese Schallschutzhüllen, im englischen "blimps" genannt, waren bisher notwendig gewesen, um das Eigengeräusch der Kamera zu unterdrücken, und hatten sie unhandlich und schwer gemacht. Bei Nahaufnahmen ohne zusätzliche Hülle wäre das Kamerageräusch auf der Tonspur zu hören gewesen.

Bazins, die physische Realität in all ihren Aspekten aufzuzeichnen und zu enthüllen, gerecht zu werden. Auf diesen Anspruch rekurrierten die Direct-Cinema-Filmemacher, wenn sie in ihren Aussagen immer wieder zu suggerieren versuchten, mithilfe ihrer dokumentarischen Methode sei es nun tatsächlich möglich, die Realität, "wie sie wirklich ist", "objektiv" einzufangen. Obwohl dieser Anspruch von Filmkritikern und Theoretikern - zum Teil vehement - zurückgewiesen wurde, prägten, wie im ersten Kapitel gezeigt wurde, Aspekte dieser Rhetorik die Diskussion weiterhin nachhaltig. Dies ist auch darauf zurückzuführen, daß man sich in erster Linie an der Rhetorik orientierte und bis zu einem gewissen Grad von ihr vereinnahmen ließ, ohne ihren programmatischen Charakter aufzudecken und entsprechend zu berücksichtigen. Dieser spiegelt sich, wie im Lauf der Arbeit noch deutlich werden soll, in der Strukturierung der Filme in Form einer Hervorhebung von Direct-Cinema-Elementen gegenüber anderen konventionelleren Signifikationspraktiken. Eine Analyse der in der Tradition des Drewschen Ansatzes stehenden Filme zeigt nämlich, daß diese eine neue Form des realistischen Dokumentarfilms propagieren, die einerseits auf Authentizitätsansprüche rekurriert, wie sie die traditionelle Dokumentarfilmtheorie bereits formuliert hatte, und andererseits spezifische innovative Authentisierungsstrategien entwickelt, um den ihr eigenen Realitätseindruck möglichst überzeugend zu vermitteln.

Daß die Filme dem erhobenen Anspruch auf Objektivität in ästhetischer Hinsicht nicht gerecht werden (können), ist bereits hinreichend dargelegt worden. Aber auch in politisch-ideologischer Hinsicht ist ihnen Neutralität oder Objektivität kaum zu attestieren. Insbesondere die Filme von Drew Associates, aber auch die späteren Arbeiten Leacocks, Pennebakers und der Gebrüder Maysles entpuppen sich vielmehr geradezu als zielbewußte Wegbereiter nicht nur einer neuen Form des Filmemachens, sondern auch einer neuen politischen Ideologie (vgl. Hall 1990, 20). In ihre formale Gestaltung und inhaltliche Ausrichtung ist der Liberalismus der Kennedy-Administration ebenso eingeschrieben wie die künstlerische und kulturelle Sensibilität der 60er Jahre. Wie Jeanne Hall feststellt, verwiesen Filmhistoriker zwar auf den Liberalismus Kennedyscher Prägung in den Drew-Filmen, erkannten die Deutlichkeit dieser Verbindung aber nicht wirklich. Dies ist sicherlich auch auf die rhetorische Überdeterminiertheit der Direct-Cinema-Diskussion zurückzuführen. Sie wirkt selbst in der Studie von Allen und Gomery aus dem Jahr 1985 noch nach, in der die Autoren die Entscheidung ABCs, die Drew-Filme im Rahmen ihres "public affairs"-Programms auszustrahlen, unter anderem mit der "Objektivität" der Filmemacher erklären:

> One of the hallmarks of verité is that the structure of the film [...] is determined by 'what happens' in the event being filmed, rather than imposed upon the material by the filmmaker. (Allen/Gomery 1985, 229)

Dies war laut Allen und Gomery für ABC wie für Bell & Howell insofern von Nutzen, als es das Risiko minimierte, mit einer bestimmten sozialen oder politischen Position identifiziert zu werden. Dieser Einschätzung hat Hall folgende Beobachtungen entgegenzusetzen:

> Not only does *Primary* document a Democratic presidential primary (rather than a Republican one), but it arguably favors Kennedy over Humphrey (the Drew cameras find only reverent expressions on the faces in Kennedy's crowds, for example, and only skeptical ones on the faces in Humphrey's). *Adventures on the New Frontier* glorifies the new president who faces "the most soul-shaking problems of the United States, the Free World, and all mankind." *Yanki No!* echoes the Kennedy Administration's fear of "Sino-Soviet intervention in the affairs of the Western Hemisphere," and *X-Pilot* shares its enthusiasm for the Space Program. *The Children Were Watching* denounces desegregationists and supports the Administration's civil rights legislation, while *Crisis: Behind a Presidential Commitment*, made two years later, compares Kennedy favorably to Lincoln. (Hall 1990, 20-21)

4.2 Authentizitätsansprüche und Authentisierungsstrategien des von Drew geprägten Ansatzes

Im folgenden sollen die Authentizitätsansprüche und Authentisierungsstrategien, die der Legitimierung des von Drew geprägten Ansatzes dienen, im einzelnen dargestellt und in einen Zusammenhang gebracht werden. Sie beruhen, wie bereits angedeutet, auf einer Bevorzugung und Betonung von Direct-Cinema-Elementen gegenüber traditionellen dokumentarischen Signifikationspraktiken, die durch die Entwicklung innovativer Repräsentationscodes ermöglicht wurde. Im Vergleich zu früheren erscheinen sie realistischer, weil sie in besonderem Maße und in neuer Art und Weise darauf abzielen, Elemente des Realen wie Spontaneität, Vieldeutigkeit und natürliche Raum-Zeit-Relationen mit filmischen Mitteln einzufangen und zu simulieren.[9]

Die Authentizitätsansprüche, die die spezifischen Authentisierungsstrategien des Direct Cinema untermauern, beruhen wiederum auf einer ähnlichen Naturalisierung der Aufnahmeapparatur, wie wir sie in der traditionellen Dokumentarfilmtheorie bereits kennengelernt haben, nämlich auf einer Analogisierung von natürlichem und filmischem Sehen. Daß diese Analogisierung auf einer konzeptuellen Überbetonung des Abbildcharakters beruht und letztlich nicht haltbar ist, da sie die unausweichliche Intentionalität und Konstruiertheit des filmischen Textes verschleiert, wurde im Vorangegangenen bereits deutlich.

> Only this equivalence can support the notion that the presentation of a filmed record of an event allows spectators to see the event just as human witnesses present at the event saw it, a notion the *cinéma-vérité* filmmakers clearly want us to accept. (Elder 1989, 124)

Die verbalen Äußerungen der Direct-Cinema-Filmemacher und die ästhetische Strukturierung der Filme greifen also ineinander, um die auf dieser Grundlage erhobenen Authentizitätsansprüche zu bekräftigen.

4.2.1 Die Überbetonung der Aufnahmephase

Zwei weitere Prämissen bilden neben der Analogisierung von natürlicher und filmischer Wahrnehmung die Basis für diese Authentizitätsansprüche: die vorausgesetzte Nichtinszeniertheit des Gefilmten und die - selbstauferlegte - Nichtintervention der Filmemacher in das Geschehen. Nichtinszeniertheit und Nichtintervention bilden auch die beiden wesentlichen Kriterien für die Direct-Cinema-Filmemacher, um ihren methodischen Ansatz von dem des Erklärdokumentarismus und dem des klassischen Hollywoodkinos positiv abzugrenzen, die in jedem Fall in das profilmische Geschehen eingreifen, sei es durch Interviewfragen, das Nachstellen oder Wiederholen von Er-

[9] Dies gilt natürlich in erster Linie für die Rezeptionssituation der frühen 60er Jahre, da der damalige "defamiliarization effect" dieses Repräsentationsmodus inzwischen von der Erkenntnis seiner Konventionalität eingeholt worden ist.

eignissen oder durch Inszenierung des gesamten fiktionalen Geschehens. Diese Abgrenzungstendenz auf der Basis des Nichtinszenierens und Nichtintervenierens führt im Direct Cinema zu einer Überbetonung der "unkontrollierten" Aufnahmephase[10], aus der eine Bagatellisierung aller anderen Phasen der Produktion - wie Selektion und Aufbereitung des Themas sowie Montage und Herstellung der Tonspur[11] - resultiert. Überbewertet wird dabei das Moment des spontanen "zufälligen" Beobachtens mit der Kamera aus der Insiderperspektive eines *participant-observer*, das im Direct Cinema als Garant für Authentizität dient, da sich darüber in besonderem Maße der Eindruck erwecken läßt, der "natürliche" Fluß des Lebens, "wie es wirklich ist", könne unmittelbar eingefangen werden.

Diese Überbetonung der Aufnahmephase im Direct Cinema läßt deutliche Parallelen zur Theorie André Bazins erkennen, der in ähnlicher Weise den automatisch-mechanischen Entstehungsprozeß des filmischen Bildes und nicht das Endprodukt, den filmischen Text, zum entscheidenden Ausgangspunkt und Kriterium seiner filmtheoretischen Überlegungen und in der Folge auch seiner filmästhetischen Präferenzen machte.[12] "Wenn auch auf dem fertigen Werk", so schreibt er, "Spuren der Persönlichkeit des Fotografen erkennbar sind, so sind sie dennoch nicht vom gleichen Rang wie die des Malers." Aufgrund ihrer "objektiven" Entstehung wirke die Fotografie auf ihre Betrachter "wie ein 'natürliches' Phänomen, wie eine Blume oder eine Schneeflocke, deren Schönheit nicht trennbar ist von ihrem pflanzlichen oder tellurischen Ursprung" (Bazin 1975, 24). Bazin bevorzugte daher filmische Ausdrucksformen, die die organische Einheit des Gezeigten so weit wie möglich zu erhalten trachteten. Da die natürliche Welt ihm mehr galt als die Welt der Zeichen, war die sich an der Natur orientierende Darstellung sein wichtigstes ästhetisches Bewertungskriterium. Dennoch war sich Bazin im Gegensatz zu manchen naiven Kritikern wie Apologeten seines Werkes durchaus darüber im klaren, daß der "Realismus in der Kunst [...] nur über einen artifiziellen Weg erreicht werden" kann:

---

[10] Vgl. dazu auch die bereits erwähnten Aufsätze von Annette Kuhn (1978) und Paul Arthur (1993).

[11] Vom chemischen Prozeß der Laborentwicklung und der Projektion oder Ausstrahlung ganz abgesehen.

[12] Es ist davon auszugehen, daß Bazins Theorie Anfang der 60er Jahre außerhalb der eigenen Landesgrenzen noch kaum rezipiert wurde. Aber die Filme des italienischen Neorealismus der 40er und 50er Jahre, die zu seinen bevorzugten Studienobjekten gehörten, an denen er seine theoretischen Überlegungen festmachte, wurden weltweit zur Kenntnis genommen und beeinflußten mit Sicherheit die ästhetischen Vorstellungen der Direct-Cinema-Filmemacher.

> Jede Ästhetik ist gezwungen, zwischen dem auszuwählen, was wert ist, bewahrt zu werden, was fallengelassen oder abgelehnt werden kann: Aber wenn sie, wie das der Film tut, grundsätzlich beabsichtigt, die Illusion der Wirklichkeit zu schaffen, so begründet das Auswählen einen fundamentalen Widerspruch, der gleichzeitig unannehmbar und notwendig ist. Notwendig, weil Kunst eben nur durch diese Auswahl entsteht; ohne Auswahl - angenommen, daß der totale Film schon heute technisch möglich wäre - würden wir schlicht und einfach zur Realität zurückkehren. Unannehmbar, weil die Auswahl schließlich auf Kosten der gleichen Realität geschieht, die der Film uneingeschränkt wiederherstellen will. [...] Tatsächlich lebt die kinematografische 'Kunst' aus diesem Widerspruch [...]. (Bazin 1975, 142)

Durch die Weiterentwicklung der Synchrontontechnologie konnte das Desiderat des Nichteingreifens in eine sich ungestört entfaltende Situation erstmals überzeugend ausformuliert werden. Von daher wird dem Faktor Technologie im Rahmen der Diskussion des Direct Cinema häufig ein determinierender Status zugeschrieben: "an almost transcendent faith in equipment defers intentionality as it creates, in the minds of many filmmakers, a virtual metaphysics of presence" (Arthur 1993, 118). Dies suggeriert in gewisser Weise, die Technologie selbst sei frei von historischen und ideologischen Implikationen und Intentionen. Die Entwicklungsgeschichte des Direct-Cinema-Ansatzes und seiner technologischen Voraussetzungen zeigt hingegen, daß letztere mit der expliziten Absicht, eine spezifische neue Form des Filmens zu ermöglichen, konzipiert wurden. Ein weiterer Einwand gegen das Determinismus-Argument ist natürlich die Tatsache, daß sich auf der Basis der neuen Technik ganz unterschiedliche methodische Zugänge zur "Realität" herausgebildet haben. Ein eklatantes Beispiel ist das französische *cinéma vérité*, das zwar mit derselben Technik wie das Direct Cinema operiert, aber gegensätzliche Methoden und Auffassungen entwickelt hat. Aber auch der Direct-Cinema-Filmemacher Frederick Wiseman verfolgt ein ästhetisches Projekt, das sich deutlich von den Konzepten Drews und seiner (ehemaligen) Kollegen unterscheidet.

Die Überbetonung der Aufnahmephase im Direct Cinema ist demnach an eine nicht aufrechtzuerhaltende Annahme gekoppelt, nach der die Aufnahmetechnologie zum bestimmenden Faktor der Dokumentarfilmproduktion erhoben wird, der alle übrigen Produktionsrelationen definiert. Diese Annahme überlagert neben der aus ihr gespeisten Rhetorik und ästhetischen Strukturierung der Filme auch die kritische Einschätzung des Direct Cinema bis in die 80er Jahre, da der Faktor Technologie als ebenso bestimmend für den Dokumentarfilm *als Text* erachtet wurde. Damit soll gesagt sein, daß die Produktion belichteten Filmmaterials tendenziell mit der Produktion von Bedeutung gleichgesetzt wurde (vgl. Kuhn 1978, 81). Wie in der traditionellen Dokumentarfilmtheorie finden wir hier wiederum das Bestreben, den mittlerweile durch lippensynchronen Ton vervollständigten und perfektionierten Transparenzeindruck des dokumentarischen Bildes in Form einer Verschiebung zu nutzen, die die Produktion von Bedeutung aus dem Text in die Realität zu verlagern sucht.

Angesichts der überragenden Geltung, die dem Moment der Aufnahme, der Drehsituation, im Direct Cinema beigemessen wird, kommt auch dem Kameramann[13] eine zentrale Rolle zu. Oft ist er derjenige, der als Auteur eines Films gilt,[14] auch wenn bekanntermaßen eine ganze Reihe von Personen mit der Herstellung betraut war.[15] Zum Beispiel werden die Filme von Drew Associates in der Literatur häufig unter dem Namen des jeweiligen Kameramanns - als Leacock- oder Pennebaker-Filme - klassifiziert, obwohl Drews Konzept ihre thematische Ausrichtung und Strukturierung entscheidend prägte. Die sich in diesem Phänomen ausdrückende Hegemonie des Visuellen erscheint angesichts der Neuerung des lippensynchronen Tons, die den beobachtenden Ansatz des Direct Cinema erst ermöglichte, in gewisser Weise paradox.[16]

---

13 Soweit mir bekannt ist, gab es im Direct Cinema der 60er Jahre keine einzige Kamerafrau, daher ist die Wortwahl gerechtfertigt. Frauen waren allerdings häufiger für den Ton verantwortlich, so z.B. Joyce Chopra bei *Happy Mother's Day*, Hope Ryden bei einigen Drew-Filmen und Barbara Connell bei William Jerseys *A Time for Burning*.

14 Dies steht im Gegensatz zum Hollywoodfilm, wo diese Rolle seit dem Aufkommen der von Mitarbeitern der französischen Filmzeitschrift *Cahiers du Cinéma* in den 50er Jahren lancierten Auteur-Theorie in erster Linie dem Regisseur, der fast nie eine technische Funktion innehat, zugeschrieben wird. Zur Auteur-Theorie vgl. Wollen 1974, pp. 74-115.

15 Eine Ausnahme bildet hier Frederick Wiseman, der sehr wohl als Auteur seiner Filme angesehen wird, aber für den Ton verantwortlich ist. Die visuelle Gestaltung überläßt er einem Kameramann, zumeist William Brayne, mit dem er allerdings seit Jahren eng zusammenarbeitet.

16 Wie Annette Kuhn in diesem Zusammenhang bemerkt, charakterisiert das hierarchische Verhältnis von Bild und Ton zumeist auch das zwischen den Geschlechtern bei der Produktion: "The sound operator tends to occupy a secondary position as regards authorship, and it is no coincidence that there is often a sexual division of labour in documentary film crews which places women recording sound and men operating camera" (Kuhn 1978, 77).
Zur Vernachlässigung der Bedeutung des Tons in filmwissenschaftlichen Untersuchungen zum Direct Cinema und der Filmtheorie im allgemeinen vgl. Barchet 1989, insbes. pp. 54-58.

Viele Aussagen der Direct-Cinema-Filmemacher versuchen die zentrale Rolle des Kameramanns und des Drehaktes hervorzuheben. So äußert sich beispielsweise der Kameramann/Filmemacher Richard Leacock in einem Interview:

> What is it we film makers are doing then? The closest I can come to an accurate definition is that the finished film - photographed and edited by the same film maker - is an aspect of the film maker's perception of what happened. This is assuming that he does no directing. No interference. In a funny sort of way, our films *are* the audience. A recorded audience. The films are a means of sharing *my* audience experience. [...] We say that we are film makers, but in a funny sort of way *we are the audience*. We do not have the burden of a director. (Blue 1965, 16)[17]

Und die Cutterin Patricia Jaffe, die einige Drew-Filme montiert hat, bekräftigt:

> Direct Cinema [...] is based on *recording life as it exists at a particular moment before the camera*. The role of the filmmaker in this instance is never to intrude by directing the action - never to alter the events taking place. [...] His job is simply to record what he sees as he sees it. (Jaffe 1965, 43)[18]

Obwohl beide Zitate das Nichteingreifen in die profilmischen Ereignisse als unabdingbare Voraussetzung des Direct-Cinema-Ansatzes betonen, verweisen sie gleichzeitig auf die Subjektivität des Kameramanns, der die Ereignisse mithilfe seines technischen Aufzeichnungsgerätes aus seiner spezifischen Perspektive übermittelt. Einerseits soll also die Betonung der Nichtintervention einen "stance of neutrality" (Kuhn 1978, 74) garantieren, wobei aus dem damit verbundenen Verzicht auf die Kontrolle über die profilmische Situation häufig ein nicht aufrechtzuerhaltender Objektivitäts- und Wahrheitsanspruch nicht nur in Hinblick auf bestimmte Einstellungen, sondern auf den filmischen Text als ganzen abgeleitet wird. Andererseits zeigt sich hier, daß dieser Anspruch nicht als absoluter zu verstehen ist, sondern sich als "one man's truth" des jeweiligen Kameramanns individualisiert und relativiert. "The problem this might seem to pose for the 'veracity' of the representation is circumvented precisely because such films present themselves as 'personal points of view'" (Kuhn 1978, 79).

Die subjektive Wahrheit des Kameramanns verliert deshalb nichts von ihrer Autorität, weil das Kameraauge im Zuge einer Verschiebung als symbolische Verlänge-

---

17 Hervorhebungen im Original.
18 Hervorhebung im Original.

rung seines Auges fungiert und seine subjektive Sicht verkörpert.[19] Die angenommene Trennung zwischen Subjekt und Objekt wird dabei auf die Kamera projiziert, die als neutrales Aufzeichnungsinstrument gilt, somit die Subjektivität des Kameramanns in diesen gedanklichen Rahmen einzieht und dadurch in gewisser Weise naturalisiert. Dieser Prozeß der Naturalisierung funktioniert umso überzeugender, je mehr die Haltung der Filmemacher/des Kameramanns mit der Haltung der gefilmten Personen und dem Tenor der Ereignisse übereinstimmt und diese spiegelt. Hinzu kommt, daß auch die Zuschauer über das Kameraauge mit der Position des Kameramanns verschweißt werden und eine privilegierte Beobachter- oder Augenzeugenposition einnehmen, die mit derjenigen von Kameraauge/Kameramann kongruiert. Die Gefahr der Polysemie oder sogar Unverständlichkeit, die sich daraus ergibt, daß die Direct-Cinema-Filme ohne extradiegetische erklärende Kommentare und analytische Montagetechniken auszukommen suchen, wird dabei gerade dadurch eingedämmt, daß die Zuschauer in dieser Beobachterposition fixiert sind.

> In this way, the 'truth' of the profilmic event is taken for granted by virtue of the operation of certain codes which signify nonfictional authenticity while at the same time constituting themselves as absent in the text. (Kuhn 1978, 78-79)

Von daher kann auch der Kameramann im Direct Cinema nicht in seiner physischen Präsenz erscheinen, da dies die über das Kameraauge symbolisch hergestellte imaginäre Einheit von Kameramann und Zuschauern und deren kohärente Positionierung gegenüber dem Text zumindest zeitweilig aufbrechen und damit den Identifikationsprozeß gefährden würde.

Die zentrale Rolle des Kameramanns wie seine subjektive Haltung sollen demnach im Direct Cinema die Geschlossenheit der Seherfahrung von Filmemachern und Zuschauern gleichermaßen garantieren. Daraus ergibt sich folgerichtig das in der Praxis teils mehr, teils weniger puristisch umgesetzte Ideal einer ganzheitlichen filmi-

---

[19] Eine weitere Begründung dafür, warum die zweifelhafte Metaproposition "I know the claims I am making to be true because I observed the incidents I am characterizing" den Direct-Cinema-Filmen ein gewisses Maß an Autorität verleiht, sieht Elder in den "social views" der Amerikaner, die dem Individuum absolute Autorität zuschreiben: "The idea that individual perception is unchallengeable explains the recurrent fascination Americans have shown for relativistic theories of truth and, especially, relativistic theories of value. In American-style *cinéma-vérité* films, the narrator [der Kameramann und seine subjektive Sicht] [...] provides the work with an authority that derives from the authority of the individual" (Elder 1989, 125).

schen Methode, die die möglichst unverfälschte Wiedergabe der Wahrnehmung des Kameramanns vor Ort zum Maßstab nimmt. Dieses Ideal ist realisiert, wenn Themenwahl, Aufnahme und Montage in einer Hand liegen.

4.2.2 Montage als (Re)konstruktion des "flow of life"

Die Überbetonung der Aufnahmephase wirkt sich auch auf die Montageprinzipien aus, die das Direct Cinema bevorzugt. Die Montage wird gegenüber der Aufnahme als zweitrangig und ihr untergeordnet betrachtet. Sie soll als Rekonstruktion der Ereignisse erscheinen, nicht als Konstruktion, die diesen Ereignissen erst ihren Sinn im textuellen Gefüge eines Films verleiht. Hier ist ebenfalls die Rolle des Kameramanns zentral. Denn von seiner Flexibilität und seinen intuitiven Fähigkeiten, zur rechten Zeit am rechten Ort zu sein und "das Richtige" zu filmen, hängt es ab, inwieweit ein Film den Eindruck erwecken kann, bereits beim Drehen spontan und unvoreingenommen strukturiert, quasi in der Kamera geschnitten worden zu sein. In diesem Zusammenhang ist nicht zu übersehen, daß auch das von den Direct-Cinema-Filmemachern entwickelte Montagekonzept den ästhetischen Prinzipien, die der Realismustheoretiker André Bazin für die Montage formulierte, sehr nahekommt. Daher möchte ich an dieser Stelle auf diejenigen Aspekte der Bazinschen Theorie eingehen, die für eine Diskussion des Direct-Cinema-Ansatzes relevant sind.

Bazin unterschied innerhalb des Kinos zwei Tendenzen, eine realistische, die er begrüßte und förderte, und eine "expressionistische", die er ablehnte.[20] Vertreter der ersten waren für ihn Filmemacher der 20er Jahre wie Flaherty, von Stroheim und

---

[20] Kracauer unterscheidet in *Theory of Film* eine realistische und eine formalistische Tendenz des Films, deren Charakterisierung in mancher Hinsicht Parallelen zu Bazins Unterscheidungskriterien aufweist. Allerdings erschien Kracauers Studie erst 1960 (verblüffenderweise ohne jeglichen Hinweis auf Bazin), zu einem Zeitpunkt, als der erste Direct-Cinema-Film schon gedreht war, während Bazin seine theoretischen Überlegungen bereits ab Mitte der 40er Jahre zu veröffentlichen begann. Von daher bestand für die Direct-Cinema-Filmemacher oder Personen in ihrem kulturellen Umfeld zumindest die Möglichkeit, mit Bazins Theorie in Kontakt zu kommen. Ob dies tatsächlich so war, ist vielleicht gar nicht entscheidend, da Bazins Ideen bereits vielerorts aufgegriffen wurden und er überdies nicht der einzige war, der zu dieser Zeit solche Überlegungen über das Kino anstellte.

Murnau, in den 30er Jahren Jean Renoir. In den 40er Jahren kamen die Amerikaner Orson Welles und William Wyler hinzu und ebenso die italienischen Neorealisten - insbesondere Roberto Rossellini -, für deren Werke er mit großem Engagement und Einfühlungsvermögen um Verständnis warb. Als Vertreter der zweiten Tendenz sah er Fritz Lang (*Die Nibelungen*), Abel Gance sowie die Russen Eisenstein und Kuleshov. Nach Auffassung Bazins bedienten sich die "Expressionisten" verschiedener analytischer und dramatischer Montageverfahren und Erzähltechniken, die das Aufgezeichnete fragmentierten und nach logischen und psychologischen Gesichtspunkten neu zusammenfügten. Dabei folgte man entweder den Prinzipien des *invisible* oder *continuity editing* des klassischen Hollywoodfilms, das die Ereignisse in ihrer Bedeutung relativ unbemerkt von den Zuschauern für diese analysiert, oder man bediente sich anderer eher synthetischer Montageverfahren wie Eisensteins 'Attraktionsmontage', über die das Gezeigte durch Gegenüberstellung von häufig disparaten Bildern eine symbolische oder metaphorische Bedeutung erhält, die im Einzelbild nicht angelegt ist. In jedem Fall bewirkt die Montage so gesehen einen Abstraktionsprozeß, im Zuge dessen es nach Ansicht von Bazin möglich, ja fast unvermeidbar wird, den Zuschauern eine bestimmte Interpretation der Ereignisse nahezulegen oder sogar aufzuzwingen.

Obwohl Bazin diesen analytischen Verfahren ihre ästhetische Berechtigung nicht absprach und sie sogar als einer der ersten detailliert und scharfsichtig untersuchte, galt seine Vorliebe den bereits genannten "Realisten", in deren Filmen die Montage, wie er meinte, "praktisch keine Rolle" spielte: "Die Kamera kann nicht alles auf einmal sehen, aber von dem, was sie aussucht, versucht sie nichts zu verlieren" (Bazin 1975, 30). Für Bazin lag das Entwicklungspotential der kinematografischen Sprache nicht in einer fortschreitenden Verfeinerung und Ausdifferenzierung unterschiedlicher Montageverfahren, sondern in einer (Rück-)Besinnung auf filmische Ausdrucksformen, die die immanente Ambiguität des Realen in ihrer *mise en scène* respektieren. In diesem Sinne plädierte er für filmische Methoden, die danach trachteten, die raumzeitliche Kontinuität der realen Ereignisse so weit wie möglich zu erhalten. Sein Ideal war die lange Einstellung, die den Ablauf eines Ereignisses nicht wie etwa das Schuß/Gegenschuß-Verfahren analytisch zerlegt und somit das Reale ins Imaginäre überführt (vgl. Guynn 1990, 32), sondern die statt dessen den referentiellen Bezug zur Realität betont, indem sie die reale Dauer des Ereignisses bewahrt und für die Zuschauer sinnlich erfahrbar macht.[21]

Ein weiteres von Bazin favorisiertes filmisches Verfahren - im Grunde eine Variante der langen Einstellung - ist die von Wyler und Welles (z.B. in *Citizen Kane*) ab den 40er Jahren praktizierte *deep focus photography*, die auf der Verwendung des Weitwinkelobjektivs basierte, das bis dahin eher selten zum Einsatz gekommen war. Es machte es möglich, Vorder-, Mittel- und Hintergrund gleichzeitig scharfzustellen und somit komplexe Abläufe und Zusammenhänge in raum-zeitlicher Kontinuität zu präsentieren. Die Montage wurde sozusagen in die Gestaltung des Bildes integriert, ohne daß man "auf die besonderen Effekte verzichten" mußte, "die sich aus der Bildeinheit in Zeit und Raum ergeben" (Bazin 1975, 37). Dadurch konnte das frei(willig)e Zusammenspiel von Mensch und Objekten innerhalb seines Wahrnehmungsfeldes, wie es in der Realität stattfindet, auf die Leinwand übertragen werden. Bazin hielt dieses Verfahren in mehrerlei Hinsicht für wünschenswert und den Montageprinzipien des klassischen Hollywoodfilms überlegen. Es gab den Zuschauern größere Freiheit, die Bedeutung einer Szene selbst zu ergründen, und gleichzeitig erforderte es ihre erhöhte Aufmerksamkeit, da es die Vieldeutigkeit des Realen nicht analytisch eliminierte, sondern nach wie vor in sich trug, "wenn nicht als Notwendigkeit [...], so doch als Möglichkeit" (Bazin 1975, 40).

Das Bedürfnis, die Vieldeutigkeit der Realität zu erhalten, fand Bazin auch in den Filmen des italienischen Neorealismus, dessen Vertreter ebenfalls danach trachteten, die Montage auf das Notwendigste zu reduzieren und Zeitabläufe in ihrer tatsächlichen Dauer auf die Leinwand zu bringen. Das erreichten sie, indem sie bevorzugt mit Plansequenzen, großer Tiefenschärfe und ausgedehnten Panoramafahrten arbeiteten. Laut Bazin behielten die einzelnen Szenen dadurch eine größere Unabhängigkeit und Autonomie als im klassischen Hollywoodfilm, sie waren nicht in gleichem Maße Produkt der menschlichen Fantasie und nicht unwiederbringlich in den Signifikationsprozeß eines bestimmten Films eingelassen. Vielmehr war es durchaus vorstellbar, daß solche Szenen intakt in anderen Kontexten und Filmen wieder auftauch-

---

[21] Ein von Bazin in diesem Zusammenhang angeführtes Beispiel ist die Szene aus Flahertys *Nanook of the North*, in der er die Jagd des Protagonisten nach einem Seehund in einer einzigen Einstellung zeigt. "Die Montage könnte den Zeitablauf vortäuschen," schreibt Bazin, doch "Flaherty beschränkt sich darauf, uns das Warten zu *zeigen*; die Dauer der Jagd ist der Inhalt des Bildes, sein wirklicher Gegenstand. [...] Wer will bestreiten, daß [diese eine Einstellung] um vieles bewegender ist als eine 'Attraktionsmontage'" (Bazin 1975, 30)?

ten. Diese Differenz führte Bazin zu einer weiteren wichtigen Unterscheidung: Im Hollywoodfilm lag die Bedeutung von vorneherein fest und alle Szenen wurden bereits auf diese Bedeutung hin konstruiert; im neorealistischen Film ergab sich Bedeutung *a posteriori*, über die eigenständige Evaluation des Gesehenen seitens der Zuschauer, und sie blieb offener, weil es den Neorealisten darum ging, das im Realen enthaltene Element des Geheimnisvollen und Unergründlichen nicht aufzulösen, sondern zu bewahren.

Die lange Einstellung, die *deep focus photography* und die relative Autonomie von Szenen im textuellen Gefüge waren für Bazin Verfahren, die dem Signifikationsprozeß entgegenstanden und so etwas wie "unsymbolized access to the world of reference" (Guynn 1990, 31) ermöglichten. Obwohl Bazin an die objektive Produktion des filmischen Bildes glaubte, glaubte er nicht an die völlige Objektivität des Filmemachers/Kameramanns. Dennoch hielt er es unter bestimmten günstigen Umständen für möglich, zeitlose Momente der Enthüllung mit der Kamera einzufangen, die die konventionellen Codes und Strukturen, in die sie eingebettet waren, transzendieren konnten. Bazins Vorstellungen erinnern hier an Barthes' Botschaft ohne Code, das fotografische Analogon, das für diesen jedoch lediglich einen Aspekt des von ihm diagnostizierten fotografischen Paradoxons darstellt.

Wie Barthes geht auch er davon aus, daß im realistischen Text "das Analogische der Besetzung mit Werten einen Widerstand" (Barthes 1990, 15) entgegensetzen kann, nur daß dieser Widerstand von Bazin nicht als ein in den Signifikationsprozeß eingebundener angesehen wird, sondern als einer, der in einen Bereich hinter oder außerhalb der Signifikation vordringen kann, der sozusagen eine von dieser nicht affizierte Oase innerhalb der Signifikation bildet. Doch wie Barthes und andere Semiotiker verdeutlicht haben, gibt es auch im realistischen Text keine "natürliche" Bedeutung, sondern lediglich Signifikationspraktiken, die diesen Eindruck zu vermitteln suchen. In diesem Sinne sind die von Bazin bevorzugten filmischen Verfahren, die die Montage teilweise aufheben oder integrieren, durchaus in der Lage, dem Signifikationsprozeß einen gewissen Widerstand entgegenzusetzen und damit den Authentizitätseindruck eines Textes zu verstärken. Bazin hat durchaus recht, wenn er feststellt: "Es ist (wenigstens in einer Arbeit, die einen Stil anstrebt) nicht gleichgültig, ob ein Ereignis fragmentarisch analysiert oder ob es in seiner äußeren Einheit dargestellt wird" (Bazin 1975, 37). Aber letztlich ist auch der aus solchen Verfahren resultierende Widerstand ein Effekt des Signifikationsprozesses und Teil desselben. Hinter der Betonung des Authentischen in den von Bazin geschätzten ästhetischen Prinzipien verbirgt sich wie bei allen Signifikationspraktiken ihr Hinweischarakter, der allein sie bereits vom Realen unterscheidet. Denn die Realität selbst hat es im Gegensatz zu ihnen nicht nötig, sich als Realität zu bezeichnen.

Bazins Überlegungen sind für eine Analyse des Direct Cinema überaus aufschlußreich, weil sie die philosophischen Grundlagen, auf denen dessen Authentizitätsansprüche und Authentisierungsstrategien beruhen, erhellen. Allerdings verdeutlicht eine Auseinandersetzung mit dem Bazinschen Denken auch die Unhaltbarkeit seiner Prämissen. Peter Wollen, der sich auf die realistische Ästhetik im allgemeinen bezieht, faßt die Gründe dafür noch einmal prägnant zusammen:

> For realist aesthetics, the cinema is the privileged form which is able to provide both appearance and essence, both the actual look of the real world and its truth. The real world is returned to the spectator purified by its traverse through the mind of the artist, the visionary who both sees and shows. [...] In fact, this aesthetic rests on a monstrous delusion: the idea that truth resides in the real world and can be picked out by a camera. Obviously, if this were the case, everybody would have access to the truth, since everybody lives all their life in the real world. The realism claim rests on a sleight-of-hand: the identification of authentic experience with truth. Truth has no meaning unless it has explanatory force, unless it is knowledge, a product of thought. (Wollen 1974, 165-166)

Im folgenden möchte ich auf die Authentisierungsstrategien des Direct Cinema, die darauf abzielen, die Montage als Rekonstruktion der Ereignisse erscheinen zu lassen, und die ästhetische Parallelen zu den von Bazin bevorzugten "realistischen" Verfahren aufweisen, näher eingehen. Wie bereits gesagt, ist auch das Direct Cinema bestrebt, die raum-zeitliche Kontinuität der Ereignisse aufrechtzuerhalten. In bezug auf die Makrostruktur des filmischen Textes zeigt sich dies in dem Anspruch, die "natürliche" Chronologie der Ereignisse in der Montage beizubehalten. Gleichzeitig impliziert dies die Vorstellung, über diese Form der Montage werde kein zusätzlicher Sinn produziert. Einerseits bildeten die Neuerungen im Bereich der Synchrontontechnologie die Basis, auf der dieser Anspruch formuliert und eine entsprechende Authentisierungsstrategie entwickelt wurde, andererseits waren sie, wie wir gesehen haben, selbst bereits Ausdruck und Teil der Authentisierungsabsicht.

Davon unabhängig ermöglichte die neue Technologie jedoch erstmals im Dokumentarfilm die Konstitution einer kontinuierlichen, kohärenten Diegese, die die Zuschauer über die indirekte Adressierung ähnlich wie im Spielfilm imaginierend-sehend mit der Signifikantenkette verwebt. Darüber hinaus stützt sich diese Authentisierungsstrategie aber auch auf ein in erster Linie von Robert Drew entwickeltes dramaturgisches Erzählkonzept, das sich für eine chronologische Darstellung der Ereignisse anbot, weil es - zumindest theoretisch - so etwas wie eine automatische logische Verknüpfung der einzelnen Szenen ermöglichte, so daß ihre Abfolge organisch und natürlich erschien. Drews Erzählkonzept bestand in der für das frühe Direct Cinema paradigmatischen Krisenstruktur, wobei sich die Krise, um die es sich in den meisten Filmen handelt, noch genauer als Wettbewerbssituation spezifizieren läßt.

Zwei Antagonisten begegnen einander, für die die Frage, welcher von ihnen als Gewinner oder als Verlierer aus dieser Situation hervorgehen wird, im Zentrum steht. So treten beispielsweise in *Primary* zwei Politiker gegeneinander an, in *Football* geht es darum, welche Mannschaft das Spiel gewinnen wird, und in *Jane*, einem Film über die Schauspielerin Jane Fonda, rückt die Frage, ob ihr neues Broadway-Stück von der Kritik positiv oder negativ aufgenommen wird, in den Vordergrund. Diese Struktur bietet Vorteile: Einerseits - so die These der Filmemacher - sind die gefilmten Personen so mit sich und ihren persönlichen Zielen beschäftigt, daß sie der Kamera wenig Aufmerksamkeit schenken und sich daher weitgehend natürlich verhalten. Desweiteren gewährleistet die inhaltliche Festlegung auf eine solche Krisen- oder Wettbewerbssituation eine Erzählstruktur, die gegen Ende unweigerlich ihre Konfliktauflösung findet und damit dem Bedürfnis der Zuschauer nach einer in sich geschlossenen Handlung entgegenkommt. Da die Filmemacher sich erst in der Endphase einer Krise einschalteten, beschränkten sich die Dreharbeiten zumeist auf wenige Tage. Dies sollte, zumindest theoretisch, ihre Unvoreingenommenheit gegenüber dem gewählten Thema und den Protagonisten ihres "real life drama" garantieren. Generell bestand die Tendenz, eher mit mehreren Teams als über einen längeren Zeitraum zu drehen. Dies trifft z.B. für *Primary*, *Crisis: Behind a Presidential Commitment* und den im Rahmen dieser Arbeit analysierten *The Chair* zu. Zwei Teams filmten jeweils zur gleichen Zeit an verschiedenen Orten. Anschließend wurden die unabhängig voneinander aufgenommenen, sich aber aufeinander beziehenden Aspekte der Realität im Schneideraum zu einem Gesamteindruck montiert, wie er so keinem der Beteiligten zugänglich gewesen wäre. Stephen Mamber, der die Krisenstruktur der Drew-Filme[22] als erster ausführlich untersucht hat, bemerkt dazu folgendes:

---

22 Drew wendet sich allerdings gegen den Begriff der Krisenstruktur: "I suppose crisis is not the proper way of looking at what I was getting at in these films. I was getting at a story that had a turning point or a point of revelation." Drew-Interview mit Barbara Hogenson, New York, vom 5.1.1980, p. 242. Zitiert nach O'Connell 1988, p. 277. Obwohl

> In this regard, the contest is well suited to direct-cinema methods. Films shot over long periods of time that try to tell the continuous story of a few people without extensive narration are incredibly difficult. The single event viewed from many perspectives is much easier to edit; you simply cut from one place to another at parallel moments. And continuity is also easier in a short period of time, since there is a greater likelihood that events will contain their own logic. (Mamber 1974, 122)

Drew konzipierte die Krisenstruktur demnach, um seine Präsentation realer dramatischer Ereignisse mit einem eine gewisse strukturelle Sicherheit versprechenden dramaturgischen Gerüst abzustützen, dessen Nutzen er mit den Worten "whatever happens, I'll have a story" (Mamber 1974, 117) lakonisch umriß.

Obwohl diese Struktur die Möglichkeit bietet, eine in sich geschlossene Geschichte zu präsentieren, die sich auf einen dramatischen Höhepunkt zuentwickelt, der mit der Auflösung der Krise zusammenfällt, wird dieser Höhepunkt oft als antiklimaktisch und weniger interessant wahrgenommen als die Ereignisse auf dem Weg dorthin. Tatsächlich liegt der eigentliche Fokus der Krisenstruktur, wie Mamber festgestellt hat, auch nicht auf dem Ausgang der Ereignisse. Vielmehr entpuppt sich die Struktur über ihre bereits erwähnten strukturellen Vorzüge hinaus als ein Vehikel, um die (psychischen) Reaktionen der maßgeblich an dem realen Drama beteiligten Personen auf eine Streßsituation, wie sie die "contest situation" bietet, unter die Lupe zu nehmen (vgl. Mamber 1974, 117). Dabei gehen die Filmemacher laut Mamber von der Annahme aus, daß sich in solchen Situationen der "wahre" Charakter der Personen enthüllt und es möglich wird, einen Blick hinter die zur Schau getragene Fassade der Personen zu werfen, der Rückschlüsse auf ihre (verborgenen) Motive zuläßt.

Im Rahmen der Filme manifestiert sich diese "master narrative at the heart of Drew's celebrated 'crisis structure'" (Arthur 1993, 121) zumeist in Form von privilegierten Momenten der Enthüllung, die im Vergleich zu anderen Szenen eine relativ große emotionale Intensität besitzen: Sie vermitteln den Eindruck, man könne Einblick in das innere Erleben der Personen nehmen und ihnen wirklich nahe sein, wenn auch nur für einen kurzen Augenblick. Inhaltlich haben diese Momente oft wenig mit der eigentlichen Entwicklung der Krise zu tun, sie verleihen dem Gezeigten aber eine menschliche, psychologische Dimension, die das emotionale Engagement der Zuschauer für die Akteure und ihre Geschichte fördert und der Sympathielenkung dient. In diesem Licht betrachtet, bildet die äußere Krise also lediglich den strukturellen

---

Drews Sichtweise, was die Erzählstruktur einzelner Filme angeht, passender erscheint als Mambers Begriff, tangiert dies nicht die Relevanz des Konzepts an sich.

Rahmen, innerhalb dessen sich die Aufmerksamkeit auf zu erwartende innere Krisen der Personen und ihre emotionale Befindlichkeit richtet. Auf diese grundlegende Orientierung des Drewschen Ansatzes in Richtung einer Charakterstudie mag unter anderem zurückzuführen sein, daß in späteren Arbeiten Leacocks, Pennebakers und der Maysles der dramaturgische Rahmen immer mehr zugunsten von (psychologischen) Porträts einzelner Personen zurückgenommen ist.

Zur weiteren Erläuterung der Relation der privilegierten Momente zur dramatischen (Krisen-)Struktur möchte ich auf ein Konzept der Experimentalfilmerin und Theoretikerin Maya Deren eingehen, das sie während eines Symposiums über Poesie und Film vorgestellt hat. Deren unterscheidet zwischen einer "'horizontal' attack" des Dramas, die sich auf die logisch-narrative, lineare Entwicklung der Ereignisse bezieht, d.h. auf die Frage, *was* innerhalb eines Dramas oder einer Erzählung passiert, und einer poetischen Annäherung an diese Erfahrung, die periodisch den Erzählfluß des Dramas in Form einer "'vertical' attack" unterbricht. Bei dieser vertikalen oder in die Tiefe gehenden Bewegung liegt das Interesse mehr auf der Art und Weise, *wie* etwas passiert, und der Zusammenhalt einer solchen Szene ergibt sich aus der atmosphärischen, emotionalen Qualität des Moments, die über diese vertikale Bewegung hervorgehoben und erforscht wird:

> it probes the ramifications of the moment, and is concerned, in a sense, not with what is occurring but with what it feels like or what it means. A poem, to my mind, creates visible or auditory forms for something that is invisible, which is the feeling, or the emotion, or the metaphysical content of the movement. (Deren et al. 1972, n.p.)

Aufgrund ihrer in die Tiefe gehenden Ausrichtung sind diese Momente in gewisser Weise der linearen zeitlichen Abfolge enthoben. Der vertikale Sog bewirkt so etwas wie ein imaginäres Anhalten der Zeit, wodurch die Bedeutung des Augenblicks im Rahmen der horizontalen Entwicklung durch eine Art Dehnung intensiviert wird, als würde man ihn in Zeitlupe und durch ein Vergrößerungsglas wahrnehmen und betrachten.

Wie im weiteren Verlauf der Arbeit noch deutlicher herausgearbeitet werden soll, haben die privilegierten Momente des Direct Cinema diese von Maya Deren beschriebene emotionale Qualität und ästhetische Wirkung. Darüber hinaus vermitteln sie in besonderem Maß den Eindruck des Gefundenen, Unkontrollierten und Unmittelbaren und sind daher prädestiniert dazu, als Garanten für Authentizität zu fungieren und den dokumentarischen Ansatz des Direct Cinema zu legitimieren. Dabei zeigt sich, daß die Wirkung dieser Momente nur teilweise auf den ihnen eigenen emotionalen Gehalt zurückzuführen ist. In einem nicht unbeträchtlichen Ausmaß generiert sich ihre Wirksamkeit über formale Attribute und eine gezielte Einbettung in den Kontext, über ästhetische Operationen und strukturelle Verfahren also, die ihnen erst diese bevorzugte Stellung innerhalb des Textes zuweisen. Wie wir noch sehen werden, ist demgegenüber in späteren Filmen - wie etwa Pennebakers *Don't Look Back* - die Signifikanz einzelner Momente zugunsten einer Strategie, die die Privilegierung des Direct-Cinema-Ansatzes in den filmischen Text als ganzen einschreibt, zurückgenommen.

Kritische Stimmen zum Direct Cinema haben häufig auf die moralische Bedenklichkeit des beobachtenden Ansatzes verwiesen und die Filmemacher einer voyeuristischen Haltung bezichtigt, die die gefilmten Subjekte bloßzustellen sucht. Eine Betrachtung der Filme bestätigt diesen Vorwurf jedoch kaum. Eine derartige Gefahr wird schon dadurch eingedämmt, daß sich die Aufmerksamkeit häufig auf Personen des öffentlichen Lebens - Politiker, Schauspieler, Entertainer - richtete, die daran gewöhnt sind, sich unter den Augen der Öffentlichkeit zu bewegen, und geradezu auf die Aufmerksamkeit ihres Publikums angewiesen sind. Im Gegenteil ist vielmehr in bezug auf die meisten Filme bemerkenswert, mit welchem Respekt und Gefühl für die angemessene Distanz sich die Filmemacher den Personen forschend näherten.[23]

Ein weiterer Einwand, der unter anderem von Mamber vorgebracht wurde, mag zunächst stichhaltiger erscheinen:

> The "truths," it turns out, are often empty or misleading. The basic error stems from the unfounded assumption that external appearances and actions are sufficient to reveal inward thoughts. The connection is tenuous at best and often wholly nonexistent. Motivation is still a matter of complete speculation. (Mamber 1974, 133)

Mambers Beobachtung ist zweifellos richtig. Allerdings läßt sich seine Argumentation auch positiv wenden, um in dieser Tatsache nicht nur einen Nachteil, sondern auch einen Vorteil zu sehen, den die Direct-Cinema-Filmemacher zu nutzen wissen. Insbesondere Nichols hat in *Representing Reality* darauf hingewiesen, daß es im Dokumentarfilm so gut wie unmöglich ist, die Innenwelt der Personen - ihre mentalen Bilder, Träume, Gefühle und Gedanken - darzustellen, weil dadurch die Grenzen des Dokumentarischen gesprengt würden. Selbst "point-of-view shots, shot/reverse shots,

[23] Auch Bruce Elder bestätigt diese Sichtweise (vgl. 1989, 126).

over-the-shoulder shots, and other devices aligning the camera with the perspective of a particular character", wie sie im fiktionalen Film üblich sind, "in order to establish a first-person, more fully subjective rendering of time and space are rare" (Nichols 1991, 29). Die Identifikation mit einzelnen Personen ist daher im Dokumentarfilm nicht so stark wie im Spielfilm, da hier der Blick *auf* eine Person gegenüber dem Blick *mit* den Augen einer Person dominiert.[24] Jedoch gibt es auch im Dokumentarfilm, und insbesondere im Direct Cinema, subjektivierende Methoden, die darauf angelegt sind, fiktionale Techniken wie das Schuß/Gegenschuß-Verfahren, "eyeline matches" etc. zu simulieren. In jedem Fall muß die Annäherung an die Innenwelt der Personen im realistischen Dokumentarfilm noch viel subtiler, indirekter und sparsamer erfolgen als im Spielfilm, und es ist große Zurückhaltung beim Einsatz solcher Mittel geboten, um den Eindruck der Eigenständigkeit der Personen nicht zu unterminieren. Dennoch gibt es natürlich auch im Dokumentarfilm das Bedürfnis, den Personen nahezukommen, an ihren Vorstellungen, Gedanken und Gefühlen teilzuhaben. Diesem Bedürfnis tragen die Direct-Cinema-Filmemacher im Rahmen ihres beobachtenden Ansatzes vor allem in den oben beschriebenen privilegierten Momenten Rechnung, und zwar nicht zuletzt deshalb, weil sich dadurch die emotionale Einbindung der Zuschauer, zumindest vordergründig, derjenigen annähert, die auch der Spielfilm anstrebt. Gleichzeitig ist davon auszugehen, daß den Filmemachern die Grenzen ihres dokumentarischen Ansatzes - die Unmöglichkeit, in das Innenleben der Personen vorzudringen - wohl bewußt waren. In diesem Sinne sind die privilegierten Momente tatsächlich prädestiniert dazu, um mit Derens Worten zu sprechen, "[to create] visible or auditory forms for something that is invisible", wobei hier die inneren Beweggründe der Personen gemeint sind. Insofern bieten diese Momente für die Filmemacher die Möglichkeit, die Grenzen des eigenen Ansatzes zu explorieren, zu markieren und dadurch spürbar werden zu lassen. Gerade das macht diese Momente jedoch im Rahmen eines Dokumentarfilms besonders reizvoll; einerseits weil sie das Zuschauerinteresse, das diese Beweggründe erfassen will, in besonderem Maß entfachen, andererseits, weil sie sich der Erfüllung dieses Bedürfnisses letztlich verweigern und dadurch die

---

[24] Allerdings tut sich auch der Spielfilm schwer, eine Innensicht der Personen zu liefern, da "seine illusionistische Erzählweise auf der Aufzeichnung des Sichtbaren" (Brinckmann 1986, 103) beruht. Der Blick unter die Oberfläche stellt daher einen deutlichen Eingriff in dieses Repräsentationssystem dar, der "an Stelle der selbsttätig ablaufenden Story de[n] Diskurs betont" (Brinckmann 1986, 104). Insofern sieht auch der Spielfilm zumeist davon ab, innere Vorgänge direkt darzustellen und zu beschreiben, und zieht es vor, sie lediglich zu suggerieren (vgl. Brinckmann 1986, 108).

Ambivalenz und Vieldeutigkeit des Realen, die Bazin so viel bedeutete, nicht preisgeben. Mit dem notwendigen Scheitern des Bedürfnisses, die Innenwelt der gefilmten Subjekte zu durchleuchten, ist auch die Würde der diesem Prozeß des Erforschens anheimgegebenen Personen gewahrt.[25]

Der Rückgriff auf das relativ stereotype Storyformat der Krisenstruktur schien Drew auch deshalb unerläßlich, weil er sich verpflichtet sah, einem Millionenpublikum spannende Unterhaltung zu bieten. Allerdings resultiert daraus eine gewisse Uniformiertheit der Drew-Filme, die von seinen Mitarbeitern im Lauf der Zeit zunehmend als Einschränkung ihrer künstlerischen Freiheit und als Unterminierung ihres dokumentarischen Anspruchs empfunden wurde. Diese negative Entwicklung wurde noch dadurch begünstigt, daß Drew sich aus kommerziellen Gründen gezwungen sah, immer mehr Filme in immer kürzerer Zeit mit einem großen Mitarbeiterstab zu realisieren. Dies führte zu Zeitmangel und einer zunehmenden Spezialisierung, die im Widerspruch zur intendierten ganzheitlichen Methode stand. All diese Gründe bewegten Drews bekanntere Associates schließlich dazu, sich von ihm zu lösen, um eigene, unabhängige Produktionsfirmen zu gründen.

Drews relativ starres Erzählkonzept führte in den Augen seiner Kollegen immer wieder zu einer Überdramatisierung der Ereignisse und im Extremfall dazu, daß dem Material eine Struktur aufgezwungen wurde, die es nicht in sich trug. Dies drohte den Charakter der "gefundenen Geschichte", den die Filme haben sollten, und infolgedessen ihre Glaubwürdigkeit, ihren Authentizitätseindruck zu gefährden. Drews im Grunde ingeniöse Idee einer auf realen Ereignissen basierenden Krisenstruktur mit inhärentem dramaturgischen Spannungsbogen, der in mancher Hinsicht dem sorgfältig konstruierten Spannungsbogen des Spielfilms gleicht und einige seiner Vorteile - einen klaren Handlungsaufbau und Konzentration auf einige wenige Personen - aufweist, entpuppt sich in einem solchen Fall als einschnürendes Korsett, in dem die Filme ihrer spezifischen Wirk- und Überzeugungskraft beraubt werden. Diesen abträglichen Effekt versucht die Cutterin Patricia Jaffe am Beispiel des Drew-Films *Petey and Johnny* zu beschreiben:

---

[25] Das soll nicht heißen, im Dokumentarfilm sei es nicht möglich, die Würde von Personen in voyeuristischer Absicht zu verletzen, sondern lediglich, daß in den Direct-Cinema-Filmen ein dokumentarisches Ethos spürbar ist, das solchen Anwandlungen zumeist widersteht.

> In an attempt to structure this difficult film, all the exciting moments were pulled from the footage and strung together with a force that did violence to the final film. [...] The sequences themselves were never allowed to play themselves out but instead were cut to the bone, so that only the "moment" remained. The film has no air, no connective tissue. [...] the refusal to *let what was there come alive by itself* - makes the film confusing and sometimes even dull. (Jaffe 1965, 46)[26]

O'Connell hat in seiner Studie über Robert Drew und seine Filme aufgezeigt, daß sich der Schwerpunkt der Diskussion unter den Filmemachern im Laufe der Zeit immer mehr auf Fragen verlagerte, die die Erzählstruktur der Filme und die Auswahl der Themen betrafen. Es war nämlich deutlich geworden, daß man mittlerweile zwar die technischen Mittel soweit perfektioniert hatte, um den Zuschauern einen relativ ungebrochenen Eindruck der Realität, "wie sie wirklich ist", vermitteln zu können, daß man aber trotz des Rückgriffs auf reale Ereignisse, die eine gewisse vorgeprägte dramatische Struktur in sich trugen, noch keine wirklich geeigneten Erzählformen und Strukturierungsprinzipien gefunden hatte, die diesen Eindruck für den filmischen Text als Ganzen aufrechterhalten konnten und insofern mit der technischen Entwicklung Schritt hielten. Natürlich verbirgt sich hinter dieser nunmehr stärker ins Bewußtsein rückenden Schwierigkeit und dem Wunsch, sie zu beheben, ein letztlich unauflösbares Problem, auf das bereits verwiesen wurde: der unausweichliche Zwang zur Strukturierung des filmischen Textes steht der Unstrukturiertheit der Realität entgegen.

Dieser Widerspruch, den Bazin und andere als fundamentalen Widerspruch der kinematografischen Kunst erkannten, ist wiederum auf die unüberwindbare Differenz von Repräsentation und Wirklichkeit zurückzuführen. Diese Differenz würde selbst in Filmen aufrechterhalten bleiben, in denen Erzähl- und Realzeit zusammenfallen, weil sie die Montage vollständig eliminieren und lediglich aus einer kontinuierlichen Einstellung bestehen.[27] Auch hier hätten wir es nicht mit einer "Rückkehr zur Realität"

---

26 Hervorhebung im Original.

27 Eine solche Kongruenz von Erzähl- und Realzeit wird manchmal frühen Filmen von Andy Warhol wie *Eat* (1963), *Sleep* (1963) und *Empire* (1963-64) zugeschrieben. Ein Vertreter dieser Sichtweise scheint auch Pennebaker zu sein, der diese Filme sehr schätzt (vgl. Carson/McBride 1967, 28-29). Tatsächlich trifft diese Zuschreibung nicht zu, denn die Filme erforschen vielmehr grundlegende Bedingungen kinematografischer Repräsentation, indem sie sie durch zeitliche Dehnung bei der Projektion isolieren und phänomenologisch erfahrbar machen. Dies bewirkt subtile Veränderungen in der Wahrnehmung, die einen tranceähnlichen Zustand hervorrufen können. David E. James charakterisiert Warhols Verfahren folgendermaßen: "films like *Sleep* [...] substantially ex-

(Bazin) zu tun, sondern mit einer ästhetischen Überhöhung des Realen, die aus einem Akt der Signifikation in seiner reinsten, unverhülltesten Form resultiert. Aus manchen Äußerungen der Direct-Cinema-Filmemacher geht hervor, daß sie eine Annäherung von Erzähl- und Realzeit durchaus anstrebten, eine Intention, die insbesondere von Pennebaker gedanklich sehr weit verfolgt wurde.[28] In der Praxis und im Rahmen ihres ästhetischen Konzeptes beschränkt sich dieser Impuls jedoch auf das Bestreben, die "natürliche" Chronologie in der Montage aufrechtzuerhalten, und auf ein Faible für lange Einstellungen.

Wie bereits anklang, gibt es unter den Filmen, die den von Drew und seinen Kollegen aufgestellten Kriterien entsprechen, solche, die das von ihnen entwickelte Konzept überzeugender realisieren als andere. Dies sind Filme, in denen der Konstruktcharakter weitgehend hinter den Realitätseindruck zurücktritt, während andere zumindest Passagen aufweisen, in denen die Konstruiertheit unübersehbar ist. Aber auch diese graduellen Unterschiede, die bestimmte Werke gelungener erscheinen lassen als andere, können nicht darüber hinwegtäuschen, daß der Konflikt zwischen "just being there" und "being propelled through a story" (O'Connell 1988, 255) in allen Drew-Filmen, ebenso wie in denen seiner Kollegen, mehr oder weniger ungelöst bleibt. Dies kann verschiedene Gründe haben. Beispielsweise vermitteln manche Filme den Eindruck, daß sie sich in ihrem dramaturgischen Konzept zu stark an fiktionale Storyformate des klassischen Hollywoodkinos anlehnen. Andere wirken, wie bereits erwähnt, deshalb konstruiert, weil ihre Struktur dem Material eine Form aufzwängt, der es nicht gerecht werden kann. Zuweilen beweisen die Filmemacher auch mangelndes Vertrauen in die eigene Methode, indem sie Material, das durchaus "für sich selbst sprechen" könnte, durch Stilisierung und Fiktionalisierung in seiner auf einen Eindruck von Authentizität abzielenden ästhetischen Wirkkraft beschränken. Hinzu kommt, daß alle Drew-Filme im Gegensatz zu späteren Werken von Pennebaker oder den Maysles gelegentlich auf eine direkte Adressierung der Zuschauer in

---

tended screen time, not only through freeze frames and loop printing, but also through screening at 16 frames per second footage shot at 24" (1989, 65). Insofern läßt sich vielleicht eher eine Parallele oder Verwandtschaft zwischen der emotionalen und ästhetischen Wirkung dieser Filme und den privilegierten Momenten des Direct Cinema konstruieren, wobei unverkennbar ist, daß Warhol ein wesentlich radikaleres Konzept verfolgt.

[28] Für *The Chair* entwickelte Pennebaker ursprünglich das Szenario eines mit zwei Kameras gedrehten Films, der die letzte halbe Stunde vor der Entscheidung des Gouverneurs über die Begnadigung Paul Crumps aus zwei verschiedenen Perspektiven, parallelmontiert in jeweils einer langen Einstellung, zeigen sollte (vgl. Carson/McBride 1967, 29).

Form von *voice-over*-Kommentar angewiesen sind, um das Gezeigte verständlich zu machen. Daher kann sich hier keine geschlossene kontinuierliche Diegese entwickeln, die den Zuschauern den Eindruck vermittelt, die Geschichte "erzähle sich von selbst".

Die Montage, die die inhärente Struktur der profilmischen Ereignisse lediglich reproduzieren soll, erweist sich somit als eines der größten Probleme des Direct Cinema. Da die Ereignisse ihren Sinn eben nicht ohne weiteres in sich tragen, hat sie unter anderem die Funktion, die Vieldeutigkeit der Bilder zu reduzieren und zu begrenzen. Über die Betonung eines bestimmten Aspekts weist sie ihnen spezifische Bedeutung zu, die eine narrative Verknüpfung der einzelnen Szenen erlaubt, so daß sie zu einer kohärenten Geschichte, die einen Sinn in sich trägt, umgeformt werden. Allerdings, und hier liegt das Problem, muß dies in einer realistischen Form wie dem Direct Cinema in einer Art und Weise geschehen, die die Aufmerksamkeit nicht auf den Prozeß der Sinngebung lenkt. Wie bewußt den Filmemachern die mit der Montage verbundene Problematik war, zeigt sich nicht zuletzt in dem Versuch, den für Spontaneität, Unkontrolliertheit und Enthüllung stehenden Drehakt in den Vordergrund zu rücken.

Im folgenden möchte ich auf das Bestreben, die "natürliche" Chronologie in der Montage beizubehalten, näher eingehen. Mit dieser Intention wird einerseits ein Idealanspruch formuliert, den die Filme selbst nie erfüllen, gleichzeitig verbirgt sich dahinter eine ebenso geschickte wie notwendige Strategie, die konventionelle Montagepraktiken naturalisieren hilft und die Orientierung der Zuschauer in bezug auf das Gezeigte erleichtert. Zuvor jedoch noch ein Wort zur Methode: Eine Untersuchung der Authentisierungsstrategien des Direct Cinema, wie sie die vorliegende Arbeit vornimmt, läuft letztlich der ästhetischen und emotionalen Wirkung der Filme zuwider, da sie die Aufmerksamkeit gerade auf diejenigen Aspekte der Konstruktion und Technik lenkt, die die Filme selbst naturalisieren oder kaschieren wollen. Daher kann der analytische Blick zwar die Art und Weise verdeutlichen, wie sie die beabsichtigte Wirkung erzielen, wird dabei aber ihrer unmittelbaren Wirkung auf die Zuschauer nicht wirklich gerecht. Diese soll bei der Behandlung der einzelnen Filme im Anschluß an dieses Kapitel stärker berücksichtigt werden. In jedem Fall möchte ich an dieser Stelle betonen, daß die Analyse der verschiedenen Authentisierungsstrategien nicht darauf angelegt ist, das generelle Konstruktionsprinzip der Filme in negativer Weise zu kritisieren, auch wenn sie dabei gewisse Direct-Cinema-Mythen dekonstruieren muß. Ziel der Analyse ist also nicht, die ursprüngliche Faszination der Filme zu kappen, sondern die Wirkmechanismen, auf denen sie beruht, zu untersuchen, um ihr ein rationales Fundament zu verleihen.

Obwohl viele Direct-Cinema-Filme den Eindruck vermitteln, die "natürliche" Chronologie sei aufrechterhalten worden, zeigt sich bei genauerer Betrachtung in der Regel, daß die tatsächliche zeitliche Relation der einzelnen Szenen und Segmente zueinander keineswegs eindeutig zu klären ist. Die Szenenfolge scheint jedoch der "natürlichen" Chronologie zu entsprechen, sofern die lineare Anordnung innerhalb des Plots mit der übergeordneten narrativen Logik der Krisenstruktur oder einer anderen durch einen rituellen Ablauf vorgeprägten Struktur[29] konform geht. Wenn dies so ist, nehmen wir als Zuschauer einfach an, daß eine bestimmte Szene sich auch in der Realität nach einer anderen ereignet hat, selbst wenn dafür keine Beweise vorliegen, weil wir sie in dieser Reihenfolge gezeigt bekommen. In solchen Fällen kann es sich jedoch um eine pseudochronologische Abfolge handeln, die sich als "natürliche" ausgibt und damit auch die mit dieser szenischen Verknüpfung evozierte Bedeutung naturalisiert. Besonders geeignet für eine solche vorgeblich chronologische Einpassung in den Text scheinen in sich geschlossene, die Handlung nicht wesentlich bestimmende Abläufe zu sein, die ihr aber eine bestimmte emotionale Färbung verleihen; oder immer wiederkehrende Schauplätze, die sich durch eine gewisse Anonymität und Uniformität auszeichnen, wie die vielen verschiedenen Backstage-Settings, in denen sich Bob Dylan, immer umgeben von den gleichen Leuten, bei seiner Konzerttournee in *Don't Look Back* aufhält. Ebenso geeignet erscheinen ritualisierte Vorgänge wie die zahlreichen Verkaufsgespräche, aus denen sich *Salesman* zusammensetzt, die in immer anderer häuslicher Umgebung, aber jeweils nach ähnlichem Muster ablaufen. Alle diese Szenen sind bis zu einem gewissen Grad in ihrer Reihenfolge austauschbar, ohne daß dies den Eindruck der "natürlichen" Chronologie und die narrative Logik unterminieren würde. Die relative Autonomie und positionelle Variabilität solcher Szenen im textuellen Gefüge erinnert hier sehr an jene, die Bazin den "autonomen" Sequenzen des neorealistischen Films zusprach.

Die Austauschbarkeit dieser Szenen bietet für die Filmemacher besondere Vorteile für die Charakterisierung der Hauptpersonen, die in den späteren Filmen zunehmend an Raum und Bedeutung gewinnt, während die vorgeprägte Struktur eher als narrative Folie dient, vor deren Hintergrund sich die Charakterstudie einer bestimm-

---

[29] Pennebakers *Don't Look Back*, der das Format der Konzerttournee als dramaturgisches Gerüst nutzt, ist ein Beispiel für eine solche Struktur.

ten Person oder Personengruppe entfaltet.[30] Der Vorteil besteht darin, daß diese Szenen nach einem Prinzip eingefügt werden können, das einerseits der Chronologie und der narrativen Logik gehorcht, aber gleichzeitig den Personenporträts retrospektiv eine bestimmte emotionale Logik und Prägung geben kann, wie sie in dieser Stringenz und Aussagekraft während der Dreharbeiten vermutlich nicht auf der Hand lagen.[31]

Die der "natürlichen" Chronologie folgende Szenenanordnung entpuppt sich also bei genauerer Betrachtung nicht selten als eine diese lediglich suggerierende. Mit Hilfe dieser Strategie kann das Direct Cinema zwar einen stärkeren Eindruck von tatsächlicher (raum-)zeitlicher Kontinuität als jeder andere Modus evozieren. Er stellt sich aber letztlich über ebenso konventionelle Montagepraktiken - thematische, grafische, assoziative, seltener auch subjektivierende Überleitungen - her, wie sie auch der Spielfilm verwendet. Die zeitlich dichte Aufeinanderfolge der Ereignisse im Rahmen der Krisenstruktur, die so etwas wie eine "automatische" logische Verbindung (vgl. Mamber 1974, 122) zwischen verschiedenen Szenen und Schauplätzen bewirkt, dient dabei der (zusätzlichen) Naturalisierung dieser konventionellen Mittel.

Aber selbst wenn die Filme dem Anspruch gerecht würden, die "natürliche" Chronologie beizubehalten, wäre es dennoch möglich, auch die in dieser Form präsentierten Ereignisse mit einer spezifischen Bedeutung aufzuladen, sie unterschiedlich zu interpretieren. Dies hat Hayden White in *Tropics of Discourse* für die historische Erzählung bereits überzeugend dargelegt. Ausgehend von einer Folge von Ereignissen (a,b,c,d,e ...,n) verdeutlicht er, daß jedem Element in dieser Ereigniskette über die Gewichtung ein privilegierter Status (A,b,c,d,e ...,n oder a,b,c,D,e ...,n etc.) zugewiesen werden kann, der die Einschätzung der Ereignisse bis zu einem gewissen Grad determiniert und entsprechend verändert, ohne daß dabei die chronologische Abfolge tangiert würde (White 1990, 92-93). Wie noch ausgeführt werden soll, nutzt auch das Direct Cinema dieses Prinzip der unterschiedlichen Gewichtung von Szenen und Segmenten, um die eigenen Authentizitätsansprüche durchzusetzen und die eigene Methode zu legitimieren.

---

[30] Dies ist zum Beispiel in *Don't Look Back* und *Salesman* der Fall, aber auch in dem Maysles-Film *Grey Gardens* (1975).

[31] Gustav Freytag verwendet in *Die Technik des Dramas* für diesen Prozeß der künstlerischen Umbildung einer Figur oder eines Stoffes in Hinblick auf eine einheitliche Idee und wirksame dramatische Momente den Begriff der Idealisierung, der auch für den hier geschilderten Vorgang greift (vgl. Freytag 1983, 23-25).

Auch im Bereich der innersegmentarischen Montage gibt es ähnliche Verfahren der Naturalisierung, die einen Eindruck von raum-zeitlicher Kontinuität lediglich suggerieren. Dies gilt beispielsweise für sogenannte "synthetische Szenen"[32], die disparates Material so kombinieren, als bilde es eine organische "natürliche" Einheit. Gleichfalls in diesen Zusammenhang gehören die im Direct Cinema relativ häufig verwendeten Großaufnahmen, die auf das innere Erleben von Personen hinweisen und meist der Sympathielenkung dienen. Ihr tatsächlicher Kontext bleibt mangels hinreichender Anhaltspunkte des öfteren im Dunkeln, von daher können sie wie konventionelle *cutaways* und *reaction shots* eingesetzt werden.[33] Solche manchmal auch der flüssigeren Verknüpfung von Einstellungen dienende subjektivierende Einstellungen wirken, insbesondere wenn sie mit Hilfe der Montage und nicht über Zooms oder Schwenks erreicht werden, aufgrund ihrer Tendenz zur Fiktionalisierung leicht konstruiert und gefährden damit den dokumentarischen Anspruch auf Authentizität.

Ähnlich konstruiert, wenn auch aus anderen Gründen, wirken zwei weitere Montageverfahren, die im Direct Cinema Verwendung finden. Hier handelt es sich einerseits um die raffende Montage, die grundsätzlich nach dem Prinzip chronologischer Linearität verfährt, sich aber nur auf bestimmte Höhepunkte konzentriert und diese aneinanderreiht. Die Verknüpfung erfolgt hier eher nach rhythmisch-grafischen Gesichtspunkten als nach streng illusionistischen. Ein zweites Verfahren dieser Art ist die thematische Collage, die die Antagonisten eines Konflikts und relevante Aspekte desselben assoziativ gegeneinanderstellt. Auch sie kann die raum-zeitliche Entwicklung in grober Weise nachzeichnen, muß dies aber nicht in jedem Fall tun. Solche Verfahren sind im Direct Cinema aus erzählökonomischen Gründen manchmal unerläßlich. Sie fungieren als narrative Kürzel, die expositorisch den zentralen Konflikt eines Films und eine dementsprechende Erwartungshaltung der Zuschauer etablieren.

---

32 Dieser Ausdruck geht auf Christine N. Brinckmann zurück, die ihn in ihrem Vortrag "Zoom und synthetische Szene in *A Time for Burning* und *Happy Mother's Day*" im Rahmen der Tagung "Der amerikanische Dokumentarfilm der 60er Jahre" (Frankfurt am Main, Januar 1988) erstmalig verwendete.

33 Laut Pennebaker dachten die Direct-Cinema-Filmemacher im Gegensatz zu traditionellen (Fernseh-)Dokumentaristen während der Dreharbeiten nicht über den Schnitt nach und auch nicht daran, sich genügend *cutaways* und *covering shots* zu sichern. Vielmehr konzipierten sie ihre Filme im Sinne von kontinuierlichen Szenen, die bei der Montage reevaluiert werden sollten. Aber auch in diesem Fall stellten solche Einschübe für die Filmemacher kein Problem dar, denn aufgrund des bei ihnen üblichen, überaus hohen Drehverhältnisses konnte man vermutlich jederzeit auf genügend geeignetes Material zurückgreifen.

An anderen Stellen bilden sie ein die wesentlichen Elemente eines Konflikts zusammenfassendes dramatisierendes Moment, das der Spannungssteigerung dient. Der relativ konstruiert wirkende analytische Charakter solcher Montageverfahren widerspricht zwar in recht offensichtlicher Weise dem Anspruch des Direct Cinema auf "unmittelbare" Wiedergabe der profilmischen Ereignisse in ihrem realen Verlauf. Dennoch nehmen die in dieser Art gestalteten Segmente im textuellen Gefüge eine wichtige Funktion ein, da sie zur Authentisierung und Hervorhebung derjenigen Szenen eingesetzt werden können, die das ästhetische Konzept dieses dokumentarischen Ansatzes überzeugender realisieren oder zu realisieren scheinen. Dies setzt allerdings voraus, daß ein Film eine ausreichende Anzahl solcher Szenen aufweist und nicht insgesamt überkonstruiert wirkt.

Auch die sich auf die Kombination von Bild und Ton beziehende Montage operiert mit naturalisierenden Verfahren. Hier ist in erster Linie das Phänomen der Pseudosynchronizität zu nennen, das einen Vorgang bezeichnet, im Rahmen dessen lippensynchroner Ton über die Montage synthetisch hergestellt wird. Die Einheit von Bild und Ton erscheint zwar organisch, entpuppt sich aber bei genauerer Analyse als konstruiert.[34] Ähnliches kennzeichnet auch den Umgang mit Musik, wenn diese als genuines Element der Diegese wahrgenommen werden soll, eigentlich aber nur scheindiegetischen Charakter hat.

Im (Hollywood-)Spielfilm sind die profilmischen Ereignisse eigens für die Zuschauer inszeniert. Aufgrund dessen kann die Kamera in Verbindung mit weiteren technischen Hilfsmitteln das Geschehen von einem optimalen Standpunkt aus "kontrollieren". Im Direct Cinema, das authentische Situationen in ihrem realen "unkontrollierten" Verlauf mit Kamera und Tonaufzeichnungsgerät spontan zu erfassen sucht, verhält sich dies anders. Da die Aktion vor der Kamera nicht unterbrochen werden kann, ist es nicht (immer) möglich, den Zuschauern das Geschehen aus der bestmöglichen Perspektive und in Hinblick auf die größtmögliche ästhetische Wirkung nahezubringen, obwohl man dies natürlich durchgehend versucht. Eine dem Spielfilm vergleichbare flüssige Verknüpfung von Szenen, wie sie das *invisible* oder *continuity editing* garantiert, kann das Direct Cinema demzufolge nicht erreichen. Aufzeichnungslücken sind unvermeidbar, und ungünstige Blickpunkte verwässern den Zusammenhang. Insofern erfüllt die auf Beibehaltung oder Imitation der "natürlichen" Chronologie ausgerichtete Authentisierungsstrategie, die zudem durch den Rückgriff

---

[34] Auf dieses Phänomen wurde im Rahmen der Unterscheidung von "physical" und "nominal portrayal" zu Beginn des Kapitels bereits verwiesen.

auf vorgeprägte dramatische Strukturen abgestützt ist, auch eine weitere wesentliche Funktion: Sie bietet den Zuschauern einen relativ begrenzten, vorhersehbaren narrativen Rahmen oder Erwartungshorizont, den sie brauchen, um sich angesichts holpriger Überleitungen in der Montage, spontaner und eventuell unausgewogener Hand- oder Schulter-Kamerabewegungen, abrupter Refokussierungen, Zooms und Schwenks oder unorthodoxer Standpunktveränderungen noch orientieren zu können.

In bezug auf das Verhältnis von Aufnahmephase und Montage im Direct Cinema macht das Vorangegangene folgendes deutlich: Die Aufnahmephase ist zwar um einiges unkontrollierbarer als etwa im Hollywoodfilm, aber nicht in dem Maße unkontrolliert und unbestimmt, wie sie in den Augen des Betrachters erscheinen soll. Zwar ist der genaue Verlauf des "real life"-Dramas nicht vorhersehbar, dennoch ist die Aufnahmephase in gewisser Weise teleologischer Natur, da sie innerhalb eines vorgeprägten narrativen Rahmens auf zu erwartende dramatische Höhepunkte und besondere Momente der Enthüllung zusteuert.[35]

Die Montage ist dagegen weniger autonom als im Hollywoodfilm, da sie stärker auf eine Darstellung der Realität, "wie sie wirklich ist", abzielt. Sie hat die Aufgabe, das "erbeutete" Material[36] in Form einer in sich verständlichen Geschichte mit Anfang, Mitte und Ende zu präsentieren. Dabei muß sie sich am tatsächlichen Hergang der Ereignisse orientieren, um den Beweischarakter des Gezeigten nicht zu gefährden, kann aber aus der Fülle des Materials diejenigen Szenen und Momente auswählen, die Hergang und Bedeutung der Ereignisse aus der Sicht des Kameramanns/der Filmemacher am eindringlichsten und klarsten wiedergeben. Allerdings kann bei der Montage nur auf Material zurückgegriffen werden, das wirklich erbeutet wurde. Dieses kann den Wünschen der Filmemacher entsprechen und alle wichtigen Momente des Dramas enthalten, es kann aber auch von mangelnder Qualität oder unvollständig

---

[35] O'Connell relativiert den Direct-Cinema-Mythos des "uncontrolled shooting" auf seine Weise, wenn er betont und am Beispiel von *Primary* ausführlich belegt, daß für die meisten Filme von Drew Associates erstaunlich detaillierte Drehpläne existierten (O'Connell 1989, 139-140).

[36] Leacock selbst benutzt die Metapher vom Bild als Diebesbeute in einem Gespräch mit Ulrich Gregor, in dem er die Stimmung unter den Filmemachern nach einem Drehtag beschreibt: "Das ist wie eine Versammlung von Einbrechern und ist wunderbar komisch. [...] wir waren alle fort, um zu stehlen, und dann holen wir die Sachen aus den Taschen, wissen Sie, die kostbaren Ketten, Diamanten und zusammengestohlenen Stücke. Es ist eine tolle Szene, denn nun sehen wir zum ersten Male, was wir haben. Und dann müssen wir abwarten, ob es wirklich stimmt, ob die Stücke zueinander passen" (Gregor 1966a, 17).

sein, so daß es die Bedeutung einer Situation nicht adäquat zum Ausdruck bringt. Zur tendenziell spürbaren, weil den narrativen Zusammenhang gefährdenden Lückenhaftigkeit kann zum Beispiel führen, daß die Filmrolle gerade in einem entscheidenden Moment zu Ende ging oder die Kamera nicht eingeschaltet war, die Filmemacher keinen Zutritt zum Ort des Geschehens hatten oder einfach nicht anwesend waren. Es kann aber auch sein, daß die erwartete Krise sich nicht in einer Weise gestaltete, die die Kamera in wirkungsvollen und aussagekräftigen Bildern hätte einfangen können. In solchen Fällen, in denen es aus welchen Gründen auch immer nicht möglich war, entscheidende Momente des Dramas entsprechend auf Zelluloid zu bannen, liegt es nahe, daß die Filmemacher aus dem vorhandenen Material dasjenige auswählen, dessen Aussage zumindest annähernd an die des verpaßten Momentes heranreicht. In noch unglücklicheren Fällen kann es vorkommen, daß man sich gezwungen sieht, solche im Rahmen der Geschichte unverzichtbaren Momente relativ weitgehend über die Montage zu konstruieren.

Da wir als Betrachter eines Direct-Cinema-Films nur bedingt hinter den filmischen Text zurückgehen können, sind wir letztlich nicht in der Lage zu entscheiden, inwieweit die als besonders dramatisch oder enthüllend präsentierten Momente auch jene Momente sind, die für den tatsächlichen Hergang eine ähnliche Signifikanz und ein ähnliches Gewicht besaßen. Zwar können wir aus den Medien über die Sachverhalte, die ein Film darstellt, informiert sein. Es ist aber unwahrscheinlich, daß uns diese Kenntnisse in die Lage versetzen, die Authentizität der präsentierten Ereignisse wirklich zu beurteilen. Dies umso mehr, als das Direct Cinema darauf abzielt, gerade solche Situationen in den Vordergrund zu stellen, die von anderen Formen der Berichterstattung kaum berücksichtigt werden. Wir können lediglich feststellen, daß uns diese Momente in einer Weise dargeboten werden, die eine solche Konvergenz nahelegt, und dann nach Kriterien der Glaubwürdigkeit entscheiden, ob wir dies im Rahmen der Gesamtstruktur für plausibel und überzeugend halten.

4.2.3 Kamerastil im Direct Cinema

Bevor ich auf die charakteristischen Merkmale der privilegierten Momente und ihre besondere Bedeutung näher eingehe, möchte ich noch auf den spezifischen Kamerastil des Direct-Cinema-Ansatzes Drewscher Prägung zu sprechen kommen. Auch er trägt, wie die Montage und in Verbindung mit ihr, zu einer (Über-)Betonung der Aufnahmephase bei, indem er ihre "Unkontrolliertheit" und Unbestimmtheit gewissermaßen in den filmischen Text einschreibt. Dies geschieht über eine Art der Kameraführung, die den Prozeß des spontanen Erfassens und Erforschens von Situationen, die nicht der Kontrolle des Kameramanns/Filmemachers unterliegen, in den Vordergrund rückt und dadurch ihrerseits den Authentizitätsanspruch des Gezeigten untermauert. Wie Bruce Elder herausgearbeitet hat, ist die Präsentation der Ereignisse durch diesen spezifischen Kamerastil in eine "search-and-discovery structure" (Elder 1989, 163-164) eingebunden, die das Direct Cinema auf der mikro- wie auf der makromorphologischen Ebene prägt. Ihr besonderer Nutzen liegt darin, daß sie uns als Zuschauern den Eindruck vermittelt, wir hätten es nicht mit einer vorgefertigten Sicht der Realität zu tun, sondern "that the filmmaker undertook a quest towards a destination that, at the outset, was unknown and was discovered only during the quest itself" (Elder 1989, 164). Tatsächlich basiert jedoch auch das Direct Cinema letztlich auf einer teleologischen Struktur, die in der Auflösung der Krise und darüber hinaus vor allem in der Präsentation privilegierter Momente der Enthüllung ihre Erfüllung findet. Insofern trägt die "search-and-discovery structure" dazu bei, daß wir insbesondere diese Momente nicht als eigentlichen *raison d'être* dieses dokumentarischen Ansatzes erleben, sondern als glückhaft erbeutete "gefundene" Momente von besonderer emotionaler Wirkkraft, was sie, wenn auch nur zum Teil, ja *auch* sind. Der spezifische Kamerastil des Direct Cinema ist also einerseits tatsächlicher Ausdruck des spontanen Erfassens von Ereignissen, deren Entwicklung im einzelnen nicht vorhersehbar war, gleichzeitig ist er jedoch auch eine "Pose", ein bewußt eingesetztes stilistisches Verfahren, das die vermeintliche Unkontrolliertheit und Spontaneität des Aufzeichnungsprozesses nochmals unterstreicht.[37]

Um näher zu erläutern, wie sich die "search-and-discovery structure" auf der mikromorphologischen Ebene manifestiert, möchte ich auf ein Beispiel Elders zurückgreifen, anhand dessen er Kameraführung und Montage im klassischen Hollywoodfilm mit der im Direct Cinema vergleicht. Vorab unterscheidet er das "cinema of illustration" - das klassische Hollywoodkino ebenso wie die Filme Eisensteins - vom

---

[37] Leacock selbst verweist indirekt auf die Zweigleisigkeit seiner filmischen Methode, wenn er in einem Interview mit Ulrich Gregor feststellt: "Filmen ist [...] ein Vorgang des Erforschens. Aber das heißt nicht, daß ich mir nicht im klaren über meine Konzeption sein kann. Ich bin gezwungen, eine Konzeption zu haben" (Gregor 1966b, 278).

"cinema of presentation", unter das er den neorealistischen Film und das Direct Cinema subsumiert. Seine Kategorisierung entspricht hier in etwa derjenigen, die Bazin in bezug auf den "expressionistischen" und den realistischen Film vornimmt. Ausgehend von einer hypothetischen Dialogszene demonstriert Elder zunächst die paradigmatische Form einer solchen Szene im Hollywoodfilm. Sie würde typischerweise mit einer Totalen oder Halbtotalen beginnen und mit Hilfe des Schuß/Gegenschuß-Verfahrens, eventuell unterbrochen durch eine Halbnah- oder Naheinstellung auf beide Personen, aufgelöst werden. Dabei antizipiert der Wechsel von einer Einstellung zur nächsten auf subtile Weise die Reaktion des jeweiligen Gegenübers und vermittelt gleichzeitig eine bestimmte psychologische Sicht der Interaktion. Dieses analytische Montageverfahren, das die narrativen Elemente zerlegt und rekombiniert, bewirkt einen deutlichen Bruch zwischen Diegese und Realität und ist daher nicht so stark von mimetischen Gesichtspunkten geprägt wie die Montage im "cinema of presentation".

Im Direct Cinema, das die Aktion vor der Kamera nicht unterbrechen kann, ist eine solche Auflösung der Szene mit Hilfe des Schuß/Gegenschuß-Verfahrens allenfalls annäherungs- und ansatzweise möglich. Die paradigmatische Form wäre hier die organische Repräsentation der Szene über einen Kameraschwenk, vielleicht in Verbindung mit einem Zoom, wobei die Bewegung der Kamera die Verlagerung des dramatischen Fokus mit geringfügiger zeitlicher Verzögerung nachvollziehen würde. Über die ungenaue Koordination von profilmischem Geschehen und Kameraführung, die aus der verzögerten Reaktion resultiert, schreibt sich die Unkontrolliertheit der Ereignisse in die Aufzeichnung von Bild und Ton, der selten die Verständlichkeit und Klarheit der Tonspur im Hollywoodfilm erreicht, ein. Dadurch verstärkt sich für uns als Zuschauer auch der Eindruck, daß wir Zugang zu einer Realität haben, deren Komplexität und Ambiguität nicht von vornherein durch eine konzeptuelle Sichtweise beschnitten ist.

Der Kamerastil des Direct Cinema inkorporiert den Entstehungsprozeß der Filme in ihre formale Struktur, so daß die Bedingungen der Drehsituation bis zu einem gewissen Grad nachvollziehbar werden. Dadurch wird die Person hinter der Kamera als solche spürbar, auch wenn sie sich bewußt zurücknimmt. Der Charakter einer Einstellung ist ebenso wie ihre Abfolge als Konsequenz der Reaktionen und Entscheidungen des Kameramanns am Drehort zu lesen.[38] Insofern hat die bewegte Hand- oder Schul-

[38] Dies unterscheidet den Kamerastil des Direct Cinema maßgeblich vom Kamerastil des klassischen Hollywoodfilms, der die Drehsituation leugnet (vgl. Brinckmann 1996, 1).

terkamera des Direct Cinema anthropomorphe Züge. Ihre Tätigkeit "kann mit menschlichen Eigenschaften beschrieben werden als 'neugierig', 'diskret', 'empfindsam', 'nervös' oder 'liebevoll'" (Brinckmann 1996, 1). Gleichzeitig hat sie auch technomorphe Züge, denn durch abrupte Schärfenverlagerungen und Ausschnittsveränderungen anhand von Zooms und Schwenks rücken technische Aspekte der Aufnahme in den Vordergrund.

Wie Elder feststellt, läßt die Einbeziehung der Drehsituation den Objektstatus des Werks zurücktreten:

> it displaces the focus of our attention away from the film's formal *gestalt* towards the process by which it is generated. [...] the evidence of process inscribed in the film tends to alter the film's characteristics; the time we are aware of when watching these works is not a fictive, diegetic time but rather real time, that at which the film was actually made. (Elder 1989, 164)

Dieser Effekt bewirkt, daß wir uns dem Geschehen und den gezeigten Personen besonders nah fühlen, weil die Ereignisse in der (imaginären) Gegenwart vor unseren Augen abzurollen scheinen. Dieser Eindruck ist natürlich in einer Szene, die sich in einer langen Einstellung organisch entfaltet, am stärksten. Aber auch in Szenen und Segmenten, die nicht aus einer langen Einstellung bestehen und dennoch wie aus einem Guß wirken, weil sie den natürlichen Fluß der Ereignisse lediglich zu komprimieren scheinen, kommt er zum Tragen. In konstruierter wirkenden Szenen, beispielsweise solchen, die auf analytische Montageverfahren zurückgreifen, eher expositorischen Charakter haben und/oder mit einem *voice-over*-Kommentar unterlegt sind, ist er dagegen ungleich schwächer.

Trotz der bevorzugten Repräsentation der Ereignisse in Form von langen Einstellungen und mit Hilfe von Zooms und Schwenks anstelle von Schnitten ist die diegetische Kontinuität im Direct Cinema brüchiger und schwieriger aufrechtzuerhalten als im Spielfilm. Dieser Umstand erfordert die ständige Bereitschaft, sich innerhalb des filmischen Textes neu zu orientieren, und bewirkt somit eine Aktivierung des Zuschauerblicks im Sinne Bazins. Doch die Zuschauerhaltung ändert sich noch in anderer, weitreichenderer Hinsicht. An die Stelle einer privilegierten Position gegenüber der imaginären Realität, wie sie der Spielfilm bietet, rückt im Direct Cinema der Eindruck eines privilegierten Zugangs zur äußeren Realität. Das Bewußtsein, authentische Situationen, deren Ausgang während der Aufnahme noch ungewiß ist, in ihrer Entwicklung verfolgen zu können, erzeugt eine investigative Haltung der Zuschauer gegenüber dem Geschehen. Diese ist angesichts langer Einstellungen und organisch wirkender Szenen besonders ausgeprägt. Über die identifikatorische Verbindung mit dem Kameramann/Kameraauge fühlen wir uns insbesondere in sich ungestört entfaltenden Szenen involviert in einen Prozeß der Realitätserforschung, der durch die offene Struktur dieser Szenen gefördert wird. Da Details und Informationen, die für die dargebotene Geschichte relevant sein könnten, nicht hierarchisch organisiert werden wie im Spielfilm, erweist sich die Bedeutung des Gezeigten nicht unmittelbar. Wir müssen uns vielmehr signifikante Zusammenhänge selbst erschließen. Hier gilt: Je komplexer, vieldeutiger und ambivalenter sich der Sinngehalt einer Szene darstellt, desto stärker wird unsere Entdeckerfreude geweckt, desto mehr Reiz hat sie für uns als Betrachter. Wir verspüren vor allem das Bedürfnis, das Bild auf scheinbar Nebensächliches, Unerwartetes und Halbverborgenes hin zu erforschen. Dieses scheint umso signifikanter, da wir es nicht als für uns angelegt begreifen. Vielmehr haftet ihm in unseren Augen in besonderem Maß der Charakter des zufällig Erbeuteten, des Gefundenen an.

In den privilegierten Momenten der Enthüllung, in denen sich unsere Aufmerksamkeit auf die versteckten Gesten, die flüchtige Mimik und die spontanen Gefühlsreaktionen einzelner Personen richtet, findet die investigative, forschende Zuschauerhaltung ihre "natürliche" Erfüllung.[39] In Gang gesetzt und gefördert wird sie jedoch durch die "search-and-discovery structure" des Direct Cinema, die Zooms und Schwenks, die das Bild beständig neu austarieren und auf signifikante Einzelheiten hin abtasten. Obwohl es sich bei diesem Vorgang um eine Form der inneren oder integrierten Montage handelt, wie sie Bazin im realistischen Film so schätzte, nehmen wir den darin enthaltenen Impuls zur Sinngebung nicht in dem Maße wahr. Die Kamerabewegungen kommentieren zwar das Geschehen, indem sie die Aufmerksamkeit lenken und Details hervorheben, im Gegensatz zum kommentierenden Schnitt findet diese Aktivität jedoch innerhalb desselben diegetischen Raums statt wie die übrige Handlung und wahrt dabei seine Integrität. Dies naturalisiert den Kommentar, da er nicht dem menschlichen Bewußtsein, sondern der Realität zu entstammen scheint (vgl. Elder 1989, 157-158).

Wie Elder feststellt, bevorzugt die "classical art" des "cinema of illustration" eine komprimierte dramatische Erzählstruktur, die ihre Elemente hierarchisch organisiert, und geordnete symmetrische Kompositionsformen, die die Bildmitte betonen, sich

---

[39] Selbst wenn sich diese Momente, wie bereits dargelegt, letztlich dem Bedürfnis verweigern, die inneren Beweggründe der Personen zu durchleuchten.

durch formale Geschlossenheit auszeichnen und darüber hinaus häufig die Begrenztheit des Ausschnitts durch "bounding devices" am Bildrand markieren.[40] Wie die analytische Montage dienen all diese Verfahren dazu, einen Bruch zwischen Realität und filmischem Text herbeizuführen, der ihre Unterschiedlichkeit formal akzentuiert. Dadurch wird die Welt des Films hermetisch von einer über den Bildrand hinausgehenden Realität abgegrenzt.

Demgegenüber strebt das "cinema of presentation" danach, stilistische Mittel zu etablieren, die Aspekte des Realen per Analogiebildung zu simulieren und zu inkorporieren trachten und durch ihre offene Form und Struktur eine gewisse Durchlässigkeit gegenüber der Realität suggerieren. Im Direct Cinema trägt der bewegte Kamerastil nicht unwesentlich zu diesem Eindruck bei.

Die durch die nicht präzise kontrollierbaren Zooms und Schwenks der Hand- oder Schulterkamera zustandekommenden ständigen Ausschnittsveränderungen gestalten die Bildgrenzen variabel und destabilisieren dadurch auch die Bildmitte. Das, was eben noch im Zentrum stand, kann jederzeit an den Rand gedrängt werden oder ganz im Off verschwinden. Die Komposition erscheint offener und weniger ausgewogen, da der Blick auf Personen und Objekte am Bildrand häufig partiell beschnitten ist. Dies führt dazu, daß sich unsere Aufmerksamkeit nicht ausschließlich auf die Mitte richtet, sondern sich auch dem Geschehen an seinen Rändern zuwendet. Darüber hinaus verstärkt die offene Form der Bildkomposition den Eindruck des Nichtgestalteten und authentisiert damit das Gezeigte. Die Kamera erscheint als unbeteiligter Zeuge des Geschehens, der es ohne vorgefaßte Absicht so klar wie möglich zu erfassen sucht. Die Kadrierung wirkt hier wie eine bewegliche Maske (*cache*), die das Vorhandensein einer Realität außerhalb des gewählten Ausschnitts signalisiert, die zwar momentan noch unsichtbar ist, aber jederzeit vergegenwärtigt werden und ins Bild dringen kann. Man könnte daher sagen, daß der Bezug auf eine erlebbare äußere Realität, den die Zuschauer im Dokumentarfilm erwarten, im Direct Cinema in der filmischen Methode bereits angelegt ist. Im "cinema of illustration" hat die Kadrierung dagegen eher die Funktion eines Rahmens (*cadre*), der das Dargestellte isoliert

---

[40] Zwar nehmen wir den Rahmen nicht mehr bewußt wahr, sobald wir emotional in die Handlung der erzählten Geschichte eintauchen, das ändert jedoch nichts an dem beobachteten Phänomen. Die subjektive Wahrnehmung, die uns den Bildrahmen vergessen läßt, wird durch die narrative Kontinuität des Hollywoodfilms gefördert, die die Ereignisse über das System des *invisible editing* zu einem in sich geschlossenen imaginären Universum zusammenschweißt.

und alles, was außerhalb des Bildfeldes liegt, neutralisiert (vgl. dazu Friedl 1994, 157).[41]

4.2.4 Die privilegierten Momente als besondere Authentizitätsgaranten

Im folgenden möchte ich die Funktion und Bedeutung der privilegierten Momente im Rahmen der Struktur der Direct-Cinema-Filme näher untersuchen. Diese privilegierten Momente verkörpern im Idealfall das Programm in Reinform. Häufig haben sie den Charakter von "vertical attacks", die den Erzählfluß des jeweiligen "real life drama" periodisch unterbrechen, um ihm eine poetische, geheimnisvolle Tiefe zu verleihen, die in gewisser Weise Raum und Zeit enthoben ist. Hier bestimmt die psychische Reaktion einer Person, der emotionale Gehalt des Augenblicks die Wahrnehmung von Filmemachern und Zuschauern gleichermaßen. Als Prototyp oder Kulminationspunkt der privilegierten Momente kristallisiert sich in vielen Fällen die Großaufnahme eines Gesichtes heraus, deren ästhetische Qualitäten, wie im Verlauf dieses Kapitels noch gezeigt werden soll, in erstaunlichem Maß mit den Kategorien und Zielen des Direct Cinema übereinstimmen, so daß sie sich als hervorragend geeignet erweist, als besonderer Authentizitätsgarant zu fungieren. Die sich daraus ergebende eminente Wirkkraft der Großaufnahmen wird noch dadurch gefördert, daß sie häufig in lange Einstellungen eingebettet sind oder in Szenen, die zwar aus mehreren Einstellungen bestehen, aber dennoch den Eindruck einer organischen Einheit hinterlassen, die der Schnitt lediglich komprimiert.

Allein diese letzte Beobachtung weist bereits darauf hin, daß die Privilegiertheit der privilegierten Momente und diverser anderer Aspekte und Elemente, die den Direct-Cinema-Ansatz charakterisieren, bis zu einem gewissen Grad auf spezifische textuelle Operationen zurückzuführen ist, eine gezielte Einbettung in die Gesamtstruktur beispielsweise, die dafür sorgen, daß diese Szenen und Momente auch wirklich als solche wahrgenommen werden. D.h. ihre bevorzugte Stellung in der Wahrnehmung der Zuschauer beruht nicht ausschließlich auf ihrer inhärenten Signifikanz für die Story, sie generiert sich zudem über eine strukturelle und formale Privilegierung, die

---

[41] Dem steht die Existenz eines imaginären Off, anhand dessen wir das Dargestellte durch Nichtgesehenes und -gehörtes auffüllen und vervollständigen, nicht entgegen.

diese Momente aus dem Kontext hervorhebt und ihnen ein besonderes Gewicht verleiht.

Diese unterschiedliche Gewichtung einzelner Szenen und Elemente, die in den Drew-Filmen relativ offensichtlich ist und später subtilere Formen annimmt, muß in Zusammenhang mit dem programmatischen Aspekt des Direct-Cinema-Ansatzes diskutiert werden. Wie bereits dargestellt, dient dieser programmatische Aspekt dokumentarischer Repräsentationsmodi, der die Rhetorik der Filmemacher wie ihre Produkte prägt, dazu, die Authentizitäts- und Wahrheitsansprüche des eigenen Ansatzes zu legitimieren und durchzusetzen. Dies geschieht vor allem über eine strategische, häufig auch polemische Züge tragende Abgrenzung von vorhergehenden, mittlerweile konventionell anmutenden dokumentarischen Strömungen mit dem Ziel, das Charakteristische, Unkonventionelle, Neue des eigenen Ansatzes hervorzuheben und ins rechte Licht zu rücken. Im konkreten Fall des Direct Cinema zeigt sich dies in der Tendenz, die charakteristischen Merkmale des Erklärdokumentarismus und anderer mit ihm verwandter Formen mehr oder weniger demonstrativ zur Schau zu stellen und dabei abzuwerten, um die eigene Methode als nunmehr endlich möglich gewordene, bessere Reportageform zu etablieren (vgl. Hall 1990, 60).[42]

Um den programmatischen Aspekt des Direct Cinema deutlicher herauszuarbeiten, möchte ich die Unterschiede zwischen dem Erklärdokumentarismus und dem Direct Cinema in Form einer Gegenüberstellung darlegen. Es ist jedoch einschränkend zu erwähnen, daß eine solche Gegenüberstellung im Rahmen der vorliegenden Arbeit relativ schematisch und pointiert bleiben muß. Gleichzeitig ist zu bedenken, daß die festgestellten Unterschiede keineswegs als substantielle anzusehen sind, sondern in erster Linie auf der Konstruktion unterschiedlicher Posen beruhen, wobei der Folgemodus die Konventionen des Vorgängers gezielt zum eigenen Vorteil und zur eigenen Legitimation usurpiert. Das, was an anderer Stelle zu Aspekten des Folgenden bereits gesagt wurde, soll in diesem Zusammenhang nur in Kurzform noch einmal anklingen.

---

[42] Diese Beobachtungen korrespondieren mit dem Ansatz und der Sichtweise Paul Arthurs, der sich bisher am ausführlichsten mit dem programmatischen Aspekt dokumentarischer Repräsentationsformen auseinandergesetzt hat. Arthur (1993, 119) schreibt: "the dynamics of 'pure observation' are undercut by textual markers guaranteeing the same order of truth enacted in the partisan structures of thirties films. Albeit in a different register, direct cinema inscribes self-validating figures invested with the movement's own philosophical qualities."

Wie Kristin Thompson und David Bordwell feststellen, kennzeichnet eine Tendenz den traditionellen Dokumentarfilm und damit auch den Erklärdokumentarismus ganz wesentlich:

> Before 1950, most documentary cinema had sought to control change to a great degree. The filmmaker might record a casual action, but that would be smoothly absorbed into a larger structure of meaning by virtue of editing and voice-over commentary. Most major documentarists, from Vertov and Flaherty to Lorentz and Jennings, had resorted to even more strongly controlling techniques, such as staging scenes for the camera. (Thompson/Bordwell 1994, 558)

Wie wir gesehen haben, verfolgt das Direct Cinema, das ja auch als "uncontrolled cinema" bekannt ist, demgegenüber einen diametral entgegengesetzten Ansatz, der geradezu auf das Erfassen unbeeinflußter Momente der Enthüllung ausgerichtet ist, selbst wenn sich das Erreichen dieses Zieles bei näherer Betrachtung zu einem guten Teil auf einen mit ästhetischen Mitteln kreierten Effekt zurückführen läßt. Aus dieser grundlegenden Differenz zwischen Kontrolle und Unkontrolliertheit oder Unkontrollierbarkeit, die in vieler Hinsicht mit derjenigen zwischen Intervention und Nichtintervention korrespondiert, ergibt sich eine ganze Reihe weiterer Unterschiede.

Man kann sagen, daß der klassische Erklärdokumentarismus mit seiner Verknüpfung disparater Szenen und Elemente zum Zwecke einer stringenten Argumentation der "expressionistischen" Tendenz Bazins entspricht, während das Direct Cinema, wie bereits deutlich wurde, Teil der realistischen Tendenz ist. Im Gegensatz zum "observational mode" betont der "expository mode" analytische Schnittverfahren und eine relativ abstrakte Argumentationsstruktur mit beispielhaftem, generalisierendem Charakter. Sein Anliegen besteht in erster Linie darin, den Zuschauern die geschilderten Ereignisse möglichst überzeugend und umfassend zu erklären, wobei dies emotionalisierende Methoden nicht ausschließt. Formal wie inhaltlich dominiert insofern eine eher geschlossene Struktur. Auf die Darlegung eines spezifischen gesellschaftlichen Problems erfolgt ein möglichst klar umrissener Vorschlag oder Plan zur Lösung, an den zuweilen ein konkreter Handlungsappell geknüpft ist. Die verbalen Informationen und Erklärungen des *voice-over*-Kommentars auf der Tonspur bilden die übergeordnete logische Textinstanz. Der mitunter autoritär anmutende Gestus und die Eindeutigkeit dieser Aussagen fixieren den Zuschauer in einer eher passiven Haltung, die es ihm jedoch gleichzeitig ermöglicht, das Vorgebrachte aus einer gewissen rationalen Distanz heraus zu evaluieren.

Im Gegensatz dazu geht es dem Direct Cinema weniger darum, die Welt rational zu erklären. Es will vielmehr die Wirklichkeit in Form einer sinnlichen Erfahrung enthüllen, in der sich die immanente Ambiguität des Realen widerspiegelt. Damit in Zusammenhang steht die Präferenz für Einstellungen und Szenen auf der Basis des "physical portrayal", die keine offensichtlich illustrative oder kommentierende Funktion haben, sondern zunächst einmal unter ihrem Aufzeichnungsaspekt wahrgenommen werden, da sie konkret auf das verweisen, was sie abbilden. An die Stelle einer analytischen Durchdringung und Fragmentierung der Ereignisse tritt im Direct Cinema der Impuls zur Dekontextualisierung, der darauf ausgerichtet ist, die Vieldeutigkeit des Gezeigten durch organische Szenen und lange Einstellungen, die ein hohes Maß an Autonomie besitzen, zu erhalten. Hinzu kommt eine durch das Bestreben nach Aufrechterhaltung der raum-zeitlichen Kontinuität geprägte Montage, die den ungefilterten "natürlichen" Fluß des Lebens mit ästhetischen Mitteln zu (re-)konstruieren beziehungsweise zu simulieren versucht. In Einklang mit dieser Zielsetzung betont dieser Modus formal wie inhaltlich den Eindruck einer offenen Struktur, die zumindest vordergründig nicht auf ein bestimmtes Ziel oder eine bestimmte ideologische Haltung hin konzipiert erscheint. Insofern entsprechen dem Direct Cinema die implizite Argumentationsform der "perspective" und die indirekte Adressierung, die die Zuschauer in ganz anderer Weise als der "expository mode" dazu bewegen, sich das Gesehene spontan selbst zu erschließen, um auf diese Weise dessen nicht *a priori* festgelegte Bedeutung aktiv zu ermitteln. Aus dieser Hinwendung zu einer stärker intuitiven, sich aus der konkreten sinnlichen Erfahrung speisenden Rezeption der Ereignisse erklärt sich auch die Präferenz des Direct Cinema für das Visuelle, die von den Vertretern dieses Modus verfochtene Position des "showing versus telling". Das Bild hat nämlich gegenüber dem Wort den Vorteil, in seiner Bedeutung zumeist offener zu sein.[43]

---

[43] Thomas Waugh spricht in diesem Zusammenhang, allerdings meiner Meinung nach in nicht zu rechtfertigender, allzu selbstgerechter und denunziatorischer Weise, von der Tendenz des Direct Cinema zur "fetishization of the image" (1985, 242), die er an anderer Stelle im gleichen Artikel näher erläutert: "If the artifacts of the cinéma vérité now seem in retrospect to have captured so much of the spirit of their age, it is their embrace of inarticulateness, spontaneity, and entrenched emotionalism - not their aspiration to objectivity - which above all seemed linked to the decade of campus disturbances, ghetto riots, assassinations, and a counterculture based on uncritical iconoclasm. Cinéma vérité bore the imprint of all the ambiguous romanticism of the Greening of America, its adventurism as well as its fervor" (235).

Im "expository mode" herrscht der Rezeptionseindruck vor, im Nachhinein und aus einer relativ distanzierten Position heraus über ein Thema informiert zu werden, selbst wenn es sich um ein aktuelles Problem handelt. Die Ereignisse sind aus ihrem ursprünglichen Kontext herausgelöst und in einen neuen Argumentationszusammenhang gebracht, der die wesentlichen Aspekte beleuchtet und für die Zuschauer analytisch aufbereitet. Der vorherrschende Gestus oder Rezeptionseindruck ist der der Berichterstattung über etwas, das sich bereits zugetragen hat und dessen Evaluation vor Beginn des Films abgeschlossen wurde, so daß wir in erster Linie das Resultat dieser gedanklichen Verarbeitung gezeigt bekommen, nicht aber den damit verbundenen Prozeß selbst.

Im Gegensatz dazu betont der Rezeptionseindruck des Direct Cinema den prozessualen Aspekt, die unmittelbare Teilhabe an der Entfaltung der Ereignisse in ihrem konkreten, realen Verlauf. Christof Decker spricht in diesem Zusammenhang vom performativen Charakter des Direct Cinema, den er vom analytischen Modus des klassischen Erklärdokumentarismus unterscheidet und näher erläutert:

> in Ansätzen, die die unmittelbare Erfahrbarkeit zum autorisierenden Prinzip machen, [fallen] Realität und filmische Erfahrung tendenziell zusammen - die performative, unmittelbare Erfahrbarkeit erhebt das scheinbar ungefilterte Dabeisein zum authentizitäts-und realitätsstiftenden Ideal. Damit werden Markierungen der Unmittelbarkeit zum unverzichtbaren Bestandteil des Wahrheitsanspruchs, und sie verändern die Hierarchie der Legitimierungsstrategien; nicht die Kohärenz einer analytischen Argumentation autorisiert den Text, sondern Beweise über die Bedingungen eines Aufnahmeprozesses, die als Matrix ästhetischer Regeln ausgeformt werden. (Decker 1995, 130)

Dieser Rezeptionseindruck verstärkt sich durch den spezifischen Kamerastil des Direct Cinema, der die Ereignisse in eine "search-and-discovery structure" einbindet und seinerseits den prozessualen Aspekt und insbesondere den Prozeß des Evaluierens im Moment der Rezeption respektive der Aufnahme betont. Bedeutung ist nicht *a priori* festgelegt wie im "expository mode", sondern sie generiert sich - so hat es zumindest oberflächlich betrachtet den Anschein - *ad hoc* im Akt der Aufnahme/der Rezeption sowie in der retrospektiven, eher intuitiven Auswertung des Gesamteindrucks, den das Gesehene hinterlassen hat. Diese aktive Zuschauerhaltung, die eigenständiger anmutet, als sie tatsächlich ist, wird, wie wir gesehen haben, durch bestimmte strukturelle und formal-ästhetische Operationen befördert, die den Eindruck der Offenheit des textuellen Systems und der relativen Autonomie der einzelnen Szenen im textuellen Gefüge zu unterstreichen und zu stützen suchen.

In dem Maße, wie das Direct Cinema die unmittelbare Erfahrbarkeit betont, bemüht es sich darum, bei den Zuschauern das Gefühl des "being there *as* it happens" hervorzurufen, d.h. einen illusionären Eindruck der imaginären Gegenwart der Ereignisse zu kreieren. Neben dem Bestreben, die "natürliche" raum-zeitliche Kontinuität aufrechtzuerhalten, trägt die indirekte Adressierung, die die Zuschauer zumindest auf dieser Ebene an die ästhetische Erfahrung gegenüber dem Spielfilm anzuschließen versucht, maßgeblich dazu bei, diesen Eindruck zu bestärken. In besonders ausgeprägter Form realisiert er sich, wie wir noch sehen werden, im Rahmen der privilegierten Momente. Während das Direct Cinema nach Vergegenwärtigung und Suggestion unmittelbarer sinnlicher Teilhabe strebt, gilt dem Erklärdokumentarismus das filmische Ausgangsmaterial in erster Linie als Evidenz des Vergangenen, das in der vermittelten Form der rückblickenden Berichterstattung analytisch vernetzt zur Aufführung oder Ausstrahlung gelangt. Hier geht es weniger um den Versuch, das Material sich vor den Augen der Zuschauer entfalten und "für sich selbst sprechen" zu lassen, sondern darum, auf der Basis dieses Materials einen spezifischen Argumentationszusammenhang, eine rationale und/oder appellative Botschaft zu etablieren und diese zu vergegenwärtigen.

Die durch eine gewisse Distanz gegenüber dem Dargestellten gekennzeichnete Zuschauerhaltung im "expository mode" ergibt sich einerseits aus der analytischen Fragmentierung des Materials, die ein Sich-Einlassen auf einer sinnlichen Ebene nur in begrenztem Umfang erlaubt. Andererseits resultiert sie aus der Prominenz des *voice-over*-Kommentars, der als eine die Ereignisse rational filternde Instanz agiert, die sich zwischen die Zuschauer und ihre unmittelbare Erfahrung schiebt. Insofern fungiert der *voice-over*-Kommentar hier als diskursives Element,[44] das die Zuschauer auf Distanz hält, indem es ihnen bewußt macht, daß ihnen eine Geschichte erzählt oder ein bestimmtes Argument nahegebracht wird.[45]

In den Szenen und Sequenzen des Direct Cinema, die mit indirekter Adressierung arbeiten, entfällt der distanzierende Faktor des Kommentars und damit eine we-

---

[44] Eine genauere Definition und Erläuterung des Diskursbegriffes erfolgt im Rahmen der nächsten Seiten.

[45] Maureen Turim (1989, 16) hat dieses Phänomen in bezug auf den Spielfilm untersucht, es hat aber für den dokumentarischen Bereich in gleicher Weise Relevanz: "Sometimes spectators maintain their distance and experience the narrative as a story that is being narrated, as a story from a past or from another scene to which they do not have an unmediated access. This distance may be encouraged by the film by internal distancing devices of several kinds, such as voice-over narration [...]."

sentliche Barriere, die den Eindruck der größtmöglichen Nähe zum Gezeigten, auf den das Direct Cinema hinsteuert,[46] stören könnte. Im Idealfall werden wir so sehr in das Geschehen hineingezogen, fühlen wir uns so nahe am Erzählten, daß wir tatsächlich meinen "dabeizusein". Die Ereignisse scheinen wie von selbst vor unseren Augen abzurollen, während das Bewußtsein, sich einem wohldurchdacht gestalteten ästhetischen Produkt gegenüber zu befinden, in den Hintergrund tritt. Wiederum sind es die privilegierten Momente und dort vor allem die Großaufnahmen, die als besonders intime Augenblicke von großer emotionaler Nähe und Intensität wahrgenommen werden. In einem nicht weiter ausgeführten, aber sehr treffenden Kurzresümee bezieht sich auch Paul Arthur auf die herausragende ästhetische Bedeutung der Großaufnahme im Direct Cinema. Seine Bemerkung korrespondiert darüber hinaus mit den bisher geschilderten Unterschieden zwischen dem Erklärdokumentarismus, der durch eine Tendenz zur Generalisierung und Distanziertheit gekennzeichnet ist, und dem Direct Cinema, das auf Partikularisierung und Intimität und Nähe hinzielt:

> If one could isolate for thirties films the most characteristic image category, it would probably be groups of people in exterior long shots. In direct cinema's brief commercial foray of the late sixties, the typical configuration is most likely an interior facial close-up. (Arthur 1993, 121)

Im folgenden möchte ich auf die verschiedenen Legitimierungsstrategien eingehen, die darauf angelegt sind, charakteristische Merkmale des Direct Cinema, wie sie in der obigen Gegenüberstellung herausgearbeitet wurden, im textuellen System hervorzuheben und aufzuwerten. Grundlegend ist in diesem Zusammenhang der von den Filmemachern immer wieder vertretene Anspruch, ihr innovativer Ansatz böte im Vergleich zum traditionellen Dokumentarfilm und zum 'classical Hollywood cinema' einen direkteren, unmittelbareren Zugang zur Realität. Daß diese Behauptung nur in relativ begrenztem Maß aufrechtzuerhalten ist, wurde weiter oben bereits ausführlich dargelegt. In den Filmen der Drewschen Tradition konkretisiert sich dieser Anspruch in Form einer spezifischen Haltung, die die eigene filmische Methode und Art der Berichterstattung als Insiderblick hinter die Kulissen der laufenden Ereignisse und vor

---

[46] Zu einem ähnlichen Schluß, allerdings nicht speziell auf den Rezeptionseindruck bezogen, kommt auch Paul Arthur (1993, 121): "Visually as well as philosophically, direct cinema is predisposed toward intimacy, physical proximity, an isolated focus on "personality" struggling for self definition in a web of institutional pressures."

allem in den privilegierten Momenten hinter die Fassade eines Menschen deklarieren will. In gewissem Sinne ist diese Haltung im investigativen Kamerastil mit seiner "search-and-discovery structure" bereits angelegt, sie verlängert sich hier aber in einen ostentativen dokumentarischen Gestus, der sich in vieler Hinsicht als konstruierte Pose erweist, die im Grunde den dahinterliegenden Anspruch schwächt. Der Eindruck des privilegierten Blicks ist nämlich nicht aus sich selbst heraus zu erzielen, sondern nur auf Umwegen, über einen ebenso kritischen wie selbstgefälligen Blick der Filmemacher hinter die Fassade des konventionellen Journalismus, wie er in den Massenmedien der 60er Jahre allgemein praktiziert wurde, d.h. in Form eines zumeist implizit vorgenommenen, polemischen Vergleichs. Dieser soll die Überlegenheit des neuen Ansatzes klarstellen, indem er darauf verweist, daß die konventionellen Methoden der Berichterstattung den intimen Insiderblick nicht gestatten.

Kennzeichnend für viele Werke der Drewschen Tradition sind die auffallend zahlreichen Szenen, die Reportern und Fotografen jeglicher Couleur gewidmet sind, die von den selbst meist unsichtbar im Hintergrund bleibenden Direct-Cinema-Filmemachern bei der Ausübung ihres Handwerks gefilmt werden. Diese Szenen sind so angelegt und plaziert, daß sich die Stereotypenhaftigkeit und Oberflächlichkeit der Arbeitsweise dieser Journalisten implizit vermittelt. Es geht darum zu zeigen, daß die solchermaßen zur Schau gestellten Methoden der Berichterstattung hinter den Möglichkeiten des Direct Cinema zurückbleiben, und zwar vor allem deshalb, weil sie im wesentlichen den gleichen Richtlinien folgen, die auch den Erklärdokumentarismus kennzeichnen. D.h. sie können nur aus der Distanz heraus einen Ausschnitt des Geschehens in vermittelter Form repräsentieren, während das Direct Cinema unmittelbare sinnliche Teilhabe an der Entwicklung der Ereignisse von Anfang bis Ende suggeriert. Dieser polemische Verweis auf andere Formen des Dokumentierens stellt zugleich ein wirksames Mittel dar, die zumindest aus der Sicht von damals vergleichsweise subtileren Konstruktionsprinzipien des Direct-Cinema-Ansatzes zu naturalisieren.[47]

Eine weitere, in vielen Filmen zu findende verwandte Strategie, die ebenfalls die Überlegenheit des neuen Ansatzes hervorheben soll und dabei nicht ohne Polemik auskommt, ist die des "subcontract[ing] the task of intervention" (Arthur 1993, 123). Dabei handelt es sich ebenfalls um eine Form der Verschiebung oder Projektion, die Personen aus dem profilmischen Bereich funktionalisiert. Arthurs Begriff will sagen,

---

[47] Wie diese Legitimierungsstrategie im konkreten Fall realisiert wird, soll im Rahmen der noch folgenden Filmanalysen ausführlicher dargestellt werden.

daß sich der Anspruch des Direct Cinema auf Nichtintervention nicht selten nur dadurch aufrechterhalten läßt, daß Personen im Film, wiederum häufig Journalisten, die schlicht ihrer Arbeit nachgehen, die von den Filmemachern selbst abgelehnte Rolle von Interviewern übernehmen beziehungsweise zugewiesen bekommen. In dieser unfreiwillig übernommenen Funktion vermitteln sie den Zuschauern wichtige Informationen, die ansonsten etwa der verpönte *voice-over*-Kommentar in direkter Adressierung ergänzen müßte. Eine ähnliche Funktion haben auch die zahlreichen, nicht selten in voller Länge wiedergegebenen Telefongespräche, die ebenfalls wesentliche Hinweise zum Verständnis geben, es aber gleichzeitig erlauben, das bevorzugte und propagierte Konzept des "showing versus telling" aufrechtzuerhalten. Die dergestalt vorgeschobenen Personen agieren gewissermaßen als Mittler, Stellvertreter oder Sprachrohr der Filmemacher. Ihre verbalen Äußerungen kommentieren und evaluieren die Ereignisse, ohne daß die Filmemacher selbst gezwungen wären, eine eindeutige Haltung zum Geschehen einzunehmen.

Obwohl einige dieser Szenen für ein Verständnis der Zusammenhänge nahezu unverzichtbar sind, wird immer wieder der Impuls der Filmemacher spürbar, sich über diese auf Sprache als rationales Kommunikationsmittel vertrauenden Personen, die sie selbst auftreten lassen, zu mokieren. Dies gilt zumal dann, wenn nur enttäuschende oder lächerliche Resultate zu Tage kommen, wie dies des öfteren der Fall ist. Die in dieser Strategie zum Ausdruck kommende Disposition, dem vieldeutigen Zeigen gegenüber dem eindeutigeren Sagen den Vorrang zu geben, kennzeichnet das Direct Cinema darüber hinaus als Produkt und Mitgestalter des Zeitgeistes der 60er Jahre:

> The implied aversion to language in its ordering, or depleting, of sensory impressions is a pervasive - and quite powerful - facet of the antiauthoritarian program of sixties countercultural and political opposition. (Arthur 1993, 119)

In vielen Drew-Filmen, aber auch noch in Leacocks *Happy Mother's Day* findet sich eine weitere Strategie zur strukturellen Hervorhebung und Aufwertung von Direct-Cinema-Elementen über einen impliziten Vergleich. Sie ist im Grunde relativ leicht zu erkennen, weil sie auf einem direkten Rückgriff auf eine Konvention des Erklärdokumentarismus beruht. Hier wechseln Segmente und Passagen, die mit direkter Adressierung arbeiten, in denen ein *voice-over*-Kommentar wichtige Informationen gibt und Zusammenhänge erläutert, mit solchen, die auf der Basis der indirekten Adressierung funktionieren. Dabei ist anzumerken, daß der Wechsel von der einen

Erzählweise zur anderen durchaus innerhalb derselben Sequenz stattfinden kann. Obwohl auch diejenigen Passagen, die *voice-over* verwenden, die "natürliche" Chronologie aufrechterhalten, wirkt hier der Kommentar als distanzierender Faktor, der die Zuschauer daran hindert, unmittelbare Fühlung mit dem Gesehenen aufzunehmen. Wie im Erklärdokumentarismus richtet sich die Wahrnehmung vor allem auf die verbal dargebotenen Informationen, während die Bilder mehr als illustrativer Hintergrund dienen.

Dieser wiederholte Übergang von einer direkten zu einer indirekten Adressierung beziehungsweise von einer diskursiven zu einer historischen Erzählweise[48] initiiert eine parallel dazu stattfindende Verschiebung in der Positionierung der Zuschauer: Die diskursiven Passagen, in denen der Kommentar dominiert, vermitteln ihnen den subjektiven Eindruck einer gewissen Distanz zum Gezeigten, da ihnen bewußt ist, daß sie etwas erzählt bekommen. Die Funktion dieser Passagen besteht unter anderem darin, ähnlich den "establishing shots" des Spielfilms eine neue Phase der Erzählung einzuleiten, grundlegende Zusammenhänge in kondensierter Form zu präsentieren, die Bedeutung bestimmter Ereignisse zu fixieren und die Sympathien und Erwartungen in

---

[48] Die Kategorien *discours* und *histoire* wurden von dem französischen Linguisten Émile Benveniste entwickelt, um Texttypen in Literatur und Geschichtsschreibung zu unterscheiden. Diskursiv ist für Benveniste "jede Aussage, die einen Sprecher und einen Hörer voraussetzt und bei ersterem die Absicht, den anderen in einer bestimmten Weise zu beeinflussen [...], kurz, alle Gattungen, in denen jemand sich an jemand anderen wendet, sich als Sprecher hinstellt und das, was er sagt, in der Kategorie der Person organisiert" (1974, 269). Der Diskurs verweist auf das Vorhandensein eines Erzählers, z.B. über die Verwendung der Personalpronomen 'ich' und 'du'. Die Subjektivität der Botschaft ist direkt zu erkennen, eine Meinung wird explizit geäußert. Demgegenüber will die historische Aussageform den Eindruck einer objektiven Darstellung der Ereignisse erwecken, indem sie, unter anderem über den ausschließlichen Gebrauch der dritten Person, jeglichen Hinweis auf einen Erzähler vermeidet. "Die Ereignisse werden so dargestellt, wie sie sich zugetragen haben, in dem Maße, in dem sie am Horizont der Geschichte erscheinen. Niemand spricht hier; die Ereignisse scheinen sich selbst zu erzählen" (1974, 269). Für den französischen Filmtheoretiker Christian Metz, der Benvenistes Kategorien als erster auf den Film bezogen hat, ist der historische Texttypus gleichzusetzen mit dem klassischen Realismus des Hollywood-Spielfilms: "it is a discourse if one relates it to the film-maker's intentions, to its influence on the public, etc. But its defining quality, and the secret of its efficacy as a discourse is that it effaces all marks of enunciation, and disguises itself as a story" (1976, 21). Das Direct Cinema ist bestrebt, als historischer Texttypus wahrgenommen zu werden und nähert sich damit dem Hollywood-Spielfilm an, während der Erklärdokumentarismus in erster Linie als diskursiver Texttypus funktioniert. Zur weiteren Erläuterung und Modifizierung der Konzepte *discours* und *histoire* vgl. auch Hohenberger 1988, insbes. pp. 75-78; Genette 1976, insbes. pp. 8-12, sowie Chatman 1978, insbes. pp. 96-107.

eine bestimmte Richtung zu lenken. Die Illusion einer imaginären Gegenwart der Ereignisse ist auf diese Weise kaum zu erzielen. Demgegenüber verliert sich in den historischen Passagen der Eindruck des Diskursiven allmählich oder wird, nicht zuletzt aufgrund der kontrastiven Verwendung der beiden Erzählweisen, naturalisiert. Hier scheinen sich die Ereignisse in vollem Umfang aus sich selbst heraus zu entfalten, und dies verstärkt bei den Zuschauern mit der Zeit den Eindruck, dem Geschehen immer näher zu kommen, tatsächlich "unmittelbar dabeizusein". Im Kern dieser den Kriterien des Direct-Cinema-Ansatzes entsprechenden Passagen befinden sich die privilegierten Momente, angesichts derer die suggerierte Bewegung aus der Distanz hin zu Intimität und Nähe ihren "natürlichen" End- oder Höhepunkt zu finden scheint. Dieses unterschiedliche Abstände zum Gezeigten evozierende strukturelle Spiel mit der Wahrnehmung der Zuschauer aktualisiert somit auf seine Weise den Eindruck des Blicks hinter die Kulissen, der sich hier in Form einer metaphorischen Bewegung, die auf der psychischen Wirkung bestimmter formal-ästhetischer Konventionen beruht, immer wieder neu initialisiert.

Mit dieser Strategie, die den Blick hinter die Kulissen auf der Basis eines Kontrastes von Distanz und Nähe konstruiert, korrespondiert eine weitere Strategie, die diesen Blick über eine Bewegung von außen nach innen zu evozieren und zu stützen sucht. Damit ist gemeint, daß der Eindruck der Zuschauer, in nicht ohne weiteres zugängliche Innenräume vorzudringen und einen Insiderblick auf die Ereignisse zu werfen, hier auf der Konstruktion einer alternativen Position gründet, die ein Außen oder Außen-Vor suggeriert. Solche nach dem Prinzip der Außen/Innen-Struktur funktionierenden Szenen lassen sich in vielen Direct-Cinema-Filmen finden. So wird beispielsweise in *The Chair* ein Schauplatz des öfteren zunächst von außen etabliert, um die darauf folgende Bewegung des Vordringens ins Innere deutlicher hervorzuheben; auch der Blick durch Glastüren, die hier als symbolische Schwellen des Übergangs fungieren, ist mehrfach von Bedeutung. Einmal im Inneren angelangt, unterstreichen lange Hand- oder Schulterkamerafahrten durch endlose Gefängniskorridore den Eindruck des Immer-weiter-Vordringens. Dabei handelt es sich um ein stilistisches Mittel, das seit der Aufsehen erregenden Kamerafahrt durch eine gespannt auf Kennedy wartende Menschenmenge in *Primary* zum Standardrepertoire der Direct-Cinema-Filmemacher gehört. Auch in Pennebakers *Don't Look Back* kommt es, ebenso wie die Außen/Innen-Struktur, deutlich zum Tragen. In den privilegierten Momenten kulminiert die Bewegung von außen nach innen in dem sich letztlich als trügerisch erweisenden Eindruck, Einblick in die Innenwelt einer Person zu erhalten. Auch diese metaphorische Bewegung wird stilistisch durch charakteristische Zoombewegungen nach vorne, die auf einem Gesicht in Großaufnahme zum Stillstand kommen, akzentuiert. Die strategische Verwendung der Außen/Innen-Struktur läßt wiederum eine implizite Gegenüberstellung von Merkmalen des Erklärdokumentarismus mit solchen des Direct Cinema erkennen. In diesem Fall dient die Distanz signalisierende Außentotale, die laut Arthur die bevorzugte Bildkategorie des Dokumentarfilms der 30er Jahre darstellt, als kontrastierende Folie, um die besonderen Qualitäten der charakteristischen Bildkategorie des Direct Cinema, der Intimität und Nähe signalisierenden Großaufnahme im Innenraum, sowie den damit verbundenen privilegierten Blick ins rechte Licht zu rücken.

Die bisherigen Ausführungen zu den verschiedenen Authentisierungs- und Legitimierungsstrategien haben verdeutlicht, wie sehr die stilistischen und strukturellen Parameter des Direct Cinema darauf angelegt sind, die privilegierten Momente als "natürliche" Erfüllung dieses Ansatzes und somit als besondere Garanten von Authentizität erscheinen zu lassen. Obwohl diese Momente, wie sich bei der Analyse herausstellt, gleichzeitig Ausgangs- und Endpunkt der textlichen Organisation bilden, werden sie von den Zuschauern in erster Linie als "gefundene" Momente von besonderer emotionaler Intensität wahrgenommen. Dieser Eindruck beruht einerseits auf ihrem tatsächlichen emotionalen Gehalt, andererseits aber auf einem Effekt, der sich aus der Bündelung diverser Authentisierungsstrategien innerhalb solcher Szenen ergibt. Diese Bündelung erreicht in den Großaufnahmen einen Höhepunkt an Komplexität und verleiht ihnen dadurch eine ganz besondere Wirkkraft.

Wie bereits erwähnt, befinden sich die privilegierten Momente zumeist im Kern langer Einstellungen oder doch inmitten organisch wirkender Szenen, die den Anspruch des Direct Cinema auf Aufrechterhaltung der natürlichen Kontinuität in hohem Maße realisieren. Innerhalb dieser langen, sich organisch entfaltenden Passagen verliert die Operation des Kontextualisierens an Kraft und Einfluß. Das "naming and characterizing", von dem Susan Sontag in bezug auf das fotografische Bild spricht, das sich aber ebensogut auf die Funktion der Einstellung im Direct Cinema beziehen läßt, ist hier zurückgenommen. Statt dessen setzt ein Prozeß der Dekontextualisierung ein, der diesen Passagen ein hohes Maß an Autonomie verleiht. Die Realität scheint das Bild zu infiltrieren und es mit einer Vielfalt an Bedeutungen aufzuladen.

Wie in einem früheren Kapitel bereits aufgezeigt wurde, verbindet sich im Dokumentarfilm das Analogische mit dem Evidentiellen und dem Zentrifugalen. Dadurch wird der Strukturierung durch Kontextualisierung, dem narrativen Sog der Story, richtungsmäßig ein gewisser Widerstand entgegengesetzt, der sich in Form eines suggerierten "direkten" Blicks auf das "Reale" manifestiert. Obwohl dies für den Dokumentarfilm im allgemeinen zutrifft, gilt es für die privilegierten Momente und vor allem die Großaufnahme in ganz besonderem Maße. Aufgrund ihres ausgeprägt analogischen Charakters sind die in lange Einstellungen und organische Szenen eingebetteten privilegierten Momente prädestiniert dazu, Widerstand gegen die Besetzung mit Werten zu leisten, wie Barthes sich ausdrückt. Dies stärkt den Evidenzcharakter dieser Szenen, da sich hier der Signifikationsprozeß umzukehren scheint, zumindest in den Augen der Zuschauer, in deren Wahrnehmung sich die denotative Botschaft über die konnotative schiebt. Gerade dieses speziell die privilegierten Momente kennzeichnende scheinbare Fehlen eines Codes, das die Botschaft desintellektualisiert (Barthes), macht diese zu besonderen Garanten von Authentizität. Hinzu kommt noch, daß auch der Aspekt der Zentrifugalität, der Blick über und durch den Text auf das "Reale" in den Großaufnahmen besonders deutlich und in ganz spezifischer Weise zutage tritt.

Die Montageverfahren des Direct Cinema, dies wurde mehrfach bereits angedeutet, kennzeichnet ein ähnliches Prinzip der Umkehrung des Signifikationsprozesses, wie es sich angesichts der privilegierten Momente zu ereignen scheint. Im Kern dieses Umkehrungsprozesses, der auf einem die Texte strukturierenden Paradoxon beruht, befinden sich wiederum die privilegierten Momente: Einerseits bilden sie den eigentlichen *raison d'être* dieses Ansatzes und haben von daher wesentlichen Einfluß auf die Organisation des übrigen Materials, gleichzeitig fungieren sie jedoch als herausragende Garanten von Authentizität, die in besonderem Maße den Charakter des Spontanen, Unkontrollierten und Gefundenen projizieren. Die strukturprägende Funktion dieser Momente muß daher unbedingt verborgen bleiben. Selbst wenn es aus der Sicht der Zuschauer anders erscheint, korrespondieren die Montageverfahren des Direct Cinema demnach auch in bezug auf den Prozeß der Umkehrung und der Dekontextualisierung mit den Montageverfahren des neorealistischen Kinos, wie Lorenz Engell sie nachfolgend beschreibt:

> der montierte Zusammenhang [entwickelt sich] gleichsam von unten nach oben, d.h. aus der einzelnen Einstellung heraus, und nicht, wie in Hollywood, von oben nach unten, also aus dem vorgegebenen Zusammenhang heraus. [...] Einzelne Einstellungen bleiben dadurch isoliert, haben einen Wert und eine Bedeutung in sich, ohne aber des Verweises auf den Gesamtzusammenhang zu bedürfen [...] Die Dinge bleiben so stehen, wie sie vorgefunden wurden. Die Aufmerksamkeit gilt, anders gesagt, nicht mehr dem System und dem Sinn im ganzen, sondern - allenfalls - dem in sich geschlossenen Subsystem und dem Sinnbezirk. (Engell 1992, 175-176)

Nachfolgend möchte ich die auf einer ganzen Reihe von Faktoren beruhende herausragende Bedeutung und Wirkkraft der Großaufnahme im Rahmen der privilegierten Momente näher untersuchen. Neben der gezielten Einbettung in lange Einstellungen und organisch wirkende Szenen ergibt sich deren strukturelle Bedeutung vor allem über diverse Legitimierungsstrategien, die dazu dienen, die Kriterien des Direct-Cinema-Ansatzes hervorzuheben und aufzuwerten und seine Authentizitätsansprüche durchzusetzen und zu naturalisieren. Dabei wurde auch deutlich, daß diese Legitimierung in allen Fällen nur indirekt, über den Umweg des Vergleichs, zu erreichen ist. Im Fall der Großaufnahme zeigt sich hingegen, daß diese an sich ästhetische Eigenschaften aufweist, die in nahezu idealer Weise mit den Kriterien und Zielen übereinstimmen, die das Direct Cinema anstrebt, und daß diese Eigenschaften darüber hinaus geeignet sind, den Charakter und die Wirkung der "vertical attack" zu steigern. Daraus folgt, daß ihr Einsatz eine Legitimierung und Authentisierung des Ansatzes und dazu eine Betonung des Dargestellten auf direktem Wege möglich macht. Zwar beruht auch die besondere Wirkkraft der in Großaufnahme festgehaltenen Momente auf einem ästhetischen Effekt, dieser generiert sich aber in diesem Fall durch die unmittelbare Fruchtbarmachung von inhärenten Qualitäten des eingesetzten formalen Mittels. Aus dieser Perspektive betrachtet, erweisen sich die über den Weg des polemisierenden Vergleichs operierenden Legitimierungsstrategien auch als Teil einer weiteren Strategie, deren Ziel es ist, den intentionalen Einsatz der subtiler arbeitenden Großaufnahme zu naturalisieren und ihre Funktion als besonderer Authentizitätsgarant zu untermauern.[49]

Béla Balázs, vermutlich einer der ersten, wenn nicht der erste Theoretiker, der die ästhetischen Möglichkeiten der Großaufnahme ausführlicher untersuchte, verweist auf deren herausragende Stellung im textuellen Gefüge, wenn er schreibt:

> Die Großaufnahme im Film ist die Kunst der Betonung. Es ist ein stummes Hindeuten auf das Wichtige und Bedeutsame, womit das dargestellte Leben zugleich interpretiert wird. Zwei Filme mit der gleichen Handlung, demselben Spiel und denselben Totalen, die aber verschiedene Großaufnahmen haben, werden zwei verschiedene Lebensanschauungen ausdrücken. (Balázs 1982, 84)

---

49 Natürlich kommt die Großaufnahme auch außerhalb der vertikal ausgerichteten privilegierten Momente zum Einsatz, sie hat dort aber nicht die aus der Bündelung mehrerer Strategien resultierende intensive Wirkung, auf die es mir hier ankommt.

Die über diverse Strategien erzielte Betonung der privilegierten Momente erreicht somit in der Großaufnahme ein hohes Maß an Subtilität, da ihre Verwendung allein bereits eine strukturelle Hervorhebung des Dargestellten mit sich bringt. Diese Akzentuierung wird noch durch den Eindruck der zeitlichen Dehnung gesteigert, den die Großaufnahme hervorruft. Da sie die Dinge sehr nahe an uns heranrückt, ermöglicht sie uns, die Einzelheiten wahrzunehmen. Dem subjektiven Empfinden nach nimmt dieses Erfassen der Einzelheiten relativ viel Zeit in Anspruch. Insofern scheint sich angesichts der Großaufnahme das Tempo der Handlung zu verlangsamen. Wie Balázs anmerkt, beruht dieser Effekt auf einer psychischen, nicht auf einer optischen Tatsache. Denn in der Natur ist es ja vielmehr so, daß sich die Dinge umso langsamer zu bewegen scheinen, je weiter sie von uns entfernt sind (vgl. Balázs 1982, 85).

Indem sie auf flüchtige Gesten und kleine Details hindeutet, ohne den Dingen "die Stimmung ihrer Heimlichkeit" (Balázs 1982, 84) zu nehmen, gibt die Großaufnahme einer Szene den emotionalen Grundton und die atmosphärische Prägung. Für Balázs ist sie daher in besonderem Maße geeignet, eine lyrische Dimension zu erschließen: "Die Großaufnahme, sie ist der tiefere Blick, sie ist die Sensibilität des Regisseurs. Die Großaufnahme ist die Poesie des Films" (Balázs 1982, 86). Dies gilt vor allem für die besondere Intimität und Intensität signalisierende Großaufnahme eines Gesichtes, dessen Mikrobewegungen auch hervorragend geeignet sind, den Effekt der zeitlichen Dehnung zu unterstreichen:

> Wenn die Großaufnahme so die kleinsten und flüchtigsten Mienen und Gebärden auffängt und sie aufeinander bezieht, einander antworten läßt: Geste auf Geste, Blick auf Blick, dann wird auch die Handlung in ihre kleinsten Teile zerlegt. Das bewegte Hin und Wider innerhalb *derselben* Situation, die Mikrodramatik der Minute, wird aus der Nähe offenbar. Mit der Großaufnahme hat sich auch die Spielhandlung, die Story, in einer Tiefendimension entwickelt. (Balázs 1984, 67)

In ihrer impliziten strukturellen Betonung des Gezeigten, ihrer Ausrichtung auf die lyrischen Aspekte einer Situation und der in die Tiefe gehenden Erforschung minimaler Gesten und Details verfügt die Großaufnahme bereits über einige Möglichkeiten, die mit charakteristischen Merkmalen der "vertical attack", wie sie Maya Deren beschrieben hat, korrespondieren. Doch darin erschöpfen sich die Gemeinsamkeiten noch nicht. Denn die Großaufnahme ist darüber hinaus auch prädestiniert dazu, den Effekt der Raum- und Zeitenthobenheit zu produzieren, der den Umschwung von einer lateralen zu einer vertikalen Bewegung kennzeichnet. Dazu schreibt Gilles Deleuze unter ausführlicher Bezugnahme auf Balázs in einem Kapitel über das "Affektbild":

> Wie Balázs bereits sehr genau zeigte, entreißt die Großaufnahme ihr Objekt keineswegs einer Gesamtheit, zu der es gehörte, deren Teil es wäre, sondern - und das ist etwas ganz anderes - *sie abstrahiert von allen raumzeitlichen Koordinaten*, das heißt sie verleiht ihm den Status einer *Entität*. Die Großaufnahme ist keine Vergrößerung, auch wenn sie eine Größenveränderung impliziert; sie ist eine absolute Veränderung, Mutation einer Bewegung, die aufhört, Ortsveränderung zu sein, um Ausdruck zu werden. "Der Ausdruck eines isolierten Antlitzes ... ist in sich selbst geschlossen und verständlich, man muß sich nichts hinzudenken, weder im Raum noch in der Zeit. Haben wir das Gesicht soeben noch inmitten einer Masse gesehen und wird es dann gesondert hervorgehoben, dann ist es, als wären wir plötzlich mit ihm unter vier Augen allein. (Deleuze 1989, 134)[50]

Laut Balázs erschließt sich uns über diese Abstraktion von raumzeitlichen Koordinaten eine neue spirituelle Dimension, die der Physiognomie, in der die räumliche Beziehung einzelner Gesichtszüge zueinander keine Bedeutung hat. "Denn wir sehen nur *einen* Ausdruck. Wir sehen Empfindungen und Gedanken. Wir sehen etwas, was nicht im Raum ist" (Balázs 1984, 58). Maya Derens Vorstellungen kommen auch hier den von Balázs geäußerten sehr nahe. Daher möchte ich an dieser Stelle nochmals an ihre Charakterisierung der "vertical attack" erinnern, die sie mit einem Gedicht gleichsetzt, das eine audiovisuelle Form für etwas Unsichtbares, für den emotionalen oder metaphysischen Gehalt eines Augenblicks, zu finden sucht.

---

[50] Hervorhebungen im Original. Balázs zitiert nach Deleuze in *Schriften zum Film. Band 2* (1984) p. 11f. Während Balázs nur der Großaufnahme eines Gesichtes die Fähigkeit zugesteht, von allen raumzeitlichen Koordinaten zu abstrahieren, vertritt Deleuze die Ansicht, dies müsse für alle Großaufnahmen gelten. Interessanterweise ist Deleuze darüber hinaus der Meinung, daß in vielen Fällen die amerikanische und die Halbnaheinstellung ähnliche Attribute und eine ähnliche Wirkung haben wie die Großaufnahme: "Ein Gesichtszug ist nicht weniger eine vollständige Großaufnahme als ein ganzes Gesicht. Er ist nur eine andere Seite des Gesichts. Was ein Zug an Intensität ausdrückt, gibt das ganze Gesicht an Charakteristischem wieder. Infolgedessen gibt es keinerlei Unterschied zwischen Großaufnahmen und Detailaufnahmen oder 'Inserts', die nur eine Gesichtspartie zeigen. In der Mehrzahl der Fälle gibt es genausowenig einen Unterschied zwischen Halbnah, amerikanischer Einstellung und Großaufnahme" (1989, 135-136). Diese Ansicht kann man auch für die Filme des Direct Cinema nutzbar machen, da es sich bei der Großaufnahme im Rahmen der privilegierten Momente nicht immer um eine Großaufnahme im ganz engen Sinne handelt.

Im folgenden möchte ich vor allem auf diejenigen Aspekte der Großaufnahme eingehen, die mit vom Direct Cinema angestrebten Kriterien übereinstimmen und geeignet sind, die Funktion der Großaufnahme als besonderer Authentizitätsgarant zu untermauern. Wir wir gesehen haben, ist die Großaufnahme in der Lage, das Gefühl zu suggerieren, man sei mit der abgebildeten Person unter vier Augen allein. Insofern liegt es nahe, daß die Zuschauer sie als "natürliche" Erfüllung des auf Intimität und Nähe hinzielenden Direct-Cinema-Ansatzes wahrnehmen und daß sich angesichts ihrer auch der privilegierte Blick hinter die Kulissen, der sich hier in den Blick hinter die Fassade eines Menschen transformiert, zu realisieren scheint. Dieser Eindruck wird durch die Tatsache noch gefördert, daß in der Großaufnahme der Abstand zur abgebildeten Person subjektiv geringer scheint, als er bei einer realen Begegnung normalerweise wäre.

Angesichts der Intimität signalisierenden Großaufnahme eines Gesichtes, wie sie in den privilegierten Momenten vorkommt, in denen die emotionale Reaktion einer Person im Vordergrund steht, intensiviert sich die investigative Haltung der Zuschauer und der Impuls, das Innenleben der jeweiligen Person auszuloten und ihre Gefühle und inneren Motive zu erforschen. Dies rührt auch daher, daß die Großaufnahme eines Gesichtes an sich bereits ein Moment der Enthüllung in sich trägt, das es ihr ermöglicht, den Eindruck des Unkontrollierten, Spontanen, Gefundenen, auf den es dem Direct Cinema wesentlich ankommt, quasi aus sich selbst heraus zu produzieren. Wie Balázs diesbezüglich feststellt, "durchleuchtet [die nahe Kamera] die Vielschichtigkeit der Physiognomie" und zeigt hinter "dem Gesicht, das man macht, das Gesicht, das man hat und nicht ändern noch kontrollieren kann" (Balázs 1984, 60).

> [Sie] zielt auf die unbeherrschten kleinen Flächen des Gesichts und kann das Unterbewußte photographieren. Aus dieser Nähe wird das Gesicht zum Dokument wie die Schrift für den Graphologen. (Balázs 1984, 60)

Und diese "Mikrophysiognomie [ist] das unmittelbare Sichtbarwerden der Mikropsychologie" (1984, 62).

Wie diese Schlußfolgerung bereits verdeutlicht, basieren Balázs' theoretische Ausführungen über die Großaufnahme auf einer weitverbreiteten, aber dennoch unhaltbaren Vorstellung, die sich auch die Direct-Cinema-Filmemacher zunutze machen, allerdings, um sie zu unterlaufen. Gemeint ist die aus der Physiognomik abgeleitete Vorstellung, vom Äußeren eines Menschen ließe sich auf sein Inneres schließen, die

Balázs' Denken prägt.[51] Wie er glaubte, kann die Großaufnahme "das Gesicht *unter dem Mienenspiel*" enthüllen, das "vom bewußten Ausdruck oft übertönt" wird. "Nicht wie man dreinschaut, sondern wie man aussieht, entscheidet hier. Denn jeder sieht so aus, wie er ist" (Balázs 1984, 62).

Deleuze, der sich im Zusammenhang mit seinen Ausführungen zum Affektbild mit Balázs' Theorie auseinandersetzt, weicht an diesem Punkt entscheidend von dessen Denken ab. Damit dies nachvollzogen werden kann, möchte ich Deleuzes Konzeption des Affektbildes kurz umreißen.

Für Deleuze ist die Großaufnahme das Affektbild par excellence:

> von einem Gesicht gibt es keine Großaufnahme, das Gesicht ist als solches Großaufnahme und die Großaufnahme *per se* Gesicht, und beide sind der Affekt bzw. das Affektbild. (1989, 124)

Die Großaufnahme hat zwei Pole, sie kann sowohl eine Qualität wie ein Potential ausdrücken. Dabei handelt es sich entweder um den "Ausdruck einer mehreren verschiedenen Dingen gemeinsamen Qualität" oder den "Ausdruck eines Potentials, das von einer Qualität in eine andere übergeht" (1989, 128). Im isolierten Antlitz, wie es die Großaufnahme zeigt, drückt sich also die Potentialität oder Qualität als solche aus.

In Anlehnung an Peirce, auf den diese begriffliche Unterscheidung zurückgeht, gehört das Affektbild für Deleuze zum Bildtypus der "Erstheit", während das Aktionsbild in die Kategorie der "Zweitheit"[52] fällt. Die "Erstheit" ist schwer zu definieren, "denn sie wird eher gefühlt als verstanden: Sie betrifft das Neue in der Erfahrung, das Unverbrauchte, Flüchtige und dennoch Ewige" (Deleuze 1989, 137). Die "Erstheit" drückt kein Gefühl und keine Vorstellung aus, sondern stellt eine Kategorie des Möglichen dar, die die Qualität eines möglichen Gefühls oder einer möglichen Vorstellung zum Ausdruck bringt, ohne diese zu aktualisieren (vgl. Deleuze 1989, 137f.). Daraus wird bereits deutlich, daß die Großaufnahme auch aus der Perspektive von Deleuze Kriterien des Intuitiven, Flüchtigen, Spontanen, wie sie das Direct Cinema anstrebt, repräsentiert.

---

[51] Vgl. dazu Helmut H. Diederichs' Einleitung zu Balázs 1982, "Die Wiener Zeit: Tageskritik und 'Der sichtbare Mensch'," p. 37.

[52] "Zweitheit liege dort vor, wo etwas als solches zwei ist; was so ist, daß es in bezug auf ein Zweites ist. Alles, was nur durch den Gegensatz, durch oder in einem Dual existiert" (Deleuze 1989, 137).

Aber noch in einer weiteren signifikanten Hinsicht ist die Großaufnahme in idealer Weise geeignet, als besonderer Authentizitätsgarant des Direct Cinema aufzutreten, und zwar in Hinblick auf den bereits durch mehrere Verfahren der Authentisierung, Naturalisierung und Dekontextualisierung abgestützten Anspruch, die Vieldeutigkeit des Realen zu bewahren. Denn wie Deleuze herausgearbeitet hat, auf dessen entscheidende Modifikation des Balázsschen Ansatzes ich hier zu sprechen komme, haftet dem Affekt die Qualität des "Dividuellen" an. Sie bezeichnet das, "was weder teilbar noch unteilbar ist, sondern sich unter Änderung seiner Beschaffenheit teilt (oder vereinigt)" (1989, 323). Das, was der Affekt ausdrückt, ist demnach eine *komplexe Einheit*, die durch eine unauflösbare und sich ständig wandelnde Viel- oder Mehrdeutigkeit des Ausdrucks gekennzeichnet ist.[53] Diese Analyse des Affektbildes führt Deleuze auch zu einem neuen Erklärungsmodell für den Kulechov-Effekt:

> Denn das Gesicht bleibt eine große Einheit, deren Bewegungen - wie Descartes bemerkte - zusammengesetzte und gemischte Erregungen ausdrücken. Der berühmte Kulechov-Effekt erklärt sich weniger aus der Assoziation des Gesichts mit einem veränderlichen Gegenstand als aus der Mehrdeutigkeit seiner Ausdrucksformen, die immer zu verschiedenen Affekten passen. (Deleuze 1989, 153)

In bezug auf die Funktion und Bedeutung der Großaufnahme für den Direct-Cinema-Ansatz Drewscher Prägung läßt sich demnach folgendes feststellen. Die Großaufnahme ist aufgrund ihrer ästhetischen Qualitäten in der Lage, wesentliche Intentionen des Direct Cinema aus sich selbst heraus zu produzieren und zu verkörpern. Insofern ist der Evidenzcharakter der Großaufnahme besonders stark. Gleichzeitig kann sie den illusionären Eindruck der unmittelbaren Erfahrbarkeit und Gegenwart sehr überzeugend vermitteln, da wir als Zuschauer das Gefühl haben, auf mehreren Ebenen - visuell, akustisch und emotional - und aus nächster Nähe am Geschehen sinnlich teilzuhaben. Dieser Eindruck verstärkt sich noch durch die in den privilegierten Momenten und vor allem angesichts der Großaufnahme wirksam werdende Illusion und das Bedürfnis gleichermaßen, Einblick in die Innenwelt der gezeigten Person zu

---

[53] Dazu noch einmal Deleuze (1989, 147): "Das Ausgedrückte - das heißt der Affekt - ist komplex, weil es sich aus allen Arten von Singularitäten zusammensetzt, die es entweder vereint oder in die es sich teilt. Deshalb wandelt es sich ständig und ändert seine Natur gemäß den Vereinigungen, die es bewirkt, und den Teilungen, denen es unterliegt. Solcherart ist das Dividuelle, das weder anwächst noch abnimmt, ohne seine Natur zu ändern."

erhalten, einer Enthüllung beizuwohnen, die sich vor unseren Augen in den Mikrobewegungen des Gesichtes vollzieht.[54]

Gleichzeitig setzt sich in den Großaufnahmen der bereits eingeleitete Prozeß der Dekontextualisierung weiter fort und erreicht hier seinen Höhepunkt. Dies erklärt sich zum einen aus der Raum- und Zeitenthobenheit, die uns den Ausdruck des isolierten Gesichtes als in sich geschlossene komplexe und mit einer metaphysischen Dimension unterfütterte Einheit wahrnehmen läßt. Zum anderen fällt die inhärente Betonung des Flüchtigen, Spontanen, Unkontrollierten mit einer weiteren vom Direct Cinema hoch bewerteten Qualität zusammen, einer unauflösbaren und unauslotbaren Mehrdeutigkeit, die in den Gesichtszügen und ihrem Ausdruck zum Vorschein kommt.[55] Diese Mehrdeutigkeit wird noch durch die relative "Sprachlosigkeit" der privilegierten Momente und insbesondere der Großaufnahme gefördert. Hier steht die expressive Funktion in Form von spontanen Ausrufen und emotionalen Reaktionen wie Weinen, Singen oder Lachen im Vordergrund, woraus sich eine inhärente Betonung der Direct-Cinema-Kriterien des Visuellen und Emotionalen ergibt. Dadurch ist das "naming and characterizing" extrem zurückgenommen und Barthes' Verankerung und Relaisfunktion greifen nicht oder nur ansatzweise, um die Bedeutung des Gezeigten zu vereindeutigen.

---

[54] Auch wenn sich dieser Eindruck letztlich als illusionär erweist, gilt doch tendenziell für die privilegierten Momente, was Franz K. Stanzel in *Theorie des Erzählens* zum Verhältnis von Unmittelbarkeit und Innenweltdarstellung schreibt: "Mehr als die Darstellung von Außenwelt scheint die Darstellung von Innenwelt die Illusion der Unmittelbarkeit, also die scheinbare Aufhebung der gattungsspezifischen Mittelbarkeit, zu fördern. Gerade der moderne Roman läßt eine stark ausgeprägte Tendenz erkennen, der dargestellten Innenwelt den Anschein der Unmittelbarkeit, des Unredigierten, Spontanen zu geben" (1989, 172). Darüber hinaus hat auch Stanzels nachfolgende Feststellung Relevanz für die privilegierten Momente respektive die Großaufnahme im Direct Cinema: "Innenweltdarstellung ist ein äußerst wirksames Mittel zur Sympathiesteuerung, weil dabei die Beeinflussung des Lesers zugunsten einer Gestalt der Erzählung unterschwellig erfolgt.[...] Es ist sehr wahrscheinlich, daß diese Sympathiesteuerung auf den modernen Leser stärker wirkt, wenn sie durch Innensicht, d.h. durch die Illusion des unmittelbaren Einblicks in das Bewußtsein des betreffenden Charakters, ausgelöst wird als bei auktorialem Gedankenbericht, also durch eine Aussage des Erzählers darüber" (1989, 173-174).

[55] Das Moment der Dekontextualisierung wird hierbei noch dadurch unterstrichen, daß dieser Ausdruck lediglich auf sich selbst beziehungsweise seinen Träger rückverweist: "Der Affekt ist gewissermaßen das, was in einem Zustand zum Ausdruck kommt, aber dieser Ausdrucksinhalt verweist nicht auf einen Zustand, sondern nur auf die Gesichter, die ihn zum Ausdruck bringen und ihm in ihren Zusammensetzungen und Trennungen eine eigene, bewegte Materie geben" (Deleuze 1989, 149).

Der Einsatz der Großaufnahme in den privilegierten Momenten markiert gleichzeitig den Höhepunkt und die Grenzen des Direct-Cinema-Ansatzes, wie Drew und seine (ehemaligen) Kollegen ihn konzipierten. Zwar ist die Großaufnahme in besonderem Maße in der Lage, die Eigenaktivität der Zuschauer anzuregen, ihre Faszination und Neugierde zu wecken und ihre Lust, das Bild zu erforschen. Aber letztlich bleibt das in dieser intensiven Weise Betrachtete in seiner Mehrdeutigkeit geheimnisvoll und unergründlich, ja bezieht im Grunde gerade daraus seine Faszination. Wenn Deleuze die Substanz des Affekts als eine Mischung aus "Begehren und Verwundern" und eine "Wendung der Gesichter zum Offenen, zum Lebendigen" (1989, 142) beschreibt, charakterisiert er genau das, was ich hier meine. Wir können als Zuschauer zwar über die inneren Beweggründe der Personen mutmaßen und glauben, sie zu erahnen, aber am Ende erweist sich unsere forschende Bewegung in die Tiefe im Rahmen der "vertical attack" doch als Vorstoß ins Unergründliche, in dessen Verlauf sich der investigative Impuls und der vertikale Sog immer wieder aufladen und erschöpfen. An die Stelle einer Enthüllung des Innenlebens einer Person tritt im Direct Cinema tatsächlich eine Enthüllung anderer Art: die Erkenntnis der Zuschauer, daß die Realität über das reine, isolierte Beobachten letztlich nicht zu fassen ist und unauflösbar bleibt in ihrer Komplexität und Vieldeutigkeit. In diesen Momenten, in denen die Großaufnahme eine Konfrontation provoziert, in der die Undurchdringlichkeit der äußeren Wirklichkeit den Wissensdurst der Zuschauer entmachtet, realisiert sich der Aspekt der Zentrifugalität, der Blick des Dokumentarfilms über und durch den Text auf das Reale, auf ganz spezifische, durchschlagende Art und Weise.[56]

---

[56] Im Grunde ist in diesen Momenten des Direct Cinema der 60er Jahre, die das Spontane, Unkontrollierte und gleichzeitig die Erkenntnis der Vieldeutigkeit und letztlichen Un(be)greifbarkeit des Realen betonen, die "aesthetics of failure" bereits angelegt, die laut Arthur den besonderen Authentizitätsgaranten des introspektiv-ironischen Dokumentarfilms der 80er Jahre bildet, wie ihn beispielsweise Ross McElwees *Sherman's March* (1987) und Michael Moores *Roger and Me* (1989) verkörpern. Diese Filme kombinieren Elemente des Hollywoodfilms, verschiedene Repräsentationsmodi und Adressierungsweisen des Dokumentarfilms und Techniken des Avantgardefilms zu einem hybriden Stilmix. Der Prozeß des Filmens steht im Vordergrund und die Filmemacher selbst spielen eine zentrale Rolle im profilmischen Geschehen. Im Mittelpunkt stehen ihre mehr oder weniger aussichtslosen oder fehlschlagenden Bemühungen, ein geplantes Projekt zu realisieren, während auf der Tonspur ihr sarkastisch-ironischer Kommentar zu hören ist, der die Ereignisse begleitet und ihnen einen (selbst)reflexiven Anstrich gibt. "[These] films are organized around a set of strategies in which authority and verisimilitude are rhetorically embedded in a negative register of denial, mockery, and collapse. [...] *failure* to adequately represent the person, event, or social situation stated as the film's explicit task functions as an inverted guarantee of authenticity" (Arthur 1993, 127).

Man kann sagen, daß die privilegierten Momente und vor allem die Großaufnahmen von einem Realismus der Rezeption geprägt sind, der Lorenz Engell (1992, 177) zufolge auch den neorealistischen Film kennzeichnet. Engells Begriff will eine Seherfahrung umschreiben, bei der die "Begegnung mit dem Filmbild [...] die Begegnung mit einer in ihrer Komplexität schwer oder nur unter Erzeugung von Sinnstrukturen zu erfassenden Umwelt [analogisiert]." Im Direct Cinema fällt dieser Realismus der Rezeption mit einem Realismus der Abbildung zusammen, der sich ebenfalls in den privilegierten Momenten am überzeugendsten realisiert und der wie jener eine, "wenngleich notwendig unabgeschlossene Tendenz erkennen [läßt], einen Zustand vor dem Eingriff der Sinngebung zu erzeugen" (Engell 1992, 177).

Wie im Vorangegangenen deutlich wurde, nutzt das Direct Cinema die Großaufnahme in einer Weise, die sie dazu prädestiniert, der "Besetzung mit Werten einen Widerstand" (Barthes) entgegenzustellen und als besonderer Authentizitätsgarant des filmischen Textes zu dienen. Aufgrund des durch die langen Einstellungen eingeleiteten und in der Großaufnahme kulminierenden Dekontextualisierungsprozesses, der Raumzeitenthobenheit und der Vieldeutigkeit des Ausdrucks bildet die Großaufnahme tatsächlich so etwas wie eine Oase innerhalb der Signifikation, in der die immanente Ambiguität des Realen erhalten bleibt, wie Bazin es sich vorstellte und wünschte. Allerdings beruht der daraus resultierende Authentizitätseindruck, wie wir gesehen haben, auf der Wirkung von geschickt genutzten ästhetischen Eigenschaften der Großaufnahme und diversen strategisch eingesetzten Signifikationspraktiken und ist keinesfalls Ausdruck der inhärenten Bedeutungsproduktion des Realen selbst.

Wenn man die spezifische Funktion und Bedeutung der Großaufnahme, die, wie die Analyse zeigt, den eigentlichen Kern der textlichen Organisation des Direct Cinema bildet, und ihre ästhetischen Möglichkeiten und Qualitäten insgesamt betrachtet, ist festzustellen, daß ihre Wirkung sich in etwa mit der Wirkung einer Fotografie vergleichen läßt. Daraus könnte man den Schluß ziehen, daß das Direct Cinema von der Tendenz geprägt ist, sich den Qualitäten des fotografischen Bildes (wieder) anzunähern, die filmische Einstellung zum fotografischen Bild zu transformieren. Diese etwas spekulative, aber doch sehr reizvolle und, wie sich noch zeigen wird, in gewisser Weise sogar naheliegende These möchte ich im folgenden näher erläutern.

> The camera makes reality atomic, manageable, and opaque. It is a view of the world which denies interconnectedness, continuity, but which confers on each moment the character of a mystery. Any photograph has multiple meanings; indeed, to see something in the form of a photograph is to encounter a potential object of fascination. The

> ultimate wisdom of the photographic image is to say: "There is the surface. Now think - or rather feel, intuit - what is beyond it, what the reality must be like if it looks this way." Photographs, which cannot themselves explain anything, are inexhaustible invitations to deduction, speculation, and fantasy. (Sontag 1979, 23)

Diese Charakterisierung des fotografischen Bildes enthält bereits viele Aspekte, die ebensogut die Funktion und Wirkung der Großaufnahme im Rahmen der privilegierten Momente beschreiben könnten. Hier meine ich ihre Herausgelöstheit aus dem Kontext, die unauflösbare Komplexität und Vieldeutigkeit des Ausdrucks und die damit einhergehende besondere Faszination sowie den Impuls, das Gesehene in Form einer vertikalen Rezeptionsbewegung hinter die Oberfläche intuitiv zu ergründen. Auch Sontags Feststellung, daß das fotografische Bild immer mehr verbirgt, als es enthüllt, läßt sich auf die Großaufnahme im Direct Cinema übertragen. Diese Eigenschaft des fotografischen Bildes, seine spezifische "muteness" oder Stummheit, ergibt sich laut Sontag daraus, daß Verständnis sich nur darüber herstellt, daß man weiß, wie etwas funktioniert, und daß dieses Wissen nur in Form einer Erzählung, die Zeit braucht, vermittelt werden kann (vgl. 1979, 23). Wie beim fotografischen Bild ist dieser Vorgang des Erzählens angesichts der den Kulminationspunkt des Dekontextualisierungsprozesses und Kern der "vertical attack" bildenden Großaufnahme weitgehend arretiert. Diese Tendenz wird durch den Effekt der zeitlichen Dehnung, den die Großaufnahme herstellt, und in gewisser Weise auch durch das Gefühl der unmittelbaren Erfahrbarkeit, das sie in besonderem Maße suggeriert, noch gefördert. Denn durch die Mikrobewegungen des Gesichtes scheint sich der Erzählfluß der Bilder zu verlangsamen und fast zum Stillstand zu kommen. Auch darin liegt eine tendenzielle Annäherung an das fotografische Bild, dem Susan Sontag die folgende Qualität und Wirkung zuschreibt: "Photographs may be more memorable than moving images, because they are a neat slice of time, not a flow" (1979, 17). Nicht nur werden die in Großaufnahme gezeigten Momente ebenfalls eher als "slice of time" denn als "flow" wahrgenommen, es trifft auch zu, daß sie aufgrund ihrer besonderen Intensität lange im Gedächtnis haften bleiben. Insofern läßt sich auch Sontags Fazit: "Each still photograph is a privileged moment" (1979, 18) ohne weiteres auf die Großaufnahme im Direct Cinema übertragen, selbst wenn Sontag damit noch etwas anderes, die problemlose Handhabbarkeit und jederzeitige Verfügbarkeit des Fotos, meint.

Die hier diagnostizierte Tendenz des Direct Cinema, sich den Qualitäten des fotografischen Bildes anzunähern, diese für den filmischen Text nutzbar zu machen und strukturell und inhaltlich zu betonen, zeigt einmal mehr, wie sehr Drews Vorstellungen das Direct Cinema prägten. Dies gilt insbesondere für die Frühphase, aber mehr oder weniger deutliche Spuren davon lassen sich in modifizierter Form noch in der späteren Arbeitsweise seiner ehemaligen Kollegen erkennen. Interessanterweise ergibt sich über diese Tendenz eine Verbindungslinie zu den Anfängen von Drews beruflicher Laufbahn, zu seiner Tätigkeit bei der Fotoillustrierten *Life*, die sein journalistisches Denken maßgeblich formte und beeinflußte. Schon dort vertrat Drew das Konzept der "mind-guided camera", eine Form der Fotoreportage, bei der es darauf ankam, die Entwicklung der Ereignisse vorauszuahnen und ihre Aufzeichnung dieser Grundlage entsprechend zu planen. Und wichtiger noch war schon damals das "signature" oder "key picture", "the decisive moment, the one story that conveyed the essence of the story" (O'Connell 1988, 51), ein zentraler Bestandteil dieses infolgedessen etwas formelhaften Konzepts.

5. Filmanalysen

5.1 *The Chair* (1963) von Drew Associates

The Chair ist der vorletzte von zehn Filmen, die als "Living Camera"-Serie zusammengefaßt sind. Sie wurden von Time Inc. finanziert und in der Hoffnung produziert, auf der Basis dieses Anschauungsmaterials eine Fernsehanstalt dafür zu gewinnen, bei Drew Associates eine weitere Serie ähnlicher Dokumentarfilme in Auftrag zu geben. Der Plan schlug jedoch fehl, da die großen kommerziellen Sender nicht von ihrer Politik abwichen, nur im eigenen Hause hergestellte "public affairs"-Programme auszustrahlen. Es blieb daher bei den zehn Filmen, die schließlich von RKO General, einem vergleichsweise unbedeutenden Sender, gezeigt wurden (vgl. Mamber 1974, 62).

Die meisten Filme dieser Serie konzentrieren sich auf *eine* Person, deren Aktionen und emotionale Reaktionen in einer Wettbewerbs- oder Krisensituation sie unter die Lupe nehmen. *Eddie* (1961) dreht sich um die Frage, ob der Rennfahrer Eddie Sachs 1961 das Autorennen von Indianapolis gewinnen wird, bei dem er im Vorjahr wegen eines Motorschadens vorzeitig ausscheiden mußte. *Susan Starr* (1962) beobachtet eine junge Pianistin bei ihren Vorbereitungen auf einen Klavierwettbewerb und *Nehru* (1962) begleitet den indischen Premierminister eine Woche lang auf einer Wahlkampfreise. *Mooney vs. Fowle* (1961), in dem sich die Football-Mannschaften zweier High Schools gegenüberstehen, weicht geringfügig von diesem Schema ab, da er sich auf die Arbeitsmethoden und Persönlichkeiten beider Trainer konzentriert. Ähnliches gilt für *Petey and Johnny* (1961), bei dem wiederum die Beziehung zwischen zwei Personen, einem jugendlichen Gang-Mitglied aus einem New Yorker Slum und einem Sozialarbeiter, im Mittelpunkt steht.

Verglichen mit diesen Filmen handelt es sich bei *The Chair* in mehrerlei Hinsicht um ein wesentlich ambitionierteres und komplexeres Projekt. Er basiert zwar auf der Krisenstruktur und ist bestrebt, eine Person als Protagonisten und vorrangigen Sympathieträger zu etablieren; aufgrund der Vielschichtigkeit seines Themas kann sich der Film jedoch nicht ausschließlich auf diese Person konzentrieren, denn er behandelt einen Präzedenzfall der amerikanischen Rechtsprechung, bei dem es zahlreiche Beteiligte und Aspekte zu berücksichtigen galt. Daher gehört er eher in die Tradition von Drew-Filmen wie *Primary* (1960) und *The Children Were Watching* (1960)[1], deren Themen gleichfalls nationalen oder sogar internationalen Nachrichtenwert besaßen. Stephen Mamber umreißt die spezielle Form, die das Werk aufgrund dessen hat:

> *The Chair* is a hybrid of the two main tendencies in the Drew films - it falls between the multiple camera coverage approach to an event of short duration and the method of closely following a single person for a long period of time, ultimately capturing particularly intimate moments. (Mamber 1974, 97)

Diese Zwitterform der Herangehensweise und der Aufnahmemethode, die sich einerseits aus der komplexen Sachlage und andererseits aus bereits analysierten spezifischen Zielsetzungen des Direct-Cinema-Ansatzes erklärt, machte es nicht leicht, die beträchtliche Menge gedrehten Materials[2] bei der Montage in eine verständliche, spannende und den Intentionen der Filmemacher entsprechende Struktur zu bringen. Die Art und Weise, wie Drew und seine Kollegen das Problem lösten, ließ *The Chair* zu einem der umstrittensten Werke aus der Frühphase des Direct Cinema werden, das viele Kritiker dennoch für eines der wichtigsten und interessantesten halten.[3] Dies mag unter anderem damit zusammenhängen, daß anhand des vor allem von Drew vertretenen Erzählkonzepts, der laut O'Connell für die Montage verantwortlich zeichnete (vgl. 1988, 300), die Kernelemente des von ihm geprägten Ansatzes deutlich hervortreten, auch wenn oder gerade weil sie hier nicht in gleichem Maße strukturell integriert sind wie in anderen, späteren Filmen.

Im Mittelpunkt des 78 Minuten langen Werkes[4] stehen die Bemühungen des jungen Chicagoer Rechtsanwalts Don Moore, den Schwarzen Paul Crump vor dem elektrischen Stuhl zu bewahren. Basis von Moores Verteidigung ist die gelungene Resozialisierung seines Klienten. Dieser war neun Jahre zuvor wegen Raubmords zum Tode verurteilt worden, hat sich aber nach Aussagen des Gefängnispersonals und

---

1 Dort geht es um einen Integrationskonflikt an einer Grundschule in New Orleans.

2 Das Drehverhältnis ist selbst für einen Direct-Cinema-Film ungewöhnlich hoch. Allerdings gehen die Angaben hier auseinander. Mamber spricht von 30 bis 35 Stunden Material (vgl. 1974, 97), O'Connell von mehr als 55 Stunden (vgl. 1988, 295).

3 Vgl. beispielsweise Issari und Paul 1979, p. 90f.; Bluem 1966, p. 195; Marcorelles 1963, p. 115 und O'Connell 1988, p. 291.

4 Die Zeitangabe bezieht sich auf die Videofassung von *The Chair*, die aufgrund der technisch bedingten Beschleunigung des Aufzeichnungsverfahrens (25 statt 24 Bilder pro Sekunde) etwas kürzer ist als die 16mm-Version.

anderer, die ihn kennen, in der Zeit seiner Inhaftierung von Grund auf gewandelt und zu einem vorbildlichen, verantwortungsvollen Menschen entwickelt.

Die Dreharbeiten umfassen die letzten fünf Tage vor der drohenden Hinrichtung, die, weil alle anderen Rechtsmittel bereits ausgeschöpft sind, nur noch durch einen Gnadenerlaß des Gouverneurs von Illinois abzuwenden wäre. Grundlage für die positive oder negative Entscheidung des Gouverneurs bildet eine von einem Begnadigungsausschuß ausgesprochene Empfehlung. Sie ist wiederum Ergebnis einer breit angelegten Verhandlung, in der die Verteidigung und die Staatsanwaltschaft ihre jeweiligen Argumente und Zeugen vorbringen. Diese Verhandlung steht im Zentrum von *The Chair* und nimmt mit knapp 28 Minuten etwa 40 Prozent seiner Gesamtlänge in Anspruch.[5] Der Film setzt am Wochenende vor der Verhandlung ein, an dem Moore und Louis Nizer, ein von Moore zu Rate gezogener erfahrener New Yorker Kollege, an ihrer Argumentationslinie feilen, Zeugen präparieren, den Schriftsatz abfassen und versuchen, namhafte Persönlichkeiten der Stadt dazu zu bewegen, ihre Sache öffentlich zu unterstützen.

Gedreht wurde im wesentlichen mit zwei an verschiedenen Schauplätzen operierenden Teams: Richard Leacock (Kamera) und Robert Drew (Ton) konzentrierten sich auf die Aktivitäten von Moore, Donn Alan Pennebaker (Kamera) und Gregory Shuker (Ton) suchten Crump im Gefängnis auf und beobachteten Nizer und Jack Johnson, den Direktor des Cook County Jail, bei der Arbeit. Bei der Verhandlung kamen noch ein oder zwei weitere Kamerateams sowie mehrere zusätzlich plazierte Mikrophone zum Einsatz.[6]

The Chair wurde im Juli 1962 gedreht, Anfang 1963 fertiggestellt, aber erst im Oktober 1964 als letzter Beitrag der "Living Camera"-Serie[7] im Fernsehen ausgestrahlt.[8] Für einen Film, der einen viel diskutierten Justizfall zum Gegenstand hat, über dessen Vorgeschichte und Ausgang die Medien bereits ausführlich berichtet hatten, war dieser späte Sendetermin eher nachteilig. Zwar mindert das aus heutiger Sicht nicht den Wert des Films als historisches Dokument, aber Mamber vermutet, daß ihm zur Zeit seiner Ausstrahlung "a feeling of stale news" (1974, 96) angehaftet

---

5 Vgl. dazu auch die entsprechende Segmentierung im Anhang.

6 Vgl. dazu eine Interviewaussage Robert Drews in O'Connell 1988, p. 296.

7 Der ebenfalls zur Serie gehörende *Crisis: Behind a Presidential Commitment* (1963) wurde zwar nach *The Chair* produziert, aber vor ihm gezeigt.

8 Allerdings ist nicht mit Sicherheit zu klären, ob es sich bei dieser Ausstrahlung um die lange Originalversion handelte, auf die ich mich in meiner Analyse beziehe, oder um eine 54 Minuten lange Kurzfassung, die den Titel *Paul* trägt.

haben müsse. Die Analyse zeigt jedoch, daß die Filmemacher ein narratives Konzept entwickelten, das diesem nachteiligen Eindruck zu begegnen suchte.

Anders als man vielleicht erwarten könnte, ist nicht Crump, um den es ja im Grunde geht, sondern Moore der wichtigste Protagonist und Sympathieträger des Films. Dies erklärt sich zum einen damit, daß Moore aufgrund seiner vielfältigen, auf Hochtouren laufenden Aktivitäten einen geeigneteren dramatischen Helden darstellt als der zum untätigen Warten verurteilte Häftling, für den er sich einsetzt.[9] Ein weiterer Grund ist jedoch, daß ein direkter Kontakt zu Crump nur zu Beginn der Dreharbeiten bestand, da den Filmemachern nach einer Intervention der Lokalpresse, die gleiches Recht für alle forderte, der Zutritt zum Gefängnisinneren - mit Ausnahme des Büros von Johnson - verwehrt wurde.[10]

Der mangelnde Zutritt zu einem wesentlichen Schauplatz des Geschehens stellte für Drew Associates natürlich eine enorme Behinderung bei der Realisierung ihres Projektes dar, die aufgrund der Tatsache, daß mit zwei Teams gedreht wurde und man ohnehin nicht davon ausgehen konnte, daß das zur gleichen Zeit an unterschiedlichen Orten aufgenommene Material ohne weiteres zusammenpassen würde, schon kompliziert genug war. Die Produktionssituation wurde jedoch zusätzlich noch dadurch erschwert, daß eine Dreherlaubnis für die Verhandlung nie offiziell erteilt wurde, so daß jederzeit mit einem Verbot zu rechnen war (vgl. O'Connell 1988, 291-292). Aus diesem Grund halten sich die Kameras im Gerichtssaal sehr zurück, bleiben an ihrem Platz und wirken daher für einen Direct-Cinema-Film ungewöhnlich statisch.

Solch schwierige, restriktive Drehbedingungen fallen umso mehr ins Gewicht in einem Dokumentarfilm wie *The Chair*, bei dem das Ergebnis der zentralen Frage, ob Paul Crump begnadigt wird, als bekannt vorausgesetzt werden kann. Denn aufgrund dessen muß sich sein eigentliches Interesse auf Aspekte des Geschehens richten, die in der üblichen Berichterstattung der Medien keinen Platz haben. Dies sind im Direct

---

9 Zum Konzept des Drewschen Helden merkt Mamber folgendes an: "The ideal Drew subject is an active, positive hero, for this is the person who will act assertively in a crisis situation. In such moments, the precise action is not so important as the need for there to be *some kind* of action" (1974, 128-129).

10 Seinem Ärger darüber hat Richard Leacock in einem Gespräch mit O'Connell Luft gemacht: "We *were* locked out of the prison. They [Pennebaker and Shuker, MB] got in with Paul Crump a couple of times; and that was the [local] press that killed it. They said [Leacock effects a puffed-up voice], 'Well, if you let them in, you gotta let us in!' Those baboons! And so we were locked out then, until the end" (O'Connell 1988, 296).

Cinema vorrangig Aspekte der "vertical attack", die der Frage, *wie* etwas passiert, Beachtung schenkt und deren in die Tiefe gehende Bewegung den Zuschauern in *The Chair* einen Insiderblick hinter die Kulissen eines Geschichte machenden Falles und einen intimen Blick hinter die Fassade der Hauptbeteiligten zu gewähren verspricht. Gerade auf dieses Vorhaben wirkt sich jedoch der eingeschränkte Zutritt nachteilig aus. Um die Zielsetzungen ihres Ansatzes dennoch zu verwirklichen, sahen sich die Filmemacher daher gezwungen, die widrige Situation dadurch auszugleichen, daß sie die angestrebte Insiderperspektive teilweise über die Erzählstruktur und nachgedrehtes Material suggerierten und verstärkten.

Dies geschieht auf der Basis einer dramatischen Zuspitzung des Materials, die vermutlich darüber hinaus dazu dienen sollte, die Rezeption des Films zu erleichtern, der selbst in seiner jetzigen Fassung ein hohes Maß an Aufmerksamkeit, Konzentration und Ausdauer von den Zuschauern erfordert. Denn in einem stark komprimierten, komplexe Zusammenhänge schildernden Direct-Cinema-Film, der Material mehrerer Teams zu integrieren hat, sind holprige, desorientierende und mitunter die 30-Prozent-Regel des Hollywoodfilms[11] verletzende Übergänge und gegen die Regeln des *continuity editing* verstoßende Achsensprünge unvermeidlich, selbst wenn durchgängig das Bedürfnis spürbar ist, diegetische Kontinuität herzustellen und die Einstellungen sowohl logisch als auch formal möglichst geschickt und unauffällig zu verknüpfen. Eine weitere Erklärung für die fehlende Glätte bietet die Tatsache, daß an den meisten Schauplätzen nur mit einer Kamera gedreht wurde. Während des langen Segments im Verhandlungssaal, wo dies einmal nicht der Fall war, schränkte statt dessen die ungeklärte Dreherlaubnis die Handlungsfreiheit der Filmemacher ein. Daher ist die Kameraperspektive manchmal ungünstig, hinzu kommt noch der ab und zu schwer verständliche Ton.

Vordergründig entspricht das Erzählformat von *The Chair* zwar durchaus der für den Drewschen Ansatz paradigmatischen, auf einen dramatischen Höhepunkt zusteuernden Krisenstruktur mit inhärentem Spannungsbogen. Den Höhepunkt bietet in diesem Fall die mit Angst und Spannung erwartete Entscheidung des Gouverneurs, die die Auflösung der Krise oder die Beantwortung der zentralen Frage gegen Ende des Films erbringt. Eine genauere Analyse macht jedoch deutlich, daß der gesamte strukturelle Aufbau, die Charakterisierung der Hauptpersonen, die Steuerung der Erwar-

---

[11] Sie besagt, daß sich in einer neuen Einstellung die Kameraposition um mindestens 30 Prozent verändert haben muß, damit der "Aufwand" des Schnitts sich lohnt und er nicht unmotiviert und desorientierend wirkt.

tungshaltung der Zuschauer und die Sympathielenkung im wesentlichen dramatischen Konstruktionsprinzipien folgen, wie sie beispielsweise auch im Hollywoodgenre des "courtroom drama" zu finden sind. Allerdings bleibt uns die Stringenz dieses Verfahrens weitgehend verborgen, da die Mechanik dieser Prinzipien nur in einigen wenigen Momenten unverkennbar ins Bewußtsein rückt. Denn unsere Wahrnehmung ist so sehr von Erzählformen des Spielfilms geprägt, daß wir sie fast als natürlich empfinden. So kann der Rückgriff auf eine vorgeprägte Struktur die dahinterstehende dramatische Konstruktion klassischen Zuschnitts bis zu einem gewissen Grad naturalisieren.

Tatsächlich erweist sich die Anlehnung an eine gängige Erzählform des Spielfilms in *The Chair* als gezielte Strategie zur Aufwertung und Betonung der privilegierten Momente: Die dramatische Struktur bildet einen relativ starren narrativen Rahmen, der die einzelnen Elemente der Handlung in einen kausalen, interpretierenden Zusammenhang einbindet. Innerhalb dieses Rahmens erfüllen vor allem die im Vergleich dazu organischer erscheinenden privilegierten Momente die Kriterien des Direct Cinema in Hinblick auf Spontaneität, Emotionalität und Vieldeutigkeit. Der Tendenz zur Kontextualisierung steht somit eine Tendenz zur Dekontextualisierung gegenüber, die sich vornehmlich in den privilegierten Momenten realisiert. Sie wird noch dadurch gefördert, daß sich diese Momente, wie noch gezeigt werden soll, häufig im Abseits oder außerhalb der nach dramatischen Prinzipien organisierten Handlung ereignen, auch wenn sie in gewisser Weise wie strukturelle Höhepunkte plaziert sind. Die dramatische Konstruktion betont also die privilegierten Momente und läßt ihre Andersartigkeit durch kontrastive Gegenüberstellung deutlicher hervortreten. Gleichzeitig stellt sie jedoch lediglich den äußeren strukturellen Rahmen dar, bildet das Gerüst für die "horizontal attack", die sich auf die logisch-lineare Entwicklung der Ereignisse, auf das, *was* passiert, konzentriert. Die dramatische Konstruktion ist also der "vertical attack" in gewisser Weise entgegengesetzt, in deren Rahmen sich die Bewegung des Vordringens ins Innere der Ereignisse, um die es in *The Chair* eigentlich geht, realisiert.

Im Verbund mit der Anlehnung an fiktionale Erzählprinzipien trägt vor allem die auffällige strukturelle und gestalterische Unebenheit des Films, die ästhetische Heterogenität der einzelnen Szenen und Segmente dazu bei, Charakteristika des Direct Cinema hervorzuheben und das Gefühl einer metaphorischen Bewegung ins Innere immer wieder neu zu beleben. Diese Heterogenität zeigt sich in folgender Weise: Neben genuinen, sich organisch entfaltenden Direct-Cinema-Szenen, die für sich selbst zu sprechen scheinen, finden sich eine ganze Reihe von Segmenten mit expositorischem Charakter, in denen der *voice-over*-Kommentar die Einfühlung in die Handlung und den Eindruck des Dabeiseins unterbindet oder immer wieder unterbricht. Mehrere verkappte Interviews, die der Sympathielenkung dienen, deuten auf eine Intervention ins profilmische Geschehen. Die Montage folgt bei weitem nicht immer dem Prinzip der "natürlichen" Chronologie, sondern wird häufig zur Spannungssteigerung und zur Verstärkung dramatischer Effekte eingesetzt. Es wird auch viel mit traditionellen *cutaways* und *reaction shots* gearbeitet, die die Handlung komprimieren und zugleich interpretieren. In einigen Momenten stellt sich das synchrone Verhältnis von Bild und Ton bei näherer Betrachtung als ein über die Montage konstruiertes pseudosynchrones heraus. Daneben gibt es einige wenige Szenen, die Montagesequenz in Segment 4.4 etwa und zwei Szenen, die das gleiche Material verwenden, in denen der Konstruktcharakter des Gezeigten in den Vordergrund tritt. Auch *The Chair* als spätes Produkt von Drew Associates ist folglich weit davon entfernt, den Direct-Cinema-Ansatz in Reinform zu verkörpern. Er ist vielmehr wie die von Hall analysierten frühen Werke als "film of transition" zu klassifizieren, in dem die innovative Erzählweise des Direct Cinema sich mit traditionellen Formen des Erklärdokumentarismus und des Spielfilms verbindet oder, richtiger ausgedrückt, diesen gegenübersteht.

Die Heterogenität der Szenen ist einerseits Ausdruck der Schwierigkeit, das aus vielen Stunden komprimierte komplexe und zugleich fragmentarische Material zu einem verständlichen Ganzen zusammenzuschweißen, ihm eine einheitliche Form zu geben. Andererseits verbirgt sich hinter dieser Heterogenität jedoch eine weitere, sehr geschickt eingesetzte Strategie, die aus dieser Schwierigkeit Nutzen zieht. Im Zuge dieser Strategie alternieren und kontrastieren konstruierter wirkende, häufig mit *voice-over*-Kommentar unterlegte Szenen mit solchen, die einen offenen, organischen Charakter haben, Kriterien des Direct Cinema betonen und auch die privilegierten Momente enthalten. Das textuelle Gefüge von *The Chair* entpuppt sich somit als ein komplexes hierarchisch organisiertes Spiel mit formalen Mitteln und Strukturen, das darauf angelegt ist, charakteristische Merkmale des Direct Cinema über die Kontrastierung oder den impliziten und manchmal polemischen Vergleich mit anderen fiktionalen und dokumentarischen Formen hervorzuheben und aufzuwerten.

Die Zuschauerposition changiert beständig zwischen einer eher distanzierten Haltung in den Szenen mit einführendem, erklärendem Charakter, die zum Teil stark komprimiert sind, und einer Annäherung an das Geschehen in Szenen, die den Kriterien des Direct Cinema entsprechen. Hier betonen eine organische, den "flow of life" simulierende Montage oder lange Einstellungen ebenso wie die bewegliche Kameraführung den prozessualen Aspekt der Ereignisse und vermitteln damit den Eindruck der unmittelbaren sinnlichen Teilhabe. Dieses strukturelle Wechselspiel dient auch dazu, die metaphorische Bewegung des Vordringens ins Innere, hinter die Kulissen oder die Fassade, immer wieder neu in Gang zu setzen, das Gefühl, Geschehnisse *en detail* und aus nächster Nähe verfolgen zu können, die sich den Augen der Öffentlichkeit entziehen. Diese Bewegung, die in den privilegierten Momenten ihre Erfüllung zu finden scheint, wird in den konstruierter wirkenden Szenen vor allem durch die Außen/Innen-Struktur, auf die noch zurückzukommen ist, und prozessuale Aspekte eingeleitet. So lassen sich beispielsweise die ungewöhnlich lange im Bild festgehaltenen, den Bewegungsaspekt betonenden Autofahrten, die Nizer und Moore auf dem Weg ins Gefängnis (1.1) und Johnson auf dem Weg zur Verhandlung (2.2) zeigen, sowie die Zugfahrt am Ende, die Moore nach getaner Arbeit zum heißgeliebten Pferderennen bringt (4.7), als Auftakt einer metaphorischen Bewegung verstehen, die erst hinter den Kulissen und in den privilegierten Momenten zum Stillstand kommt beziehungsweise ihr eigentliches Ziel erreicht.

Bevor das bisher Gesagte über die Analyse einiger Szenen näher spezifiziert wird, möchte ich die dramatischen Konstruktionsprinzipien kurz skizzieren, auf denen zahlreiche Hollywoodfilme basieren und die sich *The Chair* mit einigen Modifikationen und für einen Dokumentarfilm notwendigen Einschränkungen zu eigen macht. Bei dieser Darstellung werde ich mich auf Ausführungen von Eugene Vale, Noel Carroll und Syd Field stützen.[12]

Während Field die dramatische Handlung in die drei Akte Exposition, Konfrontation und Auflösung (vgl. 1992, 12-13) unterteilt, kennzeichnet Vale mit "the undisturbed stage, the disturbance, the struggle, the adjustment" (1982, 132) vier Phasen. Allerdings setzen viele Filme, *The Chair* beispielsweise auch, erst nach Eintreten der Störung ein, so daß die beiden Schemata durchaus miteinander korrespondieren. Für beide Autoren stellt der Konflikt, der den Spannungsbogen ergibt, das wichtigste Element der dramatischen Handlung dar. Er findet seinen stärksten Ausdruck in der Konfrontation gegnerischer Kräfte, im Aufeinandertreffen von Protagonisten und Antagonisten. Dabei steht die Konfrontation jedoch gleichzeitig im Dienste einer Beseitigung der Störung oder des Konflikts, da sie die Handlung indirekt auf eine wie auch immer geartete Lösung zutreibt.

---

[12] Vgl. Vale 1982 sowie Field 1992, pp. 11-120.

Die Voraussetzung dafür, daß Konflikt überhaupt entsteht, ist das Vorhandensein einer Absicht oder eines Ziels; denn nur, wenn wir etwas erreichen wollen, können sich uns Schwierigkeiten und Hindernisse in den Weg stellen. Filme beschränken sich meist darauf, *eine* Absicht und *ein* Ziel in ihrer Entwicklung zu verfolgen. Diese Hauptabsicht und dieses Hauptziel sollten möglichst frühzeitig etabliert werden, um die Erwartungshaltung der Zuschauer, ihr Interesse für das Gezeigte gleich am Anfang zu aktivieren. Die Erwartung richtet sich in jedem Fall darauf, gegen Ende zu erfahren, wie der Konflikt ausgeht, ob das Hauptziel erreicht oder verfehlt wird.[13]

Effektivstes Hindernis ist die Gegenabsicht, da hier die Interessen einer Person ganz gezielt den Interessen einer anderen entgegenstehen.[14] Da die Stärke der Hauptabsicht innerhalb der dramatischen Handlung nur im Verhältnis zur Gegenabsicht manifest werden kann, muß diese stark und überzeugend genug sein, um Zweifel und Spannung der Zuschauer immer wieder zu schüren und wachzuhalten. Darüber hinaus gilt:

> [...] suspense becomes exciting only if we are identified with the intention; we must feel sympathy with the actor whose intention concerns us. Our doubt about the chances of the intention becomes exciting only when we personally want it to succeed. (Vale 1982, 245)

Carroll etabliert in diesem Zusammenhang eine weitere Regel: Spannung entsteht im Film vor allem dann, wenn die von den Zuschauern antizipierte Antwort auf die Makrofrage ein moralisch wünschenswertes Ergebnis unwahrscheinlich oder ein moralisch nicht wünschenswertes wahrscheinlich erscheinen läßt. Die beiden anderen möglichen Kombinationen moralisch wünschenswert/wahrscheinlich und moralisch nicht wünschenswert/unwahrscheinlich sind dagegen nicht in der Lage, besondere Spannung aufzubauen (vgl. Carroll 1984, 72).

Die Spannung erlischt schlagartig mit dem dramatischen Höhepunkt, der das Ergebnis über den Ausgang des Konfliktes endgültig erbringt. Er sollte daher so nah am

---

13 Carroll, der sich insbesondere dafür interessiert, wie ein Film Spannung ("suspense") erzeugt, geht von einem "question/answer"-Modell aus, das aber durchaus mit Vales Ausführungen korrespondiert: Zu Beginn kristallisiert sich für die Zuschauer - mehr oder weniger bewußt - eine Makrofrage heraus. Gleichzeitig geht ihre Erwartung ab diesem Zeitpunkt dahin, diese Frage gegen Ende des Films beantwortet zu sehen (vgl. Carroll 1984, 67).

14 Andere, weniger effektive Formen von Hindernissen wären beispielsweise Zufälle oder Katastrophen verschiedener Art.

Ende des Films liegen wie möglich. Zeitgleich mit dem dramatischen Höhepunkt oder nur wenig später wird auch das Hauptziel erreicht oder nicht erreicht. Danach tritt ein Zustand (mehr oder weniger) ungestörten Gleichgewichts ein, der entweder dem vom Anfang gleicht oder, was weitaus häufiger der Fall ist, von ihm abweicht.

Das Hauptziel ist aufgrund seiner übergeordneten Stellung von komplexer Natur und nur in Etappen zu erreichen. Daher werden im Verlauf eines Films eine Reihe von weiteren Absichten und Zielen etabliert, die das Hauptziel fördern, ihm aber untergeordnet sind. Während Hauptabsicht und Hauptziel gleichbleiben, ändern sich diese Teilabsichten und Hilfsziele, wie Vale sie bezeichnet, ständig. Einige werden realisiert, andere schlagen fehl, neue treten an ihre Stelle. In jedem Fall müssen sie, wie die Hauptabsicht und das Hauptziel, zu einem definitiven Ende geführt werden, um die Erwartungshaltung der Zuschauer nicht zu enttäuschen.[15]

Im Zuge seiner Erläuterung dramatischer Konstruktionsprinzipien führt Vale auch den Begriff des "forward movement" ein, der in erster Linie für das filmische Drama relevant ist, dessen Erzählform auf Zeitsprünge verursachenden Montageverfahren basiert. Damit diese technisch unvermeidbaren Bruchstellen nicht als Brüche in der narrativen Kontinuität wahrgenommen werden, muß nach Elementen gesucht werden, die die Geschichte zusammenhalten und durch ihre Anordnung und Reihenfolge die Vorstellungskraft der Zuschauer anregen und ihre Phantasie auf das Kommende lenken. Die Vorwärtsbewegung ist mitverantwortlich dafür, ob wir einen Film als spannend und flüssig erzählt oder als langweilig empfinden. Auch in bezug auf die Vorwärtsbewegung ist es also wichtig, Hauptintention und Hauptziel so früh wie möglich zu etablieren, und die Frage, ob sie erreicht werden oder nicht, so lange wie möglich offenzuhalten.

Zu Beginn eines Films ist der Wunsch der Zuschauer, das Hauptziel zu erreichen, noch relativ schwach. Zur Unterstützung einer zügigen und möglichst gleichmäßigen Vorwärtsbewegung treten daher die Hilfsziele auf den Plan. Sie fungieren als zusätzliche Magneten entlang des Weges, da sie die Phantasie innerhalb kürzerer Etappen immer wieder neu fokussieren und anfachen. Zwar interessiert und beschäftigt die Frage, ob das Hauptziel erreicht wird, die Zuschauer am meisten. Dennoch müssen auch die Hilfsziele umso stärker und effektvoller werden, je näher das Hauptziel rückt, um die Aufmerksamkeit zu gewinnen und auch zu halten. Vale nennt dieses Phänomen die "dramatic graduation of values" oder dramatische Werteskala (vgl.

---

[15] Carroll spricht in diesem Zusammenhang von "macro-" und "micro-questions", die die Handlung vorantreiben (1984, 71).

Vale 1987, 192). Sie betrifft allerdings nicht nur die Hilfsziele, sondern alle wichtigen Elemente der dramatischen Handlung.

Wie auch aus der Segmentierung im Anhang hervorgeht, läßt sich *The Chair* ohne weiteres in die von Field und Vale skizzierten Akte oder Phasen des Dramas einteilen. Er beginnt mit der Exposition (oder "disturbance"), in der alle wichtigen Protagonisten und Antagonisten vorgestellt und ihre Ziele verdeutlicht werden. Darauf folgt die Konfrontation (oder "the struggle"), die in diesem Fall in Form der Gerichtsverhandlung stattfindet, in der die Argumentation der Verteidigung sich mit dem Standpunkt der Gegenseite mißt. Schließlich kommt es zur Auflösung (bzw. zum "adjustment"), deren dramatischen Höhepunkt die Urteilsverkündung im Gefängnis (Segment 4.5) bildet. Dieser Entscheidung gehen einige Segmente voraus, die das Warten thematisieren und zur Spannungssteigerung im Sinne der dramatischen Werteskala beitragen. Die Segmente danach dienen zur Abrundung und dazu, eine vom Hauptziel unabhängige Absicht Moores, das Pferderennen zu besuchen, zu verwirklichen.

Das Hauptziel, Crump vor dem elektrischen Stuhl zu bewahren, wird gleich in Segment 1.1 über *voice-over*-Kommentar etabliert. Der geheimnisvolle Ton des Kommentars wirkt spannungssteigernd und mehr noch der Verweis auf die verzweifelte Dringlichkeit der Lage: "Nizer and Moore are about to make a last desperate attempt to prevent his execution." Dieser Hinweis wirkt wie die Information, daß die Hinrichtung in fünf Tagen stattfinden soll, unterschwellig auch in Richtung einer Verstärkung des "automatic link" (Mamber 1974, 122) zwischen den einzelnen Szenen. Gleichzeitig betont der Kommentar, indem er feststellt, daß es in der amerikanischen Rechtsprechung noch nie eine Begnadigung aus Gründen der Resozialisierung gegeben hat, die Außergewöhnlichkeit des Falls. Dies dient ebenfalls der Spannungssteigerung, denn damit soll, wie in Segment 1.6 später noch einmal, suggeriert werden, daß die Begnadigung Crumps zwar wünschenswert, aber unwahrscheinlich ist, weil sie einen Wendepunkt in der amerikanischen Rechtsprechung darstellen würde. Gleichzeitig dient diese Information indirekt natürlich auch der Selbstlegitimation der Filmemacher, die als einzige Reporter einen Blick hinter die Kulissen dieses bedeutenden Ereignisses werfen dürfen, wie sie immer wieder betonen.

Daß die Funktionen des Kommentars in *The Chair* relativ vielfältig sind, wird hier bereits deutlich. Einerseits gibt er Informationen, die zum Verständnis der Handlung, vor allem der komplizierten rechtlichen Verfahrensweise, und zur Identifizierung der Hauptpersonen sowie ihrer Motive und Ziele unabdingbar sind. Darüber hinaus erfüllt er jedoch weiterreichende Funktionen, dient, wie wir bereits gesehen haben, der Spannungssteigerung und Sympathielenkung sowie zur Selbstlegitimation der Filmemacher. Häufig bestimmt der Kommentar auch die Erwartungshaltung der Zuschauer, indem er Hilfsziele etabliert und somit die Vorwärtsbewegung stabilisieren hilft. Dies geschieht manchmal bereits am Ende eines Segments mit eher expositorischem oder konstruiertem Charakter, damit sich darauf folgende Segmente, insbesondere diejenigen, in denen sich die privilegierten Momente ereignen, ohne Störung organisch entfalten können.[16] So zum Beispiel in Segment 1.7, das einen privilegierten Moment Moores enthält. Hier steht das in 1.5 etablierte Hilfsziel des Verteidigers noch aus, ein offizielles Statement eines Chicagoer Kardinals zugunsten von Crump zu erwirken. Daher erübrigt sich eine extradiegetische Verankerung dieses Segments. Ganz ähnlich liegen die Dinge in 4.2, das dafür sorgt, daß sich der dramatische Höhepunkt in Segment 4.5, in dessen Mittelpunkt ein privilegierter Moment Crumps steht, ungestört entfalten kann. Um es vorzubereiten und eine reibungslose Überleitung zu ermöglichen, hat der Kommentar bereits verkündet, daß Gouverneur Kerner kurz davor ist, seine Entscheidung bekanntzugeben, und sich die Reporter schon vor Johnsons Büro im Gefängnis versammelt haben, wo Crump das Ergebnis erfahren wird. Andere Segmente sind so angelegt, daß zunächst der *voice-over*-Kommentar dominiert, sie dann aber "selbst zu sprechen" beginnen, wodurch auf spezifische Weise der bereits analysierte subjektive Eindruck von Distanz und Nähe evoziert wird. Wie das Gegeneinandersetzen von eher konstruiert oder eher organisch wirkenden Szenen dient der Kommentar also dazu, ein unterschwellig wirksames hierarchisches Gefälle herzustellen, das die "genuinen" Direct-Cinema-Szenen implizit hervorhebt und näherbringt.

In Verbindung mit dem Hauptziel werden auch Crumps Verteidiger, Moore und Nizer, gleich im ersten Segment vorgestellt. Während die Charakterisierung der meisten Personen relativ eindimensional bleibt, stellt sich uns Moore als vielschichtige, ambivalente Figur dar, deren Gefühlspalette ein breites Spektrum umfaßt. Der Anwalt erweist sich als Kämpfernatur, die manchmal taktisch operiert, manchmal spontan und impulsiv reagiert. Er neigt zu Ausbrüchen der Freude und des kindlichen Übermuts wie zu abrupten Stimmungsumschwüngen und verliert gelegentlich die Kontrolle über seine Gefühle. Diese Eigenschaften prädestinieren ihn geradezu zur Hauptperson eines Direct-Cinema-Films. Gleichzeitig machen ihn seine Emotionalität und Ambivalenz

---

[16] Diese Methode hat zudem den Vorteil, daß sie die Abfolge der Segmente natürlich erscheinen läßt.

sympathisch und auch besonders interessant. Denn die Uneindeutigkeit seiner Reaktionen und Motive, seine changierende Persönlichkeit, wecken den Wunsch, hinter seine Fassade zu blicken, um seine wahren Motive zu ergründen. Dieser Impuls findet in den beiden privilegierten Momenten Moores (in Segment 1.7 und Segment 3.2) seinen stärksten Ausdruck. Eingeleitet und abgestützt wird er jedoch dadurch, daß alle Segmente, die sich auf Moore konzentrieren - bis auf das erste, in dem er eingeführt wird -, ohne Kommentar auskommen. Diese formale Strategie unterstreicht die Signifikanz dieser Segmente, betont Moores Stellung als Hauptperson und fördert von Anfang an unser Gefühl der Nähe zu ihm.[17]

Wenn man an den vom Direct Cinema vertretenen Anspruch des neutralen "zufälligen" Beobachtens denkt, ist geradezu erstaunlich, wie deutlich die Sympathielenkung zugunsten Crumps, seiner Verteidiger und seines Fürsprechers, Gefängnisdirektor Johnson, funktioniert. Zum Teil wird die Sympathielenkung mit Hilfe des Kommentars betrieben, aber auch darüber, daß alle Vertreter der Hauptabsicht/des Hauptziels in der Phase vor der Verhandlung relativ ausführlich vorgestellt werden und Gelegenheit haben, ihren jeweiligen Standpunkt zu verdeutlichen. Dies geschieht am prononciertesten in einer Reihe verkappter Interviews, die vermutlich organisch wirken sollen, aber aufgrund der unnatürlichen monologischen Gesprächssituation, die unklar läßt, zu wem gesprochen wird, eher gestellt erscheinen: Nizer bezeichnet die Position der Gegenseite als absurde und "completely amoral position", da sie Resozialisierung nicht als Grundlage für eine Begnadigung anerkennen will (1.6). In ähnlicher Weise charakterisiert Moore die Todesstrafe als unmoralischen Racheakt und unterstellt Ankläger Thompson, solche Rachegefühle in den Mitgliedern des Ausschusses wecken zu wollen (1.9). Wenig später gibt Johnson, der sein Gefängnis nach dem Prinzip der Resozialisierung führt, eine positive Einschätzung Crumps, die eindeutig für dessen Wandlung spricht (2.2). Über Kommentar erfahren wir außerdem, daß Nizer in letzter Minute eine geplante Europareise aufgegeben hat, um sich für Crump einzusetzen (1.6), und daß Moore ohne Bezahlung arbeitet und von einer "tradition of illustrious lawyers" inspiriert ist (1.5). Bei diesen Worten hat die Kamera das gläserne Eingangsportal der Kanzlei, an dem Moores Name prangt, im Visier und zoomt dann durch die Tür auf eine an der Wand hängende Fotografie Abraham Lincolns. Auch

---

[17] Dies gilt vor allem auch vor dem Hintergrund, daß es sich bei den anderen Segmenten ohne Kommentar, abgesehen von den beiden, die privilegierte Momente enthalten, durchweg um sehr kurze und eher unbedeutende oder recht konstruierte Segmente oder verkappte Interviews handelt.

ein weiteres Foto zeigt vermutlich einen berühmten Juristen. Diese assoziative Verknüpfung unterstreicht Moores Engagement und moralische Integrität als Anwalt; sie wird in Segment 1.7 in einem ironisch-lockeren Gespräch zwischen Moore und seiner Sekretärin beiläufig wiederbelebt.[18] In Segment 1.10 haben wir dann Gelegenheit, noch vor der Verhandlung etwas über die Strategie der Verteidiger zu erfahren, die Nizer folgendermaßen erklärt: "the more they [die Gegenseite, M.B.] paint the beastliness, the animalistic fury, and amoral quality of this man at the time that he was caught and convicted, the more reason there is for clemency because - look at the change."

Abgesehen von der Sympathielenkung dienen die zahlreichen Szenen, die Moore, Nizer und Johnson bei der Arbeit zeigen und ihre Standpunkte und Strategien verdeutlichen, vermutlich auch dazu, den Zuschauern das Verfolgen der komplexen und langwierigen Verhandlung zu erleichtern. Sie geben uns jedoch darüber hinaus das Gefühl, das Hearing aus einer Insiderperspektive mitzuerleben; wir sehen uns im Vorteil gegenüber vielen der Anwesenden, da wir Einblick in die Hintergründe des Falles und die Atmosphäre hinter den Kulissen haben und bereits wissen, welche Argumentationslinie die Verteidigung vertreten wird. Dies bewirkt auch, daß wir die Verhandlung mit mehr Interesse und Spannung verfolgen, als es ansonsten der Fall wäre. So können wir zum Beispiel unmittelbar nachvollziehen, daß die Aussage von Richter Austin, der im Sinne der Staatsanwaltschaft argumentiert, die geplante Strategie der Verteidigung zu unterlaufen droht, wenn er behauptet, Crump habe sich bereits zwei Tage nach dem Mord freundlich, gelassen und intelligent gezeigt und sei darauf bedacht gewesen, kooperativ zu erscheinen. Daher könne von Resozialisierung keine Rede sein.

Während die Intentionen und Motive der Verteidigung viel Raum einnehmen und sehr überzeugend wirken, bleibt die Darstellung der Gegenseite, deren wichtigster Vertreter Staatsanwalt James Thompson ist, relativ schwach. Dies verstärkt sich noch dadurch, daß Thompson außerhalb der Verhandlung kaum zu Wort kommt und statt dessen von außen, über den Kommentar und das Statement von Moore, und in erster Linie negativ charakterisiert wird. Die beiden kurzen Segmente, die ihn einführen (1.2 und 1.8), suggerieren eine an Überheblichkeit grenzende Siegesgewißheit und

---

[18] Als die Sekretärin Moore darauf hinweist, daß sein Schriftsatz nicht gerade präsentabel aussieht, versucht er sie mit der Bemerkung zu beruhigen, daß Lincoln seine Ansprache von Gettysburg auch auf einem abgegriffenen, schmutzigen Umschlag verfaßt haben soll.

verweisen auf die Tatsache, daß Thompson am Wochenende Zeit zum Golfspiel hat, während Nizer und Moore fieberhaft arbeiten. Auch im Lauf der langen Verhandlung bringt die Gegenseite keine überzeugenden Argumente vor, die Crumps Resozialisierung und die Strategie der Verteidigung ernsthaft in Frage stellen könnten. Ihre wenigen Vorstöße werden vor allem von Louis Nizer schlagend und rhetorisch brillant entkräftet.

Das Ungleichgewicht zwischen Absicht und Gegenabsicht spiegelt vermutlich die reale Sachlage wider, bewirkt aber eine Schwäche in der dramatischen Konstruktion; es läßt sich im Rahmen eines Dokumentarfilms, der an die tatsächlichen Ereignisse gebunden ist, nicht ohne weiteres beheben, soll aber in *The Chair* ganz offensichtlich ausgeglichen werden. Dafür sprechen die gezielten Bemühungen, die dramatische Konstruktion durch Stärkung der Gegenabsicht zu stabilisieren. Daß sich die Funktionalisierung realer Personen dafür wenig eignet, zeigt das Beispiel von Staatsanwalt Thompson. Seine negative Charakterisierung soll zwar sicherlich zur Stärkung der Gegenabsicht dienen, hat aber unfreiwillig eher den gegenteiligen Effekt. Denn seine selbstgerechte und arrogante Haltung provoziert eine Zuschauerreaktion im Sinne von "na, der wird sich noch wundern", und dies wirkt sich negativ auf die Spannungskurve aus. Vermutlich deshalb verlegten sich die Filmemacher auf die wesentlich effektivere Methode, die Gegenseite symbolisch zu stärken, indem sie den elektrischen Stuhl als Sinnbild der Gegner und seine Inspektion als eines ihrer wesentlichen Hilfsziele etablierten. Aus dieser Intention erklärt sich auch der Titel des Films, der seinerseits die Gegenabsicht wachruft und dadurch Pauls bedrohliche Lage, die Dringlichkeit des Falls betont. Dieses in gewissem Sinne abstrahierende Verfahren hat für einen Dokumentarfilm den großen Vorteil, daß es eine Stärkung der Gegenabsicht ermöglicht, die den tatsächlichen Hergang der Ereignisse, die Gewichtung der einzelnen Positionen und den Argumentationsverlauf im großen und ganzen unangetastet läßt und einer Diskreditierung realer Personen aus dem Weg geht.

Dafür machten sich die Filmemacher in anderer Hinsicht angreifbar. Kritisiert wurde einerseits, daß das Material zur symbolischen Stärkung der Gegenabsicht, das Johnson auf seinem langen, durch endlose Gefängniskorridore führenden Weg zur Todeszelle und bei der anschließenden Inspektion des elektrischen Stuhls zeigt, erst vier Wochen nach der Urteilsverkündung aufgenommen wurde,[19] wobei diese Tatsa-

19 Vgl. dazu eine Aussage Leacocks: "[...] the scenes of walking down the corridor and things ... were shot a month after the whole incident was over, in order to conform to the 'will he or won't he [be save from execution]' thing" (O'Connell 1988, 302).

che die Wichtigkeit dieser Szenen für den Film als Ganzes umso deutlicher unterstreicht. Noch heftiger kritisiert wurde jedoch, daß diese in Segment 1.3 verwendete eindrucksvolle Szene später (3.1) verkürzt in einem anderen Kontext und mit einem etwas anderen Tenor noch einmal zu sehen ist. Die Kritik entzündete sich vor allem daran, daß die Verwendung nachgedrehten Materials in krassem Widerspruch zu dem Anspruch des Direct Cinema steht, die "natürliche" raum-zeitliche Kontinuität weitgehend aufrechtzuerhalten, während die Wiederholung desselben Materials den auf der Suggestion des unmittelbaren Beobachtens beruhenden Illusionscharakter des Direct Cinema bricht und damit seinen Authentizitätsanspruch und -eindruck unterminiert.[20] Im Grunde lassen jedoch solche Hintergrundinformationen und Verfahrensweisen lediglich den konstruierten Charakter auch der Direct-Cinema-Filme stärker ins Bewußtsein treten und machen darauf aufmerksam, wie sehr die Konstitution von Bedeutung von der jeweiligen Kontextualisierung abhängig ist. Auch wenn es sich bei den eben genannten Beispielen um Extrem- oder Grenzfälle handeln mag, die wohl auch die Filmemacher lieber umgangen hätten, läßt sich die Kritik daran nur dann ernsthaft aufrechterhalten, wenn man die Filme an den ohnehin unhaltbaren, überzogenen rhetorischen Ansprüchen der Bewegung mißt. Sie sollten, wie wir gesehen haben, zur Legitimierung und Durchsetzung der eigenen Methode dienen, schlugen aber mitunter auf die Werke selbst zurück.

Tatsächlich werden Teile der Szene, in der der elektrische Stuhl inspiziert wird, später noch einmal wiederholt. In Segment 3.3, das vermutlich die Fortsetzung des in Segment 1.3 gezeigten und in 3.1 verkürzt wiederholten Materials darstellt, erläutert Johnson zwei Wärtern die Hinrichtungsprozedur. Ein kurzer Ausschnitt daraus wird dann in der Montagesequenz (4.4) erneut verwendet. Auch wenn die zweite Wiederholung weniger umstritten ist, weil sie in einem Segment mit offensichtlichem Konstruktcharakter stattfindet, verweist sie doch ebenfalls darauf, wie unverzichtbar dieses wohl nur in einer Version vorhandene Material für den Film war.

Diese Unverzichtbarkeit erklärt sich daraus, daß das Material eine wichtige Doppelfunktion erfüllt. Zum einen bietet es - abgesehen vom Kommentar - fast die einzige Möglichkeit, die Gegenabsicht zu stärken und somit die Spannung auf den Ausgang des Falls zu steigern. Zum anderen ist es dank seines Inhalts und seiner formalen Gestaltung hervorragend geeignet, den Blick hinter die Kulissen und ein immer

[20] Allerdings läßt sich nicht mit Sicherheit sagen, inwieweit den Zuschauern beim einmaligen Sehen bewußt wird, daß es sich in Segment 3.1 um dasselbe Material handelt.

tieferes Vordringen ins Innere (der Ereignisse) zu suggerieren. Das nachträglich aufgenommene Material ist damit in der Lage, einen real bestehenden Mangel auszugleichen und zu kaschieren, denn die Filmemacher hatten, wie wir bereits gesehen haben, in der aktuellen Phase des Geschehens wesentlich eingeschränkteren Zutritt zum Gefängnisinneren, als es hier erscheint. Der Rückgriff auf dieses die tatsächliche (Dreh)-Situation beschönigende Verfahren macht noch einmal deutlich, wie wichtig die Pose des Blicks hinter die Kulissen für das Direct Cinema ist.

Im folgenden möchte ich die Segmente 1.3 und 1.4 herausgreifen, um die doppelte Funktion des nachgedrehten Materials und seine Einbettung in den Kontext genauer zu veranschaulichen.

Die erste Einstellung von Segment 1.3 zeigt Nizer und Moore im Treppenhaus des Gefängnisses auf dem Weg zum Ausgang. Die kurze Szene bildet quasi den Abschluß von Segment 1.1, in dem die beiden Anwälte Paul Crump ein letztes Mal vor der Verhandlung besucht haben. Da diese Szene auf ein kurzes eingeschobenes Segment (1.2) folgt, das Thompson beim entspannten Golfspiel zeigt, hebt sie die emsige Betriebsamkeit der Verteidiger gegenüber dessen Untätigkeit noch einmal kontrastiv hervor. Nach einem Schnitt zoomt die Kamera dann auf eine im Treppenhaus hängende Tafel, die Jack Johnson als Direktor des Gefängnisses ausweist. Darauf erfolgt ein Schnitt auf die Tür zu seinem Büro, die die Aufschrift "Warden/Private" trägt. Während die Kamera rückwärts zoomt, tritt Johnson selbst ins Bild und begibt sich an seinen Schreibtisch. Gleichzeitig informiert uns der Kommentar, daß Johnson fest an Crumps Resozialisierung glaubt, mittlerweile sein bester Freund geworden ist und sich auf seinen Wunsch bereiterklärt hat, die Hinrichtung persönlich vorzunehmen.

Ein weiterer Schnitt gibt den Blick auf einen Reporter frei, der Johnson am Schreibtisch gegenübersitzt und Details über die genaue Lage der Isolations- und der Todeszelle erfragt. Allerdings spricht der Reporter aus dem Off und ist während des ganzen Gesprächs nicht zu sehen. Dies legt die Vermutung nahe, daß die Fragen vielleicht gar nicht von ihm, sondern von einem der Filmemacher stammen, um den anschließenden Gang zur Todeszelle und die Einführung des elektrischen Stuhls als Symbol der Gegenabsicht thematisch vorzubereiten. In jedem Fall wirkt die Situation relativ unnatürlich, weil die Gesprächspartner kein einziges Mal gemeinsam zu sehen sind. Ähnlich konstruiert wirkt die Aufeinanderfolge der Einstellungen. Sie scheint zwar der "natürlichen" Chronologie zu entsprechen, die tatsächliche raum-zeitliche Kontinuität ist jedoch aufgrund der vielen Schnitte nicht auszumachen. Es könnte also durchaus sein - und die Art der Kameraführung und der Montage legen dies sogar nahe -, daß die Szenen am Anfang, die Johnson allein zeigen, zu einem anderen Zeitpunkt aufgenommen sind als das Interview. Auch wenn im Film nichts unmittelbar darauf hindeutet, gilt dies in jedem Fall für den dritten Teil des Segments, der das nachgedrehte Material verwendet: Nachdem Johnson den Reporter verabschiedet und ein kurzes Telefonat beendet hat, macht er sich auf den Weg, um den elektrischen Stuhl zu inspizieren. Wie wir über Kommentar erfahren, haben Gefängniselektriker bis vor kurzem an ihm gearbeitet.

Erst ab diesem Punkt entwickelt sich das Segment ohne jeglichen Kommentar in einer länger als zwei Minuten dauernden Einstellung organisch weiter, die durch zwei ihr vorausgehende fast unmerkliche, versteckte Schnitte noch länger erscheint. Per bewegter Hand- oder Schulterkamera begleiten wir Johnson auf seinem langen Gang zur Todeszelle durch die unterirdischen Korridore des Gefängnisses. Diese lange Szene ist die erste des Films, in der die ästhetischen Qualitäten des Direct Cinema voll zum Ausdruck kommen und in der die Filmemacher ihren virtuosen Umgang mit der neuen Technik demonstrieren können. Die Dauer der Einstellung und die den Aspekt des spontanen Beobachtens betonende investigative Kameraführung bieten Gelegenheit, uns emotional auf das Gezeigte einzulassen und es aktiv und eingehend zu erforschen. Während wir immer tiefer ins Innere des Gefängnisses vordringen, sehen wir uns zunehmend mit Horror und Unbehagen konfrontiert, denn die Möglichkeit von Crumps Hinrichtung erscheint angesichts der klaustrophobischen Atmosphäre und der Präsenz des elektrischen Stuhls plötzlich sehr konkret. Verstärkt werden diese Gefühle noch dadurch, daß wir durch das längere Aussetzen des Kommentars auf uns selbst zurückgeworfen sind, so daß wir der sich vor unseren Augen entfaltenden Szenerie sozusagen ungeschützt gegenüberstehen. Auf der akustischen Ebene tragen eine ohrenbetäubende Alarmglocke und das laute Öffnen und Schließen von schweren Metalltüren ein übriges dazu bei, Unbehagen und Horror zu schüren. Allerdings wirkt der Ton aufgrund seiner Schrillheit und Lautstärke künstlich übersteigert und vermindert dadurch eher die Effektivität dieser im Grunde auf Suggestivität und Subtilität hin angelegten Stelle.

Robert Drew charakterisiert die Funktion dieser Szene folgendermaßen: "It needed some reason for the audience to get interested and enter the film. ... I think it's a terrific opening [...]" (O'Connell 1988, 302). Obwohl dies sicherlich richtig ist, bildet die Szene gleichzeitig den effektvollen Kulminationspunkt einer Bewegung ins Innere, die bereits in Segment 1.1 mit Nizer und Moores Autofahrt zum Gefängnis ihren Anfang nahm. Dort angelangt begleitet die Kamera die Verteidiger zwar hinein, muß aber vor einer schweren Metalltür, die laut und deutlich ins Schloß fällt, haltmachen. Nun bemüht sie sich, den Ausschluß mit einem Zoom durch die Glasscheibe dieser Tür zu überwinden, der den Blick auf die innen auf Crump wartenden Anwälte freigibt. Allerdings beginnt man sich dank der Art und Weise, wie die Szene gefilmt ist, natürlich zu fragen, ob die Filmemacher überhaupt Zutritt zum Gefängnis hatten. Diese Zweifel kann Segment 1.3, in dem sich die Kamera, wie bereits dargestellt, sehr geschickt und etappenweise ins Gefängnisinnere vortastet, wirksam ausräumen.

Die hier geschilderten Szenen stellen ein erstes Beispiel für die Außen/Innen-Struktur dar, die in *The Chair* wiederholt und in relativ stereotyper Weise zum Einsatz kommt, um die spezifische Pose des Vordringens hinter die Kulissen immer wieder neu zu beleben. So hat beispielsweise die Einstellung, in der die Kamera den Eingangsbereich von Moores Büro zunächst von außen durch die Glastür aufnimmt, bevor wir weiter vordringen dürfen, eine ganz ähnliche Struktur wie die soeben geschilderte. Auch die beiden anderen wesentlichen Orte des Geschehens werden in analoger Weise eingeführt. Nizers Refugium, ein Hotel auf der Michigan Avenue, wird von außen etabliert, bevor ein Schnitt uns in sein Zimmer bringt. Wenig später beginnt Segment 1.10 mit der Einstellung auf eine Turmuhr, die 23.20h anzeigt, gefolgt von einem Rückwärtszoom, aus dem hervorgeht, daß diese Einstellung von Nizers Hotelzimmer aus gefilmt ist. Auch der Verhandlungsort wird mithilfe dieser Struktur und einer das Vordringen ins Innere signalisierenden Kamerafahrt vorgestellt, die Johnson auf dem Weg zu seinem Platz im "Hearing Room" begleitet. Gleichzeitig charakterisiert der Kommentar die topographische Lage des Verhandlungssaals mit ironischem Unterton als ausgesprochen ungeeignet: "The hearing room is in Chicago's Loop, just above the El, rumbling with the sounds of elevated trains and fans [Schnitt auf die Großaufnahme eines Ventilators und Ventilatorgeräusch]. A formidable place to try make an argument heard." Die schlechten akustischen Bedingungen werden also gewissermaßen im Sinne der Gegenabsicht interpretiert. Ebenso soll auch der erneute Hinweis darauf, daß es Johnson sein wird, der die Hinrichtung vornimmt, an die Gegenabsicht erinnern und bei den Zuschauern Beunruhigung und Spannung auf die bevorstehende Verhandlung hervorrufen. Darüber hinaus dienen die Erläuterungen des Kommentars jedoch auch der Rechtfertigung der Filmemacher, da sie die Zuschauer indirekt auf die schwierigen Drehbedingungen[21] hinweisen und sie darauf vorbereiten, daß manches nicht besonders gut zu verstehen sein wird.

In Segment 1.4 setzt sich der Blick hinter die Kulissen zwar weiter fort, aber im Vordergrund steht die Funktion des elektrischen Stuhls als Symbol der Gegenabsicht. Wir erhalten Gelegenheit, Paul Crump näher kennenzulernen, der von seiner Lektorin im Gefängnis besucht wird. Sie will ihn, fünf Tage vor seiner potentiellen Hinrichtung, zu letzten Korrekturen an einem Roman bewegen, den er während der Haft geschrieben hat. Ziel und Art der Begegnung stehen im Dienste des Hauptziels, denn Crumps schriftstellerische Tätigkeit spricht für seine Resozialisierung. Gleichzeitig weckt die gezeigte Szene Mitgefühl. Das Segment ist zudem so aufgebaut, daß es einen gewissen Vorher/Nachher-Effekt bei den Zuschauern erzeugt. Denn wir sehen zunächst Crump in Nahaufnahme auf einem neun Jahre zuvor aufgenommenen, relativ unvorteilhaften Fahndungsfoto, an das die Kamera noch näher heranzoomt, während uns der Kommentar über das von ihm begangene Verbrechen informiert. Die folgenden Einstellungen zeigen ihn und seine Lektorin auf dem Weg zum Besucherraum. Unterdessen etabliert der Kommentar das Ziel der Begegnung, wobei er das Auslaufen der Zeit angesichts des bevorstehenden Hinrichtungstermins unterstreicht. Bei der anschließenden Diskussion, die sich ohne weitere extradiegetische Hinweise entwickelt, schlägt die Lektorin Crump die Änderung eines größeren Buchabschnitts vor, worauf dieser mit den ungläubig und etwas angstvoll hervorgebrachten Worten "Only thing is, you want me to write that, attempt to write that *now*?" reagiert. Nach diesem letzten Wort zoomt die Kamera auf Crumps Gesicht und friert es für einen Augenblick in extremer Großaufnahme ein. Dieses formale Mittel hebt die Bedeutung des Moments hervor, der uns die Nähe des Todes und seine Endgültigkeit vor Augen führt. Man kann vermuten, daß hier ein kurzer privilegierter Moment im Schnellverfahren produziert werden soll, der interessanterweise über einen direkten Rückgriff auf Qualitäten des fotografischen Bildes zustande kommt, in seiner Wirkung aber längst nicht an die der anderen privilegierten Momente des Films heranreicht.

Die hier wachgerufenen Horror- und Todesassoziationen werden in der nächsten Einstellung durch einen "match cut" auf die Gesichtsmaske des elektrischen Stuhls,

---

[21] Diese hat Drew in einem Statement gegenüber O'Connell (1988, 296) bezeugt: "We had enough correspondents in the room, sitting in enough places, that I could see all those microphones pointed from the fifth row and the tenth row and the first row and so forth. I think John McDonald was in the best position in the room. I think he was in like the third row, maybe. But even at that, it was a ... sound problem. It was horrendous, and we barely got it."

deren Funktionsweise Johnson gerade erklärt, konkretisiert und verstärkt. Als dieser mit zwei Fingern anzeigt, wo die Maske Öffnungen für die Nasenlöcher läßt, fixiert die Kamera Johnsons Hand mit einem weiteren "freeze frame". Daraufhin erfolgt nochmals ein kurzer Umschnitt auf Crumps Gesicht in Großaufnahme, der die Verbindung zwischen ihm und dem Stuhl überdeutlich macht. Danach fährt Johnson mit seinen in dem Zusammenhang schon fast brutal und grausam wirkenden Erläuterungen technischer Details am realen Objekt fort. Die Parallelmontage setzt Absicht und Gegenabsicht zur Steigerung des dramatischen Effekts und der Spannung gegeneinander und verweist damit ihrerseits auf die Dringlichkeit einer juristischen Intervention. Darüber hinaus dient sie auch dazu, erneut die Unwahrscheinlichkeit eines positiven Ausgangs zu suggerieren. Allerdings wirkt dieses krude kontrastive Verfahren im Rahmen eines Direct-Cinema-Films einigermaßen aufdringlich und enthüllt die dahinterstehende Absicht, was den Authentizitätseindruck und die Überzeugungskraft eher schmälert. Wie um dies auszugleichen und bis zu einem gewissen Grad zu naturalisieren, konzentriert sich die Kamera im letzten Teil des Segments, in dem die Diskussion zwischen Crump und seiner Lektorin wieder einsetzt, ganz auf sein in Großaufnahme festgehaltenes Gesicht und gibt das Gespräch in einer einzigen langen Einstellung wieder. Es besteht jedoch noch ein weiterer wichtiger Grund für diese ästhetische Gestaltung der Szene. Sie soll uns Paul Crump so nahebringen wie möglich und seinen aufgewühlten Gemütszustand und buchstäblichen Galgenhumor vermitteln, da wir ihn erst gegen Ende des Films in einem kurzen privilegierten Moment noch einmal erleben.

Im folgenden möchte ich die Plazierung und den Charakter der privilegierten Momente, in denen sich der Blick hinter die Kulissen in den Blick hinter die Fassade, ins Innere eines Menschen zu transformieren scheint, näher beleuchten. Wie sich zeigt, enthält jede Phase von *The Chair*, bis auf die letzte, die bereits den Charakter eines Abspanns trägt, einen solchen Moment, der den emotionalen Höhepunkt der jeweiligen Phase darstellt und in gewisser Weise auch wie ein dramatischer Höhepunkt fungiert. Letzteres ergibt sich daraus, daß sich diese Momente alle etwa nach dem zweiten Drittel der jeweiligen Phase, quasi auf dem höchsten Punkt der Spannungskurve ereignen (vgl. Freytag 1983, 120-121) und in das längste und am organischsten erscheinende Segment dieser Phase eingebettet sind. Um diese Tatsache entsprechend zur Geltung zu bringen und die damit verbundene Bewegung ins Innere zu unterstreichen, geht diesem Segment jeweils ein relativ konstruiert wirkendes und/- oder mit Kommentar unterlegtes voraus. Auch die privilegierten Momente stehen im

Dienste der Sympathielenkung, denn sie sind den Personen vorbehalten, an deren Situation und Schicksal wir emotional teilhaben sollen. Zwei dieser Momente geben spontane Gefühlsausbrüche Don Moores wieder, ein weiterer versucht uns Einblick in die psychische Verfassung von Crumps Mutter während der Verhandlung zu geben, und der letzte läßt uns an dem Gefühl des emotionalen Überwältigtseins partizipieren, das Paul Crump nach der Urteilsverkündung erfaßt. Obwohl sie wie dramatische Höhepunkte plaziert sind, dienen diese Momente nicht der Zuspitzung des Dramas, denn sie tragen nichts Wesentliches zur Handlungsentwicklung bei. Durch ihre Konzentration auf die psychische, emotionale, lyrische Dimension leiten sie vielmehr eine in die Tiefe gehende Bewegung ein, die den Erzählfluß verlangsamt und damit den Augenblick intensiviert. In gewisser Weise wirken sie daher entdramatisierend, wie Pausen in der Erzählung, sogenannte *temps morts*. Einerseits wird diese Verlangsamung durch den Prozeß der Dekontextualisierung gefördert, der durch die Einbettung der privilegierten Momente in lange Einstellungen und organische Szenen in Gang kommt und in den Raum- und Zeit enthobenen, unauflösbar mehrdeutigen Großaufnahmen seinen Kulminationspunkt findet. Es gibt jedoch in *The Chair* noch eine weitere Form der Dekontextualisierung, die über die gezielte Plazierung der privilegierten Momente am Rande oder außerhalb der dramatischen Konstruktion zustande kommt. Das heißt, diese Momente ereignen sich zumeist an einem Punkt, an dem das häufig über Kommentar etablierte Hilfsziel des Segments bereits realisiert ist und sich die Vorwärtsbewegung entsprechend verlangsamt. Vale bemerkt dazu:

> [...] if there are large spaces without any auxiliary goals, our forward movement slows down. These large spaces without auxiliary goals are so-called slow spots or dull parts of the picture although much may be happening in these parts. But we are not led to anticipate anything - therefore we do not move forward. (Vale 1982, 192)

Um eine möglichst flüssige Vorwärtsbewegung zu garantieren, muß das nächste Hilfsziel bereits vor Abschluß des vorhergehenden etabliert werden. Dies ist im Rahmen eines Dokumentarfilms und insbesondere des Direct Cinema, das einen beobachtenden Ansatz vertritt, natürlich nicht immer möglich, was die Filmemacher aber durchaus zu ihrem Vorteil zu nutzen wissen. In Ermangelung eines aktuellen Hilfsziels und aufgrund der daraus folgenden Verlangsamung bleibt die Erwartungshaltung in den privilegierten Momenten also relativ vage; insofern fördern sie eher unsere unmittelbare Neugier und investigative Haltung als unsere Spannung auf den Ausgang des Konflikts. Allerdings ist auch dieser Effekt nur kontrastiv, auf der Basis einer soliden dramatischen Konstruktion zu erzielen, auf die in *The Chair* viel Wert gelegt wird, wie ich bereits versucht habe zu zeigen. Vale führt die wichtige Unterscheidung zwischen Neugier und Spannung weiter aus:

> Very often, suspense is confused with curiosity. This confusion is understandable - if not pardonable - because the reaction of the spectator is similar. In both cases he asks the same question, What is going to happen? Curiosity, however, results from our lack of knowledge of what the actor wants, while suspense results from our lack of knowledge as to whether the actor's intention will be fulfilled of frustrated. [...] Curiosity is our desire to find the goal, while suspense can only exist if we know the goal. Therefore the two are opposed to each other [...]. (Vale 1982, 179-180)

Wie deutlich wird, fördert die Herausgelöstheit aus dem dramatischen Kontext, die zu einer Verlangsamung der Vorwärtsbewegung führt, auf ihre Weise eine Betonung von charakteristischen Aspekten der "vertical attack" sowie die Tendenz der Großaufnahmen, sich dem fotografischen Bild anzunähern, und trägt damit zum Eindruck der Intensität und Vieldeutigkeit bei, den die privilegierten Momente evozieren. Die spezifische Plazierung nach dem jeweils aktuellen Hilfsziel begünstigt eine Rezeption, die sich ganz auf die unmittelbare Wahrnehmung des Gesehenen konzentriert und dem Impuls, das Bild zu erforschen, ungehindert nachgehen kann. Nicht zuletzt bewirkt sie außerdem, daß uns die auf diese Weise dargebotenen Momente in besonderem Maß als "gefundene", spontan und zufällig eingefangene erscheinen, denn unsere Erwartungshaltung richtet sich nicht auf sie.

Der erste privilegierte Moment Don Moores ereignet sich in der zweiten Hälfte von Segment 1.7, das mit neun Minuten Dauer das längste und am organischsten wirkende vor der Verhandlung ist. Es bildet die Fortsetzung von Segment 1.5, in dem wir zum ersten Mal Einlaß in Moores Büro finden und Gelegenheit haben, ihn näher kennenzulernen. Hier informiert uns der Kommentar zunächst über den bisherigen Stand der Arbeit und etabliert Moores Absicht, den Schriftsatz fertigzustellen und ein Statement des Kardinals zugunsten Crumps zu erwirken, als aktuelle Hilfsziele. Im darauf folgenden, sich ohne weiteren Kommentar entfaltenden Abschnitt haben wir an einem Gespräch des Anwalts mit seiner Sekretärin teil, in dem es um den Schriftsatz und die terminliche Planung geht. Es herrscht ein ironisch-lockerer, demokratischer Umgangston. Die Bedeutung des Falls kontrastiert mit der entspannten, um alltägliche Verrichtungen und Bedürfnisse kreisenden Arbeitsatmosphäre. All dies macht Moore aber umso sympathischer, läßt bereits eine gewisse Nähe zu ihm entstehen und unterstreicht gleichzeitig die offene formale Struktur des Segments, das im Vergleich mit dem vorhergehenden, sehr deutlich auf dramatische Effekte hin angelegten ein ruhigeres Tempo hat und dadurch entlastend wirkt. Das Segment endet mit einem Telefonat Moores, in dem er einem Reporter mitteilt, er habe Louis Nizer eingeladen, gemeinsam mit ihm die Verteidigung Crumps zu übernehmen. Mit diesem Gespräch wird implizit auf unsere Insiderposition verwiesen: Auf die Tatsache, daß wir bereits wissen und viel umfassender und unmittelbarer erleben, was der Reporter erst jetzt erfährt und nur bruchstückhaft und vermittelt zur Kenntnis nehmen kann. Gleichzeitig bildet dieses Telefonat die "natürliche" thematische Überleitung zum nächsten, vom Kommentar geprägten und auch dank der starr auf Nizer gerichteten Kamera relativ konstruiert wirkenden Segment. Es betont nochmals die immense Bedeutung des Falls, stellt Nizer etwas näher vor und gibt ihm Gelegenheit, seine Position zur Todesstrafe in einem verkappten Interview zu verdeutlichen. Nizers vornehme Zurückhaltung und Kontrolliertheit, die er während des ganzen Films nicht ablegt, stellen dabei einen wirkungsvollen Kontrast zu Moores desorganisierter Hemdsärmeligkeit und Emotionalität dar.

Durch das Einfügen Nizers kann der Eindruck des Vordringens ins Innere im nächsten, sich auf Moore konzentrierenden Segment verstärkt werden, ein Effekt, der bei einer fortlaufenden Präsentation der im Grunde zusammenhängenden Segmente 1.5 und 1.7 nicht zu erzielen gewesen wäre.

Moores privilegierter Moment, der den emotionalen Höhepunkt von 1.7 bildet, ereignet sich, nachdem wir am sich organisch entfaltenden, weitgehend der natürlichen Chronologie folgenden Geschehen in seinem Büro bereits seit etwa fünf Minuten ungestört teilhaben konnten. Da hier die in Segment 1.5 bereits etablierten Hilfsziele im Mittelpunkt stehen, ist ein erklärender Kommentar überflüssig. Anfangs setzt sich das freundschaftliche Geplänkel um den Schriftsatz weiter fort. Dabei werden auch der Respekt und die Bewunderung der Sekretärin für ihren Chef deutlich. Anschließend führt Moore zwei Telefonate, deren Inhalt und Bedeutung relativ unverständlich bleiben, was aber zugunsten der flüssigen Weiterentwicklung in Kauf genommen wird. Gleichzeitig wird dadurch unsere Fantasietätigkeit und Kombinationslust angeregt. Gerade dank der "Offenheit" der Szene, weil wir nicht alles verstehen, haben wir das Gefühl, teilzuhaben an dem, was hinter den Kulissen wirklich passiert. Dieses Gefühl verstärkt sich noch durch den Eindruck, einen Blick hinter Moores Fassade werfen zu dürfen, um Zeugen davon zu werden, wie sehr seine Taktik und seine tatsächlichen Gefühle mitunter divergieren. Wir erleben ihn bei einem Telefonat mit einem Unbekannten, von dem er sich mit den eindringlichen Worten "Well, I thank you, and I'm deeply grateful, Bud, and I hope you'll pray for us. I mean it," verabschiedet, den er aber, kaum daß er aufgelegt hat, abschätzig als "old fraud" bezeichnet.

Aus dem folgenden dritten Telefongespräch geht unmißverständlich hervor, daß Moore nun endlich Monsignor Cantwell, einen Mitarbeiter des Kardinals, an der Strippe hat und daß der Kardinal offensichtlich bereit ist, das gewünschte Statement abzugeben, womit sich das aktuelle Hilfsziel im Sinne des Hauptziels zu realisieren scheint.[22] Moore notiert sich den Wortlaut des Statements, und schon als er sich mit den Worten "this is such a *good* thing to do. You're in my prayers, Father" verabschiedet, scheint er sichtlich bewegt, seine Mundwinkel zucken. Nachdem er aufgelegt hat, nimmt er die Brille ab, drückt seine Zigarette aus und beginnt zu weinen. Nun erfolgt ein Schnitt auf den bereits mehrfach gezeigten, mit zerknülltem Papier überquellenden Papierkorb[23], während wir aus dem Off weiterhin Moores unterdrücktes Schluchzen vernehmen. Anschließend sehen wir für kurze Zeit erneut das Foto aus Segment 1.5, das vermutlich einen berühmten Juristen zeigt. Danach kehren wir zu Moore zurück, der sich mit einem Taschentuch die Augen wischt, aufsteht, seine Brille sucht, sich wieder hinsetzt und dabei nach wie vor mit den Tränen und seinen Gefühlen kämpft. Währenddessen hören wir 62 Sekunden lang nichts als das verhaltene Schluchzen. Der Moment scheint aber noch um einiges länger und wie gedehnt. Wir sind damit beschäftigt, uns in Moore hineinzuversetzen und seine Gefühle zu ergründen; aber letztlich ist es unmöglich zu sagen, ob er aus Dankbarkeit und Rührung, aus befriedigtem Ehrgeiz oder aus emotionaler Erschöpfung und Überarbeitung weint, zumal er bald darauf, nachdem er sich wieder etwas gefaßt hat, mit dem wohl halb zu sich selbst und halb zu den Filmemachern gesprochenen, gleichermaßen

---

[22] Erst später, am Ende des Segments, stellt sich in einem weiteren Telefonat heraus, daß der Kardinal das Statement in letzter Minute doch noch zurückzieht, womit sich das Hilfsziel letztlich zu Moores Nachteil entwickelt. Man hat den Eindruck, daß dieses Telefonat noch am selben Nachmittag erfolgt. Vermutlich handelt es sich jedoch um einen späteren Tag, da Moores Sekretärin ein anderes Kleid anhat. D.h. die Montage suggeriert zwar die Aufrechterhaltung der "natürlichen" Chronologie, erfolgt aber tatsächlich nach thematischen oder dramatischen Gesichtspunkten.

[23] Dieser Papierkorb wird in Segment 1.7 dreimal als "cutaway" verwendet. Einmal fungiert er als "establishing shot", der anzeigt, daß wir uns wieder in Moores Büro befinden. Beim zweiten Mal dient er als Überbrückung, die auch das Gefühl vermittelt, daß inzwischen eine gewisse Zeit vergangen ist. Darüber hinaus weist er implizit darauf hin, wieviel Arbeit Moore in Crumps Verteidigung investiert.

ironisch wie überrascht klingenden Satz "Generally, I don't even *believe* in God" reagiert.[24]

Innerhalb dieses relativ langen, organisch wirkenden Segments kommt auch der spezifische Kamerastil des Direct Cinema gut zur Geltung, über dessen "search-and-discovery structure" sich die Unkontrolliertheit der Ereignisse in die Aufzeichnung einschreibt. Die Kamera, die mit geringfügiger Verzögerung auf das Geschehen reagiert, hat hier fast choreographische Qualitäten und ist ständig darum bemüht, den richtigen Abstand zu finden, um die Atmosphäre im Büro und die Gemütslage der Personen adäquat einzufangen. Gleich zu Beginn bringt ein kurzer Augenblick das Charakteristische dieses Stils zum Ausdruck: Mithilfe eines Schwenks verfolgen wir den Flug eines zerknüllten Blattes durch die Luft in den Papierkorb. Im Verlauf des Segments konzentriert sich die Kamera immer mehr auf Moore und verringert ihren Abstand zu ihm, und während des Telefongesprächs und des privilegierten Moments richtet sie sich vor allem auf sein Gesicht in Großaufnahme und registriert dessen minimale, flüchtige Mimik aus nächster Nähe. Dennoch fixiert Leacock Moores Gesicht nicht statisch, wie dies in den von Pennebaker gefilmten, Crump oder Nizer betreffenden Szenen häufig der Fall ist, sondern nimmt sich mehr spielerische Freiheit, seinen spontanen Bewegungen und Reaktionen zu folgen und das Bild beständig neu auszutarieren. Einmal fährt die Kamera beispielsweise Moores ganzen Arm entlang, bis wir sehen, daß er gerade seine Zigarette ausdrückt, um dann wieder auf sein Gesicht zurückzukommen.

Der weiter oben beschriebene Effekt der zeitlichen Dehnung während des privilegierten Moments ergibt sich einerseits über den konzentrierten Einsatz der Großaufnahme, die, wie bereits dargelegt, diesen Effekt aus sich selbst heraus produzieren kann. Verstärkt wird er jedoch durch die Herausgelöstheit des Moments aus dem dramatischen Kontext und dadurch, daß die Einstellungen während Moores emotionaler Krise und davor die längsten des ganzes Segments sind. Wie die Plazierung und die "search-and-discovery structure" des Kamerastils fördert dies in besonderem Maße

---

[24] Bevor das "auxiliary goal" wieder aufgenommen wird, gibt es noch einen weiteren "gefundenen" Direct-Cinema-Moment, der sich an Moores Gefühlsausbruch anschließt und damit ebenfalls geschickt im Abseits der dramatischen Struktur plaziert ist. Nach einem Schnitt sehen wir Moores mit dem Rücken zu uns sitzende Sekretärin, die etwas aufzuschreiben scheint. Als die Kamera ihr über die Schulter blickt, zeigt sich jedoch, daß sie gedankenverloren auf einem Blatt herummalt, vielleicht, weil sie gerade nichts zu tun hat. Dieser kurze, eher scherzhafte Moment der Enthüllung dient nach der aufwühlenden Szene davor auch der Entlastung, bevor die eigentliche Handlung weitergeht.

unsere investigative Haltung, unseren Impuls, Moores wahre Gefühle zu ergründen. Gleichzeitig begünstigen die langen Einstellungen den Prozeß der Dekontextualisierung, der in den Großaufnahmen kulminiert. Über die Bündelung dieser verschiedenen Strategien - von der Tendenz zur polemischen Abgrenzung von anderen Erzählformen einmal abgesehen - erscheint der privilegierte Moment als "natürliche" Erfüllung des auf Spontaneität und Nähe hin angelegten Direct-Cinema-Ansatzes, der uns das Gefühl geben will, auf allen Ebenen, visuell, akustisch und emotional, unmittelbar "dabeizusein". Gleichzeitig erzeugen die verschiedenen Dekontextualisierungsverfahren tendenziell "einen Zustand vor dem Eingriff der Sinngebung" (Engell 1992, 177)). Die unauflösbare Mehrdeutigkeit dieses Zustands stellt einerseits einen wichtigen Aspekt des Direct-Cinema-Programms dar, andererseits markiert sie auf spezifische Weise die Grenzen dieses Programms, indem sie verdeutlicht, daß die Realität über das reine, isolierte Beobachten letztlich nicht zu fassen ist. Wie sich hier zeigt, trägt die expressive "Sprachlosigkeit" der privilegierten Momente, in denen der Film für einen Augenblick vor der Undurchdringlichkeit des Realen zu kapitulieren scheint, ihren Teil zu diesem Effekt oder dieser Erkenntnis bei.

Man fragt sich natürlich, warum ausgerechnet in dem Augenblick, in dem Moore von Gefühlen überwältigt in sich zusammensinkt, auf einen überfüllten Papierkorb und ein Foto geschnitten wird. Mamber interpretiert diese Szene folgendermaßen: "The camera moves away, as if in deference to the power of the emotion" (1974, 98). Für O'Connell, der weiß, daß in diesem Moment die Filmrolle zu Ende ging, stellt sich die Sache umgekehrt dar:

> A cutaway of a wastebasket in which Moore had previously been crumpling drafts of his court brief covers the change to a new film magazine, but the effect of the moment is considerably lessened. (1988, 295)

Die Filmemacher wollten wahrscheinlich einen Eindruck bei den Zuschauern erzeugen, der Mambers Interpretation nahekommt. Dies läßt sich daran festmachen, daß sie in dem zweiten privilegierten Moment Moores, der sich in Segment 3.2 ebenfalls im Anschluß an ein Telefongespräch ereignet, vermutlich ohne Not das gleiche Verfahren verwendeten, um die Illusion der "deference of the power of the emotion" für die Zuschauer nicht zu zerstören. Hier erfolgt im entscheidenden Augenblick ein längerer Schwenk über ein Regal mit juristischen Büchern, während aus dem Off Moores Schluchzen und ein paar unter Tränen hervorgestoßene Sätze zu hören sind. Allerdings gleichen sich die beiden Stellen aufgrund dessen in ihrer formalen Gestaltung allzusehr, was rückblickend auch den Authentizitätseindruck des ersten sich auf Moore konzentrierenden emotionalen Höhepunkts eher schmälert. In *Paul*, der Kurzfassung von *The Chair*, fehlt denn auch dieser zweite privilegierte Moment ebenso wie das Segment danach, ohne daß dies unangenehm auffiele.[25] Der Vergleich mit *Paul* verdeutlicht auch, wie wichtig die Einbettung in einen entsprechenden Kontext für die Wirkung der privilegierten Momente ist. In der Kurzfassung setzt Segment 1.7 erst etwa zwei Minuten später ein, wenn Moore bereits telefoniert. Dadurch hat der privilegierte Moment nicht genügend "organischen Vorlauf", so daß wir Moore nicht so nahe kommen und sein emotionaler Ausbruch eher unvermittelt erscheint.

Der zweite privilegierte Moment in *The Chair*, der sich auf Paul Crumps Mutter konzentriert, ereignet sich in Segment 2.3, das mit 28 Minuten das bei weitem längste des Films darstellt. Hier ist die mehrere Stunden dauernde Verhandlung stark komprimiert, insofern wird viel mit Überblendungen, *cutaways* und *reaction shots* gearbeitet. Dennoch vermittelt sich der Eindruck, den eigentlichen Kern und generellen Tenor der Ereignisse sowie die Positionen von Verteidigung und Staatsanwaltschaft in ihrer Gewichtung relativ unverfälscht präsentiert zu bekommen. Da der Kommentar nur zweimal kurze sachliche Hinweise gibt, können wir den verschiedenen Zeugenaussagen, Plädoyers und Gegenplädoyers ungestört folgen. Aufgrund des schlechten Tons und der Länge des Segments erfordert dies einige Ausdauer und Konzentration, da wir uns die Bedeutung und den Stellenwert all dieser zum Teil recht komplexen Äußerungen und Argumente selbst erschließen müssen. Neben 1.7, das Moores privilegierten Moment enthält, entwickelt sich auch dieses Segment relativ organisch. Hier ist durchgängig das Bedürfnis der Filmemacher spürbar, eine der natürlichen Chronologie entsprechende Abfolge zu suggerieren, unser Interesse und unsere Spannung

---

[25] Da dieser zweite privilegierte Moment Moores dem ersten sehr gleicht, aber kürzer und daher weniger effektiv ist, soll er im Rahmen dieser Analyse nicht eingehender behandelt werden. Wichtig scheint in diesem Zusammenhang noch, daß auch er sich nach der Realisierung des in Segment 3.2 aktuellen Hilfsziels im Abseits der dramatischen Handlung ereignet. Dieses Hilfsziel hat der Kommentar bereits im Segment davor etabliert. Es geht darum herauszufinden, welche Entscheidung der Begnadigungsausschuß getroffen hat. "One reporter has seen the board members in a hotel lobby" verkündet uns der Kommentar und bietet damit die thematische Überleitung zum nächsten Segment. Dort telefoniert Moore bereits mit einem (diesem?) Reporter, der ihm von seinen Eindrücken berichtet. Damit erfüllt sich das Hilfsziel, auch wenn für die Zuschauer offen bleibt, in welche Richtung die Beobachtungen des Reporters deuten. Erst danach erfolgt Moores Telefonat mit einer Mrs. Baker, die sich anscheinend sehr für Crump einsetzt und Moore Geld senden will. Dies hat zur Folge, daß Moore, kaum hat er den Hörer aufgelegt, in fassungsloses Schluchzen ausbricht.

wachzuhalten, dabei unsere Sympathien zu lenken und den gesamten Ablauf möglichst unauffällig und effektiv zu choreographieren. Wenn von Crump gesprochen wird, erfolgt zum Beispiel mehrfach kurz vorher ein *cutaway* auf ein schwarzes Mitglied des Begnadigungsausschusses, das dann "zufällig" gerade im Bild zu sehen ist. Dabei handelt es sich um den Versuch, die Person, über deren Leben hier entschieden wird, durch einen Stellvertreter aus Fleisch und Blut in Erinnerung zu bringen und Crump auf diese Weise symbolisch an der Verhandlung teilnehmen zu lassen. Das schwarze Ausschußmitglied fungiert dadurch als eine Art stummes moralisches Gewissen, das über die Ereignisse wacht. Daneben erfolgen immer wieder Umschnitte auf Nizer und Moore, die suggerieren, daß die beiden auf das Gesagte reagieren und unablässig an ihrer Argumentation feilen, sowie weitere auf Johnson und Ankläger Thompson, in denen dieser zumeist gelangweilt oder skeptisch dreinschaut, was als Erinnerung an die Gegenabsicht verstanden werden kann.

Im Lauf der Verhandlung wird deutlich, daß die Verteidigung eine Fülle von Zeugen zusammengebracht hat, die Crumps Resozialisierung auf überzeugende Weise bekunden. Einige treten persönlich auf, andere haben ihre Meinung in Form von eidesstattlichen Versicherungen niedergelegt. Diese Statements heben insbesondere Crumps Hilfsbereitschaft hervor, seine Vorbildfunktion für andere, Eigenschaften, die für die Gesellschaft nützlich sind. Für die Staatsanwaltschaft tritt hingegen lediglich Richter Austin in den Zeugenstand. Er scheint zunächst eine gewisse Bedrohung für die Verteidigung darzustellen; aber Nizer entkräftet seine Argumente geschickt und überzeugend, insbesondere, indem er nachweist, daß Austin keine einzige dieser eidesstattlichen Versicherungen gelesen hat und seit sieben Jahren nichts mehr mit Crump zu tun hatte, so daß er sein negatives Urteil auf einer völlig unzureichenden Basis gefällt haben muß.

Der privilegierte Moment des Segments, der sich nach der 18. Minute ereignet[26] und einen formalen und emotionalen Höhepunkt der Verhandlung darstellt, fällt mit dem krönenden Abschluß von Nizers brillantem Plädoyer zusammen, das mit dem vorausgehenden Kreuzverhör das Kernstück der Argumentation der Verteidigung bildet. Zwar ist die Verhandlung hier noch nicht zu Ende, denn es folgen noch Thompsons Gegenrede und Moores Schlußplädoyer, aber zu diesem Zeitpunkt hat sich bereits herauskristallisiert, daß die Gegenseite den Argumenten der Verteidigung nichts Entscheidendes entgegenzusetzen hat. Man kann demnach davon ausgehen, daß

---

26 Interessanterweise wie die anderen privilegierten Momente auch in etwa nach dem zweiten Drittel des Segments, auf dem höchsten Punkt der Spannungskurve.

sich das aktuelle Hilfsziel der Verteidigung, dem Begnadigungsausschuß Paul Crumps Resozialisierung plausibel zu machen, zumindest in den Augen der Zuschauer und ihrer gefühlsmäßigen Wahrnehmung erfüllt hat. Dies bewirkt, daß man sich dem nun folgenden privilegierten Moment, der die Aufmerksamkeit in gewissem Sinn von der Argumentation abzieht, bereitwillig überlassen kann. Er ereignet sich, als Nizer zum Abschluß seiner Ausführungen ein persönliches Bittschreiben Crumps an Gouverneur Kerner verliest, das einen religiös-poetischen Ton hat. Kurz bevor Nizer mit den Worten "As I stand here on the threshold of eternity" zu lesen anhebt, erfolgt zum wiederholten Male ein kurzer Umschnitt auf das schwarze Ausschußmitglied, womit erneut Crumps symbolische Präsenz evoziert wird. Danach kehren wir zu einer Nahaufnahme des Anwalts zurück, der mit der Rezitation des Schreibens fortfährt. Als er bei dem Satz angelangt ist: "I am completely devoid of all human motives except the desire to live so that I may justify my life and the faith of those who have done so much for me", schwenkt die Kamera auf eine Großaufnahme der Mutter, um das soeben Verlesene zu konkretisieren und mit emotionaler Bedeutung aufzuladen. Nizer fährt unterdessen im Off fort: "I humbly pray that the dictates of your inner convictions will justify your mercy toward me, as I prayerfully await with my life in your hands ...". An dieser Stelle erfolgt ein Schwenk nach unten sowie ein Zoom auf Mrs. Crumps im Schoß gefaltete, leicht zitternde Hände, auf die ihre weiße Begleiterin schützend oder tröstend eine der ihren gelegt hat. Während wir von Mitgefühl erfaßt werden und versuchen, uns in die Mutter hineinzuversetzen und zu ergründen, was sie wohl empfinden mag, versäumt Nizer nicht zu erwähnen, daß Crump vor lauter Aufregung Tinte über das Blatt vergossen hat. Dann geht die Kamera mit einem schnellen Schwenk auf Nizer zurück, der sein Plädoyer mit den Worten "Here is a man and a soul that is worth preserving and we place that man in your hands" beendet. Um den Appellcharakter des Gesagten noch zu unterstreichen, schließt sich ein Schnitt auf ein Mitglied des Ausschusses an, gefolgt von Schwenks auf zwei weitere.

Von diesem privilegierten Moment geht eine große Intensität und Überzeugungskraft aus, weil er sich im Gegensatz zu den meisten anderen, stark komprimierten Szenen des Segments in einer einzigen langen Einstellung entfaltet. Hinzu kommt jedoch, daß die Kamera hier mit großem Einfühlungsvermögen und spontaner Reaktionsfähigkeit das Gesagte auch in einen ebenso stimmig wirkenden emotionalen Zusammenhang zu bringen versteht. Dadurch werden die vorgetragenen Worte einerseits in einer die Gefühle und die Sinne ansprechenden Weise komplettiert, gleichzeitig eröffnet sich durch das stumme Indizieren der Kamera jedoch eine Dimension hinter oder jenseits der rationalen Argumentation der hier gegeneinander und füreinander antretenden Männer. Der einfühlende Blick auf Crumps die Verhandlung schweigend verfolgende Mutter bildet das Herz dieses langen Segments, wobei die Wirkkraft durch die mehrfach evozierte symbolische Präsenz des Sohnes, dessen Schicksal hier zur Debatte steht, noch gesteigert wird. Dieser stumme und doch vielsagende und vieldeutige, in Großaufnahme eingefangene intime Moment, der an unsere Gefühle appelliert und den Charakter des glückhaft Erbeuteten trägt, erfüllt alle wesentlichen Kriterien, auf die das Direct Cinema abzielt, und ist demnach entsprechend geeignet, als besonderer Authentizitätsgarant zu fungieren.

Nachfolgend möchte ich noch auf den vierten und letzten privilegierten Moment von *The Chair* eingehen, der sich gegen Ende von Segment 4.5 ereignet und Paul Crumps emotionale Reaktion auf seine Begnadigung zeigt. Dabei soll auch die Einbettung dieses Segments in den größeren Kontext der vierten Phase der Auflösung berücksichtigt werden. Dieser Moment ist in das Segment auf dem höchsten Punkt der Spannungskurve eingebunden, auf das die dramatische Konstruktion zuläuft und in dem sich mit der Verkündung der Entscheidung des Gouverneurs durch Gefängnisdirektor Johnson das Hauptziel im Sinne der Verteidigung realisiert. Da er sich jedoch erst im Anschluß an die Entscheidungsverkündung ereignet, liegt auch dieser Moment eigentlich außerhalb der dramatischen Handlung, da die Spannung bereits am Erlöschen ist und sich die Vorwärtsbewegung deutlich verlangsamt. Wie wir gesehen haben, wird dieser Effekt in *The Chair* zur Steigerung des Unmittelbarkeitseindrucks und der Intensität der privilegierten Momente genutzt.

Um die Unsicherheit der Zuschauer nach der recht deutlich auf einen positiven Ausgang hindeutenden Verhandlung erneut zu schüren und auch, um die Bedeutung des dramatischen Höhepunkts zu verstärken, gehen Segment 4.5 eine Reihe von Sequenzen voraus, die im Sinne der dramatischen Werteskala der Spannungssteigerung dienen. Diese Stellen sind relativ kurz, der Schnittrhythmus ist beschleunigt, und in Segment 4.1 kommen noch einmal Absicht und Gegenabsicht in konstruierter, dramatisierender Form zusammen. Auch die Montagesequenz in Segment 4.4 bringt die Gegenabsicht demonstrativ in Erinnerung. Diese Sequenz, die der realistischen Erzählweise deutlich zuwiderläuft, ist wie keine andere in *The Chair* auf dramatischen Effekt hin angelegt und soll vermutlich mit ihren im Stakkatotempo montierten kurzen Einstellungen die Vorwärtsbewegung künstlich beschleunigen, die in der Phase vor der Verkündung der Entscheidung, in der es auch für die Anwälte nichts wesentliches mehr zu tun gibt, an Zugkraft zu verlieren droht. Dadurch hat dieses dem dramatischen Höhepunkt vorgeschaltete Segment den Charakter eines Showdowns, der die Spannung ein letztes Mal in die Höhe treibt. Allerdings wird die Überzeugungskraft durch die effekthascherische Gestaltung, die die dahinterstehenden Motive überdeutlich macht, empfindlich geschmälert. Somit überrascht es nicht, daß gerade dieses Segment häufig den Unmut der Kritiker erregte und Drew den Vorwurf des "hyping the ending" einbrachte. Unangenehm schrill und aufdringlich ist insbesondere das Läuten der Alarmglocke, das während des ganzen Segments anhält und ihm wohl eine besondere Dringlichkeit verleihen soll. Es dient, wie die kurze Einstellung zu Beginn der Sequenz, die Johnson in der Todeszelle zeigt, als eindringliche Erinnerung an die Gegenabsicht, die die Unsicherheit nochmals schüren soll. Darauf folgen sechs weitere kurze Ausschnitte aus Szenen, die wir zum größten Teil bereits kennen und die das Thema "Warten auf die Entscheidung" anhand der wichtigsten Spieler und Gegenspieler impressionistisch darstellen. Sie sollen vermutlich etwas von dem Effekt haben, wie ihn der kurz vor dem Tod in rasantem Tempo vor dem inneren Auge noch einmal ablaufende Lebensfilm hervorruft. Wir sehen Moore beim Bowling, Thompson beim Golfspiel, noch einmal Moore beim Bowling, Johnson, der eine Zigarette raucht, Crump rauchend in seiner Zelle und zum Abschluß noch einmal Moore, der sich erschöpft vom Bowling ausruht, während eine ältere Dame ihn besorgt betrachtet.

Nun beginnt das die Entscheidung bringende Segment 4.5 mit der Nahaufnahme eines Reporters, der das Objektiv seiner Kamera adjustiert, gefolgt von einem Schnitt auf eine Gruppe von Reportern, die vor dem Büro von Johnson auf ihn warten. Die hier herrschende Stille kontrastiert auffällig mit dem schrillen Ton im vorhergehenden Segment, was nochmals zur Spannungssteigerung und zum Showdowneffekt beiträgt. Plötzlich klingelt das Telefon und es erfolgt ein Schwenk mit anschließendem Zoom auf eine Telefonistin im Profil, die "Warden, Governor Kerner's calling" verkündet. Die Szene suggeriert zwar, daß es sich um Synchronton handelt, aber beim genauen Hinschauen sieht man, daß sich die Lippen der Frau gar nicht bewegen. Auch die nächste Szene, die in absoluter Stille verläuft, ist vermutlich zu einem anderen Zeitpunkt aufgenommen, als hier suggeriert wird. Wir befinden uns in Johnsons Büro, sehen, wie er das Telefon abhebt, zuhört, spricht, auflegt, aufsteht und langsam auf die Tür zugeht, hinter der die Reporter sich versammelt haben. Draußen verfolgt eine weitere Kamera seinen Weg durch die Menge der Journalisten zu den bereitgehaltenen Mikrophonen. Unterdessen lassen es sich die Filmemacher nicht nehmen, auf der Tonspur den Irrtum eines Reporters im Off zu registrieren, der Johnson für Crumps

Rechtsanwalt hält. Auch nachdem Johnson Paul Crumps Begnadigung bekanntgegeben hat, ist aus dem Off die verzweifelte Bitte eines Reporters "Jack, would you repeat that? We didn't get the front of it. [...] We weren't rolling" zu hören.

Überhaupt stellt das Segment ein Paradebeispiel dar für die Tendenz des Direct Cinema, die eigene Methode der Berichterstattung durch ein demonstratives Zurschaustellen der Unzulänglichkeiten anderer Methoden aufzuwerten. Über den Blick auf die mit ihren schweren Stativkameras *vor* Johnsons Büro stationierten Reporter wird die eigene Position *in* seinem Büro als Insiderblick hinter die Kulissen hervorgehoben. Insofern haben wir es mit einem weiteren Beispiel der Außen/Innen-Struktur zu tun. Darüber hinaus unterscheidet sich die auf eine Langzeitbeobachtung ausgerichtete Arbeitsweise des Direct Cinema, die das Geschehen ohne störende Eingriffe in die gefilmte Situation spontan aufzuzeichnen trachtet, hier positiv von der Arbeitsweise der Tagesjournalisten, die lediglich das Resultat eines Ereignisses in einer möglichst wirkungsvollen inszenierten Pose festhalten können.

Der Kontrast zwischen den beiden Methoden wird besonders augenfällig in dem Moment, in dem Paul Crump das Urteil erfährt und zu einer Dankesrede anhebt. Mit Ausrufen wie "Hold it, just a second", "Paul, will you look this way here" und "A little louder" sind die Reporter eifrig darum bemüht, ein gutes Bild von Crump zu erhaschen und seine Worte aufzunehmen. Im Gegensatz zu den hinter den Kulissen agierenden Filmemachern wirken diese Reporter unangenehm voyeuristisch und aufdringlich. Dies hat zur Folge, daß die als überlegen präsentierte Pose des Direct Cinema, die hier andere zur Selbstlegitimierung funktionalisiert, wenig Gefahr läuft, kritisch hinterfragt zu werden. Da die Einwürfe der Reporter aus dem Off erfolgen, während die Kamera sich auf Crump richtet, ist nicht zu sagen, ob die Aufzeichnung dieser Einwürfe zufällig und unvermeidlich war oder ob sie in einer Art Toncollage gezielt zur Steigerung des Abgrenzungseffekts eingefügt wurden. Letzteres gilt mit Sicherheit für die das Segment beschließende Einstellung, in der ein Reporter über Telefon ein Statement an seine Zeitung weiterleitet, das Paul Crumps emotionalen Zusammenbruch während der Dankesrede schildert. Diesen Zusammenbruch, der dazu führt, daß Crump von Gefühlen überwältigt nicht mehr weiterreden kann und sich schutzsuchend von den ihn bedrängenden Journalisten abwendet, haben wir direkt zuvor in einer fast zwei Minuten langen Einstellung sich langsam anbahnen sehen und dann aus nächster Nähe voll Sympathie und Mitgefühl verfolgt. Insofern muß die darauf folgende Szene rührend hilflos und beinahe lächerlich wirken. Sie scheint eigens dazu da zu sein, den Kontrast zwischen der unmittelbaren sinnlichen Teilhabe auf allen Ebenen, die das Direct Cinema zumindest in seinen privilegierten Momenten garantiert, und der vermittelten, hier gefühllos und nüchtern wirkenden Berichterstattung im Nachhinein, wie sie der herkömmliche Journalismus betreibt, noch einmal deutlich hervortreten zu lassen.

Wie die Analyse gezeigt hat, prägt die Tendenz zur (polemischen) Abgrenzung sowohl von fiktionalen als auch anderen dokumentarischen Erzählformen die ästhetische Struktur von *The Chair* maßgeblich. Allerdings wurde dieser programmatische Aspekt, der ein wesentliches Merkmal der Direct-Cinema-Filme darstellt, von der Kritik bis vor kurzem nicht erkannt. Die Gründe dafür stehen in Zusammenhang mit der bereits dargestellten reaktiven Tendenz von Theorie und Kritik, die bis in die jüngere Zeit das dokumentarische Diskursfeld beherrschte. Sie führte dazu, daß man sich vor allem innerhalb des von den Praktikern vorgegebenen konzeptuellen Rahmens bewegte, so daß die Filme eher an den unhaltbaren Ansprüchen der Bewegung gemessen als einer genaueren Analyse unterzogen wurden, die diese Ansprüche hätte relativieren können. Daher wurden die Anlehnung an fiktionale Erzählprinzipien und die ästhetische Heterogenität mitunter zwar heftig kritisiert, aber nicht als gezielte Strategien zur Aufwertung und Betonung von Charakteristika des Direct Cinema wahrgenommen, die insbesondere in den privilegierten Momenten zum Tragen kommen. Obwohl diese Kritik sicherlich eine gewisse Berechtigung hat, wirkt sie nicht sonderlich produktiv, wenn sie, wie in diesem Fall, hinter die Zielsetzungen der Filmemacher zurückfällt, diese nicht erkennt.

Aufschlußreicher scheinen daher Einwände, die im Kreis von Drew Associates gegen den Film erhoben wurden. Denn auch Leacock und Pennebaker kritisierten Drews Erzählkonzept, allerdings standen bei ihnen andere Aspekte im Vordergrund. Den Filmemachern mißfiel, daß Drew der Story mehr Bedeutung beizumessen schien als den Personen, während es ihnen in erster Linie um "those little glimpses of character" ging (O'Connell 1988, 300). Darüber hinaus mißbilligten sie seinen Rückgriff auf ein relativ schematisch umgesetztes dramatisches Erzählformat im Stile Hollywoods als Tendenz zur Vereinfachung, die den tatsächlichen Hergang der Ereignisse verfälscht:

> [...] the problem that Ricky and I had, particularly with *The Chair*, was ... it was a difficult, it was a complicated story. It wasn't: 'There's a guy on Death Row about to burn,' but that Nizer was out there, under an assumed name, to save him! And [Moore] didn't want Nizer to be out there saving him, even if it saved him! I mean, the story was real-

> ly a marvelous and complicated story. And Drew, I think, was moved to try to not make it so complicated; to make it more simple. And to - so that people would understand it and go for the pathos in Crump getting spared. [...] at that point we were beginning to really worry about things that were being left out of these movies. (O'Connell 1988, 300)

Wie in der Literatur zum Thema immer wieder hervorgehoben wird, war es vor allem die Auseinandersetzung um *The Chair*, die die schon länger schwelenden Differenzen hinsichtlich Erzählform, Strukturierung und Thematik der Filme zwischen Drew auf der einen und Leacock und Pennebaker auf der anderen Seite deutlich zu Tage treten ließ. Auch die Beendigung der beruflichen Zusammenarbeit wird häufig damit in Verbindung gebracht. Sie wurde mit der Gründung von Leacock Pennebaker Inc. ein paar Monate nach Fertigstellung von *Crisis: Behind a Presidential Commitment* (1963) offiziell besiegelt.

5.2 *Happy Mother's Day* (1963) von Richard Leacock

Happy Mother's Day, der auch unter dem alternativen Titel *Quint City, U.S.A.* bekannt ist, war Leacocks erster Film nach seiner Trennung von Drew Associates, in dem er seine Ideen und seinen Stil mehr als bisher verwirklichen konnte. Das 26 Minuten lange Werk,[1] das Richard Leacock gemeinsam mit Joyce Chopra realisierte, die für den Ton zuständig war, entstand aus Material, das die Filmemacher im Auftrag der *Saturday Evening Post* erstellt hatten. Sie waren von der Zeitung gebeten worden, nach Aberdeen, South Dakota, zu fahren, um einen einstündigen Film über die Situation der Familie Fischer zu drehen, deren Leben durch die Tatsache, daß Mrs. Fischer zwei Wochen zuvor gesunde Fünflinge zur Welt gebracht hatte, aus den gewohnten Bahnen geworfen worden war. Plötzlich sahen sich die Fischers, die bereits Eltern von fünf Kindern waren und bis dahin ein bescheidenes, an ländlichen Werten orientiertes Familienleben geführt hatten, im Mittelpunkt des öffentlichen Interesses und der Medien. Das unvorhergesehene Ereignis brachte das Ehepaar in eine zwiespältige Lage. Einerseits galt es, einen Weg zu finden, um die mit einem Schlag von sieben auf zwölf Mitglieder angewachsene Familie zu ernähren. Daher empfanden die Fischers die zahlreichen Geldspenden und Geschenke, die neben vielen Körben schriftlicher Gratulationen - unter ihnen auch ein Glückwunschtelegramm von Präsident Kennedy und seiner Gattin - aus dem ganzen Lande eintrafen, durchaus als willkommenen Segen. Auf der anderen Seite bedeuteten die Reporter und Fotografen, die die Familie auf Schritt und Tritt verfolgten, sowie die mannigfachen Versuche, aus der Situation Profit zu schlagen, auch eine Art Fluch, denn die Fischers waren fest entschlossen, an ihrer bisherigen Lebensform festzuhalten und die geistige Gesundheit ihrer Kinder und ihr intaktes Familienleben nicht für kommerzielle Interessen und lukrative Angebote aufs Spiel zu setzen (vgl. Fischer 1963, 25-30; 32-39; 41-44).

Selbst angesichts dieser komplexen, ambivalenten Sachlage gewann Leacock vor Ort den Eindruck, daß die Situation lediglich Material für einen Film von etwa dreißig Minuten Länge hergab; die *Saturday Evening Post* bestand jedoch auf dem ur-

[1] Aufgrund der technisch bedingten Beschleunigung des Aufzeichnungsverfahrens hat die Videofassung nur eine Länge von knapp 25 Minuten.

sprünglich anvisierten Format von einer Stunde. Das daraus entstehende Problem versuchten die Filmemacher folgendermaßen zu lösen:

> [...] we got all sorts of irrelevant material. We interviewed nurses and got all sorts of stuff to pad it out. We made it into an hour and *The Saturday Evening Post* wasn't happy with it. So we bought it from them, and it took us about one evening simply to delete the padding, put it together, and it's the film as it stands today. (Blue 1965, 17)

Aufgrund rechtlicher Vereinbarungen, die auf seine Trennung von Drew Associates zurückgingen, war Leacock jedoch gezwungen, der Fernsehgesellschaft ABC eine Kopie des gesamten gedrehten Materials zu überlassen. Der Sender fertigte daraus in Verbindung mit einigen zusätzlich hergestellten Sequenzen eine eigene Version, die interessanterweise auch nur 29 Minuten lang ist, sich aber formal und ideologisch deutlich von derjenigen Leacocks unterscheidet. Sie wurde 1963 unter dem Titel *The Fischer Quintuplets* gesendet. Ein Vergleich der beiden Versionen ist zwar aufschlußreich und lohnend,[2] im Rahmen dieser Arbeit, die sich mit Authentisierungsstrategien des Direct Cinema beschäftigt, möchte ich mich jedoch auf die Diskussion von Leacocks unabhängig fertiggestelltem Werk beschränken. Zu dem Thema soll hier nur soviel gesagt sein, daß die durch Werbeeinlagen des Sponsors *Beech-Nut Baby Foods* in thematische Blöcke gegliederte ABC-Reportage den Konflikt zwischen öffentlichem und privatem Interesse, zwischen Individuum und Gesellschaft eher verharmlost und insgesamt einen harmonisierend-optimistischen Ton anschlägt. Leacocks Film lenkt hingegen die Aufmerksamkeit vor allem auf die bedenklichen Folgen des Zusammenpralls der beiden Sphären, indem er das Eindringen der Reporter in den privaten Bereich der Familie und die Bestrebungen der Gemeinde, aus der Fünflingsgeburt kommerziellen Nutzen zu ziehen, ironisch-sozialkritisch unter die Lupe nimmt. Vor allem diesem aufklärerisch-entlarvenden Gestus mag es zuzuschreiben sein, daß die *Saturday Evening Post* den Film zurückwies. Ein weiterer Grund war jedoch, wie Leacock berichtet, daß er sich ausgerechnet über einen Fotografen dieser Zeitung mokierte, was seinen Auftraggebern trotz der subtilen Art und Weise, in der dies geschieht, nicht verborgen blieb (vgl. Gregor 1966b, 279).

In *Happy Mother's Day* löste sich Leacock von der bei Drew favorisierten dramatischen Krisenstruktur, die auf einen Höhepunkt und eine wie auch immer geartete

---

[2] Vgl. dazu den detaillierten Aufsatz zu diesem Thema von Eva-Maria Warth (1991, 110-123) und einen längeren Abschnitt in Christof Deckers Buch (1995, vor allem 165-168).

Konfliktlösung zustrebt. Es geht in *Happy Mother's Day* in erster Linie darum, einen Konflikt oder ein moralisches Dilemma aufzudecken und dessen unterschiedliche Facetten zu beleuchten, und dies macht eine andere Form des Erzählens erforderlich. Leacock entschied sich für eine episodenhafte Struktur, welche die sich zuspitzende Entwicklung der Ereignisse nach der Geburt der Fünflinge bis zur ihnen zu Ehren abgehaltenen Parade an ihrem einmonatigen Geburtstag in loser chronologischer Folge schildert. Laut Noel Carroll zielt eine solche Episodenstruktur oder "episodic narrative", wie er sie bezeichnet, darauf ab,

> to impart a holistic sense of a given milieu by itemizing or layering details concerning life in a certain culture or sub-culture at a given time. [...] The film does not rush us forward along an arc of expectations but is said to invite us to "live in", to appreciate the rhythms of life of, to savor (and thereby understand) the milieu that it represents. (Carroll 1984, 69)[3]

Weil sie im Vergleich zum "question/answer"-Modell, das die Erwartungen der Zuschauer viel stärker in eine bestimmte Richtung lenkt, offener, umfassender und daher wirklichkeitstreuer wirkt, sei die "episodic narrative" in besonderem Maße geeignet, den Charakter des "Realistischen" zu projizieren. *Happy Mother's Day* kann diesen Effekt erzeugen, da seine Struktur sich nicht auf einen bestimmten Punkt hin entwickelt und verengt, sondern im Gegenteil den Eindruck erweckt, sich immer weiter aufzufächern und neue, überraschende Aspekte zu offerieren.

Der Eindruck der besonderen Wirklichkeitsnähe dieser Erzählform rührt desweiteren daher, daß sie wie eine Chronik erscheint. Carroll macht jedoch darauf aufmerksam, daß es sich dabei zwar um einen Effekt handelt, den die "episodic narrative" erzielen will, die zeitliche Folge der Ereignisse jedoch keineswegs ihr entscheidendes Selektionskriterium und Strukturprinzip darstellt. Vielmehr bietet diese sich an die Chronik anlehnende Struktur die Möglichkeit, über die somit naturalisierte Konzentration auf einzelne ausgewählte Aspekte, Motive und Qualitäten einen bestimmten Standpunkt zu vermitteln. Dieses Verfahren bewirkt allerdings auch, daß es die Zuschauer bei der im Vergleich zum "question/answer"-Modell oftmals recht unauffällig und individualistisch gestalteten Episodenstruktur ungleich schwerer haben, sich das

---

3 Carrolls theoretische Ausführungen beziehen sich zwar ausschließlich auf Spielfilme, sie lassen sich jedoch ohne weiteres auf Dokumentarfilme übertragen.

zugrundeliegende Organisationsprinzip zu erschließen, und mehr eigene Mitarbeit und filmisches Denken sind hierbei gefordert (vgl. Carroll 1984, 86).

Leacocks Beschreibung seiner Arbeitsmethode korrespondiert sehr deutlich mit Carrolls Charakterisierung der "episodic narrative". Das Beibehalten der "natürlichen" Chronologie der Ereignisse stellt für ihn die Basis seiner Filmarbeit dar, eine Haltung, die er durch die Ansicht "the closer you can get to real time [...] the better the thing works" (Blue 1965, 20) noch bekräftigt. Von daher wendet er sich auch sehr dezidiert gegen "synthetische Szenen", in denen disparates Material, das auf den ersten Blick den Anschein raumzeitlicher Kontinuität erweckt, kombiniert wird, um ein bestimmtes Argument oder eine bestimmte Sichtweise zu stützen (vgl. Blue 1965, 17). Allerdings weist *Happy Mother's Day* einige wenige signifikante Abweichungen von diesem Prinzip auf.

Leacock ist sich jedoch gleichzeitig sehr bewußt darüber, daß auch eine chronologische Anordnung der Ereignisse, die ja ohnehin oft nicht beweisbar ist und daher lediglich suggeriert werden kann, genügend Spielraum für die Vermittlung eines persönlichen Standpunkts, eine Interpretation des Geschehens bietet. Der eigentliche Reiz der Filmarbeit scheint für ihn geradezu darin zu bestehen, diesen Spielraum über Kameraführung und Montage möglichst umfassend und effektiv zu nutzen:

> [...] die eigene Haltung muß in dem Film durchaus zu Tage treten. Deshalb schneidet man ja den Film! Meine Haltung zeigt sich in der Auswahl der Dinge, die ich filme, und sie äußert sich in der Montage. Es ist meine ganz persönliche Sicht. Aber ich meine mit 'Haltung' und 'persönlicher Sicht' nicht, daß ich die Dinge verzerre. (Gregor 1966a, 18)

In zahlreichen Kritiken, vor allem aus den 60er und 70er Jahren, wird Leacocks kritische, persönliche Sicht zwar durchaus zur Kenntnis genommen, aber tendenziell als Standpunkt, den das Material bereits in sich trägt, und weniger als Ergebnis einer gezielten Selektion und Strukturierung interpretiert. Damit verdeutlichen diese Reaktionen ihrerseits, wie nahe *Happy Mother's Day* dem Ideal der sich als einfache Chronik tarnenden Episodenstruktur kommt. So schreibt beispielsweise Ulrich Gregor 1964 in der *Filmkritik*:

> Mit *Quint City USA* hat Leacock einen durchaus satirisch pointierten, die sozialen Erscheinungen nicht nur registrierenden, sondern durch ihre Oberfläche hindurchdringenden Dokumentarfilm geschaffen. Allerdings ist diese Pointierung nicht so sehr Ausdruck eines subjektiven Standpunkts, sondern sie entspringt gleichsam unmittelbar der Wirk-

> lichkeit; durch das scharfe Fixieren der Wirklichkeit wird diese transparent. (Gregor 1964, 271)

Zehn Jahre später kommt Stephen Mamber zu einer ganz ähnlichen Einschätzung: "The film looks untampered with; whatever selections have been made are part of the way things are shot, not how they are put together" (1974, 199). Und Louis Marcorelles rühmt den Film als "real exercise of style", in dem das Material ohne den Rückgriff auf effektvolle Kamerawinkel und Montagetricks für sich selbst spreche und eine erstaunliche menschliche Komödie enthülle, die mehr über Amerika aussage als ein Dutzend anderer Filme (vgl. 1973, 59).

Wie aus dem Vorangegangenen hervorgeht, kommt der Eindruck eines die Wirklichkeit wahrheitsgetreu wiedergebenden Films, der gleichzeitig wie nebenbei die verborgenen Strukturen dieser Wirklichkeit freilegen kann, vor allem über Leacocks geschickten und effizienten Einsatz von Kameraführung und Montage zustande. Selbst die Verwendung des recht auffälligen *voice-over*-Kommentars insbesondere in der ersten Hälfte von *Happy Mother's Day* schmälert diesen "realistischen" Eindruck nur geringfügig, denn der Kommentar hat hier eine weitaus weniger strukturierende Funktion als beispielsweise in *The Chair* und anderen Drew-Filmen. Zwar stellt sich auch hier in den von Kommentar überlagerten Szenen eine gewisse Distanz zum Gezeigten her, bis auf wenige Ausnahmen dient er aber nicht der Sympathie- und Erwartungslenkung und der thematischen Verknüpfung der Segmente, sondern vermittelt notwendige Informationen. Daher beschränkt er nicht die Vieldeutigkeit des Gezeigten, die Leacock erhalten will, um den Zuschauern eine unvoreingenommene, offene und differenzierte Rezeption zu ermöglichen. Eher geeignet, die Wahrnehmung unterschwellig zu beeinflussen, ist dagegen der ironisch-distanzierte, lakonische Tenor des Kommentars, auch wenn die genaue Richtung dieser Beeinflussung schwer zu bestimmen ist. Man kann jedoch vermuten, daß über die pointierte Nüchternheit des Tons die Kuriositäten und Absurditäten des Alltags, die intimen Momente der Enthüllung und solche der Künstlichkeit und Peinlichkeit, auf die Leacock seine Kamera richtet, in ihrem Charakter deutlicher hervortreten.

Die ungelenkte oder vermeintlich ungelenkte Rezeption wird innerhalb der Segmente vor allem durch Leacocks vielfach und zu Recht gepriesenen fließenden Kamerastil gefördert, der sich in *Happy Mother's Day* in vielen relativ langen Einstellungen entfalten kann. Leacock ist in erstaunlichem Maße in der Lage, das für ihn Wesentliche eines Geschehens spontan zu erfassen und rasch auf interessante Aspekte und neue Entwicklungen mit Schwenks und Ausschnittsverlagerungen zu reagieren.

Daher kommt der Film "in vielen Passagen dem Ideal der Montage in der Kamera sehr nahe" (Roth 1982, 15), das allerdings durch ein Drehverhältnis von 25:1 unterfüttert ist (vgl. Mamber 1974, 196). Leacocks Kamerastil bietet darüber hinaus große Vorteile für die Montage, wie die Cutterin Patricia Jaffe bestätigt, die an zahlreichen Direct-Cinema-Filmen mitgearbeitet hat:

> When you have marvellous shooting (like Leacock's in this film), you can edit the film almost as it comes out of the camera. When the cameraman is really operating smoothly and moving from one image to another with ease, the footage has the quality and rhythm of a ballet, and whole sequences may be left intact. (Jaffe 1965, 46)

Auch in dem, *was* er filmt, arbeitet Leacock einer vorgefaßten Haltung entgegen, die darauf abzielt, Ereignisse mediengerecht aufzubereiten, und dazu tendiert, ihre Bedeutung auf Klischeehaftes und den Erwartungen Entsprechendes zu reduzieren.[4] Im Gegensatz dazu definiert er seine Aufgabe als Kameramann und Filmemacher folgendermaßen:

> To me, it's to find out some important aspect of our society by watching our society, by *watching how things really happen* as opposed to the social image that people hold about the way things are *supposed* to happen. And by seeing discrepancies, by revealing the *things that are different from what is expected.* (Blue 1965, 18)[5]

Mit dieser Intention ist, wie wir noch sehen werden, die Tendenz verbunden, ein Geschehen quasi gegen den Strich zu lesen, die Aufmerksamkeit auf scheinbar Nebensächliches, von der eigentlichen Handlung Abweichendes zu richten. Über diese Methode wird ein subtiler Umwertungsprozeß eingeleitet, der dazu führt, daß das Gesehene plötzlich unter einem bis dahin vernachlässigten oder nicht sichtbaren Aspekt wahrgenommen wird und in einem neuen Licht erscheint.

---

4 Dies ist beispielsweise auch in *The Fischer Quintuplets* sehr deutlich der Fall, wie Mamber (1974), Warth (1991) und Decker (1995) übereinstimmend festgestellt haben. "The ABC film, despite the subject, looks didactic; every shot, every interview, has one point to press" (Mamber 1974, 196). Eva-Maria Warth konstatiert darüber hinaus, daß "die Argumentationsstrategie des Films alle gezeigten Ereignisse unter dem Vorzeichen des Wachsens und Gedeihens, des materiellen Gewinns und des Fortschritts [vereinnahmt], die hier als synonyme Kategorien gehandelt werden. Den Rahmen bildet das Wachstum der Fünflinge, das durch die zahlreichen Aufnahmen der zwei Wochen, ein und zwei Monate alten Babies betont wird" (Warth 1991, 119).

5 Hervorhebungen im Original.

Wie der fließende Kamerastil zielt auch die Form der Montage darauf ab, den Eindruck der raumzeitlichen Kontinuität zu unterstreichen und die Abfolge der Segmente natürlich erscheinen zu lassen. Somit trägt sie zum offenen, "realistischen" Charakter des Gezeigten bei. Sie orientiert sich dabei an Prinzipien des *invisible* oder *continuity editing*, wie sie auch der Spielfilm verwendet, um einen möglichst flüssigen und logisch wirkenden Übergang zwischen Einstellungen und Segmenten zu kreieren. Bei der innersegmentarischen Montage ergibt sich der Zusammenhang vor allem über Bewegungsabläufe, graphische Entsprechungen und Dialogimpulse, aber auch über illustrative Bezüge, bei denen das Bild vom Kommentar erwähnte Sachverhalte verdeutlicht. Manchmal erfolgt die Verbindung auch über Blickrichtungen, die in *Happy Mother's Day* zudem der unterschwelligen Sympathielenkung und Strukturierung dienen. Die segmentverknüpfende Montage gehorcht ähnlichen Prinzipien, ist aber darüber hinaus bestrebt, die Abfolge der Segmente durch vorgezogenen Ton - sogenannte "Tonbrücken" oder "akustische Anschlüsse" - sowie Überblendungen und implizite thematische oder argumentative Überleitungen zu naturalisieren. Auch hier spielen Blickrichtungen eine wichtige Rolle.

Die Episodenstruktur von *Happy Mother's Day* versucht den Eindruck zu betonen, sie folge der "natürlichen" Chronologie der Ereignisse, auch wenn andere Selektions- und Gestaltungsprinzipien die Strukturierung und damit die Botschaft des Films mindestens ebenso maßgeblich bestimmen. Der Eindruck des Chronologischen verstärkt sich noch dadurch, daß der Film zunächst den vom Rummel um die Fünflinge noch relativ ungetrübten Alltag der Fischers vorführt, bevor er zeigt, wie die Familie von aufdringlichen Reportern und unsensiblen Gemeindevertretern überrollt wird, die die Fünflingsgeburt für kommerzielle Zwecke ausschlachten wollen und den Fischers eine nicht gewünschte gesellschaftliche Rolle aufdrängen. Dieser Phase, die die Segmente vier bis acht umfaßt,[6] geht lediglich eine kurze Exposition voraus, die das Problem der *invasion of privacy* implizit schon einmal anreißt und uns Mrs. Fischer, ihren Arzt sowie die Fünflinge in ihren Brutkästen vorstellt. Die chronologische Struktur wird demnach durch eine kumulative Struktur gestützt, im Rahmen derer sich das Problem der *invasion of privacy* immer deutlicher herauskristallisiert. Den Höhepunkt dieser Entwicklung bildet die feierliche Parade am Ende, die die verschiedenen Akteure und Aspekte des Konflikts buchstäblich noch einmal Revue passieren läßt und ebenso wirkungsvoll zusammenführt wie gegenüberstellt.

---

6 Vgl. dazu die entsprechende Segmentierung im Anhang.

Während die sich zur Parade hin steigernde, sich auf die logisch-narrative Entwicklung der Ereignisse beziehende Episodenstruktur die "horizontal attack" von *Happy Mother's Day* darstellt, läßt sich auch eine Form der "vertical attack" erkennen, die sich mehr für die Art und Weise, *wie* etwas passiert, für den emotionalen Gehalt einer Situation interessiert. Das Ungewöhnliche, Besondere daran ist, daß sich diese emotionale Dimension vor allem über die persönliche Haltung, die moralische Position mitteilt, die Leacock gegenüber den Ereignissen einnimmt, und daß diese Position an keiner Stelle, zum Beispiel über den Kommentar, direkt benannt wird. Leacocks Haltung ist vielmehr tief in die Struktur von *Happy Mother's Day* eingelassen und daher in der Art und Weise, wie sie sich in den filmischen Text einschreibt, schwer zu fassen. Sie manifestiert sich lediglich indirekt, sozusagen im Verborgenen, über die Kameraführung und Montage sowie eine sehr gezielte Auswahl des Gezeigten. Mithilfe dieser unauffälligen formalen Verfahren gelingt es Leacock und seiner Mitarbeiterin, sich als Verbündete und Fürsprecher der Familie zu etablieren, die in deren Namen und wie diese versuchen, der eskalierenden *invasion of privacy* einen gewissen Widerstand entgegenzusetzen. Dabei kommt auch Leacocks bereits erwähnte Tendenz, Ereignisse gegen den Strich zu lesen, zum Tragen.

Auch wenn Leacocks Art, seine Haltung zu bestimmten Personen und Ereignissen zu signalisieren, auf einem ausgesprochen unauffälligen, unterschwellig wirksamen Verfahren beruht, lenkt es doch die Sympathien und den Blick der Zuschauer und beeinflußt unsere Wahrnehmung auf subtile Weise. Es trägt damit zur Strukturierung des Gezeigten bei, die auf einem indirekten Gegeneinanderstellen konträrer Haltungen und impliziter Gegensätze beruht, die im Lauf des Films immer stärker hervortreten. Signifikant ist in diesem Zusammenhang, daß auch die beiden privilegierten Momente von *Happy Mother's Day* diese dichotomische Struktur stützen und von daher einen etwas anderen Charakter und eine etwas andere Funktion haben als ähnliche Stellen in den Drew-Filmen. Es handelt sich zwar um besondere Momente der Enthüllung beziehungsweise der unfreiwilligen Selbstentlarvung, diese stellen jedoch keine emotionalen Krisen für die jeweiligen Personen dar. Vielmehr erweisen sich die auch in *Happy Mother's Day* formal hervorgehobenen privilegierten Momente als in besonderem Maße geeignet, das Programm des Films auf den Punkt zu bringen, die gegensätzlichen Haltungen zu markieren, zwischen denen er sich bewegt.

Gleich zu Beginn, in Segment 2, sehen wir, wie Mrs. Fischer nach der Geburt der Fünflinge das Krankenhaus verläßt, während zahlreiche Reporter und Journalisten sie umringen. Signifikant ist an dieser Szene, bei der es sich um nicht von Leacock stammendes Fernsehmaterial handelt (vgl. Mamber 1974, 193), daß Mrs. Fischer auf die zudringliche Frage eines Journalisten: "What do the kids call you, Mrs. Fischer?", sei es aus Prinzip oder aus Erschöpfung, die Antwort schuldig bleibt. Auf diese sensationslüsterne Szene, in der die *invasion of privacy* zum ersten Mal zum Problem wird, folgen einige Segmente, in denen sich Leacock implizit, aber dezidiert von dieser Art der Berichterstattung abgrenzt und im Gegensatz dazu eine Haltung einnimmt, die die bedrohte Privatsphäre der Fischers zu bewahren sucht[7]: Segment 4 zeigt uns einige Luftaufnahmen von Aberdeen, dem Schauplatz des Geschehens, den der Kommentar als landwirtschaftlichen Umschlagplatz charakterisiert. Dann überlagert bereits die Musik einer Parade das in diesem Segment vernehmbare Flugzeuggeräusch, und ein Schnitt leitet über zum nächsten Segment und zu den an der Parade mitwirkenden Musikanten. Während dessen stellt der Kommentar erläuternd fest: "Like most Americans, the people of Aberdeen love a parade. This particular one is in celebration of 'Gypsy Day'." Dann schwenkt die Kamera auf die am Straßenrand sitzende Mrs. Fischer, die mit ihren Kindern den Musikanten zuschaut, und ein weiterer Schwenk zeigt, wie sie ihrem Sohn energisch und liebevoll zugleich einen Schuh zubindet. Schließlich fixiert die Kamera sie im Profil, während sie nach rechts auf die außerhalb des Bildes an ihr vorbeiziehenden Darbietungen blickt. Im darauf folgenden Segment 6 haben wir gleich den nach links schauenden Mr. Fischer groß im Bild, der den Kühen auf seiner Farm mit dem Gartenschlauch zu trinken gibt. Die beiden Einstellungen sind demnach so miteinander in Beziehung gebracht, daß man einen Moment lang den Eindruck hat, die Fischers schauten sich an. Diese Art der segmentverknüpfenden Montage evoziert die intime Verbundenheit der Eheleute, während kurz zuvor die selbstverständliche Intimität zwischen Mutter und Kindern beiläufig aufschien.

Segment 6 zeigt Mr. Fischer und den Großvater bei der Arbeit und das lebhafte Spiel der Kinder mit ihren Tieren. Auf diese Weise bekommen wir eine Ahnung vom ländlichen Alltag der Familie und der ungezwungenen Atmosphäre auf der Farm. Während dessen erklärt uns der Kommentar, daß Mr. Fischer zwar in der Stadt arbeitet, aber das Landleben liebt und deshalb eine Farm gepachtet hat, damit seine Kinder

---

[7] Man könnte diese Abgrenzung auch als verschlüsselte Abwendung vom Konzept des privilegierten Krisenmoments der Drew-Filme verstehen, in denen die Akteure unter der Last ihrer Emotionen die Kontrolle verlieren und zusammenzubrechen drohen. Die Szene hat nämlich deutliche Ähnlichkeiten mit Crumps privilegiertem Moment in *The Chair*, in dem er nach der Urteilsverkündung von Gefühlen überwältigt seine Dankesrede abbrechen muß, während zahlreiche Reporter ihn bedrängen.

in einer natürlichen Umgebung aufwachsen können. Das Segment dient außerdem dazu, den ersten der beiden privilegierten Momente von *Happy Mother's Day* motivisch vorzubereiten, der bereits im nächsten Segment stattfindet und einen emotionalen Höhepunkt des Films darstellt.

Dieser Höhepunkt signalisiert in besonderem Maße die Sensibilität des Filmemachers gegenüber der Familie und seine Verbundenheit mit ihr, denn nur auf diese Weise scheint es möglich, einen so anrührenden Moment, wie er sich hier zwischen Mrs. Fischer und ihren Kindern ereignet, aufzunehmen, ohne ihn zu stören oder gar zu zerstören. Formal wird die Intimität dieser Szene und ihre Bedeutung als privilegierter Moment dadurch unterstrichen, daß sie sich ganz ohne Kommentar entfaltet. Dies läßt uns von vornherein eine große Nähe zum Gezeigten empfinden. Hinzu kommt, daß die Szene in gedämpftes Licht getaucht ist, da sie in einer dunklen Scheune stattfindet, die nur durch einfallende Sonnenstrahlen erhellt wird. Die besonderen Lichtverhältnisse akzentuieren auch die dramatische Wirkung der Szene, heben sie sehr deutlich von den bei hellem Tageslicht gedrehten Anschlußszenen ab. Darüber hinaus evoziert sie sehr stark den Charakter des glückhaft Gefundenen. Zum einen, weil sie so aufgebaut ist, daß wir uns den Zusammenhang selbst erschließen müssen - für eine Weile wissen wir gar nicht recht, warum die Kinder aus dem Innern der Scheune so aufgeregt nach ihrer Mutter rufen. Zum anderen, weil die Kinder in einer Fügung des Zufalls ausgerechnet fünf junge Kätzchen gefunden haben, die kurz vorher geboren wurden. Während wir sofort die Parallele zur Geburt der Fünflinge ziehen, die in ihren Brutkästen ebenso fragil wirkten wie die Kätzchen jetzt, liegen den Kindern solche reflexiven Betrachtungen fern. In der Expressivität ihrer spontanen Reaktionen, ihrer genuinen Erregung und dem Leuchten auf den Gesichtern, das Leacock in Großaufnahme festhält, kommen vielmehr ihr Staunen und ihre Faszination ob dieses kleinen "Wunders" zum Ausdruck. Während dessen erklärt die Mutter ihren Kindern behutsam den Umgang mit den ängstlich miauenden Tierchen und kann ihnen schließlich nahebringen, daß sie bei der Katzenmutter am besten aufgehoben sind.

Auch wenn man es zunächst vielleicht nicht bemerkt, hat diese Stelle einen deutlichen thematischen Bezug zu Segment 2, denn hier wie dort geht es um das Verhältnis zwischen Mutter und Kindern, das vor dem Hintergrund der *invasion of privacy* betrachtet wird. In der Scheune kommt es zudem im didaktischen Sinn, als Lernprozeß der Kinder im Umgang mit den jungen Katzen, zur Sprache. Während die inhaltlichen Bezüge eine Parallelisierung zulassen, stehen die in den beiden Segmenten zum Ausdruck gebrachten Haltungen in deutlichem Kontrast zueinander. Die Haltung des Reporters, die sich in seiner aufdringlichen Frage manifestiert, hat den Charakter eines Übergriffs auf die Privatsphäre und zieht ein emotionales Sich-Verschließen von Mrs. Fischer nach sich. Sie ist darauf angelegt, die Intimität zwischen Mutter und Kindern zu stören. Demgegenüber interpretieren wir das zutrauliche, arglose Sich-Öffnen vor allem der Kinder in Anwesenheit von Leacocks Kamera als Indiz der Verbundenheit und Loyalität des Filmemachers gegenüber der Familie, die ihm vertraut. Er steht der Intimität zwischen Mutter und Kindern nicht nur nicht im Wege, sondern betont sie noch. Auch wenn Leacock in gewissem Sinne sein Einfühlungsvermögen durch die zurückhaltende, achtsame Art und Weise, in der er das Geschehen filmt, unter Beweis stellt, läßt sich nicht leugnen, daß die Szene ihre privilegierte Bedeutung und ihren intimen Charakter bis zu einem gewissen Grad über die geschickte Kontrastierung mit anderen Szenen und eine formale und strukturelle Hervorhebung erhält. In einem Interview mit James Blue verweist Leacock indirekt auf diese Tatsache, wenn er das Verhältnis, das er und seine Kollegin zu den Fischers hatten, beschreibt:

> The film really isn't close to them. We were with them when a couple of charming things happened - like the birth of the kittens. That just happened. That's the most real scene in the whole picture. It had nothing to do with us. The kids found the kittens in the barn. They yelled at the others to come, and we just happened to be there. And it's the warmest, most charming scene. (Blue 1965, 17)

Allerdings ist diese Äußerung mit einer gewissen Vorsicht aufzunehmen, denn sie kann ebensogut dazu dienen, den Vorwurf der *invasion of privacy* abzuwenden, der Leacock genauso treffen könnte wie die übrigen Journalisten, vielleicht sogar in noch stärkerem Maße. Im Gegensatz zu anderen Vertretern der Medien war sich der Filmemacher jedoch sehr bewußt, daß er Teil des Problems war, das sein Film aufzudecken versuchte (vgl. Gregor 1966a, 17). Über die Art und Weise, wie dieses Bewußtsein die Strukturierung von *Happy Mother's Day* prägt, wird weiter unten noch zu sprechen sein.

Auf die ungetrübte Anfangsphase, in der wir die Familie und ihre Lebensumstände besser kennenlernen und in der die Filmemacher die Gelegenheit wahrnehmen, sich als ihre Verbündeten zu etablieren, folgt eine weitere Phase (Segmente 9 bis 14), die das Vordringen der Journalisten und Fotografen in den privaten Bereich der Familie in den Mittelpunkt stellt. Segment 9 zeigt uns die Ankunft einer Reporterin des

Ladies' Home Journal, die an einer größeren Story über Mrs. Fischer arbeitet, wie uns der Kommentar informiert. An diese kurze Szene schließt sich eine Unterhaltung an, in der die Frau fast darauf besteht, dem Großvater, der sich offenbar gerade in der Nähe befindet, etwas zu essen zuzubereiten. Die Szene soll zwar organisch wirken, als stelle sie eine raumzeitliche Einheit dar, der abrupte Stimmungswechsel legt jedoch nahe, daß es sich tatsächlich um eine "synthetische Szene" handelt, die diesen Eindruck über die Kombination disparaten Materials lediglich suggeriert.[8] Insofern dient die Montage zwar dazu, den Aspekt der *invasion of privacy* zu betonen, der mit dem aufdringlichen Verhalten der Journalistin verbunden ist, doch geschieht dies auf Kosten der Authentizitätsansprüche, die Leacock selbst an seine filmische Methode stellt. Aufgrund ihrer formalen und emotionalen Unebenheit hat die Szene etwas Merkwürdiges, ein Eindruck, der sich durch die Tatsache, daß uns der Kommentar die gerade im Haus der Fischers verschwindende Journalistin gleich noch ein zweites Mal vorstellt ("This is the Journal's Dorothy Cameron Disney."), nur verstärkt.

Es könnte jedoch sein, daß der Kommentar über diese Irritation eine Gemütslage von Mrs. Fischer anzudeuten oder vorwegzunehmen versucht, die in der nächsten Einstellung aus einer Großaufnahme zu erschließen ist, während der Mrs. Fischer auf ein Geschehen außerhalb des Bildes schaut. Ihr etwas hilfloser und verlorener Blick scheint der Journalistin nachzuhängen, und man hat den Eindruck, als registriere sie deren Ankunft mit sehr gemischten Gefühlen. Diese Großaufnahme dient zweifellos der Sympathielenkung. Sie lädt dazu ein, uns in Mrs. Fischer hineinzuversetzen, uns zu fragen, was sie wohl empfinden mag, und weckt unser Mitgefühl für sie. Wir blikken in dieser Einstellung weniger *auf* Mrs. Fischer als *mit* ihr, und dies prägt unsere Wahrnehmung des Gesehenen unterschwellig. Hierbei handelt es sich um eine Strategie, die Leacock auch an anderer Stelle einsetzt, um der Tendenz, Mrs. Fischer zum Objekt diverser Inszenierungen und Rollenzuweisungen zu machen, durch eine Kameraführung und Montage entgegenzuwirken, in der seine persönliche Haltung als Verbündeter und Fürsprecher aufscheint.

Der Eindruck, mit den Augen von Mrs. Fischer zu sehen, ergibt sich auch über die Art und Weise, wie diese subjektivierende Großaufnahme plaziert ist, die im Grunde ein Segment für sich bildet. Sie hat nämlich eine Art Gelenkfunktion, da sie

---

[8] Der Eindruck des Organischen verstärkt sich noch durch die Suggestion einer unmittelbaren zeitlichen Folge der Segmente, die dadurch entsteht, daß der Großvater in Segment 8 in der gleichen Umgebung und Aufmachung schon einmal kurz eingeschnitten wurde.

sowohl auf das Vorhergehende rückverweist als auch das Nachfolgende verankert. Mrs. Fischer scheint nämlich nicht nur der im Haus verschwindenden Journalistin nachzuschauen, sondern gleichzeitig auf die nun folgende Szene zu blicken. Insofern erfüllt Segment 10 die paradoxe Funktion eines *eyeline match* für das Segment davor und danach.[9] Es wird eine raumzeitliche Kontinuität der Segmente 9, 10 und 11 suggeriert, die in dieser Form in der Realität nicht bestand, ja gar nicht bestehen könnte. Demnach handelt es sich auch hier um eine sehr subtile Form der "synthetischen Szene" oder der "synthetischen Segmentverknüpfung", die Material einem anderen Kontext entlehnt, um Leacocks Sicht der Ereignisse zu stützen.[10]

Die Verbindung zwischen Segment 10 und 11 erinnert sehr an die zwischen Segment 5 und 6, durch die für einen Moment der Eindruck entstand, daß die Fischers sich anschauen. Hier scheint Mrs. Fischer ihren Mann zu beobachten, wie er seinen alten Model T Ford in Gang zu setzen versucht. Dabei evoziert der vorgezogene Ton - das Motorengeräusch des Oldtimers - auf seine Weise die organische Verbindung der Segmente, die nicht gegebene raumzeitliche Kontinuität. Kurz darauf kommt der kleine Sohn der Fischers von links ins Bild, läuft auf seinen Vater zu und scheint sich dann nach seiner Mutter umzudrehen. Die nächste Einstellung legt jedoch nahe, daß sich seine Reaktion tatsächlich auf den Fotografen der *Saturday Evening Post* bezieht, der mit gezückter Kamera auf dem Hof der Fischers steht. Durch diese raffiniert mit Blickstrukturen arbeitende Montage wird der Fotograf als störender Eindringling kenntlich gemacht, der sich buchstäblich zwischen Mutter und Sohn schiebt und den von Leacock über die Montage vermittelten Kontakt zwischen ihnen unterbindet. Anhand dieser Szene, die in einem deutlichen inhaltlichen und formalen Bezug zu mehreren früheren Szenen steht und Leacocks gezielte Materialauswahl erken-

---

9 Thompson und Bordwell beispielsweise definieren *eyeline match* folgendermaßen: "A cut obeying the *axis of action* principle, in which the first shot shows a person looking off in one direction and the second shows a nearby space containing what he or she sees. If the person looks to the left, the following shot should imply that the looker is offscreen right" (1994, 820-821).

10 Auf Blues Frage, ob er Material "out of sequence" arrangieren würde, um seinen Standpunkt zu untermauern, antwortet Leacock, indem er diese Einstellung als negatives Beispiel anführt und die Bedeutung, die sie in mehrerlei Hinsicht für *Happy Mother's Day* hat, herunterzuspielen versucht: "You avoid it like the plague. At least I do. There is one shot in the Quints film that is brought in to fill out a sequence from another sequence. I'd just as soon we hadn't done it. It's not important. It's simply a close-up of Mrs. Fischer looking" (Blue 1965, 17).

nen läßt, setzt der Filmemacher hier seine eigene Haltung gegen die der übrigen Akteure.

Auch auf einer anderen Ebene steht Leacocks Methode der des Fotografen entgegen, den er dabei beobachtet, wie er mit den Fischers eine gefällige, mediengerechte Szene arrangiert, die den Titel "fröhlicher Familienausflug im Oldtimer" tragen könnte. Dabei konzentriert sich die Kamera vor allem auf den Fotografen, der seinen Darstellern mit ausgeprägter Mimik und Gestik und verbalen Aufforderungen genaue Anweisungen gibt und die Fischers in ihrem alten Gefährt immer wieder um dieselbe Stelle kreisen läßt. Über dieses Verfahren betont Leacock den Aspekt der Inszenierung. Gleichzeitig arbeiten sein fließender, sich in relativ langen Einstellungen entfaltender Kamerastil, der sozusagen einen natürlichen Kontrast zu formalistischen Arrangements und gestellten Posen bildet, sowie die Wahl des Bildausschnitts dem steifen, manipulativen Charakter der Inszenierung entgegen und lassen das Künstliche, Lächerliche und Absurde daran ins Bewußtsein treten. Dies gilt insbesondere für eine kurze Szene, in der der Fotograf die Fischers aufmunternd zu einer bestimmten Pose animiert. Im selben Moment kommen überraschenderweise ein paar Gänse ins Bild, und es entsteht der absurde Eindruck, daß die Tiere auf seine Anweisungen reagieren, weil sie sich entsprechend bewegen. Durch die Parallelisierung der Gänse mit der Familie tritt auch der Objektstatus, den die Fischers in dieser Szene haben, stärker hervor.

Bereits hier zeigt sich, daß sich auch *Happy Mother's Day* der Strategie bedient, Personen aus dem profilmischen Bereich vorzuschieben und zu funktionalisieren, um die eigene auf Nichtintervention und Beobachtung beruhende Methode durch eine mehr oder weniger polemische Abgrenzung von im Vergleich dazu herkömmlich erscheinenden Formen der Berichterstattung aufzuwerten, die mit Inszenierung arbeiten und lediglich einen Ausschnitt des Geschehens exemplarisch wiedergeben. Der privilegierte Blick des Direct Cinema, der sich in *Happy Mother's Day* vor allem dadurch manifestiert, daß die Filmemacher die Rolle von Verbündeten der Familie einnehmen, wird auch hier zunächst durch einen kontrastiven Blick hinter die Kulissen des konventionellen Journalismus und später hinter die Fassade der Gemeinde, der Einblick in ihre Funktionsmechanismen und Motive gibt, untermauert.

Auf der Basis der unterschiedlichen Haltungen zu den Fischers kristallisieren sich, wie Segment 11 ebenfalls schon andeutet, im Lauf des Films weitere unterschwellig wirksame Gegensätze heraus, die zur Strukturierung beitragen und unsere Wahrnehmung auf subtile Weise lenken, so daß wir Qualitäten und Aspekte, die das

Direct Cinema kennzeichnen und die es betont, in einem positiven Lichte sehen. So bilden beispielsweise Inszeniertheit, gestellte Posen, manipulierte Gefühle, verordnete Rollen, Formalität, Künstlichkeit, Distanz einen impliziten Kontrast zu Spontaneität, unkontrolliertem Geschehen, Authentizität, Natürlichkeit, Intimität.

Im nun folgenden Segment 12 wird Mrs. Fischer erneut zum Objekt von Inszenierungsversuchen und Rollenzuweisungen, diesmal von Seiten der Gemeinde. Mrs. Pieplow, die Frau des Vorsitzenden der Handelskammer, begleitet sie zum Gratiseinkauf in ein Aberdeener Kaufhaus. Wir haben teil an einem Gespräch zwischen Manley Feinstein, dem Besitzer des Geschäfts, und Mrs. Pieplow, in dem letztere ihre dezidierten Vorstellungen und Wünsche bezüglich Mrs. Fischers neuer Garderobe vorbringt. Unterdessen tritt diese selbst aus der Umkleidekabine, doch die beiden nehmen kaum Notiz von ihr, sondern verhandeln ungestört weiter über sie in der dritten Person. Leacock betont diese entwürdigende Tatsache und versucht gleichzeitig, sie zu konterkarieren, indem sich seine Kamera bewußt vor allem auf die zwischen den beiden stehende, ob dieser Situation etwas perplex wirkende Mrs. Fischer konzentriert, die die engagierte Diskussion um das für sie passendste Outfit schweigend und vielleicht sogar mit leisem Amüsement verfolgt. Durch diese Art der Kameraführung, die sich zunehmend mehr für die Reaktionen von Mrs. Fischer auf das Gebaren ihrer Gönner interessiert als für deren Aktionen selbst, liest Leacock die Ereignisse quasi gegen den Strich. Er läßt uns die Situation eher aus der Perspektive von Mrs. Fischer wahrnehmen und versucht, sie wieder in den Status eines Subjektes rückzuversetzen, den ihr die übrigen Anwesenden durch ihr unsensibles Verhalten teilweise aberkennen. Besonders deutlich wird Leacocks Anteilnahme in einer Szene, in der Mrs. Fischer sich durch ein paar Faxen vor dem Spiegel - Brust raus, Bauch rein - von dem auf ihr lastenden angestauten Druck zu befreien sucht und Leacock ihr anschließendes erleichtertes Ausatmen durch einen schnellen Zoom mitvollzieht. In ihrer spontanen Geste zeigt sich auch ein gewisser versteckter Widerstand gegen die Ausstaffierung nach einem fremden Geschmack. Er kommt gleich darauf in der Ablehnung einer Nerzjacke, die ihrem Image so gar nicht entspricht, noch einmal zum Vorschein.

Im nächsten Segment arrangiert John Zimmerman, der *Saturday Evening Post*-Fotograf, den Berg der Geschenke, die aus allen Teilen des Landes für die Fischers eingetroffen sind, zu einem eindrucksvollen Standbild. Das absurde Ausmaß dieser Zuwendungen der Öffentlichkeit - Autos, Badezimmereinrichtungen, Waschmaschinen, Fernseher, Spielzeug, achtzig Paar Babyschuhe, Babynahrung, Geschirr, Kleidung, etc. -, die im Haus der Fischers unmöglich Platz haben, läßt die Dimensionen des Rummels um die Fünflinge erahnen, den Leacock nur anhand weniger ausgewählter Aspekte aufzeigt.[11] Auch in dieser Szene richtet er sein Augenmerk vor allem auf die Aktivitäten des Fotografen, mit dem er sich hier einen Scherz erlaubt. Zunächst ist er in heldenhafter Pose auf einer hohen Leiter zu sehen, von der aus er seine Anweisungen gibt. Dann erfolgt ein Schnitt auf seine Assistenten, die Milchkartons arrangieren und sich mit der zweifellos ernstgemeinten, uns aber unweigerlich lächerlich erscheinenden Frage an ihn wenden: "You want another row of milk or is that enough?" Dann inspiziert Leacocks "unkontrollierte" Kamera ungehindert die in ordentlichen Reihen ausgelegten Geschenke. Mit ihren frei flottierenden, Offenheit signalisierenden Bewegungen, die sich nicht um das sorgfältige Arrangement kümmern, arbeitet sie wiederum der Inszenierung entgegen, deren Künstlichkeit und Klischeehaftigkeit[12] dadurch umso stärker hervortreten. Unterdessen spricht der Kommentar das Problem der *invasion of privacy*, auf das wir unterschwellig schon mehrfach aufmerksam gemacht wurden, zum ersten Mal direkt an: "Now, all these manifestations of generosity and public interest do pose certain problems. All parents of quintuplets are faced to a certain degree with invasion of privacy." Bei den letzten Worten bringt die Kamera ein paar Spielzeugpuppen ins Bild, deren Röckchen im Winde flattern und den Blick auf ihre Unterkörper freigeben. Dann erfolgt ein Umschnitt auf den Fotografen, der gerade den Auslöser seiner Kamera betätigt, wodurch es so aussieht, als gelte sein besonderes Interesse gerade diesem Gegenstand. Leacocks raffiniert hervorgebrachter hinterlistig-ironischer Blick gibt hier den Fotografen der Lächerlichkeit preis und identifiziert ihn gleichzeitig noch einmal als Teil des gerade angesprochenen Problems.

Das nächste Segment steht in unmittelbarem thematischen Bezug zu den Äußerungen des Kommentars. Auf seinem Sofa sitzend, erwägt Mr. Fischer die Konsequenzen der Fünflingsgeburt für die Gemeinde, wobei er davon ausgeht, daß eine Menge Touristen die vormals ruhige Kleinstadt bevölkern werden. Während er sich sogar vorstellen kann, Touristen, die die Fünflinge sehen wollen, in sein Haus zu lassen, wendet sich seine Frau mit kaum verhohlener Vehemenz gegen diesen Gedanken; eine Position, die sie mit den Worten: "They're never gonna be on display to

[11] Die Gründe dafür erläutert der Filmemacher in einem Interview mit James Blue: "Now, had we not been making the film for *The Saturday Evening Post* we probably could have filmed more material making the dilemma of the Fisher family even more explicit, and it would have come out as really quite an unpleasant operation" (Blue 1965, 17).

[12] Sie zeigt sich zum Beispiel darin, daß wir uns das geplante Foto ziemlich genau vorstellen können.

anybody as far as I'm concerned", unterstreicht. In diesem Moment ist aus dem Off die von Joyce Chopra an Mrs. Fischer gerichtete Frage: "To anybody?" zu hören, auf die die Angesprochene mit einem entschiedenen "To anybody!" reagiert. Dabei registriert die Kamera insbesondere den verstohlenen Seitenblick in Richtung ihres Mannes, in dem ihr Aufbegehren gegen seine für sie inakzeptable Haltung auch visuell zum Ausdruck kommt.

Diese Interviewfrage, mit der die Filmemacher gegen ihre selbst aufgestellten Regeln verstoßen, markiert einen Wendepunkt, der sich in etwa nach der Hälfte des Films ereignet und seine latente dichotomische Struktur stützt.[13] Als hätten sich Leacock und Chopra Mrs. Fischers Worte zu Herzen genommen, verlassen sie Haus und Hof der Familie, die bis dahin in fast jeder Szene zu sehen war, und konzentrieren sich vor allem auf die Aktivitäten der Gemeinde, die die kommerziellen Möglichkeiten der Fünflingsgeburt auslotet und bereits mit den Vorbereitungen für die Parade begonnen hat. Mit dieser Verlagerung der Perspektive unterstreichen die Filmemacher erneut ihre Position als Verbündete der Familie und ihre moralische Integrität. Daß Leacock und Chopra ihre persönliche Haltung auf diese Weise in die Struktur des Films einschreiben konnten, hängt damit zusammen, daß sie bereits während der Dreharbeiten realisierten, in welch schwieriger Lage sie sich gegenüber der Familie befanden:

> Hier handelte es sich nicht um eine hübsche kleine Story, sondern um ein kompliziertes Dilemma, mit dem sich sowohl die betroffene Familie wie auch die Einwohner des Ortes auseinandersetzen mußten; unsere Aufgabe war es, dieses Dilemma aufzudecken. Und sonderbarerweise wurden wir selbst mit diesem Dilemma konfrontiert, weil wir Teil der Sache waren, die wir kritisierten. (Gregor 1966a, 17)

Insofern ist diese Perspektivenverlagerung auch ein geschickter Schachzug, um den Vorwurf der *invasion of privacy* abzuwenden oder gar nicht erst aufkommen zu lassen, der gerade gegen die Direct-Cinema-Methode vorgebracht werden könnte, die ja auf intime Momente der Enthüllung ausgerichtet ist. In bezug auf diesen Vorwurf spielt die aufrichtige Sympathie, die Leacock und Chopra zweifellos für die Fischers

---

[13] Der Eindruck der Zweiteilung entsteht auch dadurch, daß in der ersten Hälfte relativ häufig auf das Mittel des Kommentars zurückgegriffen wird, während dies in der zweiten kaum noch geschieht, und natürlich durch die beiden privilegierten Momente, in denen sich, wie bereits erwähnt, die unterschiedlichen Haltungen und impliziten Gegensätze besonders deutlich manifestieren.

empfanden, keine wesentliche Rolle. Sie drangen nämlich dennoch ins Privatleben der Familie ein und stellten ihre Interessen (den Film zu machen und damit Geld zu verdienen) über deren Interessen (in Ruhe gelassen zu werden).

Interessanterweise erfolgt die direkte Thematisierung des Problems erst an einem Punkt, an dem es unterschwellig bereits etabliert war, die Filmemacher ihr emotionales Bündnis mit der Familie längst geknüpft hatten und eine Verlagerung der Perspektive ohnehin nahelag. In einem Interview fast dreißig Jahre nach Fertigstellung des Films ist Leacock souverän genug, diesen problematischen, etwas scheinheiligen Aspekt seiner Vorgehensweise einzugestehen:

> At that time there is an interview with Mrs. Fischer and her husband where she says that the babies were not going to be on exhibition. We had an agreement with the Fischers at that point - maybe we should have filmed that - saying that from now on we would only film them in public situations. We would get out of their house and out of their hair. Now, of course, we could afford to do that because we had already done some shooting. We were not that virtuous! (Bernard et al. 1991, 132)

In einem früheren Interview charakterisiert Leacock einen anderen Aspekt seiner inkonsequenten Haltung als "the pretense of our not being there", die er mittlerweile in dieser unreflektierten Form nicht mehr vertreten könnte (Levin 1971, 204). Diese Haltung, die etwas Selbstgefälliges hat, kommt vor allem durch das Zurschaustellen der Aktivitäten der übrigen Reporter zustande. Ihre Versuche, die Situation der Fischers mediengerecht ins Bild zu setzen, überdecken Leacocks Stilisierung der eigenen Methode als moralisches Bewußtsein der Öffentlichkeit. Die Position der Verbündeten, der moralischen Integrität entpuppt sich demnach bis zu einem gewissen Grad als durchaus problematische, ambivalente Pose, die den privilegierten Blick auf die Familie und hinter die Kulissen legitimieren soll.

Durch das emotionale Bündnis, das die Filmemacher im ersten Teil vor allem mit Mrs. Fischer und den Kindern etabliert haben, und durch den ironisch-distanzierten Blick hinter die Kulissen einer um die konventionelle Inszenierung des Ereignisses bemühten Berichterstattung treten im zweiten Teil die manipulativen, grotesken, heuchlerischen Aspekte der Art und Weise, wie die Vertreter der Kleinstadt über das Schicksal der Fünflinge verhandeln, die Parade zu ihren Ehren organisieren und dabei das Ereignis möglichst gewinnbringend auszuschlachten versuchen, umso deutlicher hervor.

Die Diskussion in Segment 15 bildet einerseits einen direkten thematischen Anschluß zu Segment 14, von ihrem Tenor her steht sie jedoch den Wünschen entgegen, die Mrs. Fischer dort vorbrachte. Für diese Sequenz wich Leacock noch einmal von seiner Methode des reinen Beobachtens ab und bat führende Bürger Aberdeens, ein Gespräch über die kommerziellen Auswirkungen der Fünflingsgeburt auf die Gemeinde zu führen. Solche Gespräche gab es zu diesem Zeitpunkt häufig, Leacock war es aber nicht gelungen, eines von ihnen spontan zu filmen (vgl. Naficy 1982, 234). Während zwei der Bürger zumindest Zweifel hegen, ob es richtig ist, die Fünflinge den Touristen wie lebende Exponate vorzuführen, gewinnt man im Lauf der Unterhaltung den Eindruck, daß ihre mit weniger Skrupeln behafteten Gesprächspartner die Richtung der Diskussion bestimmen. Einer von ihnen sieht die Lösung in einem faulen Kompromiß: "A place for people, if they want to see them, without busting in on them, maybe a set time, a regular tour"; ein anderer betont die kommerziellen Möglichkeiten des Ereignisses und weist Bedenken als übertrieben zurück. Hier unterstreicht die mehrfach mit zügigen Schwenks auf den Gesprächsverlauf reagierende und ihn an einer Stelle sogar vorausahnende Kamera den Eindruck einer organischen Entwicklung des Segments. Im Gegensatz dazu vermittelt die Fernsehfassung, *The Fischer Quintuplets*, in der die Reihenfolge der Einstellungen geändert ist, in keiner Weise dieses Gefühl.

Im darauf folgenden Segment 16 versucht eine Gemeindevertreterin Mrs. Fischer in einem Konferenzzimmer auf die geplante Festveranstaltung zu Ehren der Familie - einen feierlichen Lunch mit anschließender Parade - einzustimmen, bei der sie eine prominente Stellung einnehmen soll. Auch hier liest der Filmemacher die Situation in gewisser Weise gegen den Strich, läßt uns den unerbittlichen sozialen Druck spüren, den die Organisatorin hinter einer Maske aufgesetzter Fröhlichkeit auf ihr Gegenüber ausübt. Während sie Mrs. Fischer mit den Details des Festprotokolls vertraut macht und sie davon zu überzeugen versucht, daß der ihr zu Ehren stattfindende Lunch als speziell für sie gedachte "happy time", und nicht als "ordeal of any sort" zu verstehen sei, widmet sich Leacocks Kamera mit Interesse und Anteilnahme Mrs. Fischers emotionaler Befindlichkeit, die Gegenteiliges zu signalisieren scheint. Dabei schafft es die Kamera, den Objektstatus, den diese in der ohne ihr Beisein genauestens vorausgeplanten Inszenierung hat, sowohl zu enthüllen als auch zu konterkarieren.

Dank dieses einfühlsamen Kamerastils nehmen wir die Situation wiederum vor allem aus der Warte von Mrs. Fischer wahr und sind daher in der Lage, ihre ohnmächtige Verlegenheit und Nervosität als Ausdruck ihres Gefühls der Unbehaglichkeit und des In-die-Enge-getrieben-Seins angesichts der aufgezwungenen Rolle zu verstehen. Während die Gemeindevertreterin unablässig auf ihre Gesprächspartnerin einredet, diese jedoch nur einmal die Frage nach der von ihr gewünschten Blumenfarbe für das Bankett mit einem resignativen "I don't care" beantwortet, zoomt die Kamera zunächst leicht auf Mrs. Fischers Gesicht zu, registriert den Blick in ihren Schoß und zeigt nach einem Schnitt ihre nervös mit einem Gegenstand spielenden Hände. Kurz darauf wendet Mrs. Fischer ihren verloren und verlegen wirkenden Blick nach links, und die sich anschließende längere subjektivierende Einstellung enthüllt das, was sie sieht: ein angrenzendes Großraumbüro, in das man durch eine Glasscheibe schauen kann; auf der psychologischen Ebene verdeutlicht die Einstellung den Impuls, sich der ihr unangenehmen Situation emotional zu entziehen.

Noch deutlicher wird Mrs. Fischers Ohnmacht am Ende des Segments in einer längeren Einstellung, in der Leacocks Kamera frontal und leicht von oben auf sie gerichtet ist. Hier reagiert sie auf die latent entwürdigenden Bemühungen der Gemeindevertreterin, ihr ein Armbukett während der Parade mit pseudopsychologischen Phrasen schmackhaft zu machen - "that serves a double purpose, you know. It not only looks photogenic and pretty but it would give you something to hold" - mit völligem Schweigen.

Im Anschluß daran diskutiert das Komitee, das die Parade vorbereitet und dessen Mitglieder wir zum Teil schon kennengelernt haben, erneut die Vermarktungschancen des Ereignisses. Wir erfahren, daß in der Kleinstadt eine Reihe von "quint souvenirs" vertrieben werden, die bislang noch keinen großen Absatz gefunden haben. Daher kommt der Vorschlag auf, eine Werbeanzeige in die Zeitung zu setzen, der gleichzeitig Bedenken auf den Plan ruft, ob dies nicht eine zu kommerzielle Vorgehensweise sei. Als rettende Lösung wird anvisiert, die Anzeige mit der Information zu versehen, daß der Erlös aus dem Verkauf der Souvenirs der Fischer Foundation zukommt, ein Vorschlag, den die Runde freudig aufnimmt. Allerdings fühlt sich schon bald jemand dazu verpflichtet, darauf hinzuweisen, daß eine solche Stiftung gar nicht existiert. In diesem Moment erfolgt ein Umschnitt auf den Bürgermeister, der diesen Einwand widerstrebend und schuldbewußt zugleich aufzunehmen scheint. Er wird wenig später noch eine wichtige Funktion haben, daher stellt der Kommentar ihn jetzt schon einmal vor. Anschließend berät das Programmkomitee über die beste Taktik, die Dr. Berbos dazu bringen könnte, an der Parade teilzunehmen. Auch diese Diskussion zeigt erneut den sozialen Druck, den die Gemeinde so unauffällig und geschickt wie möglich auf den einzelnen auszuüben sucht. Da noch nicht feststeht, ob sich Dr. Berbos dem Gruppenzwang beugen wird, weist der Kommentar mit den Worten: "Someone is going to have to persuade Dr. Berbos" gesondert auf diesen Aspekt hin.

Das Stichwort "Dr. Berbos" bietet auch die Überleitung zum nächsten Segment, in dem einer der Fünflinge im Brutkasten von einer Krankenschwester gewogen wird. Diese kurze Szene wirkt, als wolle sie uns noch einmal daran erinnern, welchem Ereignis sich der ganze hier gezeigte Rummel überhaupt verdankt. Wie in Segment 3 bemüht sich die Kamera, die medizinisch-technischen Barrieren in Nahaufnahmen zu überwinden und die Säuglinge wie die übrigen Familienmitglieder als Individuen in ihrer Einzigartigkeit zu erfassen. Das Segment bietet eine kurze Phase der Ruhe vor der Feier zu Ehren der Fischers, auf die die Ereignisse zulaufen und die deshalb einen besonderen Höhepunkt von *Happy Mother's Day* darstellt. Darüber hinaus soll es den Eindruck vermitteln, zwischen den soeben gezeigten Vorbereitungen und der Veranstaltung selbst liege noch etwas Zeit.

Entgegen der Abmachung, die die Filmemacher mit der Familie getroffen haben, befinden wir uns in Segment 19 doch wieder in ihrem Haus, das am Morgen der Parade zahlreiche Verwandte beherbergt, die sich wie die Gastgeber für die Festveranstaltung fein machen. Anhand dieser kurzen, aber relativ intimen häuslichen Szene, die einen ungezwungenen Charakter hat, unterstreichen Leacock und Chopra erneut ihr vertrauliches Verhältnis zu den Fischers. Dies wird im nächsten Segment, das in vielerlei Hinsicht einen Kontrast zu dieser Szene bildet, nochmals recht deutlich. Die Erneuerung des Bündnisses, die auch den privilegierten Blick der Filmemacher hinter die Kulissen aufs neue betont, soll dazu beitragen, daß wir auch das nun Folgende tendenziell aus der Perspektive der Fischers wahrnehmen, wie sie Leacock in *Happy Mother's Day* konstruiert.

Im nächsten Segment informiert uns der Kommentar, daß die Fischers an einem "staged preview" teilnehmen, "for the benefit of the newsmen whose deadlines can't wait." Hier richtet Leacock wieder seine Aufmerksamkeit auf die Aktivitäten der Journalisten, die sich mit gezückten Kameras vor der Familie aufgebaut haben. Die spröde Haltung der Kinder, die den Medienzirkus um sie herum verschüchtert und mißtrauisch beäugen, steht in deutlichem Widerspruch zu dem von Leacock eingefangenen intimen Moment in der Scheune, der als imaginäres Gegenbild zu dieser steifen, verkrampften Szene vor dem inneren Auge aufersteht. Leacock unterstreicht den grotesken Charakter der Veranstaltung noch dadurch, daß er dem Bild einer fotografierenden Nonne ein paar Takte Blasmusik unterlegt. Gleich darauf beobachtet er die zunächst wenig erfolgreichen Versuche eines Fotografen, ein imposantes Gruppenbild der Fischers mit einem Indianer im traditionellen Federschmuck zu arrangieren. Unglücklicherweise wendet dieser seinen Kopf trotz der gegebenen Anweisungen wiederholt in die falsche Richtung, bis Mrs. Fischer sich des peinlichen Schauspiels erbarmt und helfend eingreift.

Hier zeigt sich noch einmal deutlich, wie sehr der Eindruck des privilegierten Blicks, der die "eigentlichen", "wirklich wichtigen" Aspekte eines Geschehens enthüllen kann, auf die Demystifizierung von und den polemischen Vergleich mit anderen herkömmlichen Formen der Berichterstattung angewiesen ist.

Das nun folgende Segment enthält den zweiten privilegierten Moment von *Happy Mother's Day*, der einen thematischen Bezug zum ersten hat, aber eine gänzlich andere Haltung zum Ausdruck bringt und daher als sein struktureller Gegenpol anzusehen ist. Auch formal ist dieser Moment besonders hervorgehoben, denn er ereignet sich im Rahmen der längsten Einstellung des Films, die die Begrüßungsrede des Bürgermeisters anläßlich des Festbanketts in ihrer Gesamtheit wiedergibt. Dieses Verfahren eliminiert den Verdacht der Verzerrung, der Rekontextualisierung, dennoch ergibt sich die Bedeutung der Einstellung, wie wir noch sehen werden, in erster Linie durch die Einbettung in den Kontext, durch ihre Plazierung nach mehreren Segmenten, die die Diskrepanz zwischen präsentierter Fassade und Wirklichkeit offenkundig machen. Während der privilegierte Moment in der Scheune den intimen Charakter der Enthüllung besaß, hat dieser zweite eher den einer unfreiwilligen Selbstentlarvung, die indirekt, aber deutlich das Heuchlerische, Scheinheilige an den Bemühungen der Gemeinde um die Fischers zutage fördert.

Signifikanterweise gibt bereits das erste Segment von *Happy Mother's Day* einen indirekten Hinweis auf die beiden einander gegenübergestellten privilegierten Momente, die die dichotomische Struktur des Films stützen und auf ihre Weise begünstigen, daß man ihn unter dem Aspekt impliziter Gegensätze und konträrer Haltungen wahrnimmt. Einem Foto, das die Fünflinge auf dem Schoß ihrer Geschwister zeigt und das über die Zahl Fünf und die zwischen den Kindern herrschende Vertrautheit als Symbol für den privilegierten Moment in der Scheune verstanden werden kann, ist das Lied aus Segment 21 unterlegt, das eine Sängerin unmittelbar nach dem zweiten privilegierten Moment vorträgt. Interessant ist in diesem Zusammenhang auch, daß hier auf ein Foto zurückgegriffen wird, um die privilegierten Momente symbolisch zu repräsentieren. Denn dies korrespondiert auf seine Weise mit der bereits analysierten Tendenz dieser Momente, sich den Qualitäten des fotografischen Bildes anzunähern.

Um uns auf diesen zweiten Moment einzustimmen, läßt Leacock das Segment an einem Punkt beginnen, an dem der Bürgermeister kurz vor seiner Rede den Kopf mehrfach unschlüssig hin und her wendet. Seine Bewegung setzt damit fast nahtlos die des Indianers am Ende von Segment 20 fort, und dies gibt der Szene von vornherein etwas Absurdes und läßt den Bürgermeister lächerlich erscheinen. Wie als Kontrast dazu werden wir gleich darauf Zeugen eines spontanen vertraulichen Moments zwischen dem Ehepaar Fischer, der zugleich wie eine versteckte Reaktion auf das soeben Gesehene wirkt. Die beiden lächeln sich belustigt und als ob sie sich Mut zusprechen wollten zu, nachdem Mr. Fischer einer Aufforderung des Bürgermeisters nachgekommen ist und um Ruhe bittend mit einem Löffel an sein Trinkglas geschlagen hat. Nun beginnt das Oberhaupt der Gemeinde mit seiner feierlichen Rede, die in ihrem Gestus der Unverhältnismäßigkeit an Peinlichkeit kaum zu überbieten ist und völlig überzogene Statements wie "never in the history of the United States has a city official had the responsibility that has come to me" aneinanderreiht. Als hätte sie es geahnt, kommt die Kamera just in dem Moment, in dem der Redner seine wichtigste Botschaft verkündet, mit einem Zoom näher an sein Gesicht heran und unterstreicht damit die Bedeutung des Gesagten. Im Namen der Gemeinde versichert er den Fischers, daß die Bürger Aberdeens sich ihrem Wohlergehen verschrieben haben und alles in ihrer Macht Stehende dafür tun werden, damit die Familie ihre Kinder "in privacy and dignity" großziehen könne.

Da alle bisherigen Szenen und Gespräche, an denen Gemeindevertreter und der Bürgermeister selbst beteiligt waren, die Würde der Fischers eher mißachteten, sich um die kommerzielle Ausschlachtung des Ereignisses drehten und dabei vor Eingriffen in die Privatsphäre nicht zurückschreckten, kann uns dieses Gelöbnis nur als Gipfel der Heuchelei und Verlogenheit erscheinen. Leacocks Haltung des Verbündeten und Fürsprechers der Familie, die die eine Seite der Dichotomie bildet und im privilegierten Moment in der Scheune ihren unmittelbarsten sinnlichen Ausdruck erfährt, steht demnach die Haltung der Gemeinde gegenüber, die eine ebensolche Beziehung zu der Familie auch für sich reklamiert. Die Argumentation des Films hat jedoch verdeutlicht, daß sich diese zur Schau getragene Haltung in der Mehrzahl der Fälle auf ein bloßes Lippenbekenntnis beschränkt. Diese Tatsache bringt der zweite privilegierte Moment noch einmal sehr deutlich auf den Punkt, allerdings nur für uns Zuschauer, nicht für die anwesenden Gäste. Dadurch werden wir umso stärker in das komplizenhafte Verhältnis mit einbezogen, das Leacock im Lauf des Films sehr geschickt vor allem mit Mrs. Fischer aufbaut und das unsere Sympathien entsprechend lenkt.

Dieses besondere Verhältnis wird kurz nach der Rede, an die sich ein auf seine Weise nicht minder peinlicher Liedvortrag anschließt, erneut aktualisiert: Im Verlauf eines langen, sich dem Rhythmus der Musik anschmiegenden fließenden Schwenks über die bewegungslos der Sängerin lauschenden Ehrengäste, der Leacocks choreographischen Kamerastil zur Geltung bringt und gleichzeitig den steifen Charakter der Veranstaltung bloßlegt, blickt Mrs. Fischer für einen kurzen Moment direkt in die Kamera, während ein konspiratives Lächeln, das an Leacock und in der Verlängerung auch an uns gerichtet zu sein scheint, ihre Lippen umspielt. Es wirkt wie ein stummer Kommentar zum Vorhergehenden, als sei auch ihr die Absurdität und Peinlichkeit der Szene nicht verborgen geblieben, und ist aufgrund dessen geeignet, unsere negative Interpretation des Gesehenen zu verstärken. Nur zwei Kinder lassen sich von der verkrampften, gekünstelten Atmosphäre im Saal nicht beeindrucken und geben ihrem Drang nach Bewegung ungehindert Ausdruck. Voller Übermut klatscht ein Kind dem anderen zum Takt der Musik in die bereitgehaltenen Hände. Die Fernsehfassung, *The Fischer Quintuplets*, enthält die gleiche Szene, doch hat sie dort nicht diese befreiende Wirkung. Leacock erzielt sie hier durch eine subtile Kontrastierung mit dem Vorhergehenden und indem er die Bewegungen der Kinder mit der Emphase des Liedes synchronisiert. Diese kurze Szene bietet auch die thematische Überleitung zum letzten und längsten Segment, in dem die impliziten, positiv oder negativ besetzten Gegensätze noch deutlicher zutage treten als hier. Es widmet sich der feierlichen Parade zum einmonatigen Geburtstag der Fünflinge, die ironischerweise, und sei es auch nur auf der symbolischen Ebene, genau das tut, wogegen sich Mrs. Fischer so entschieden wendet: die Fünflinge öffentlich zur Schau stellen. Sie straft dadurch die im Namen der Gemeinde gegebenen Zusicherungen des Bürgermeisters Lügen.

Das Segment beginnt mit ein paar Kindern, die aufgeregt in die Mitte der Straße laufen, um zu schauen, ob sich der Festzug nähert, da sie die Musik bereits hören können. Plötzlich verschwinden sie schutzsuchend wieder in der Menge.[14] In der nächsten, relativ langen Einstellung sieht man zwei Mädchen, die in entspannter Haltung in einem Fensterrahmen sitzen, um die Parade von dort aus zu betrachten. Als eines von ihnen dem anderen etwas zeigen will, folgt die Kamera seiner ausgestreck-

[14] In einem Interview mit James Blue hebt Leacock die Bedeutung dieser Szene hervor, weil sie Qualitäten, auf die das Direct Cinema abzielt, in besonderem Maß zum Ausdruck bringt: "The shooting there is ... it has some miraculous quality of *being there*! It was purely intuitive shooting and somehow it has this sense of ... you know, one has always seen this scene done in the regular movies. It has a sense of excitement. But one has *never* seen it for real before" (Blue 1965, 21).

ten Hand, verweilt kurz auf einer Gruppe von Frauen und Kindern am Wegesrand und schwenkt dann weiter auf eine ganz junge, sehr zierliche Tambourmajorin, die energisch ihren Stab schwingend die Parade anführt. Ihr folgt eine zweite, wesentlich korpulentere, deren draller, etwas behäbiger Charme verglichen mit der zarten Ausstrahlung ihrer Vorgängerin leicht grotesk wirkt. Hinter ihr marschiert die *American Legion Band* in Reihe und Glied. Sie fällt insbesondere dadurch auf, daß einer ihrer Musikanten einen Augenblick aus der Inszenierung ausschert. Neugierig dreht er sich um und schaut direkt in Leacocks Kamera, dann wendet er seinen Blick schnell wieder ab, als fühle er sich ertappt. Diese kurze Szene bildet einen impliziten Kontrast zu dem Augenblick des komplizenhaften Einvernehmens zwischen Mrs. Fischer und Leacock im Segment davor und steht damit auf der anderen Seite der Dichotomie, die hier anhand des alternierenden Prinzips, auf dem das Segment basiert, noch einmal deutlicher hervortritt. Denn immer wieder schwenkt Leacocks freimütige, "unkontrollierte" Kamera zwischen Szenen, die uns die Perspektive und den Blick von Kindern, darunter auch die der Fischers, auf die Parade nahelegen und in denen ihre spontanen, unverbildeten Reaktionen und genuine Faszination mit dem Dargebotenen im Mittelpunkt stehen, und solchen, in denen die Parade selbst zu sehen ist. Hier ziehen Musikformationen, das Ehepaar Fischer in einer offenen Limousine und üppig ausgestattete Umzugswagen, die biografische Stationen ("Quints First Christmas") und emotionale Zustände der Fünflinge ("'Jumping for Joy', 4 Girls & 1 Boy") symbolisch nachempfinden, an uns vorbei.

Durch ihre Authentizität, Natürlichkeit, Gefühlsbetontheit und Unschuld werden die Kinder hier wie bereits an anderer Stelle auf der metaphorischen Ebene zu Parallelfiguren oder Stellvertretern der Fünflinge, da sie Eigenschaften und Qualitäten besitzen, die es auch bei jenen zu bewahren und zu schützen gilt. Diese Eigenschaften der Kinder, die interessanterweise mit Qualitäten übereinstimmen, die das Direct Cinema anstrebt und besonders hervorhebt, setzt Leacock gegen die einstudierten Darbietungen und Posen des Umzugs und sensibilisiert somit unsere Wahrnehmung ein weiteres Mal vor allem für die künstlichen, hohlen, grotesken, zwanghaften, verlogenen Aspekte der Inszenierung. Dies wird noch dadurch unterstützt, daß Leacocks fließender, das spontane, unmittelbare Beobachten betonender Kamerastil sozusagen einen "natürlichen" Gleichklang mit dem unverstellten Verhalten der Kinder bildet, das der Kamera keinen Widerstand bietet, während die formalistischen Arrangements und festgelegten mechanischen Abläufe der Parade von vornherein in einer gewissen Opposition zu seinem organischen, mäandrierenden Kamerastil stehen. Indem Leacock auf diese Weise seinen und unseren Blick mit dem der Kinder verschweißt, so daß er gemeinsam auf ein Geschehen fällt, dessen hervorstechendste Elemente und Aspekte in vorhergehenden Szenen schon in einem negativen Licht erschienen, funktionalisiert er die Kinder, um die eigene Methode und ihre bevorzugten Qualitäten zu betonen.[15]

Wie sehr unsere Reaktion auf das Gezeigte durch bisher Gesehenes bestimmt ist und sich zunehmend mit Leacocks Haltung auflädt, die die einzelnen Momente im Lauf des Films immer stärker in Form von positiv oder negativ wahrgenommenen Gegensätzen organisiert, offenbart sich, wenn wir unsere Rezeption der Parade in Segment 22, in der wir jede Szene intuitiv einer Seite der Dichotomie zuordnen können, mit unserer indifferenten, leidenschaftslosen Reaktion auf die Parade in Segment 5 vergleichen. Durch diese subtile Organisation in Gegensätzen, die nicht zuletzt durch eine sehr gezielte Materialauswahl befördert wird,[16] scheint auch Leacocks Kamerastil zwischen einem mitfühlend-enthüllenden und einem konfrontativ-entlarvenden zu changieren. Insofern betrachten wir den Souvenirverkäufer, der Strohhüte mit der Aufschrift "Quint City" feilbietet, mit einem eher kritischen Blick, weil wir in ihm den Beweis für die scheinheilige Haltung der Gemeinde gegenüber den Fischers sehen. Im Gegensatz dazu bleibt uns das an der Parade teilnehmende Ehepaar, dessen Verhalten in dieser Szene ebenso aufgesetzt wirkt wie das der übrigen Beteiligten, weiterhin sympathisch, denn wir bemerken vor allem, daß Mrs. Fischer kein Blumenbukett im Arm hält, und werten dies als Zeichen ihres versteckten Widerstands. Ein wohlwollender Blick fällt auch auf Dr. Berbos, den man in der nächsten Einstellung sieht. Er hat es offensichtlich verstanden, sich dem Gruppenzwang zu entziehen, und beobachtet die Parade vom Straßenrand aus, worauf der Kommentar mit einem lakonischen "Dr. Berbos watched" verweist.

Wie aus der Analyse von *Happy Mother's Day* hervorgeht, errichtet Leacock subtil und gezielt zugleich mithilfe formaler Mittel eine Bedeutungsebene hinter und

---

[15] Signifikanterweise läßt Leacock deshalb eine Szene weg, die in *The Fischer Quintuplets* zu finden ist, weil diese seinen Intentionen nicht entgegenkommt. Hier werden auch die Fischer-Kinder als Attraktionen der Parade präsentiert, die ihren winkenden Eltern in einem Extrawagen folgen.

[16] Wie enorm wichtig für ihn die genaue Selektion und Analyse des Materials ist, dessen Montage nur er selbst vornehmen kann, bestätigt Leacock in einem Interview mit Louis Marcorelles: "You don't show the whole of a subject; you select; and your selection matters. [...] Time and again I've seen material where the really important moment in a scene is a tiny, tiny fragment of the whole bulk of the footage. If you hand it over to an editor, he will be impressed by the bulk and miss this tiny fragment. You have to do it yourself" (1973, 53-54).

zwischen den Bildern, die unsere Wahrnehmung aufspaltet und dadurch den oberflächlichen Sinngehalt des Gezeigten oft unterminiert. Im Rahmen der hier vorgenommenen Dichotomisierung scheint es nur folgerichtig, daß schließlich ein natürliches Phänomen - einsetzender Regen - den künstlichen Charakter der Festveranstaltung sprengt, so daß die Inszenierung im Regenchaos untergeht und der Besitz eines Schirms wichtiger wird als die zur Schau gestellten Darbietungen. Diese unvorhersehbare Entwicklung der Ereignisse stellt in zweifacher Hinsicht einen glücklichen Zufall dar. Zum einen, weil sie die von Leacock vorgenommene Strukturierung in Gegensätzen in seinem Sinne weiterführt und vervollständigt, und zum anderen, weil das Bild der "verregneten Parade" auf der metaphorischen Ebene eine ironische Anspielung auf Leacocks Strategie in sich trägt. Sie besteht, wie wir gesehen haben, darin, die positive Selbstdarstellung der Gemeinde durch eine Interpretation des Geschehens zu konterkarieren, die die moralische Doppelbödigkeit ihrer Handlungen und Motive zu erkennen gibt.

5.3 *Don't Look Back* (1967) von Donn Alan Pennebaker

Don't Look Back begleitet Bob Dylan auf seiner zweiten, sehr erfolgreichen Konzerttournee durch England, auf die er sich im April 1965 begab. Sie umfaßte die Stationen Sheffield, Liverpool, Leicester, Birmingham, Newcastle und Manchester und fand ihren krönenden Abschluß mit zwei rauschenden Konzerten in der Londoner Royal Albert Hall. Das Projekt kam durch die Initiative von Albert Grossman, Dylans Manager, zustande, der einige Monate zuvor auf Donn Alan Pennebaker zugekommen war und ihm vorgeschlagen hatte, einen Film über seinen Klienten zu drehen. Der Filmemacher sagte sofort zu, obwohl er zu diesem Zeitpunkt noch nicht allzu viel über Dylan wußte. Musik war jedoch schon lange eines seiner Hauptinteressensgebiete, und er spielte seinerseits gerade mit dem Gedanken, das Thema in einem Film anzugehen. Erste, wenn auch fruchtlose Kontakte in dieser Richtung, zu den Rolling Stones und Joan Baez etwa, hatte es schon gegeben. Die Dreharbeiten in England erstreckten sich über dreieinhalb Wochen, die gesamte Dauer der Tournee. Während dieser Zeit filmte Pennebaker ca. 20 Stunden Material, das er laut eigener Aussage in nur drei Wochen zu einem knapp 96 Minuten langen Film montierte.

Don't Look Back war Pennebakers erstes längeres Werk nach seiner Trennung von Drew Associates im Jahr 1963, auf die wenige Monate später der Zusammenschluß mit seinem Kollegen Richard Leacock und die Gründung der gemeinsamen Firma Leacock Pennebaker Inc. (LPI) erfolgt war. Seitdem widmeten sich die Geschäftspartner vor allem der Produktion und Distribution der eigenen Filme. Acht Jahre nach der Gründung von LPI umreißt Pennebaker das Firmenkonzept aus seiner Sicht:

> I believed then, and still believe, that to compete with the well-financed theatrical and television producers and distributors I must have the ability to initiate a project instantly and the facilities to complete it without dependence on expensive outside sources or investments. It was in this way that I was able to shoot films like [...] *Don't Look Back* [...] when the chance came along. (Levin 1971, 224)

Tatsächlich war es Pennebaker trotz vielfältiger Bemühungen nicht gelungen, einen Sponsor für den Dylan-Film zu finden, und er sah sich daher gezwungen, die Produktionskosten selbst zu tragen: "The idea was that we would get reimbursed out of first moneys up to $100.000 - that was the deal" (Bauldie 1992, 53).

Die von den Filmemachern hergestellten Dokumentarfilme sollten sich auf dem kommerziellen Markt durchsetzen können. Die erfolgreiche Umsetzung dieses anspruchsvollen Programms, wenigstens zeitweilig, war nur möglich, indem man sich bald neuen Zwängen unterwarf: An die Stelle von Drews dramatischer Krisenstruktur, die wegen ihrer Formelhaftigkeit als einengend empfunden wurde, trat jetzt die Hinwendung zu "big names or box office" (Leacock 1987, 8).[1] Infolgedessen konzentrierte sich Pennebaker nach *Don't Look Back*, durch dessen Erfolg sein Renommee als Filmemacher beträchtlich gestiegen war, vorwiegend auf Porträts bekannter Popstars (z.B. David Bowie in *Ziggy Stardust and the Spiders from Mars*, 1973; Randy Newman in *Randy Newman Isn't Human*, 1980) und auf gigantische Rockkonzerte (*Monterey Pop*, 1968; *Keep On Rockin'*, 1970).[2] Darüber hinaus arbeitete er als Kameramann für Jean-Luc Godard und Norman Mailer und machte sich auf diese Weise schnell einen Namen als Vertreter der "respectable avant-garde" (Christgau 1970, 93).

Pennebakers Vorliebe für Identifikationsfiguren und Rituale der Gegenkultur erklärt sich einerseits aus persönlichen Präferenzen. Laut eigener Aussage könnte er keinen Film über jemanden machen, den er nicht respektiert und mag. Darüber hinaus sieht er es als Vorteil an, daß Musiker und Künstler bis zu einem gewissen Grad gegen die voyeuristische Präsenz der Kamera immun sind, da sie sich in der Öffentlichkeit darzustellen verstehen, die Wirkung ihres Handelns einschätzen und in hohem Maß kontrollieren können. Ein weiterer Grund ist jedoch, daß sich aufgrund der Anfang der 60er Jahre durch die zunehmende Verbreitung des Fernsehens ausgelösten Krise des Kinos die "demographische Gruppe der 'Unter-30-Jährigen' - der sogenannte Jugendmarkt - als größte geschlossene Zielgruppe für Kinofilme" herausbildete (Barchet 1991a, 137). Die kommerziellen Chancen der für diesen Markt produzierten Musikfilme oder "rockumentaries", wie sie auch genannt werden, waren daher relativ groß. Die Voraussetzung dafür stellte allerdings die Aufführung im Kino dar, die auch für *Don't Look Back* von Anfang an geplant war. Der Film hatte seine Premiere am 17. Mai 1967 im Presidio Theatre in San Francisco, wo er ein halbes Jahr lang

---

1 Leacocks Filme ließen sich weder der einen noch der anderen Kategorie zuordnen. "This eventually got me into teaching, when faced with something called 'chapter 11,' or insolvency" (1987, 8).

2 Diese Tendenz setzt sich bis in die jüngste Vergangenheit fort. 1995 war Pennebaker in der Bundesrepublik unterwegs, um einen Film über den deutschen Popsänger Marius Müller Westernhagen zu drehen.

lief; die New Yorker Uraufführung folgte am 6. September 1967 im 34th Street East.[3]

Wie aus den Daten hervorgeht, gelangte *Don't Look Back* erst relativ spät, zwei Jahre nach der Tournee, zur Aufführung. Robert Christgau zufolge lag dies vor allem an der "intransigence" von Dylans Manager (1970, 92), wobei der Autor allerdings offenläßt, worauf sich diese konkret bezieht. Man kann jedoch vermuten, daß der Film auch aus Rücksicht auf Bob Dylan zurückgehalten wurde, der am 29. Juli 1966 in der Nähe seines Hauses in Woodstock einen schweren Motorradunfall erlitten hatte und danach für fast anderthalb Jahre von der öffentlichen Bildfläche verschwand. Während dieser Zeit konnten sich Gerüchte, Dylan sei körperlich schwer entstellt und seine Karriere beendet, unwidersprochen ausbreiten. Dies vergrößerte noch die Aura des Enigmatischen, die ihn ohnehin umgab, und ließ ihn mit 25 Jahren zu einer amerikanischen Legende werden.

Aber nicht nur in persönlicher Hinsicht, sondern auch in bezug auf sein musikalisches Schaffen stellte die Periode, in der *Don't Look Back* entstand, einen entscheidenden Wendepunkt und eine Weiterentwicklung für Bob Dylan dar. Zum großen Ärger seines Publikums tauschte der Songpoet, der bis dahin als bekanntester Repräsentant des Folk Revival gegolten hatte, am 25. Juli 1965 auf dem Newport Folk Festival seine akustische Gitarre gegen eine elektrische ein und betrat mit der Paul Butterfield Blues Band die Bühne. Die Mischung aus Folk und Rock, die er anschließend spielte, erschien Folkpuristen von damals wie Verrat; in der Geschichte der modernen Musik markiert dieses Ereignis jedoch wie kein anderes das Ende der Folkära und den Beginn des Rockzeitalters. Im Grunde hatte Dylan die Hinwendung zur Rockmusik bereits mit seiner Langspielplatte *Bringing It All Back Home* (1965) vollzogen, die in England erst gegen Ende der Tournee auf den Markt kam, in den USA jedoch schon im März erschienen war. Während die B-Seite wie bisher neue akustische Stükke versammelte, stellte die A-Seite sieben Songkompositionen in einem elektrisch verstärkten Folkrock-Arrangement vor. Mit der musikalischen Neuorientierung änderten sich auch Form und Botschaft von Dylans Songs. Er trat in eine zweite Phase sei-

---

3 Während Robert Christgau davon ausgeht, daß *Don't Look Back* für die Kinovorführung auf 35mm "aufgeblasen" wurde (vgl. 1970, 96), macht Pennebaker gegenüber Levin eine gegenteilige Aussage: "[...] our best bet is to go right into that 16 market. Forget the 35. [...] *Don't Look Back* played for six months in San Francisco with the answer prints. Never had a 35 print - they were all 16. Nobody ever knew it" (1971, 249).

nes Schaffens ein, deren unverkennbare Zeichen sich auf *Bringing It All Back Home* zum ersten Mal deutlich manifestierten.

Auf der in *Don't Look Back* gezeigten Tournee präsentiert Dylan einige Songs dieser damals aktuellsten LP, allerdings auschließlich in einer akustischen Version. Er betritt die Bühne allein und begleitet sich auf der Gitarre und der Mundharmonika. Insofern hat Clinton Heylin bis zu einem gewissen Grade recht, wenn er behauptet, daß der Film zum Zeitpunkt seines Erscheinens beim Publikum ein Bild des Musikers zementieren half, das bereits veraltet war (vgl. 1991, 180). Auf der anderen Seite ist bei einer genaueren Analyse von *Don't Look Back* festzustellen, daß sich Form und Inhalt des Werks sehr stark an der neuen Entwicklung orientieren, wie sie sich seit *Bringing It All Back Home* vollzog, und versuchen, sie sinnlich erfahrbar zu machen.[4] Auf eine solche Absicht deutet auch eine Aussage von Pennebaker selbst hin, die sich auf die Situation während der Dreharbeiten in England bezieht: "It became clear that Dylan was going through some kind of change, and I knew that if I could stick with him I'd see some of it" (Heylin 1991, 109). In der Zwischenzeit hatte sich der Filmemacher auch mit Dylans Musik vertraut gemacht, deren tiefgreifenden Effekt auf ihn er folgendermaßen beschreibt: "The songs really hit me. From then on I knew that by total chance I'd fallen right into the place that I should be" (Bauldie 1992, 55). G. Roy Levin gegenüber charakterisiert Pennebaker das zwischen ihm und Dylan bestehende Verhältnis, wie er es zum Zeitpunkt der Entstehung des Films empfand, noch etwas genauer:

> *Don't Look Back* has a kind of responsiveness that I have to Dylan, born of Dylan's coming very close to things that I've been thinking about for a long time. It's sort of an epiphany that took place. And I think that some of that probably does come through in the film. (Levin 1971, 262)

Dieses Moment der Epiphanie könnte darauf zurückzuführen sein, daß sich Bob Dylan in der Tat sowohl vom Image, das er in der Öffentlichkeit kultivierte, als auch von seinem Werk her als idealer Protagonist eines auf privilegierte Momente der Enthüllung ausgerichteten Direct-Cinema-Films erweist. In der Gegenkultur der 60er Jah-

---

[4] Vor seinem Motorradunfall hatte Dylan noch zwei weitere Platten, *Highway 61 Revisited* (1965) und *Blonde on Blonde* (1966) auf den Markt gebracht, die seine Hinwendung zur Rockmusik komplettierten und alle typischen Merkmale seines surrealistischen, allegorischen Stils der zweiten Schaffensperiode aufwiesen, auch wenn er dabei seine Folkwurzeln nicht vergaß.

re galt er als eine Art Prophet oder Orakel, weil seine Songtexte in unnachahmlicher Weise das ausdrückten, was die junge Generation berührte und betraf. Daher war das Bedürfnis groß, einen Blick hinter die Fassade zu werfen und etwas über Leben, Alltag und Philosophie des Idols zu erfahren. Gleichzeitig war Dylan bekannt für sein enigmatisches Charisma, die mystische Aura, mit der er sich umgab, und vor allem für seine Tendenz, sich jeglichem Versuch der Festlegung und Kategorisierung von außen, insbesondere wenn er von Journalisten und Fans kam, durch bedeutungsschwangere, kryptische, ausweichende Statements zu entziehen. Um 1965 verstärkte sich diese Tendenz, da Dylan sich in seiner alten Rolle als Folk-Poet nicht mehr wohl fühlte und noch auf der Suche nach einer neuen war.

Aufgrund dieses poetischen, vieldeutigen Stils, den er in der Öffentlichkeit jenseits der Bühne fast noch ausgeprägter pflegt als auf der Bühne, projiziert Dylan quasi aus sich selbst heraus Qualitäten, die das Direct Cinema anstrebt und betont. Pennebaker macht sich diesen Effekt in *Don't Look Back* geschickt zunutze, indem er sich in Kamerastil, Szenenauswahl und Montage Dylans Verhaltensweisen und insbesondere seiner Strategie der Verrätselung, des Sich-Entziehens annähert, soweit dies möglich ist, ohne die Regeln des Direct Cinema zu verletzen[5], und sie dadurch verstärkt und spiegelt. Ihm geht es darum, Dylan aus größtmöglicher Nähe zu beobachten und sich dabei jedem erklärenden Ansatz bewußt zu verweigern. In Einklang mit dieser Absicht kommt der Film völlig ohne *voice-over*-Kommentar aus. In einem Interview faßt Pennebaker das von ihm gewählte Verfahren noch etwas genauer: *Don't Look Back* "becomes purposely kind of abstract and tries to be musical rather than informational. [...] I broke my neck *not* to be informational" (Levin 1971, 243). Für den Filmemacher ist das Wesentliche an der Filmerfahrung, das, was ihn vor allem anderen interessiert, die emotionale Grundstimmung einer Situation, die Atmosphäre, das Feeling. Sie bringt er mit der Qualität von Träumen in Verbindung:

> The reality of dreams always fades, but what you do remember - but you never put words to it - is mood. [...] You describe events and the things you saw, but [...] the mood is what really compels people, what they really love about a film. (Levin 1971, 269)

---

[5] Zwar gibt es in *Don't Look Back* insbesondere zwei Segmente (1 und 12), in denen sich ein klar erkennbarer Stilbruch vollzieht; insgesamt scheint der Film jedoch in hohem Maße den Regeln des Direct Cinema zu entsprechen. Vgl. dazu die entsprechende Segmentierung im Anhang.

Durch die Annäherung an Dylans Person in der filmischen Methode und das sinnliche Erfassen emotionaler Stimmungen, der um Dylan herrschenden Atmosphäre erinnert Pennebakers Konzept des Direct Cinema hier in gewisser Weise an das Psychodrama, das ja ebenfalls darauf angelegt ist, die gefühlsmäßige Struktur einer Person zu spiegeln. Dieser Eindruck wird noch dadurch gefördert, daß der Film sich überwiegend auf Dylan konzentriert, der in den meisten Szenen im Mittelpunkt steht und dessen Reaktionen die Kamera wiederholt auch dann in Großaufnahme festhält, wenn andere das Wort an ihn richten und der eigentliche Fokus der Handlung woanders liegt. Insofern kann man sagen, daß *Don't Look Back* sehr viel stärker als die Drew-Filme und auch ausgeprägter als Leacocks *Happy Mother's Day* einen "vertical approach" verfolgt, insgesamt als "vertical attack" konzipiert ist, und über die Person Dylans, der, ohne es zu wissen, wesentliche Aspekte des Direct Cinema zum Ausdruck bringt, diese dokumentarische Methode auf subtile Weise positiv hervorhebt. Im Grunde ist der Film wie ein einziger langer privilegierter Moment angelegt, als 96-minütiges Close-up von Dylan, das gerade deshalb fasziniert, weil es nicht den Versuch unternimmt, ihn zu erklären und dadurch seines Charismas zu berauben, sondern ihn statt dessen über seine Körpersprache, das Wechselspiel seiner Mienen, den Klang seiner Stimme intuitiv in seinen vielfältigen, nie vorhersehbaren Reaktionen erfaßt.[6] Eine Aussage Pennebakers, in der dieser, auf die Bedeutung besonders signifikanter Momente im Dokumentarfilm angesprochen, seine methodischen Intentionen konkretisiert, stützt diesen Befund:

> Moments are cheap now. I'm looking for a longer line than moments. We all know that moments are going to happen. [...] you want something a little bit more substantial. (Levin 1971, 244)

In Einklang mit diesem Konzept sind die Szenen und Segmente, die eine besondere Intensität und Aussagekraft im Sinne des Direct Cinema haben und die man von daher als privilegierte Momente bezeichnen würde, strukturell und formal kaum hervorgehoben.

Don't Look Back privilegiert die Insiderperspektive gewissermaßen von vornherein. Da Pennebaker nichts erklärt, haben manche Szenen für Dylan-Fans und Einge-

---

[6] Auch der Filmkritiker Paul Bream sieht in dieser Vorgehensweise eine besondere Qualität von *Don't Look Back*, die er folgendermaßen beschreibt: "The brilliance of the film is in its ability to convey Dylan exactly how he was coming over to us then (1965) on record and in concert without intellectualising him" (1971, n.p.).

weihte, die seine persönliche und künstlerische Entwicklung mitvollzogen haben, eine zusätzliche Bedeutungsebene, die nichtinformierten Betrachtern zwangsläufig verborgen bleibt. Doch *Don't Look Back* legt seinen Zuschauern die Insiderperspektive noch auf eine andere Weise nahe. Im Gegensatz zu den Journalisten und Fans, die Dylan zwischen seinen Konzerten für kurze Zeit trifft und die nicht ablassen, ihn rational ergründen und verstehen zu wollen, begleiten wir ihn während der gesamten Tournee. Wie der Filmemacher auch befinden wir uns von daher eher in der Position von Dylans Entourage, die ihn ständig umgibt und deren Verhältnis zu ihm durch eine Vertrautheit signalisierende Ausgelassenheit und ein auf Worte nicht angewiesenes wechselseitiges Verständnis gekennzeichnet ist. Der Film stellt die hier skizzierten Annäherungsformen an Dylan indirekt gegeneinander, wobei er derjenigen, die auf einem unausgesprochenen Gefühl von Gemeinschaft zu beruhen scheint, gegenüber der anderen, die sich auf den analysierenden Intellekt beruft, den Vorzug gibt. Auf diese Weise durchzieht den Film eine unterschwellige "hip vs. straight"-Dichotomie, die sich in erster Linie an Dylans Entourage und den ihn befragenden Journalisten festmacht. Sie wurde in der Gegenkultur der 60er Jahre häufig bemüht, um Eingeweihte von Außenstehenden zu unterscheiden. Darüber hinaus korrespondiert sie natürlich auch mit der bereits festgestellten Tendenz des Direct Cinema zur polemischen Abgrenzung von distanziert-rationalen Formen der Berichterstattung wie dem klassischen Erklärdokumentarismus.

Don't Look Back scheint uns zunächst beide Positionen zu offerieren. Gleich im ersten Segment nach der Titelsequenz, bei Dylans Ankunft auf dem Londoner Flughafen (Segm. 4), stellt ein Reporter ihm die Frage: "Why are you so big this time?", auf die der Künstler in charakteristischer Manier mit einem ausweichenden "I've absolutely no idea" reagiert. Da diese Situation eine Art Auftakt bildet, entsteht der Eindruck, dies sei die Frage, die der Film im Sinne des "question/answer"-Modells beantworten will. Doch im weiteren Verlauf wird immer deutlicher, daß *Don't Look Back* zwar alles tut, um unseren Wunsch wachzuhalten, das Geheimnis von Dylans Erfolg zu lüften und über einen Blick hinter die Tourneekulissen Einblick in seine Person zu gewinnen, daß er aber letztlich eine Erklärungen bietende narrative Struktur gezielt unterläuft. Abgesehen von der forschenden Haltung der Journalisten wird unser investigativer Impuls vor allem durch eine bewußt desorientierende Montage geschürt, die uns beständig dazu zwingt, uns neue Schauplätze und Situationen zu erschließen. Gleichzeitig wird dieser Impuls dort, wo er darauf gerichtet ist, Dylan zu "enträtseln", seiner im übertragenen Sinne habhaft zu werden, permanent frustriert.

Auf diese Weise gelingt es *Don't Look Back,* in einem fort den Effekt des privilegierten Moments der Enthüllung zu produzieren, der in besonderem Maße die Illusion und das Bedürfnis weckt, Einblick in die Innenwelt der gezeigten Person zu erhalten, diese Empfindungen aber letztlich an der unauflösbaren Komplexität und Vieldeutigkeit eben dieser Person, und im weiteren Sinne des Realen, abgleiten läßt.

Am besten gelingt es uns, etwas über Dylan und seine Lebensumstände zu erfahren, wenn wir im Lauf des Films eine Art Transformationsprozeß vollziehen, den Pennebakers filmische Methode uns von vornherein nahelegt. Dabei müssen wir den Versuch aufgeben, Dylan rational zu entschlüsseln und zu erklären, und uns dem Musiker auf eine andere Weise nähern. Sie spiegelt sich im Verhalten seiner Entourage und in Pennebakers Stil, die beide einen intuitiven Bezug zu dem Künstler pflegen und bereitwillig an dem Spiel der Mystifizierung und Verrätselung teilhaben, daß dieser - aus einer inneren Notwendigkeit heraus, so scheint es - für seine Umgebung inszeniert. Pennebakers Kamera richtet sich zwar durchaus forschend auf Dylan, jedoch in erster Linie, um die Atmosphäre, die durch seine Reaktionen geprägte emotionale Grundstimmung einer Situation zu erfassen und in einer entsprechenden visuellen Auflösung der Szene annähernd zu reproduzieren. Über diese Methode, die, wie schon gesagt, nicht nur die Organisation einzelner Szenen, sondern die Struktur des Films insgesamt bestimmt, entsteht zwischen Pennebaker, seiner Kamera und Dylan eine Art komplizenhaftes Verhältnis, das dem mystischen Gefühl der Zusammengehörigkeit und des wortlosen Einvernehmens gleicht, das in einigen Szenen zwischen Dylan und seinen Freunden zu spüren ist. In der Verlängerung impliziert dieses Verfahren eine Einladung an uns Zuschauer, dieses Moment der intuitiven Verbundenheit zwischen Pennebaker und Dylan zu teilen, uns quasi in die Position von bereits Bekehrten zu begeben, die schon auf gleicher Wellenlänge mit dem Künstler sind und die "mood" und die Musik genießen können, ohne ständig Fragen zu stellen und etwas wissen zu wollen. Wenn wir nicht bereit sind, diese Einladung anzunehmen und uns diesem Transformationsprozeß zu überlassen, bleibt uns der Zugang zu Dylan auf der rationalen wie auf der emotionalen Ebene weitgehend verschlossen. Dies mag die extrem negativen Reaktionen erklären, die der Film neben vielen enthusiastischen und euphorischen provozierte.[7]

---

[7] Eine davon wird in Pennebakers Begleitbuch zum Film, das im wesentlichen das Dialogtranskript und Fotos enthält, zitiert: "The variety of audience who can best appreciate the film are likely to be bearded and small and completely in tune with Dylan's message. ... The whole effect struck me as a sort of boring, off-color home movie of the

Pennebaker spiegelt Dylan mit seiner filmischen Methode und benutzt ihn gleichzeitig als Sprachrohr seiner eigenen Direct-Cinema-Philosophie. Sie kommt in Form und Struktur von *Don't Look Back* zum Ausdruck, dessen Form und Struktur, wie wir noch sehen werden, wiederum die eines Dylan-Songs imitiert. Diese komplexe Form der Überlappung und Vernetzung wird durch verbale Statements von Dylan noch unterstrichen, die etwas von seiner Lebensphilosophie kundtun, aber, zumindest im Nachhinein, auch als selbstreflexive Hinweise auf Pennebakers filmische Methode verstanden werden können. Dadurch intensiviert sich noch das Gefühl des mystischen Einvernehmens zwischen Filmemacher und Subjekt, das den Film insgesamt durchzieht.

Bevor ich auf die Struktur von *Don't Look Back* näher eingehe und einige Szenen analysiere, möchte ich Bob Dylans Karriere bis zur Entstehung des Films und insbesondere sein Eintreten in die zweite Schaffensphase kurz skizzieren. Dies veranschaulicht einerseits noch genauer, wie sehr Dylans Botschaft mit Zielen des Direct Cinema und der von Pennebaker gewählten Methode übereinstimmt, erhellt jedoch noch einen weiteren strukturellen Aspekt. Denn, wie bereits erwähnt, versucht der Film nicht nur, die Persönlichkeit des Musikers zu spiegeln, sondern orientiert sich darüber hinaus an musikalischen Formen und Ideen, die dieser in der zweiten Phase entwickelte. In bezug darauf kommt dem Song "Subterranean Homesick Blues" eine besondere Bedeutung zu, der *Don't Look Back* vorangestellt ist und an dessen Struktur sich der Film auf eine abstrakte Weise anlehnt.

Mit seinen Platten der Anfangsphase, *The Freewheelin' Bob Dylan* (1963) und *The Times They Are A-Changin'* (1964), war Dylan schnell zum herausragenden Sprecher einer rebellischen studentischen Jugend im Aufbruch avanciert, die in der Wohlstandsgesellschaft der 60er Jahre nach neuen Zielen und Wertvorstellungen suchte. Wie kaum ein anderer schien er in der Lage, das, was viele fühlten, in poetisch anspruchsvollen, bild- und assoziationsreichen Protestsongs zu verbalisieren, deren beißende, sarkastische und mitunter apokalyptische Gesellschaftskritik den Nerv der Zeit traf. So erkor etwa die Bürgerrechtsbewegung sein "Blowin' in the Wind" zu ihrer inoffiziellen Hymne und der den Generationskonflikt thematisierende "The Times They Are A-Changin'" wurde zu einer "Parole der Jugendrebellion" (Schmidt 1982, 85).

---

neighborhoods [sic] biggest brat blowing his nose for 90 minutes." ATLANTA (Ga.) JOURNAL (1968, n.p.)

Diese sozialkritischen Songs, in denen er sein gesellschaftliches Engagement mit moralischer Inbrust vorbrachte, waren es, die Dylan immer mehr zu einer Leitfigur der sich herausbildenden *counter culture* werden ließen. Im Gegenzug schien diese von ihm Orientierungshilfen und Hinweise zur richtigen Lebensführung zu erwarten. Dylan hatte jedoch in der Zwischenzeit Erfahrung darin gesammelt, was es heißt, berühmt zu sein, und fühlte sich immer unwohler in der Rolle eines Verkünders gesellschaftspolitischer Wahrheiten, des Propheten und Sprachrohrs für eine ganze Generation. Eine erste Folge davon war die viele Fans brüskierende Platte *Another Side of Bob Dylan* (1964), die nur einen eindeutigen *message song* enthielt, dafür aber viele poetische Liebeslieder, in denen sich Dylan der Analyse des eigenen Innenlebens zuwandte. Seine Botschaften nahmen verschlüsseltere Formen an, die Wertungen wurden differenzierter. Insbesondere in "My Back Pages" wich Dylan von dem Schema der relativ geradlinig und einfach strukturierten Protestsongs seiner ersten Schaffensphase ab, da er erkannte, "daß die gesellschaftliche Realität zu vielschichtig ist, als daß man sie pauschal in zwei Lager ("good" and "bad") unterteilen" könnte (Schmidt 1982, 91-92).

Another Side of Bob Dylan bildete jedoch lediglich die Vorstufe einer Entwicklung, die auf der nächsten Platte, *Bringing It All Back Home*, voll zur Entfaltung kam. Die Songtexte dort zeichnen ein modifiziertes, komplexeres Gesellschaftsbild und sind von der Erkenntnis durchdrungen, daß sich die Vielschichtigkeit der Gegenwart nicht mit einer linearen Erzählung und rationalen Argumenten fassen läßt. Daher liegt den *message songs* der zweiten Phase in der Regel kein zentrales, in Etappen gegliedertes Ereignis zugrunde, das sich chronologisch nacherzählen ließe. Statt dessen präsentiert Dylan seinen Hörern eine Vielzahl kurzer Szenen und Eindrücke in schneller Folge, eine Collage aus surrealistischen Bildern und Metaphern - ein Verfahren, das Schmidt wie eine Montage von Schnappschußaufnahmen erscheint (vgl. 1982, 208). Diese Textfragmente haben untereinander keinen kausalen Zusammenhang, erzeugen aber als Ganzes eine spezifische Grundstimmung, die aus der Summe aller in einem Song hervorgebrachten Eindrücke, Bilder und Ideen entsteht. Selbst wenn die vielen Fragmente der Collage-Songs für sich betrachtet banal oder bedeutungslos erscheinen, fügen sie sich insgesamt doch zu einem aussagekräftigen Bild.

Der collagenhafte Charakter dieser Texte wird in der Literatur über Dylan häufig am Beispiel von "Subterranean Homesick Blues" aufgezeigt, der die A-Seite von *Bringing It All Back Home* anführt und dem auch in *Don't Look Back* eine besondere Bedeutung zukommt. So ergänzt Fritz Werner Haver die hier getroffenen Aussagen durch die Beobachtung, daß dieser diffuse Songtext bewußt auf die Auflösung einer inhaltlichen Botschaft zusteuert, aber durch seine präzise formale Gestaltung dennoch als sprachlich-inhaltliche Einheit wahrgenommen wird, in der jedes Wort seinen Platz hat und nicht zu ersetzen ist. Zu dieser formalen Bindung der Textfragmente kommt gegen Ende eine Steigerung der Intensität und des Tempos hinzu, die dazu beiträgt, daß aus den einzelnen Aussagen schließlich eine Botschaft herauszulesen ist (vgl. Haver 1987, 89). Diese verdeckte Botschaft hat den Charakter eines verschlüsselten Appells Dylans an sein jugendliches Publikum, aus dem Enttäuschung und Desillusionierung spricht. Er ermahnt dazu, die Repräsentanten und Wertvorstellungen der amerikanischen Gesellschaft mit Vorsicht und aus kritischer Distanz zu betrachten. Insbesondere in der Textzeile "Don't follow leaders" konkretisiert sich diese Mahnung, die sich durchaus auch auf das Verhältnis zwischen Dylan und seinen Fans bezieht, die ihn immer wieder in die verhaßte Rolle des Vorbilds drängen. Überhaupt kristallisiert sich in der zweiten Schaffensperiode die Forderung, sich nicht dem Anpassungsdruck zu beugen, sondern die eigene Individualität zu wahren, als eine zentrale Botschaft heraus. Im Grunde radikalisiert sich hier eine Tendenz, die bereits die Texte der Anfangsphase kennzeichnet. Sie hatten zwar einen narrativen Fokus und den Gestus eines mit großer Dringlichkeit vorgetragenen Engagements, waren aber in ihrer generalisierenden Unverbindlichkeit und Vagheit bereits mehr darauf angelegt, Fragen zu stellen als Antworten zu geben. Mathias R. Schmidt analysiert die Funktion dieses Verfahrens am Beispiel des Songs "The Times They Are A-Changin'", der den Beginn eines neuen Zeitalters heraufbeschwört und eine Art Leitmotiv von *Don't Look Back* darstellt:

> Bei der impliziten Forderung, es müsse sich etwas ändern, wird ihm in der spezifischen Situation der frühen 60er Jahre jeder seiner Hörer vorbehaltlos zustimmen. Ganz konkrete Zielvorstellungen und Alternativen zu nennen, Vorschläge zu machen, wäre angesichts der vielen konkurrierenden politischen Ideen und Formationen unklug und birgt die Gefahr einer Zerbröckelung der Solidarisierungs- und Plattenkäuferfront. Dylans Unverbindlichkeit hat also einen Sinn [...]. Er will einen Text mit Minimalkonsens für eine maximal große Hörerschaft vorlegen, dessen Zeilen ein jeder entsprechend seinen persönlichen Idealen subjektiv mit Inhalten füllen kann. (Schmidt 1982, 85)

Ich möchte nun auf die Analyse des Films zurückkommen und aufzeigen, in welch hohem Maße seine Form und Aussage mit der von "Subterranean Homesick Blues" und Dylans Vortragsstil der zweiten Schaffensphase übereinstimmen.

Die Eröffnungssegmente von *Don't Look Back* haben eine besondere Bedeutung, denn sie erhalten versteckte Hinweise darauf, wie der Film zu lesen ist, welcher Struktur er sich bedient. Gleich das erste Segment stellt die Erwartungen der Zuschauer gründlich auf den Kopf und bereitet damit weitere Momente vor, in denen dies auch der Fall sein wird. Die Adressierung ist direkt, der Ton nicht synchron und überdies hat die Szene den Charakter einer inszenierten Performance: Ein Zoom rückwärts gibt den Blick auf Dylan frei, der bewegungslos in einer engen Gasse steht und stumm in die Kamera schaut, während auf der Tonspur sein "Subterranean Homesick Blues" in der elektrisch verstärkten Originalversion läuft. Seitlich im Bild ist der Beat-Poet Allen Ginsberg zu sehen, der sich mit einer im Off befindlichen Person unterhält. Dylan hat eine Handvoll Pappschilder im Arm, und auf jedem von ihnen stehen einzelne Wörter aus dem Songtext, meist vom Zeilenende, die er uns entgegenhält, wenn die entsprechende Textstelle gesungen wird. Sie werden dadurch besonders hervorgehoben, was aber nicht zu neuen Erkenntnissen auf seiten der Zuschauer führt. Insofern deckt sich unsere Reaktion mit der ironischen Aufschrift des letzten, extra hinzugefügten Schildes: "What??", die auch bereits auf die Verrätselungsstrategie Dylans/des Films sowie auf die Struktur des immer wieder evozierten, aber unterlaufenen "question/answer"-Modells hindeutet. Darüber hinaus bereitet uns das Segment auf Dylans Selbstdarstellung gegenüber seiner Umgebung und der Kamera vor, die auch außerhalb seiner Bühnenauftritte immer ein Element von Performance enthält. Pennebaker gibt für diesen ungewöhnlichen Auftakt folgende Erklärung:

> Everybody - The Beatles, the Stones - they did these TV promo things free; that was standard, that's what you did on English TV at that time to sell a record. In fact, that whole thing with the cards was really done like a TV promo for "Subterranean Homesick Blues". (Bauldie 1992, 54)

Die Struktur des Films korrespondiert jedoch noch auf einer abstrakteren Ebene mit der des Songs, der als einziger von Anfang bis Ende zu hören ist. Denn Pennebaker organisiert *Don't Look Back* ebenfalls wie eine Serie von Momentaufnahmen, als eine Folge kurzer Szenen und flüchtiger Eindrücke, deren Bedeutung relativ offen und nach vielen Seiten hin interpretierbar bleibt. Dies liegt daran, daß zwischen den einzelnen Segmenten kein stringenter narrativer Zusammenhang besteht, obwohl sie in der Mehrzahl der Fälle ausgesprochen geschickt miteinander verwoben sind. Die raffinierten Überleitungen ergeben sich jedoch zumeist über einen eher beiläufigen oder zumindest nicht dominanten thematischen, atmosphärischen, assoziativen oder akustischen Aspekt des Vorhergehenden. Dadurch wird die Abfolge der Segmente als unvorhersehbar und originell wahrgenommen und erscheint doch auf eine bestimmte Weise folgerichtig und natürlich; gleichzeitig bleibt die Autonomie, Komplexität und Vieldeutigkeit des Gezeigten erhalten.

Als eine Art "continuity game", das auf seine Weise rational geprägte Kausalverbindungen zwischen den Segmenten unterläuft, zieht sich das Thema Donovan durch den Film. In Segment 9 liest Dylan einen Artikel über den britischen Folksänger, der eine Zeitlang als Englands Antwort auf ihn galt. Von da ab läßt Dylan es sich nicht nehmen, sich immer wieder spontan spöttisch und doch neugierig auf sein Pendant zu beziehen und eine Art unterschwelligen Wettkampf mit ihm zu entfachen, aus dem er, als sich die beiden in Segment 39 schließlich treffen, als eindeutiger Sieger hervorgeht: Donovan ist Gast bei einer Party im Hotelzimmer des Künstlers und bringt ihm mit "To Sing for You" ein harmloses Ständchen. Dylan, der es kaum erwarten kann, die Gitarre selbst in die Hand zu nehmen, reagiert darauf mit einem seiner jüngsten Songs, "It's All Over Now, Baby Blue", einem mystisch aufgeladenen eindringlichen Appell, sich von alten Verhaltensmustern und Vorstellungen zu lösen, der eine ungleich stärkere Wirkung auf uns und das anwesende Publikum erzielt.

Die Montage von *Don't Look Back* begünstigt somit insgesamt einen Prozeß der Umkehrung und Dekontextualisierung, wie er sich vor allem angesichts der privilegierten Momente zu ereignen scheint. Die einzelne Einstellung hat "einen Wert und eine Bedeutung in sich, ohne aber des Verweises auf den Gesamtzusammenhang zu bedürfen [...] Die Dinge bleiben so stehen, wie sie vorgefunden wurden" (Engell 1992, 176). Auf diese Weise ist das "naming and characterizing" stark zurückgenommen, gegen das sich auch Dylan mit seiner expressiven Art der Selbstdarstellung erfolgreich zur Wehr zu setzen versteht. Selbst in Gesprächssituationen hat man des öfteren den Eindruck, daß ihm Form und Klang seiner Aussagen ebenso wichtig sind wie deren Inhalt. Wie "Subterranean Homesick Blues" nimmt der Film dadurch die Form einer Collage an, wirkt durch das geschickte Unterlaufen kausaler Verbindungen mehr wie eine Serie von Fotos, der privilegierten Momente an sich, die sich erst in der Wahrnehmung der Zuschauer zu einem eher diffusen, intuitiven, gefühlsmäßigen Gesamteindruck zusammenfügen. Die Collageform wird durch den desorientierenden, abrupten Charakter der Montage noch unterstrichen: Häufig läßt Pennebaker ein neues Segment mit einer Großaufnahme beginnen, so daß wir die damit verbundene Veränderung in Situation und Setting erst später realisieren. Zudem springt er fast immer *in medias res*, konfrontiert uns mit einer bereits bestehenden Sachlage, deren

Charakter sich erst allmählich erschließt. Dieses Verfahren korrespondiert einerseits mit Dylans in einigen Szenen zum Ausdruck kommender Strategie der Verrätselung und seiner von Intensität und Nervosität geprägten Suche nach einer neuen Identität, betont aber darüber hinaus das Gefühl des "on the road"-Seins, die Hektik und Schnellebigkeit des Tourneebetriebs. Der segmentverknüpfenden Montage im Staccato-Stil steht eine innersegmentarische gegenüber, in der lange Einstellungen dominieren, in denen sich Pennebakers Kamera intuitiv und forschend auf das Geschehen einläßt und dessen emotionalen Gehalt mal mit rasanten Reißschwenks, mal mit ruhig fließenden, behutsamen Bewegungen nachzuzeichnen versucht. Während die einzelnen Segmente einen entspannenden, manchmal fast meditativen Effekt haben und uns immer weiter in das Geschehen hineinziehen, zielt die Montage - nicht immer, aber doch sehr häufig - darauf ab, diesen harmonisierenden Effekt zu brechen. Auch dieses Verfahren stärkt die Autonomie der einzelnen Szenen, so daß sie mehr als "slice of time, not a flow" (Sontag 1979, 17) im Sinne fotografischer Bilder wahrgenommen werden.

Die Collageform erscheint für einen Direct-Cinema-Film zunächst ungewöhnlich. Pennebaker kann sie sich jedoch leisten, da er sie mit einer Struktur unterfüttert, die weitgehend der "natürlichen" Chronologie folgt (vgl. Pennebaker 1968, n.p.) und überdies den rituellen Ablauf einer Konzerttournee abstrahierend und rhythmisch in immer wiederkehrenden, sich ähnelnden Settings und Situationen reproduziert und betont. Dadurch haben wir das Gefühl, Dylan auf seiner Reise zu begleiten, mit ihm unterwegs zu sein, obwohl wir selten genau wissen, an welchem Ort wir uns befinden, da Pennebaker entsprechende Hinweise darauf, wenn überhaupt, eher beiläufig und im Nachhinein einflicht. Mit dieser bewußt kreierten Raum/Zeit-Enthobenheit integriert die Struktur von *Don't Look Back* somit einen weiteren charakteristischen Aspekt der privilegierten Momente. Im wesentlichen beobachten wir den Künstler beim "Hanging out" mit anderen Musikern und Mitgliedern seiner Entourage, kurz vor einem Auftritt, nach einem Konzert auf der Flucht vor seinen Anhängern, auf der Fahrt zur nächsten Tourneestation, wo er trotz seiner Abneigung gegenüber der Presse begierig liest, was diese über ihn schreibt, und bei Begegnungen mit Journalisten und Fans. Diese sich wiederholende Folge kurzer, jeweils nur ein bis zwei Minuten dauernder Szenen bildet eine Art struktureller Folie, vor deren relativ gleichbleibendem Hintergrund die unterschiedlichen Grundstimmungen der einzelnen Szenen besonders deutlich hervortreten. Darin eingebettet sind lediglich fünf längere Segmente,[8]

---

[8] Sie sind in der Segmentierung entsprechend gekennzeichnet.

die etwas tieferen Einblick in eine bestimmte Situation geben, eine weitere Facette Dylans enthüllen, deshalb aber nicht unbedingt als privilegierte Momente zu bezeichnen sind. In einem übertragenen Sinne erinnern sie an die auf den Pappschildern betonten Wörter, wirken wie die nächste Strophe eines Liedes, dem die anderen Szenen als Refrain dienen. Damit unterstreichen sie ihrerseits die gewissermaßen abstrakte, musikalische Form, die Pennebaker für sein Werk in Anspruch nimmt. Als privilegierte Momente im engeren Sinne könnte man am ehesten Segment 25, das erste längere des Films, und Segment 45 ansehen, das letzte längere vor Dylans Abschlußkonzert in der Londoner Royal Albert Hall, das in gewisser Weise den konventionellen Höhepunkt bildet, auf den der Film zusteuert. Signifikanterweise kommen in diesen Segmenten auch die unterschiedlichen Formen, sich Dylans Person zu nähern, besonders prägnant zum Ausdruck. Auf beide werde ich später noch genauer eingehen.

Die Collageform des Films, die einerseits auf einer relativ festgefügten, ritualisierten Struktur ähnlicher Schauplätze und Situationen beruht, scheint andererseits darauf angelegt, innerhalb dieses begrenzten Rahmens möglichst viele unterschiedliche Facetten Dylans zu zeigen. Dies trägt neben der über die Montage eingeleiteten Dekontextualisierung ebenfalls dazu bei, daß die einzelnen Segmente relativ unverbunden nebeneinander stehen bleiben, kein geschlossenes Bild von Dylan ergeben, und die Ambiguität und Vieldeutigkeit des Realen erhalten bleibt. Anstelle einer Erklärung oder einer kausal-narrativen Einbindung bietet jede neue Szene weiteres Anschauungsmaterial, bringt zusätzliche Aspekte ins Spiel und wirft neue Fragen auf. Wie in Dylans Collagesongs, deren Botschaft sich in hohem Maße über die subjektiven Assoziationen und Vorstellungen der Hörer mit Inhalt füllt, bleibt es demnach auch in *Don't Look Back* weitgehend den Zuschauern überlassen, sich ihr Bild von Dylan selbst zu konstruieren. Es wird von unserer persönlichen Haltung ihm gegenüber, unserer individuellen Gewichtung und Bewertung der einzelnen Szenen und dem jeweiligen Vorwissen abhängig sein.

Das zweite Segment konfrontiert uns unmittelbar mit einer Großaufnahme Dylans, der auf seiner Gitarre spielt und mit verhaltener Stimme "You will start out standing ..." eine Zeile seines Songs "She Belongs to Me" intoniert. Dann enthüllt ein Zoom rückwärts einen Vorraum mit Spiegel, und im Bild erscheint der Titel "*Don't Look Back* by D.A. Pennebaker". Dylan wirkt nervös, er sucht einen Spazierstock, den er für seinen Auftritt braucht, und Albert Grossman und sein Freund Bob Neuwirth helfen ihm dabei. Die Kamera verfolgt das Geschehen mit ein paar hektischen Reißschwenks. Dann tritt Dylan durch eine "stage door" auf die Bühne, wo ihn tosender Beifall empfängt. Während er zu singen beginnt, schließt sich die Tür langsam hinter ihm. Doch anstelle des erwarteten Umschnitts, der uns an Dylans Auftritt teilhaben ließe, folgt die Titelsequenz, die die Mitwirkenden auflistet und über die Angabe "London 1965" Ort und Zeitpunkt der Ereignisse etabliert.

Bereits die erste Einstellung von Segment 2, die Großaufnahme Dylans, lenkt unsere Erwartung auf ein intimes Porträt des Künstlers und nimmt zugleich in einem eher abstrakten Sinne die Gesamtstruktur des Films vorweg. Darüber hinaus stimmt uns das Segment von Anfang an auf das zwischen Pennebaker und Dylan herrschende Moment des mystischen Einvernehmens ein, das die Insiderperspektive betont. Denn wir müssen mit Dylans Werk vertraut sein, um nachzuvollziehen, daß Pennebaker mit dem Filmtitel auf dessen gesungene Worte reagiert, da "don't look back" ein weiteres Textfragment aus dem Song "She Belongs to Me" darstellt.[9] In Segment 3 setzt sich diese konspirative Tendenz weiter fort. Während die Mitwirkenden aufgelistet werden, hören wir Dylan eine Passage aus seinem Song "All I Really Want to Do" singen, die dem uns vorenthaltenen Konzertauftritt von Segment 2 entstammen könnte und folgenden Wortlaut hat:

I ain't lookin' to compete with you,
Beat or cheat or mistreat you,
Simplify you, classify you,
Deny, defy, or crucify you,
All I really want to do
Is baby be friends with you.

Diese Passage enthält eine Botschaft des Künstlers an sein Publikum, kann aber im metaphorischen Sinne auch als verschlüsselter Hinweis auf die Methode des Films verstanden werden, die diese "message" Dylans in die Sprache des Direct Cinema überträgt.

Auch der Titel *Don't Look Back* hat noch eine weitere Bedeutung, da er sich ironisch und selbstreflexiv auf die zirkuläre Struktur des Werks bezieht. Denn bei dem in Segment 2 Gezeigten handelt es sich tatsächlich um einen Ausschnitt aus Segment 49, der letzten Szene vor Dylans Konzert in London, das Tournee und Film beschließt. Hier findet der bereits erwartete Umschnitt auf Dylans krönenden Auftritt

---

[9] Dieses Fragment ist folgendem Zusammenhang entlehnt: "She's got everything she needs, she's an artist, she don't look back".

endlich statt. Die Segmente 4 bis 49 haben aufgrund dieses zirkulären Rahmens den Charakter eines Rückblicks, der uns hinter die Kulissen der Tournee führt und Dylan in erster Linie off- und backstage präsentiert.[10] Innerhalb dieses Rückblicks kommen wir lediglich in den Genuß von vier kurzen Konzertauftritten (die Segmente 13, 19, 22 und 35), wobei die Tatsache, daß wir keinen Song ganz, sondern immer nur den Anfang oder das Ende hören, den Eindruck der Collage aus flüchtigen Momentaufnahmen unterstreicht. Dennoch ist der Film durchtränkt von Musik, da Dylan nicht selten auch in Gesprächssituationen seinen Worten mit Gitarrenuntermalung zusätzlichen emotionalen Ausdruck verleiht. Daneben schwelgt er in musikalischen Erinnerungen mit seiner Entourage, mißt sich mit anderen Musikerkollegen, seine Songs sind als Schallplatte oder im Radio zu hören und des öfteren intoniert jemand aus dem Stegreif ein Lied. Dylans Bühnenauftritte enthält uns *Don't Look Back* jedoch noch einige weitere Male bewußt vor.

Dylans Pressekonferenz auf dem Londoner Flughafen[11] in Segment 5 gibt uns eine Kostprobe seines Umgangs mit Journalisten. Kaum hat er den Raum betreten, stellt er selbst die erste Frage: "Well, what's happening here? What are we going to do?" Dies ist eine Taktik, die Interviewsituation zu wenden, die er an anderer Stelle noch dezidierter einsetzt, um sich einer eingehenderen Befragung zu entziehen. Anschließend beginnt er mit einer überdimensionalen Glühbirne zu hantieren, deren Sinn und Zweck er einem Reporter erklären soll. Dylan erwidert betont locker und etwas überheblich "I thought you would ask me that" und bleibt eine ernsthafte Antwort schuldig. Daraufhin wird er von einem anderen Reporter gefragt, was seine wahre Botschaft sei. Dylan versucht ihn mit der Nonsense-Äußerung: "Keep a good head and always carry a lightbulb" abzuspeisen, doch der gibt sich nicht zufrieden, sondern läßt sich mit "Have you tried it?" auf das Spiel seines Gegenübers ein. Dem gelingt es schließlich, den kurzen verbalen Schlagabtausch mit dem spontanen Einfall "Well, I plugged it into my socket and the house exploded" in seinem Sinne zu beenden.

Das nächste Segment beginnt mit der Großaufnahme einer Journalistin. Sie stellt Dylan die etwas anmaßende Frage, ob er glaube, daß sein Publikum überhaupt ein Wort von dem verstehe, was er singt, auf die dieser erstaunlich milde und gelassen

---

10 Darüber hinaus läßt sich sogar noch eine weitere, im Titel enthaltene Botschaft Pennebakers assoziieren, die über einen Appell an Dylan vermitteln will, daß der Film nicht als nostalgische Verklärung von dessen Folk-Vergangenheit zu verstehen ist.

11 Der Ort des Geschehens ist jedoch lediglich Pennebakers Begleitbuch zum Film zu entnehmen, wir als Zuschauer sind uns keineswegs darüber im klaren, wo wir uns befinden (vgl. 1968, 21).

und indem er die Unterhaltung ins Absurde wendet reagiert. Während er seine Strategie des Sich-Entziehens und der überhöhenden Mystifizierung weiter fortsetzt, begreifen wir erst allmählich, daß die Grundsituation zwar gleich geblieben ist, sich der Ort des Geschehens jedoch mittlerweile geändert hat.[12] Hier wie im Segment zuvor wird die nervöse Unruhe durch Pennebakers Kamera, die die Ereignisse häufig mit abrupten Reißschwenks verfolgt und umherlaufende Personen, die ihr zeitweilig den Blick verstellen, betont.

Die erste Einstellung von Segment 9 bringt eine Zeitung groß ins Bild, auf der Dylans Konterfei prangt. Dadurch entsteht unweigerlich der Eindruck, es handele sich um ein Foto, das ein Fotograf gerade von ihm geschossen hat; tatsächlich wird die zunächst evozierte Kausalverbindung jedoch ironisiert und unterlaufen, da sich der Eindruck fast im selben Moment als falsch erweist. In der nächsten Einstellung beugt sich Dylan über eine Zeitung und bricht angesichts dessen, was er über sich liest, in schallendes Gelächter aus. Auch hier wird uns eine logische Verknüpfung der beiden Einstellungen nahegelegt - als hätte er die Zeitung vor sich, die wir gerade gesehen haben -, die im Grunde durch nichts zu verifizieren ist. In diesem Zusammenhang fällt auf, daß Pennebaker keine großen Anstrengungen unternimmt, den collagehaften Charakter der Montage zu verbergen, der im Laufe des Segments, das Dylan im Kreise seiner Freunde zeigt, noch einmal hervortritt. Hier liest Dylan eine Meldung über Donovan, versehen mit einem Foto von ihm, auf die er mit den Worten "Who's this Donovan? Let's put him right out on the sidewalk" reagiert. Nach einem Schnitt hängt das Foto plötzlich als Ausriß an der Wand, und wir haben Bob Neuwirth im Bild, der dabei ist, weiteres Material hinzuzufügen. Trotz dieses offensichtlichen zeitlichen Bruchs geht die Unterhaltung über Donovan, zu der auch Neuwirth seinen Kommentar beizusteuern scheint, ungehindert weiter. Tatsächlich kaut Neuwirth jedoch lediglich Kaugummi und die Stimme, die wir hören, ist bereits die von Alan Price, der erst in der nächsten Einstellung zu sehen ist und Dylan über den englischen Folksänger aufklärt. Diesen collagehaften Szenen stehen solche gegenüber, in denen die raumzeitliche Einheit über organische Schwenks und Zooms im Nachhinein als tatsächlich bestehende etabliert wird und die somit die anderen bis zu einem gewissen Grad authentisieren und einbinden. Hier ist die Kamera darauf aus, die Situation mit ihren Bewegungen intuitiv zu erfassen und zu repräsentieren. So sieht man ziemlich

---

[12] Wie aus dem Begleitbuch hervorgeht, befinden wir uns jetzt in den Räumen des Londoner Savoy Hotels (vgl. Pennebaker 1968, 22).

am Anfang von Segment 9 eine junge Frau, die eine Rose hält[13], während aus dem Off Joan Baez' Stimme zu hören ist, die "Sally go 'round the roses ..." singt. Dann haben wir die Sängerin in Großaufnahme im Bild, und erst der anschließende Schwenk, in dem sich die Kamera am beschaulichen Rhythmus des Liedes orientiert und auch die Blume noch einmal hervorhebt, macht die Beziehung der beiden Frauen als profilmisch existierende kenntlich. Eine ähnliche Situation gibt es später noch einmal, als Alan Price und Dylan sich über Donovan unterhalten und ein Schnitt auf eine Großaufnahme von Joan Baez erfolgt, die auf eine überspitzte Bemerkung ihres Freundes mit einem amüsierten Lächeln zu reagieren scheint. Hier verifiziert der anschließende Zoom rückwärts, der alle drei gemeinsam ins Bild bringt, die Authentizität der Szene. Durch dieses Changieren zwischen Harmonisierung in den organischen Momenten und Irritation in den collagehaften reproduziert Segment 9 die Struktur von *Don't Look Back* noch einmal im kleinen und bezieht sich somit wiederum selbstreflexiv auf Pennebakers filmische Methode. Dies umso mehr, da es hier unter anderem um Zeitungsfotos geht, die zunächst von Neuwirth und gegen Ende des Segments auch von Dylan in die Form einer Collage gebracht werden.

Eine originelle, fast abstrakte Umsetzung von Dylans Strategie des Sich-Entziehens, die auch die Collageform betont, zeigt sich in der Verbindung der Segmente 11 und 12. Wiederum sehen wir zunächst das Gesicht von Dylan in Großaufnahme, der sich Zeitung lesend auf einem Sofa ausgestreckt hat. Gleich darauf wird er von einem für den "African service" der BBC arbeitenden Reporter mit schwarzer Hautfarbe aufgestört, der das Hotelzimmer betritt und seine beabsichtigten Fragen, die auch Dylans Engagement gegen Rassismus betreffen, mit ihm abzuklären beginnt. Nachdem der Sänger die Vorschläge wohlwollend und freundlich aufgenommen hat, hebt der Reporter zu seinem Interview an: "How did it all begin for you, Bob. What actually started you off?" Anstelle einer Antwort oder als Antwort erfolgt der überraschende Umschnitt auf eine Archivaufnahme. Sie zeigt Dylan in Greenwood, Mississippi, inmitten einer Gruppe schwarzer Landarbeiter, denen er seinen Medgar Evers gewidmeten Protestsong "Only a Pawn in Their Game" vorträgt.[14] Hier ist Dylan zum ersten Mal im Film beim Singen zu sehen *und* zu hören, allerdings entgegen unseren Erwartungen lediglich im Rahmen dieses länger zurückliegenden Ausschnitts,

---

[13] Laut Begleitbuch handelt es sich um Sally Grossman, die Frau von Dylans Manager (vgl. Pennebaker 1968, 29).

[14] Dieses Material wurde Pennebaker von seinem Kollegen Ed Emshwiller überlassen (vgl. Bauldie 1992, 57).

dessen Einsatz eine weitere bewußte Verletzung der Regeln des Direct Cinema darstellt. Mit dieser Art der Montage spielt Pennebaker ironisch auf den Erklärdokumentarismus an, dessen Methode er hier zitiert, um sie zu unterlaufen. Denn die gezeigten Bilder wecken zwar unsere Neugier und eine ganze Reihe von Assoziationen, enthalten aber keine Informationen, die unseren Wissensdurst befriedigen könnten.

Segment 13 präsentiert endlich den ersten kurzen Konzertauftritt Dylans. Während dieser Auftritte heftet sich die Kamera zumeist in Großaufnahme an das Gesicht des Songpoeten und gibt uns darüber das Gefühl, das Konzert aus einer privilegierten Position zu betrachten, die selbst gegenüber derjenigen der Zuschauer im Saal einen Vorteil aufweist; denn im Gegensatz zu ihnen können wir jede noch so kleine Veränderung von Dylans Ausdruck aus nächster Nähe studieren. Hier wird noch einmal an die in Segment 12 evozierten Assoziationen angeknüpft. Die formale Überleitung ergibt sich aus dem Applaus der schwarzen Zuhörer, der nahtlos in den des Konzertpublikums übergeht. Wir hören das Ende des Songs "The Times They Are A-Changin'", der hier wie ein weiterer Kommentar auf das Vorhergehende wirkt, als bezöge sich Dylans Botschaft darauf, daß das Verhältnis zwischen Schwarzen und Weißen im Begriff sei, sich zu verändern. Auf einer anderen assoziativen Ebene steht der Song, der noch dreimal in Auszügen zu hören ist, auch in besonderem Bezug zu Dylans musikalischer und persönlicher Umbruchsituation, deren Spuren Pennebaker nachgeht.

Im Lauf von Segment 14 führt ein Reporter, der seinen Konzertbericht telefonisch durchgibt, die Assoziationskette weiter, denn auch er bezieht sich auf den soeben gehörten Song. Gleichzeitig transponieren seine kritisch-analytischen Bemerkungen die Konzerterfahrung, die vor allem unsere Sinne ansprach, ins Rationale. Segment 17 aktiviert die Verbindung aufs Neue. Auf der Fahrt zur nächsten Tourneestation verliest ein Mitglied der Entourage eine aus einer wohlwollenden "straight"-Position heraus argumentierende Konzertkritik, die wiederum "The Times They Are A-Changin'" besonders hervorhebt. Ferner erfahren wir beiläufig und im Nachhinein, daß der Konzertausschnitt, den wir gesehen haben, Dylans "opening night" in Sheffield entstammt.

Im nächsten Segment kommt es zu einer kurzen Begegnung zwischen Dylan und ein paar weiblichen Fans im Teenagealter, die zunächst dabei beobachtet werden, wie sie fasziniert und aufgeregt vor seinem Hotel auf ein Lebenszeichen von ihm warten. Plötzlich scheint er tatsächlich am Fenster aufzutauchen. Die nächste Einstellung zeigt Dylan und die jungen Mädchen, die ihm ehrfürchtig und liebevoll gegenübertreten, bereits im Gespräch, das mit der Frage: "Are you going to sing 'Times They Are A-

Changin'?" beginnt. Als Dylan daraufhin wissen will, was der Fragestellerin an dem Song so gefällt, erhält er als Antwort: "I don't like 'Subterranean Homesick Blues'." Dylan nickt verständnisvoll und fügt hinzu: "Oh, you're that kind. I understand right now", geht aber behutsam weiter auf das Mädchen ein und versucht ihm über den Hinweis, daß er seinen Freunden auch Arbeit geben müsse, seine musikalische Weiterentwicklung verständlich zu machen. Als es daraufhin zu bedenken gibt, daß man ihn vielleicht nicht mehr ernst nehmen werde, appelliert er an die persönlichen Gefühle und die Eigenständigkeit des Mädchens, indem er erwidert: "You know different, tho', right? As long as you know, you don't have to worry about anybody else. All the people take care of themselves." Hier teilt Dylan für einen flüchtigen Moment etwas von seiner Lebensphilosophie mit einem Fan und enthüllt eine zarte, empfindsame Seite. Im nächsten Augenblick ist er bereits wieder auf dem Rückzug und beantwortet die Frage, ob er Geschwister habe, im Gestus kosmischer Verklärung mit: "I have lots of brothers and sisters...lots."

Segment 24, das dem ersten privilegierten Moment vorausgeht, enthüllt eine andere Seite der Beziehung des Stars zu seinen Fans. Es ist stockdunkel, als Dylan eine von Teenagern umlagerte Konzerthalle verläßt und sich bis zu dem wartenden Wagen vorkämpft. Pennebakers verwackelte Schulterkamera unterstreicht den hektischen Charakter dieser tumultuösen Szene, in der das Kreischen der Fans durch die Nacht hallt, während Dylan und seine Begleiter Passanten darum bitten, ein Mädchen von der Kühlerhaube des inzwischen losgefahrenen Wagens zu entfernen. Dann wird es plötzlich still im Inneren des Fahrzeugs, das mittlerweile auf einer einsamen Straße im Regen durch die Dunkelheit rollt. In diese Stille hinein ertönt bald darauf die Stimme von Joan Baez, die zum nächsten Segment überleitet und bereits die ersten Takte von "Percy's Song" singt, dessen melancholische Grundstimmung sich mit der des gezeigten Bildes zu einem harmonischen Gesamteindruck verbindet. In diesem Fall bereitet die nächtliche Autofahrt die erste längere, fast acht Minuten dauernde Szene atmosphärisch vor.

Die erste Einstellung von Segment 25 zeigt uns das Gesicht der Sängerin in Großaufnahme, das aufgrund der spärlichen Lichtverhältnisse weitgehend im Dunkeln bleibt. Dies unterstreicht die Intimität und Entspanntheit der Szene, die, wie sich für uns erst allmählich herauskristallisiert, zu fortgeschrittener Stunde in Dylans Hotelzimmer stattfindet. Hier haben wir in besonderem Maße das Gefühl eines Blicks hinter die Kulissen, denn zum ersten Mal im Film - und, wie sich herausstellt, auch zum einzigen Mal - haben wir Gelegenheit, eine privatere Seite Dylans kennenzulernen, ihn zu beobachten, wie er sich in seinem persönlichen Bereich im Kreise seiner engen Freunde Joan Baez und Bob Neuwirth bewegt. Anfangs sind auch noch Albert Grossman und Marianne Faithfull anwesend, sie verlassen die Gruppe aber im Lauf der Nacht. In dieser langen Sequenz wird kaum gesprochen, sondern hauptsächlich über die Musik kommuniziert. Sie ist es, die die Personen im Raum, die ihren individuellen Aktivitäten und Bedürfnissen nachgehen, emotional miteinander verbindet. Auf diese Weise entsteht ein fast mystisches Gefühl von Gemeinschaft, das Pennebakers Kamera noch verstärkt. Sie orientiert sich zunächst am Gesicht von Joan Baez, die Gitarre spielt und singt, und setzt dann nach und nach die einzelnen Personen in längeren, im Rhythmus der Musik choreographierten Schwenks zu ihr und zueinander in Beziehung. Grossman hat die Beine auf dem Tisch und liest einen Brief, Marianne Faithfull hört einfach zu, Neuwirth malt etwas und Dylan sitzt mit dem Rücken zu Baez vor seiner Schreibmaschine und ist vermutlich dabei, einen neuen Song zu konzipieren, den er im Takt der Musik in die Tasten tippt. Später wird er in eine Art musikalischen Dialog mit Joan Baez eintreten, die Gitarre selber in die Hand nehmen und auf ihre Interpretation von "Family Reunion", eines Hank Williams-Songs, mit zwei Liedern desselben Komponisten, "Lost Highway" und "I'm So Lonesome I Could Cry", reagieren, während sie im Hintergrund die zweite Stimme singt.

In dieser langen Sequenz, die dank der vielen Großaufnahmen, die eine zeitliche Dehnung auslösen, noch länger wirkt, als sie tatsächlich ist, kommt die spezifische Haltung der Entourage, die emotionale, auf Worte nicht angewiesene Verbundenheit besonders intensiv zum Ausdruck. Dieses Gefühl von Gemeinschaft basiert auf der intuitiven Gewißheit, eine bestimmte Weltsicht zu teilen, und macht einen wichtigen Bestandteil des Lebensgefühls der Gegenkultur der 60er Jahre aus. Über Pennebakers Kamera, die die herrschende Stimmung aufgreift und widerspiegelt und uns in langen Einstellungen immer tiefer in das Geschehen hineinzieht, empfinden auch wir die außergewöhnliche Harmonie im Raum, und aufgrund dessen fast ein Glücksgefühl. Dieses Gefühl, das auf dem Eindruck beruht, Dylan besonders nahe zu sein und das wortlose Einvernehmen miterlebt und geteilt zu haben, verstärkt sich noch dadurch, daß Neuwirth am Ende der langen Nacht, als es schon wieder hellzuwerden beginnt, unsere Wahrnehmung bestätigt: "Welcome home. It's the first time that this room hasn't been full of a bunch of insane lunatics, man, that I can remember, it's the first time it's been cool around here."

Bald darauf verabschiedet sich Joan Baez von Dylan und verläßt, die Tür hinter sich schließend, den Raum. Neuwirth intoniert unterdessen einen Blues-Song auf der

Gitarre, während Dylan unermüdlich Schreibmaschine schreibt. Auch wenn die Sequenz über die verschiedenen Songs bereits mit einer Vielzahl von Assoziationen aufgeladen ist, uns ohnehin die Insiderperspektive nahelegt und dazu einlädt, die Position von "bereits Bekehrten" einzunehmen, hält diese letzte Szene doch für Eingeweihte, die mit Dylans Biografie vertraut sind, noch einige weitere Konnotationen bereit, die ihr zusätzliche Bedeutung geben. Denn auf einer metaphorischen Ebene kann man Baez' Schließen der Tür als sinnbildliches Zeichen für das Scheitern ihrer Liebesbeziehung zu dem Musiker verstehen, die während der Englandtournee endgültig in die Brüche ging.[15] Neuwirths wehmütiges Gitarrenspiel wirkt in diesem Fall wie ein unterschwelliger Kommentar dazu.

Auch in dieser Sequenz gibt es zwischen den Liedern mehrfach deutlich erkennbare Zeitsprünge, die wiederum den collagehaften Charakter des Films hervorheben, der zu keiner Zeit vorgibt, ein vollständiges Bild der Tournee und von Dylan zu präsentieren, sondern fragmentarische Eindrücke, die sich zu einem atmosphärischen Gesamtbild fügen, in chronologischer Folge aneinanderreiht.

In Segment 28, der nächsten längeren, fast sechs Minuten dauernden Sequenz, verläßt Pennebaker ausnahmsweise Dylan und seine nähere Umgebung, um einen Abstecher nach London zu machen, wo Albert Grossman gemeinsam mit einem britischen Musikproduzenten Verhandlungen wegen eines Fernsehauftritts von Dylan führt. Hier haben wir Einblick in eine andere Facette des Tourneebetriebs, lernen etwas von der geschäftlichen Seite kennen und werden Zeugen, mit welch abgedroschenen, simplen Tricks Grossman und sein Partner die verschiedenen Fernsehanstalten, die sich um einen Exklusivvertrag mit Dylan bemühen, gegeneinander auszuspielen suchen. Am Ende der Szene beziehen sie auch "Subterranean Homesick Blues" in ihre telefonischen Absprachen ein, der gerade von Platz 45 der Hitparade auf Platz sechs geklettert ist. Dieser Hinweis bietet auch die Überleitung zum nächsten Segment, in dem Dylan die Schaufenster eines Musikladens betrachtet, auf dessen Scheiben weithin sichtbar Werbung für diesen Song prangt. Die Auslage ist mit elektrischen Gitarren bestückt, deren bizarre Formen der nach neuen Ausdrucksmöglichkeiten suchende Musiker mit großem Interesse zur Kenntnis nimmt. Seine spontane, fast kindliche Begeisterung für die ungewöhnlichen Instrumente kann als Kontrast zu der manipulativen Qualität der vorhergehenden Szene gesehen werden. Insofern hat

[15] Zu dieser Form des Assoziierens paßt auch, daß Joan Baez in den sich anschließenden Segmenten 26 und 27 noch einmal kurz zu sehen ist und dann gänzlich von der Bildfläche verschwindet.

diese Art der Segmentverknüpfung Bezüge zu anderen unterschwelligen Gegenüberstellungen, die der Film vornimmt. Sie manifestieren sich in dem eher scherzhaften Wettbewerb zwischen Donovan und Dylan, der "hip vs. straight"-Dichotomie, aber auch im Heranziehen ähnlicher Situationen und Settings, die dann jedoch weitere, neue Aspekte und Gemütslagen Dylans zutage fördern. Der kontrastive Eindruck der beiden Segmente wird noch dadurch verstärkt, daß auf die Begebenheit vor dem Musikladen eine aus einer langen Einstellung bestehende kontemplative, lyrische Szene folgt, die Dylans kreative Seite betont und in ihrem visuellen Arrangement und meditativen Charakter an den ersten privilegierten Moment erinnert. Hier sitzt der Musiker nicht vor seiner Schreibmaschine, sondern in einem lichtdurchfluteten Raum in malerisches Gegenlicht getaucht am Piano, während ein Begleiter ihm versonnen zuhört. Dann gibt es einen abrupten atmosphärischen Wechsel zu einer kurzen tumultuösen Szene, in der ein paar Fans auf der Straße einen flüchtigen Blick auf Dylan erhaschen, bevor er in einem Hauseingang verschwindet.

Segment 32, die dritte längere, über acht Minuten dauernde Sequenz, zeigt Dylan im Gespräch mit einem Studenten. Die Kamera richtet sich in langen Einstellungen vor allem auf Dylans Gesicht in Großaufnahme und gibt uns Gelegenheit, jede Veränderung seiner Züge und seiner Stimmung *en detail* zu registrieren. Die Unterhaltung, die sich um die Definition von Freundschaft und die Interviewsituation selbst dreht, wird von dem Musiker mit Klängen aus seiner Gitarre untermalt, auf die Alan Price von Zeit zu Zeit mit einer spontanen Klaviereinlage reagiert. Auch Pennebaker setzt seine Kamera hier wie ein Musikinstrument ein, indem er ihre Bewegungen den wechselnden Stimmungen im Raum angleicht, sie dadurch verstärkt und natürlich auch interpretiert. Der eigentliche Inhalt des Gesprächs rückt dadurch bis zu einem gewissen Grad zugunsten der expressiven Atmosphäre in den Hintergrund. Dies wird noch dadurch untertrichen, daß Dylans Aussagen mitunter ein performatives Element enthalten, das der Suggestivkraft von Stimmlagen sowie der Akzentuierung und Rhythmik des Gesagten, das zuweilen fast an Sprechgesang erinnert, großen Wert beimißt.

Auch dieses Segment beginnt wieder *in medias res*, als die Diskussion zwischen den Interviewpartnern schon in vollem Gange ist. Sie hat einen etwas vagen, kryptischen Charakter, da Dylan seinen Äußerungen häufig eine vielsagende Aura gibt und der sich um eine gemeinsame Gesprächsebene bemühende Student, mit weniger Erfolg, versucht es ihm nachzutun. Daraufhin wechselt der Musiker prompt die "Tonart" und schließt die Versuche, sich auf ihn einzustellen, somit kurz. Wiederum wendet

Dylan in dieser Szene geschickt die Interviewsituation, indem er auf die an ihn gerichteten Fragen schon fast reflexartig mit einer Gegenfrage und manchmal auch mit provozierenden Statements reagiert, aus denen das, was er denkt und fühlt, nur ansatzweise und indirekt herauszudestillieren ist. Statt dessen macht er sich mit Verve daran, die Ansichten seines Gegenübers witzig, scharfsinnig und ideenreich unter die Lupe zu nehmen, und gibt uns auf diese Weise Einblick in das große Spektrum seiner spontanen Einfälle und Reaktionen. Auch wenn uns Dylan durch sein Charisma, seine nervöse, intensive Präsenz und Kreativität in Bann zieht, bleiben wir hier wie in anderen Szenen mit dem Gefühl zurück, letztlich mehr über Personen aus seiner Umgebung und Situationen, denen er ausgesetzt ist, erfahren zu haben als über ihn selbst, der sich allen Versuchen, seine Seele zu erforschen, souverän und erfinderisch entzieht. Dieser Strategie Dylans trägt Pennebaker mit seiner Kameraarbeit Rechnung, indem er visuell reizvolle, aber räumlich desorientierende und daher verwirrende Reflexionen des Studenten in einem Spiegel einsetzt, die erst durch anschließende Zooms, die einen größeren Ausschnitt der Szene freigeben, als solche zu erkennen sind. Gleichzeitig stellen die Spiegelszenen nochmals einen metaphorischen Hinweis auf Pennebakers filmische Methode dar.

In einem weiteren kurzen Konzertauftritt Dylans hören wir einen Auszug aus seinem Song "Don't Think Twice, It's All Right". Er enthält die Zeilen "And it ain't no use in callin' out my name, Babe, I can't hear you anymore. I'm thinkin' and a wonderin' walkin' all the way down the road ...." Mit der nächsten Einstellung greift Pennebaker geschickt dieses Feeling des Unterwegs-Seins auf und setzt es in einer kurzen lyrischen Szene atmosphärisch um. Während das Lied noch andauert, haben wir plötzlich englische Reihenhäuser im Blick, die von einem fahrenden Zug aus aufgenommen sind, und ein weiterer Schnitt enthüllt den allein in einem Abteil sitzenden Dylan, der seine Hand schützend über die Augen legt und zum ersten Mal müde und erschöpft wirkt. Bei der Einfahrt in einen Bahnhof offenbart ein Schild, daß wir uns jetzt in Manchester befinden.

Die nachfolgende Einstellung gibt den Blick auf Dylan frei, der in gleißendes Scheinwerferlicht getaucht mit dem Rücken zu uns auf einer dunklen Bühne steht. Dadurch kommt der Eindruck auf, wir hätten es mit einem weiteren öffentlichen Auftritt zu tun. Doch tatsächlich handelt es sich um einen Soundcheck, und das Konzert wird ausgespart. Denn die nächste Szene zeigt Dylan schon nach seinem Auftritt, auf der Flucht vor seinen Fans. Pennebaker filmt diese Fluchtbewegung in einer langen Einstellung, die mittlerweile zum Standardrepertoire des Direct Cinema zählt und dessen spezifische Möglichkeiten und unsere Insiderposition betont. Wir folgen Dylan und seinen Begleitern durch einen unterirdischen Korridor der Konzerthalle um mehrere Ecken treppauf, treppab, während aus der Ferne "God Save the Queen", die englische Nationalhymne, die das Ende der Veranstaltung ankündigt, zu vernehmen ist. Draußen in der Dunkelheit wird der Musiker von kreischenden Fans erwartet, denen er so schnell wie möglich in einem Taxi zu entkommen sucht.

Inhaltlich und atmosphärisch erinnert diese Szene sehr an diejenige, die den ersten privilegierten Moment vorbereitete; umso mehr, als sich auch an sie eine Party in Dylans Hotelzimmer anschließt, die jedoch gänzlich anderen Charakter hat. Diese Abfolge der Segmente unterstreicht ihrerseits den gleichsam abstrakten, musikalischen Charakter des Films, in dem einige Szenen wie Strophen, andere wie Refrains erscheinen.

In der über acht Minuten dauernden Party-Sequenz, in der Dylan endlich auf Donovan trifft, der ihn mit einigen englischen Folkmusikern und Freunden besucht, erleben wir den Songpoeten zum ersten Mal ungehalten, verärgert und zeitweise sogar wütend, weil einer der Gäste ein Glas auf die Straße geworfen hat. Doch selbst in dieser angespannten, hektischen Situation haftet seinen erregten Nachfragen noch ein Element von Performance an, denn seine Äußerungen wirken teilweise wie verbale Improvisationen, haben den wohlgetimten, effektvollen, musikalischen Charakter von Sprechgesang wie manche seiner Lieder oder Blues-Songs.

Später, nach einem deutlich erkennbaren Zeitsprung, der erneut das Fragmentarische, Collagehafte des Films hervorhebt, zeigt sich Dylan noch von einer anderen Seite. In einer versöhnlichen Geste beugt er sich zu seinem betrunkenen Gast hinunter, nimmt dessen Hand und versucht mit den einlenkenden Worten "I just didn't want that glass to hurt anybody" seinen vorangegangenen Ausbruch zu rechtfertigen. Nach einem weiteren Zeitsprung schließt sich der freundschaftlich ausgetragene musikalische Wettbewerb zwischen Donovan und Dylan an, der zugunsten des ungleich vielschichtigeren, charismatischen Amerikaners ausgeht. Dieser Eindruck bestätigt sich in Segment 41 auf perfide Weise, ohne daß Dylan etwas dafür tun muß. Auf der Fahrt zur Royal Albert Hall äußert sich sein Tourneemanager, der auch für Donovan eine Reihe von Konzerten organisiert, ausgesprochen abfällig über den Marktwert seines englischen Klienten, der noch weit davon entfernt sei, ein Publikum für zwei Stunden allein unterhalten zu können. Wir haben hingegen gerade erfahren, daß alle Karten für Dylans Londoner Konzerte restlos ausverkauft sind.

Wie bereits dargelegt, bedient sich Pennebaker in *Don't Look Back* des dramaturgischen Kunstgriffs, die öffentlichen Auftritte des Künstlers während seiner fast vierwöchigen Tournee bewußt auszusparen oder nur kurz zu skizzieren. Die Coda des Films, Dylans Abschlußkonzert in der Royal Albert Hall, muß uns daher wie ein langersehntes Ereignis erscheinen, das unsere wiederholt geweckten und dann frustrierten Erwartungen endlich erfüllt. Dies nicht nur, weil das letzte Konzert einer Tournee von sich aus einen Höhepunkt bildet, sondern weil unsere Versuche, Dylan rational zu ergründen, im Verlauf des Rückblicks immer wieder ins Leere liefen, so daß wir in gewissem Sinne immer noch dort sind, wo wir angefangen haben, eine Tatsache, auf die die zirkuläre Struktur ebenfalls sinnfällig verweist. Der gewährte Einblick hinter die Tourneekulissen fördert kein klares Bild zutage, sondern eine Collage flüchtiger Szenen und atmosphärischer Eindrücke, die in ihrer Kaleidoskophaftigkeit und raumzeitenthobenen Eigenständigkeit darauf angelegt sind, Dylans enigmatisches Charisma, seine Vielseitigkeit und seine Taktik der poetischen Verschlüsselung und Überhöhung zu spiegeln und nicht zu demontieren. Zwar kristallisiert sich auch auf diese Weise im Lauf des Films ein intuitives, gefühlsmäßiges Bild von Dylans Stil und Persönlichkeit heraus. Es ist aber, wie Pennebakers traumgleiche "mood", nur schwer in Worte zu fassen, da es sich aus diffusen, stimmungsabhängigen sensorischen Eindrücken, einprägsamen Manierismen, charakteristischer Mimik und Gestik speist. Daher scheint Dylans öffentlicher Auftritt, der hier mit einem privilegierten Moment zusammenfällt, noch am ehesten etwas über ihn zu enthüllen, was in einem auf den Blick hinter die Kulissen und intime Momente ausgerichteten Direct-Cinema-Film in gewisser Weise paradox anmutet. Allerdings korrespondiert diese Strategie des widersinnigen Höhepunktes einmal mehr mit Dylans eigenwilliger, wandlungsfähiger Persönlichkeitsstruktur, seiner Art, sich an ihn herangetragenen Erwartungen in schöpferischer, unvorhersehbarer Weise zu entziehen.

Um die Bedeutung des Konzertes hervorzuheben und unsere Spannung und Erwartungshaltung zu steigern, gehen Dylans krönendem Auftritt zehn Segmente voraus, die uns auf das Ereignis einstimmen und damit in Zusammenhang stehende Aktivitäten und Vorbereitungen zeigen. Tatsächlich ist diese Szenenfolge, die die Segmente 40 bis 49 umfaßt, wie eine Art Showdown montiert, der erneut die Innen/Außen-Struktur und unsere Insiderperspektive betont: Eine Serie von Parallelmontagen kontrastiert den sich bereits im Inneren der Royal Albert Hall befindenden Dylan mit den sich erst draußen versammelnden und dann in die Halle strömenden Fans. Die einzelnen Segmente sind überaus kurz, viele nicht einmal eine Minute lang. Dies trägt wie die Tatsache, daß Dylan zum ersten Mal vor einem Konzert nervös und aufgeregt wirkt, zur Spannungssteigerung bei. Auf einer abstrakteren Ebene spiegelt dieser formale Aufbau zudem wiederum die Struktur von "Subterranean Homesick Blues", der, wie Fritz Werner Haver (1987, 89) herausgearbeitet hat, das Tempo ebenfalls zum Ende hin steigert, um dann seine verdeckte Botschaft preiszugeben.

In diese Abfolge kurzer Szenen eingebettet ist allerdings Segment 45, die letzte längere Sequenz des "Rückblicks", in der Dylan streitlustig einen weiteren Journalisten konfrontiert, diesmal von der Zeitschrift *Time*, die signifikanterweise zum Imperium des Time-Life-Konzerns, Pennebakers früherem Arbeitgeber bei Drew Associates, gehört. Hier werden wir Zeugen, wie Dylan einem Vertreter des Medienestablishments aus der Perspektive der Gegenkultur eine Lektion erteilt, die unterschwellig die "hip vs. straight"-Dichotomie betont.[16] Dieses Segment bildet einen weiteren Höhepunkt, da es einen privilegierten Moment darstellt, der mit dem von Segment 25 kontrastiert, das eine relativ private Seite Dylans zeigte und die in der Gegenkultur gepflegte, über Worte weit hinausgehende emotionale Verbundenheit zwischen ihm und seinen Freunden hervorhob. Wie sein Gegenstück bringt auch Segment 45 das Programm des Direct Cinema in besonderem Maße auf den Punkt, wenn auch in gänzlich anderer Weise. Denn hier fungiert Dylan, der in dieser Szene seine Meinung einmal überraschend klar und deutlich formuliert, ohne es zu ahnen, indirekt als Fürsprecher des Direct Cinema und von Pennebakers filmischer Methode, die er in seinen Worten reflektiert.

Dylan tritt dem Journalisten ziemlich überheblich gegenüber. Dies wirkt aber nicht wirklich unangenehm, da man in diesem Verhalten eine weitere Pose erkennt, hinter der sich echtes emotionales Engagement verbirgt, und da seine Äußerungen außerdem einiges Wahre enthalten. Der Musiker bezweifelt, daß sein Gesprächspartner jemals verstehen wird, wer er ist und was er mit seinen Liedern aussagen will, und gibt ihm erst gar nicht die Chance, Fragen zu stellen und Ansichten zu äußern. Statt dessen überzieht er ihn mit einem rasanten Monolog, der sich als glühendes Plädoyer für den hohen Stellenwert unmittelbarer sinnlicher Erfahrung erweist, womit er eine Position vertritt, für die sich sowohl die Gegenkultur wie auch das Direct Cinema stark machen. "I know more about what you do [...] just by looking [...] than you'll ever know about me", schleudert er dem Journalisten entgegen und bringt dabei das intuitive Gespür der Gegenkultur ins Spiel, das denjenigen, die nur ihrem Intellekt

---

[16] Insofern spiegelt Pennebakers Showdown-Struktur hier ein weiteres Mal relativ abstrakt Dylans gefühlsmäßige Disposition.

vertrauen, nicht zur Verfügung steht. Später verkündet er: "each of us really "knows" nothing. Right? But we all think we know things." Der *Time*-Reporter wird von ihm hingegen als Vertreter der rational-distanzierten, vermittelten Berichterstattung gebrandmarkt, der seine Leser nicht kennt und seine Notizen an einen anderen Reporter weiterreicht, der den endgültigen Artikel verfaßt, ohne jemals seinen Schreibtisch verlassen zu haben. Ein solcher Bericht kann jedoch, wie Dylan betont, niemals gut sein, da er nicht auf der eigenen Erfahrung basiert.

Der Künstler gesteht zwar ein, auch er lese *Time* oder *Newsweek* ab und zu, behauptet aber, er nehme diese Zeitschriften nicht ernst, "'cause they just got too much to lose by printing the truth". Seinem Interviewer gelingt es diesmal ausnahmsweise, mit der Gegenfrage zu kontern, was denn die tatsächliche Wahrheit sei, auf die Dylan die Antwort: "Really the truth is just a plain picture" gibt. Und nach einer kurzen Pause des Überlegens fügt er hinzu, "any kind of picture. Just make some sort of collage of pictures which they don't do. [...] There's no ideas in *Time* magazine, there's just these facts." Mit dieser Aussage avanciert Dylan unbeabsichtigt wiederum zum Fürsprecher des Direct Cinema, dessen Präferenz für das Visuelle und für Vieldeutigkeit er hier zu teilen scheint. Darüber hinaus hebt er bei dem indirekten Versuch, die eigene Arbeitsweise zu empfehlen, umso mehr Pennebakers filmische Methode positiv hervor, der seine Collageform in *Don't Look Back* gezielt übernimmt.

Während des Interviews konzentriert sich die Kamera vor allem auf Dylans Gesicht in Großaufnahme, bewegt sich aber zuweilen in hektischen Reißschwenks zwischen den Gesprächspartnern hin und her, um den konfrontativen Charakter der Auseinandersetzung zu betonen. Daneben dient dieses Verfahren hier auch dazu, Schnitte zu kaschieren.

Die Interview-Sequenz, in der zwei gegensätzliche Haltungen aufeinandertreffen, bildet einen Kontrapunkt zu Dylans krönendem Abschlußkonzert, das wiederum in vielerlei Hinsicht mit dem privilegierten Moment von Segment 25 korrespondiert. Hier wie dort ist die Musik das verbindende Element, die einen gefühlsbetonten "sense of community" und eine große Nähe zu Dylan evoziert. Diese Nähe wird einerseits durch die Art und Weise, wie das Konzert gefilmt ist, unterstrichen, die das im Saal anwesende Publikum visuell ausblendet und uns die privilegierte Position von Angesicht zu Angesicht einräumt. Zudem blickt Dylan während des Konzertes des öfteren in die Kamera, so daß wir das Gefühl haben, unmittelbar angesprochen zu sein und den Platz, der uns in Segment 25 noch über seine Freunde angewiesen wurde, diesmal direkt einzunehmen.[17] Ein Kameraschwenk Pennebakers, der entgegen unserer ursprünglichen Annahme nicht das Publikum im Saal, sondern Dylans hinter der Bühne versammelte Freunde ins Bild bringt, verstärkt auf seine Weise diese Gleichsetzung mit seiner Entourage.

Während des Konzertes potenziert sich das diffuse, facettenreiche Bild, das wir im Lauf des Rückblicks von Dylans Stil und Persönlichkeit gewonnen haben, in Verbindung mit seiner Musik zu einem stimmigen Gesamteindruck, in dessen Rahmen sich auch Pennebakers musikalisches Konzept noch einmal auf einer höheren Ebene realisiert. Denn hier erleben wir viele Qualitäten, die Dylan auch jenseits der Bühne auszeichnen, vor allem seine außergewöhnliche Gabe, Emotionen und Gemütslagen über seine Stimme Ausdruck zu verleihen, erneut, nur diesmal in geschliffener Form. Dieses harmonische Ineinanderaufgehen der beiden Aspekte Dylans, seiner offstage- und onstage-*persona*, verstärkt in uns das Gefühl, ihn in einer intuitiven Weise verstanden zu haben, ihm doch nahe gekommen zu sein. Dies erzeugt, wie schon in Segment 25, eine Art überströmendes Glücksgefühl, das durch Pennebakers auf das Konzert zulaufende Struktur noch befördert wird, aber auch durch Dylan selbst, der hier die Reserve gegenüber seiner Umgebung aufgibt, sich ganz seiner Musik überläßt und seine verschlüsselte Botschaft mit großer Hingabe und Intensität vorträgt. Man spürt förmlich, wie die Anspannung der letzten Tage und Wochen allmählich aus seinem Gesicht weicht und einer gelösten, glücklichen Stimmung Platz macht. Wir hören Auszüge aus mehreren seiner Songs, die durch Überblendungen, die erneut auf den fragmentarischen, collagehaften Charakter des Gezeigten verweisen, miteinander verbunden sind. Sie stellen einen Querschnitt durch Dylans musikalische Entwicklung von *The Freewheelin' Bob Dylan* bis *Bringing It All Back Home* dar, die wir im Lauf des Films bis zu einem gewissen Grad mitvollzogen haben. Zu unserem Gefühl der intimen Verbundenheit trägt bei, daß Dylan seinen Liedvortrag mit verbalen Einlagen unterbricht, eine spontane Seitenbemerkung über Donovan beispielsweise, die als ein weiterer "continuity gag", in dem der Wettbewerb zwischen den beiden noch einmal anklingt, eine besondere Bedeutung für uns hat. Dann rezitiert er einen elaborierten Sinnspruch, der, wie Dylan uns anschließend im Vertrauen mitteilt, in Wahrheit von T.S. Eliot stammt. Auf dieses Statement folgt ein weiteres: "I'll let you be in my dream if I can be in your dream. I said that", auf das das Publikum wie schon zuvor mit Begeisterung reagiert. Mit diesem vieldeutigen, unergründlichen Ausspruch hebt

---

[17] Insofern läßt sich hier ein Bogen zum allerersten Segment des Films spannen, in dem uns Dylan während seiner Performance ebenfalls direkt adressiert.

Dylan die Stimmung auf eine mystische Ebene und steigert dadurch seinerseits das Gefühl eines über Worte hinausgehenden Einvernehmens, das wir in dieser Sequenz empfinden. Darüber hinaus verweist er, ohne es zu wissen, hier noch einmal indirekt und verschlüsselt auf Pennebakers Methode, die durch ihre Strategie des Spiegelns und Verstärkens von Emotionen ihren Teil zu unserer mystisch überhöhten Wahrnehmung des Geschehens beiträgt.

Somit gelingt es *Don't Look Back*, uns eine Erkenntnis sinnlich nachvollziehbar zu vermitteln, zu der mittlerweile eine ganze Reihe von Dylan-Biografen gekommen sind: "Expect [Dylan] to communicate through his work but don't expect him to explain himself" (Shelton 1986, 298). Gleichzeitig wird uns an dieser Stelle noch einmal eindringlich und beschwörend nahegelegt, die Haltung zu Dylan einzunehmen, die dieser selbst gegenüber dem *Time*-Journalisten geäußert hat: "I'm not questioning you, because I don't expect any answer from you", und Pennebakers Einladung anzunehmen, sich der charismatischen Performance des Künstlers, der Musik und dem Augenblick innerlich hinzugeben. Paradoxerweise haben wir damit am ehesten die Botschaft von "Subterranean Homesick Blues": "don't follow leaders", realisiert.

6. Schlußwort

Die exemplarischen Analysen der Filme *The Chair* (1963) von Drew Associates, *Happy Mother's Day* (1963) von Richard Leacock und *Don't Look Back* (1967) von Donn Alan Pennebaker in Kapitel fünf konnten, wie sich gezeigt hat, die im theoretischen Teil der Arbeit erzielten Ergebnisse konkretisieren, weiter ausdifferenzieren und bestätigen. Dabei läßt allein schon die Betrachtung dieser drei Filme eine Tendenz erkennen, die für die Entwicklung des Direct Cinema Drewscher Prägung insgesamt zutrifft. Denn wie bei der Diskussion der für die Anfangsphase paradigmatischen Krisenstruktur bereits angedeutet wurde, vertritt dieser Ansatz im Grunde ein personenorientiertes Konzept, das in die Richtung von Charakterstudien geht. In bezug auf die Strukturierung der Filme schlägt sich dies darin nieder, daß der anfangs stärker betonte dramaturgische Rahmen mit der Zeit immer mehr zugunsten von (psychologischen) Porträts von Personen zurückgenommen ist und gleichzeitig subtilere Formen gefunden werden, um "horizontal" und "vertical attack" miteinander zu verbinden und die privilegierten Momente strukturell zu integrieren.

In *The Chair* steht die dramatische Konstruktion, die vordergründig Drews Krisenstruktur mit inhärentem Spannungsbogen entspricht, sich aber im wesentlichen an dramatische Konstruktionsprinzipien des Hollywoodfilms anlehnt, in gewisser Weise den privilegierten Momenten entgegen, selbst wenn sie sie wie strukturelle Höhepunkte plaziert und dadurch betont. Auf einer anderen Ebene steht die Komplexität der Ereignisse, denen der Film gerecht werden muß, einer mehr vertikalen Annäherung an das Geschehen im Wege, da es infolgedessen nicht möglich ist, sich auf einzelne Charaktere und deren emotionale Reaktionen zu konzentrieren. Dieses Spannungsverhältnis zwischen Handlungs- und Personenorientiertheit spiegelt sich auch in der ästhetischen Heterogenität des Films wider, die zugleich Ausdruck der schwierigen Drehbedingungen ist, von Drew und seinen Kollegen aber geschickt als Strategie genutzt wird, um Charakteristika des Direct Cinema über die Kontrastierung und den impliziten und manchmal polemischen Vergleich mit anderen fiktionalen und dokumentarischen Formen hervorzuheben und aufzuwerten. Über dieses gezielte, im Grunde recht schematische Gegeneinandersetzen von "horizontal" und "vertical attack", von traditioneller und innovativ wirkenden Erzählelementen tritt der programmatische Charakter des Direct Cinema, der sich in späteren Werken verkappter manifestiert, relativ deutlich hervor. Dies macht *The Chair* zu einem aufschlußreichen Analyseobjekt, da die teleologische Struktur des Ansatzes und die Authentisierungstrategien, auf denen er basiert, klar zu erkennen sind.

In *Happy Mother's Day* und *Don't Look Back* stehen sich "horizontal" und "vertical attack" nicht wie in *The Chair* entgegen, vielmehr überlagert und durchdringt die "vertical attack" die horizontale Entwicklung der Ereignisse, da sie sich über die persönliche Haltung der Filmemacher zu den Personen und zum Geschehen unmittelbarer in die Struktur der Filme einschreibt und auch die Kameraführung, Materialauswahl und Montage entscheidend bestimmt. Auf diese Weise prägt die Form quasi unmerklich den Inhalt, die Intentionalität kommt ganz subtil zum Ausdruck und die Sympathielenkung kann unauffällig erfolgen. Dieser sehr direkte und gleichzeitig sehr diskrete Weg der Einflußnahme auf die inhaltliche Botschaft wird möglich, weil Leacock und Pennebaker hier dem Ideal der ganzheitlichen filmischen Methode wesentlich näher kommen, als dies zu Zeiten ihrer Mitarbeit bei Drew Associates der Fall war. Aus der subjektiveren Herangehensweise, die dennoch objektiver wirkt, ergeben sich einige formale und inhaltliche Modifikationen. So entsteht beispielsweise das Gefühl von Distanz und Nähe, das in *The Chair* noch über einen relativ offensichtlichen Wechsel von direkter zu indirekter Adressierung evoziert wird, in *Happy Mother's Day* und *Don't Look Back* vor allem über implizit gegeneinandergesetzte Qualitäten, Haltungen und Weltanschauungen. In Verbindung damit nimmt auch die Außen/Innen-Struktur, die in *The Chair* noch vergleichsweise räumlich konkret aufgefaßt wird, über die subtile Sympathielenkung stärker metaphorische Formen an. Auch der Charakter und die Funktion der privilegierten Momente ändern sich im Zuge dieser Entwicklung in gewisser Weise, da sie keine emotionalen Krisen für die Personen mehr darstellen, sondern, wie wir gesehen haben, in beiden Fällen dazu dienen, die gegensätzlichen Haltungen, zwischen denen die Filme sich bewegen, in besonderem Maße auf den Punkt zu bringen und zu markieren. Dadurch sind diese Momente strukturell stärker integriert, ohne etwas von ihrer authentisierenden Wirkung zu verlieren.

Während Pennebaker in *Don't Look Back* eine Art Psychogramm Bob Dylans erstellt, das den "vertical approach" in den Vordergrund rückt, die Eigenschaften und Wirkungsweise der privilegierten Momente auf die Gesamtstruktur des Films zu übertragen sucht und aufgrund dessen ausschließlich indirekte Adressierung verwendet, nimmt Leacocks *Happy Mother's Day* verglichen mit *The Chair* und diesem Werk formal und inhaltlich gewissermaßen eine Zwischenposition ein. Auch hier sind "vertical" und "horizontal attack" sehr geschickt und unauffällig miteinander verwoben, so daß Leacocks moralische Position und seine Tendenz, Ereignisse gegen den Strich zu lesen, den Film immer stärker in Form von konträren Haltungen und impliziten Gegensätzen strukturieren. *Happy Mother's Day* ist jedoch kein Psychogramm, sondern das entlarvende, atmosphärisch aufgeladene Soziogramm einer Familie und einer Kleinstadt in einem komplizierten Dilemma, das uns die Dinge vornehmlich aus dem Blickwinkel der Personen betrachten läßt, denen Leacocks größte Sympathie und Anteilnahme gilt und zu deren Fürsprecher er sich erhebt. Um das Material zu organisieren, greift er besonders in der ersten Hälfte seines Werkes relativ häufig auf das recht auffällige Stilmittel des *voice-over*-Kommentars zurück. Dieser hat, wie wir gesehen haben, zwar eine weitaus weniger strukturierende und wahrnehmungslenkende Funktion als in *The Chair* und anderen Drew-Filmen, stellt aber wie dort eine gewisse Distanz zum Gezeigten her, die der auf Intimität und Nähe abzielenden Direct-Cinema-Methode letztlich widerspricht.

Wie Leacock und Pennebaker entwickelten auch die Gebrüder Maysles, die sich 1962 von Drew Associates getrennt hatten, den personenorientierten Direct-Cinema-Ansatz weiter. Dies geschah in Filmen wie *What's Happening! The Beatles in the U.S.A.* (1964); *Meet Marlon Brando* (1965); *With Love from Truman: A Visit With Truman Capote* (1966); *Salesman* (1969) und *Grey Gardens* (1975), die ausschließlich auf indirekter Adressierung basieren und sich entweder ganz von Drews paradigmatischer Krisenstruktur lösen oder sie in signifikanter Weise modifizieren. So invertiert beispielsweise *Salesman*, der vier Bibelverkäufer auf ihren Verkaufsreisen begleitet, diese Erzählstruktur gewissermaßen, indem er sie als Identitätskrise des Protagonisten und Sympathieträgers Paul Brennan reproduziert. Brennan verfällt im Lauf des Films in tiefe Verzweiflung und gibt schließlich seine Arbeit auf, weil es ihm immer seltener gelingt, Kunden zum Kauf seiner Produkte zu bewegen. Kamerastil und Montage sind darauf angelegt, seine innere Verfassung zu reflektieren und die emotionale Logik der Situation als zeitliche Chronologie der Ereignisse auszugeben. Tatsächlich erweist sich Brennans innere Krise jedoch bei näherer Betrachtung in mehrerlei Hinsicht als konstruiert und vielleicht sogar provoziert. Echte Krisen- oder Wettbewerbssituationen in einem ursprünglicheren Sinne stellen am ehesten die Verkaufsgespräche dar, in denen für die Vertreter die Frage von Erfolg oder Mißerfolg im Vordergrund steht. Ähnlich wie wir es aus anderen Filmen bereits kennen, dienen die Verkäufer den Filmemachern als "surrogates in the interviewing process" (Arthur 1993, 123), die den Kunden, während sie ihnen den Kauf einer Bibel schmackhaft machen, intime Einzelheiten aus deren Leben entlocken.

Neben Drews personenorientiertem Konzept, das von seinen ehemaligen Kollegen modifiziert und weiterentwickelt wurde, so daß sie seine Vorstellungen schließlich überzeugender realisierten als er selbst, bildete sich ab Mitte der 60er Jahre auch ein eher themenorientierter Direct-Cinema-Stil heraus (vgl. Beyerle 1991, 38ff.). Filmemacher wie Pincus/Neuman, William Jersey und Frederick Wiseman, der diesen Ansatz als einziger ganz systematisch verfolgt, arbeiten nicht mehr mit einer vorprogrammierten Krisenstruktur, obwohl es mitunter auch in ihrem Filmen Krisensituationen gibt, die sich allerdings eher zufällig entwickeln. Die Anordnung der Sequenzen in der Montage weicht des öfteren klar erkennbar vom chronologischen Prinzip ab, um thematische Aspekte stärker zur Geltung zu bringen. Der von Ed Pincus und David Neuman gedrehte *Black Natchez* (1965), der Bürgerrechtsaktivitäten in einer *black community* schildert, stellt ein frühes Beispiel für einen solchen themenorientierten Direct-Cinema-Film dar (vgl. Decker/Barchet 1991, 280-292). Ein Bombenanschlag, der während der Dreharbeiten völlig unerwartet auf ein NAACP-Mitglied verübt wurde, führte zu einer Krise, in deren Verlauf die Frustration und Wut der Schwarzen über die herrschenden Machtstrukturen in hitzigen Debatten zum Ausdruck kam. Die unvorhergesehene dramatische Entwicklung legte eine prinzipiell chronologische Struktur nahe, die jedoch durch das Bedürfnis der Filmemacher, ihr Thema auch "soziologisch korrekt" zu präsentieren (vgl. Carson 1967, 11), aufgebrochen wird.

Ein ähnliches Verfahren wählte William Jersey in seinem Film *A Time for Burning* (1966). Er dokumentiert die an rassistischen Vorurteilen der Weißen scheiternden Bemühungen eines Pastors, Austauschbesuche zwischen schwarzen und weißen Mitgliedern zweier lutheranischer Gemeinden zu organisieren. Auch hier verbinden sich beide Ansätze zu einer Mischform. Zwar zeichnet der Film die Entwicklung des Konfliktes chronologisch nach, Jersey versucht jedoch, eine allzu starke Identifikation der Zuschauer mit den Protagonisten zu vermeiden, um statt dessen die gegensätzlichen Positionen mehrerer Personen zu verdeutlichen und in einer Art Kontrastmontage thematisch aufeinander zu beziehen (vgl. Brinckmann 1991, 166-199).

Bekanntester und konsequentester Repräsentant des themenorientierten Direct-Cinema-Stils ist jedoch Frederick Wiseman, der in Filmen wie *High School* (1968), *Hospital* (1970), *Basic Training* (1971) und *Welfare* (1975) amerikanische Institutionen unter die Lupe nimmt. Hier hat die Beibehaltung der natürlichen Chronologie bei der Anordnung der einzelnen Sequenzen so gut wie keine Bedeutung mehr. Wisemans assoziatives Montageverfahren, hinter dem sich zumeist eine narrativ-logische

Struktur von großer Subtilität verbirgt (vgl. Winston 1995, 157), bietet den Zuschauern kaum Identifikationsmöglichkeiten mit bestimmten Personen. Dadurch werden seine exemplarischen Porträts konkreter Institutionen implizit zu Statements über die Institution an sich und vermitteln als Gesamtheit gesehen ein aufschlußreiches Bild der dort herrschenden Kommunikationsformen, Wertvorstellungen und Machtstrukturen. Es wäre sicherlich interessant und lohnend, der Frage nachzugehen, inwiefern sich die Authentisierungsstrategien des themenorientierten Direct-Cinema-Stils von denen des personenorientierten, von Drew geprägten Ansatzes, der im Rahmen dieser Arbeit analysiert wurde, unterscheiden.

Zum Abschluß möchte ich noch kurz auf neuere Tendenzen im Dokumentarfilm eingehen, die sich nach der Blütezeit des Direct Cinema entwickelten. Die Filmemacher der späten 60er und 70er Jahre sowie nachfolgende Generationen arbeiten zwar überwiegend mit der Technik des Direct Cinema - später dann auch mit Video -, lösten sich aber von seinem ästhetischen Programm, da ein rein beobachtender Ansatz die Verwirklichung ihrer Vorstellungen von dokumentarischer Filmarbeit nicht zuließ. Im Zuge der sozialen und politischen Bewegungen der 60er Jahre wurde das Bedürfnis der Filmemacher immer größer, mit ihrem Medium in den politischen Meinungsbildungsprozeß einzugreifen, Gegenöffentlichkeit herzustellen und gesellschaftliche und historische Zusammenhänge aufzudecken und zu analysieren. Frauen, Schwarze, Minderheiten wollten die Produktionsmittel nutzen, um für sich zu sprechen und die Welt aus ihrer Perspektive zu zeigen. Daher rücken Interviews mit Vertretern der verschiedenen Gruppen und Zeitzeugen im Stil der *oral history*, die häufig mit Archivmaterial und Direct-Cinema-Sequenzen kombiniert werden, ins Zentrum dieses interaktiven Modus. Beispiele für dieses Muster sind innerhalb der feministischen Filmarbeit Kate Milletts *Three Lives* (1971), *Union Maids* (1976) von Julia Reichert und Jim Klein, Barbara Kopples *Harlan County, U.S.A.* (1976) und *The Life and Times of Rosie the Riveter* (1980) von Connie Field; im afroamerikanischen Dokumentarfilm Madeleine Andersons *I am Somebody* (1970), *The Black G.I.* (1971) von Kent Garrett, Stan Lathan und William Greaves sowie der ebenfalls von Greaves gedrehte *Black Power in America: Myth ... or Reality?* (1987). Die Erfahrungen und die Diskriminierung von Homosexuellen stellen *Before Stonewall: The Making of a Gay and Lesbian Community!* (1984) von Greta Schiller, John Scagliotti und Robert Rosenberg sowie Robert Epsteins *The Times of Harvey Milk* (1984) dar. Zu den Filmen, die den Vietnamkrieg kritisch beleuchten, gehören *No Vietnamese Ever Called Me Nigger* (1968) von David Loeb Weiss und Peter Davis' *Hearts and Minds* (1974).

Im Rahmen dieses Modus ist die eingreifende Präsenz des Filmemachers, der manchmal nicht nur zu hören, sondern auch zu sehen ist, stärker spürbar. Dies gilt auch für die Argumentation, die anders als im "expository mode" mehr als Produkt eines Austausches zwischen dem Filmemacher und den interviewten Personen wahrgenommen wird. Der interaktive Modus kaschiert den Produktionsprozeß nicht in dem Maße wie der Erklärdokumentarismus und das Direct Cinema. Er steht aber in Gefahr, ein relativ naives Geschichtsbild zu konstruieren, wenn er sich allzusehr auf die Aussagen seiner Zeitzeugen verläßt und sie zu einem in sich geschlossenen, Vollständigkeit suggerierenden Statement verschweißt. Allerdings gibt es auch brillante Gegenbeispiele wie Emile de Antonios Kompilationsfilm *In the Year of the Pig* (1969), der seine historische Rekonstruktion des Vietnamkriegs als Collage disparater Bilder und Töne, als Schauplatz widerstreitender Diskurse und Ideologien präsentiert.

Parallel zu den anderen Modi bildete sich ab Ende der 60er Jahre auch ein reflexiver Repräsentationsmodus heraus, der in den 80er Jahren eine Blütezeit erlebte. Hier richtet sich die Aufmerksamkeit der Filmemacher vor allem auf die Art und Weise, *wie* im Dokumentarfilm über die Welt gesprochen wird. Es geht darum, den Status der Gattung, ihre Konventionen und Wirkungen zu hinterfragen, Probleme und Konsequenzen der Repräsentation herauszustellen und zu erforschen. Dabei gewinnt die Beziehung zwischen Filmemacher und Zuschauer, dessen Positionierung gegenüber dem Text, Vorrang gegenüber der zum Thema. Diese Ausrichtung birgt allerdings die Gefahr, sich in sehr abstrakten Fragestellungen zu verlieren, deren Relevanz sich mit der Zeit erschöpft. In diese Gruppe gehört zum Beispiel der Zyklus von "Pseudodokumentarfilmen", die den Direct-Cinema-Stil imitieren, um auf problematische Aspekte des Ansatzes hinzuweisen, sowie Errol Morris' *The Thin Blue Line* (1988). Die Herausbildung des reflexiven Modus ist auch in Zusammenhang damit zu sehen, daß viele jüngere Filmemacher ihr Handwerk in Filmschulen erlernen, die neben praktischen auch theoretische Kenntnisse vermitteln. Daraus resultiert ein verstärktes Interesse, mit neuen Ausdrucksmöglichkeiten zu experimentieren, die Grenzen dokumentarischer Repräsentation zu erweitern.

Dies geschieht ab Mitte der 80er Jahre zunehmend im Rahmen eines neuen Modus, der sich laut Nichols aus dem reflexiven entwickelt hat und von ihm als "performative documentary" (Nichols 1994, 95) bezeichnet wird. Dieser Modus bewegt sich sozusagen auf der Grenze des Realismus, indem er das Konzept nicht völlig aufgibt, aber suspendiert. Die indexikalische Bindung zwischen Text und Referent ist gelokkert, dafür treten ikonische Qualitäten stärker in den Vordergrund. Denn hier bestimmen expressive, poetische und rhetorische Aspekte, die eine subjektive, suggestive Form der Wahrnehmung betonen, die Organisation des Textes. Das zentrale Ereignis, das ein Film behandelt, behält zwar seinen historischen Status, aber seine Bedeutung wird in der Schwebe gehalten. Häufig basieren die Filme auf einem Collageprinzip, das den Zuschauern einerseits konkrete, gefühlte Erfahrung ermöglicht, das aber andererseits abstrakte Konzepte wie "gender", "race" und "class" evoziert, jedoch ohne darauf hinzuarbeiten, dieses dialektische Verhältnis zugunsten von narrativer Geschlossenheit, einer bestimmten Interpretation aufzulösen. In diese Gruppe gehören beispielsweise die Ende der 80er Jahre entstandenen Dokumentarfilme *Tongues Untied* von Marlon Riggs, *Surname Viet Given Name Nam* von Trinh T. Minh-ha und *Who Killed Vincent Chin?* von Christine Choy und Renee Tajima. Solche Filme funktionieren mehr im Sinne eines "intelligenten Gesprächs", das Eindrücke erzeugt, Fragen aufwirft und Zusammenhänge suggeriert. Laut Nichols geht es darum, "to untrack narrative without destroying it. [...] Strange juxtapositions and unexpected fissures require us to fit fragments within a shifting, often tacit field of reference" (Nichols 1994, 120). Über diese Art der Organisation generieren die Filme eine ausgeprägte Spannung zwischen Darstellung und Dokument, Persönlichem und Typischem, Besonderem und Allgemeinem, zwischen einem Bedürfnis nach abstrakten Erkenntnissen und dem Wunsch, Einsichten zu vermitteln, die den Bereich der persönlichen Erfahrung, den Körper, die Gefühle ansprechen. Durch seine Betonung expressiver und subjektiver Aspekte, seine Lockerung der indexikalischen Bindung und seinen impliziten Dialog mit dem Zuschauer nähert sich der "performative mode" in gewisser Weise dem Spielfilm und mehr noch dem Avantgardefilm. Aus einer anderen Perspektive betrachtet, könnte man sagen, daß das dialektische Konzept des "performative mode" auf einer höheren Ebene Qualitäten zusammenbringt, die das Direct Cinema in seiner Abgrenzung vom Erklärdokumentarismus als unvereinbar wahrnahm.

7. Bibliografie

Albert, Judith Clavir/Albert, Stewart Edward, eds. (1984). *The Sixties Papers. Documents of a Rebellious Decade*. New York: Praeger.

Allen, Jeanne (1977). "Self-Reflexivity in Documentary." *Cine-Tracts* 1/2 (Summer): 34-42.

Allen, Robert C./Gomery, Douglas (1985). *Film History - Theory and Practice*. New York: Alfred A. Knopf.

Armes, Roy (1974). *Film and Reality - An Historical Survey*. Harmondsworth: Penguin.

Arthur, Paul (1991). "Gilding the Ashes: Toward a Documentary Aesthetics of Failure." *Motion Picture* 6/1 (Summer): 24-27

------- (1993). "Jargons of Authenticity (Three American Moments)." *Theorizing Documentary*. Ed. Michael Renov. New York and London: Routledge, 108-134.

Atkins, Thomas R. (1976). *Frederick Wiseman*. New York: Monarch Press.

Bachmann, Gideon (1961). "The Frontiers of Realist Cinema. The Work of Ricky Leacock." *Film Culture* 22&23 (Summer): 12-23.

Balázs, Béla (1982). *Schriften zum Film. Band I: 'Der sichtbare Mensch'. Kritiken und Aufsätze 1922-1926*. Hg. Helmut H. Diederichs, Wolfgang Gersch und Magda Nagy. München: Carl Hanser Verlag.

------- (1984). *Schriften zum Film. Band 2: 'Der Geist des Films'. Artikel und Aufsätze 1926-1931*. Hg. Helmut H. Diederichs und Wolfgang Gersch. München: Carl Hanser Verlag.

Barchet, Michael (1989). *Das amerikanische Direct Cinema: Dokumentarische Ästhetik und die Semantik der 16mm-Filmtechnologie*. Frankfurt am Main. Unveröffentlichte Magisterarbeit im Fach Amerikanistik der Universität Frankfurt am Main.

------- (1991a). "Das Dokument als Rätsel: Donn Alan Pennebakers Film *You're Nobody 'til Somebody Loves You*." *Der amerikanische Dokumentarfilm der 60er Jahre. Direct Cinema und Radical Cinema*. Hg. Mo Beyerle und Christine N. Brinckmann. Frankfurt am Main und New York: Campus, 134-153.

------- (1991b). "Interview mit Donn Alan Pennebaker." *Der amerikanische Dokumentarfilm der 60er Jahre: Direct Cinema und Radical Cinema*. Hg. Mo Beyerle und Christine N. Brinckmann. Frankfurt am Main und New York: Campus, 154-165.

Barchet, Michael/Beyerle, Mo/Schmohl, Maren/Warth, Eva-Maria (1992). *Der amerikanische Dokumentarfilm. Eine Bibliographie der Sekundärliteratur*. Berlin: John F. Kennedy Institut.

Barnouw, Erik (1964). "Films of Social Comment." *Film Comment* 2/1 (Winter): 16-17.

------- (1982). *Tube of Plenty. The Evolution of American Television*. 1975; rev. ed. Oxford: Oxford University Press.

------- (1983). *Documentary. A History of the Non-Fiction Film*. 1974; 2nd rev. ed. Oxford: Oxford University Press.

Barron, Arthur (1979). "Toward New Goals in Documentary." *The Documentary Tradition*. Ed. Lewis Jacobs. 1971; 2nd ext. ed. New York and London: Norton, 494-499. Erstveröffentlichung *Film Library Journal* (Winter 1968-69).

Barsam, Richard Meran (1973). *Nonfiction Film: A Critical History*. New York: Dutton.

------- ed. (1976). *Nonfiction Film. Theory and Criticism*. New York: Dutton.

------- (1986). "American Direct Cinema: The *Re*-presentation of Reality." *Persistence of Vision* 3&4 (Summer): 131-156.

Barthes, Roland (1970). "Historical Discourse." *Structuralism, a Reader*. Ed. Michael Lane. London: Jonathan Cape, 145-155.

------- (1977). *Image - Music - Text*. Essays selected and translated by Stephen Heath. Glasgow: Fontana/Collins.

------- (1978). "The Realistic Effect." *Film Reader* 3 (February): 131-135.

------- (1983). *Elemente der Semiologie*. Frankfurt am Main: Suhrkamp. Übers. Eva Moldenhauer. Orig. *Éléments de sémiologie*. *Communications* 4/1964, danach, zus. mit *Le degré zéro de l'écriture*. Paris: Editions du Seuil, 1965.

------- (1987). *S/Z*. Frankfurt am Main: Suhrkamp. Übers. Jürgen Hoch. Orig. *S/Z*. Paris: Editions du Seuil, 1970.

------- (1989). *Die helle Kammer. Bemerkung zur Photographie*. Frankfurt am Main: Suhrkamp. Übers. Dietrich Leube. Orig. *La chambre claire. Note sur la photographie*. Paris: Gallimard/Le Seuil, 1980.

------- (1990). *Der entgegenkommende und der stumpfe Sinn. Kritische Essays III*. Frankfurt am Main: Suhrkamp. Übers. Dieter Hornig. Orig. *L'obvie et l'obtus. Essais critiques III*. Paris: Editions du Seuil, 1982.

Baudry, Jean-Louis (1974/75). "Ideological Effects of the Basic Cinematographic Apparatus." *Film Quarterly* 28/2 (Winter): 39-47.

------- (1976). "The Apparatus: Metapsychological Approaches to the Impression of Reality." *Camera Obscura* 1 (Fall): 104-128.

Bauldie, John (1992). "Looking Back. D.A. Pennebaker interviewed by John Bauldie." *Wanted Man. In Search of Bob Dylan.* Ed. John Bauldie. 1990; ext. ed. London: Penguin, 52-62.

Bazin, André (1967). "The Myth of Total Cinema." *What is Cinema? Vol. 1.* Essays selected and translated by Hugh Gray. Berkeley: University of California Press, 17-22.

------- (1975). *Was ist Kino? Bausteine zur Theorie des Films.* Köln: Verlag M.DuMont Schauberg. Übers. Barbara Peymann. Orig. *Quést-ce que le cinéma? I-IV.* Paris: Les Editions du Cerf, 1958, 1959, 1961, 1962.

Benjamin, Walter (1974). *Das Kunstwerk im Zeitalter seiner technischen Reproduzierbarkeit.* 1963; Frankfurt am Main: Suhrkamp.

Bennett, William (1982). "*Don't Look Back.*" *Boston Phoenix* (September 14): 4.

Benveniste, Émile (1974). *Probleme der allgemeinen Sprachwissenschaft.* München: List Verlag. Übers. Wilhelm Bolle. Orig. *Problèmes de linguistique générale.* Paris: Gallimard, 1972.

Berman, Bruce (1978). "Jean Rouch: A Founder of the Cinema Verite Style. Exploring Truths Without Exploiting Facts." *Film Library Quarterly* 11/4: 21-22.

Bernard, Karin/Schmidt, Tanja/Taraviras, Spiros (1991). "Interview mit Richard Leacock." *Der amerikanische Dokumentarfilm der 60er Jahre. Direct Cinema und Radical Cinema.* Hg. Mo Beyerle und Christine N. Brinckmann. Frankfurt am Main und New York: Campus, 124-133.

Beyerle, Mo/Brinckmann, Christine N., Hg. (1991). *Der amerikanische Dokumentarfilm der 60er Jahre. Direct Cinema und Radical Cinema.* Frankfurt am Main und New York: Campus.

Beyerle, Mo (1991). "Das Direct Cinema und das Radical Cinema." *Der amerikanische Dokumentarfilm der 60er Jahre. Direct Cinema und Radical Cinema.* Hg. Mo Beyerle und Christine N. Brinckmann. Frankfurt am Main und New York: Campus, 29-53.

Black, Max (1977). "Wie stellen Bilder dar?" *Kunst, Wahrnehmung, Wirklichkeit.* Hg. Ernst H. Gombrich et al. Frankfurt am Main: Suhrkamp, 115-154. Übersetzung Max Looser. Orig. *Art, Perception and Reality*. Baltimore and London: The Johns Hopkins Press, 1972.

Blue, James (1965). "One Man's Truth - An Interview with Richard Leacock." *Film Comment* 3/2 (Spring): 15-22.

------- (1967). "Direct Cinema." *Film Comment* 4/2&3: 80-81.

Bluem, William A. (1965). *Documentary in American Television*. New York: Hastings House.

------- (1966). "Television and the Documentary Quest." *Film: A Montage of Theories*. Ed. Richard Dyer MacCann. New York: Dutton, 301-311.

Blümlinger, Christa, Hg. (1990). *Sprung im Spiegel. Filmisches Wahrnehmen zwischen Fiktion und Wirklichkeit*. Wien: Sonderzahl.

Blumenberg, Richard (1977). "Documentary Film and the Problem of 'Truth'." *Journal of the University Film Association* 29/1 (Fall): 19-22.

Bordwell, David (1985). *Narration in the Fiction Film*. Madison: University of Wisconsin Press.

Bordwell, David/Thompson, Kristin (1986). *Film Art. An Introduction*. 2nd ed. New York: Alfred A. Knopf.

Bordwell, David/Staiger, Janet/Thompson, Kristin (1988). *The Classical Hollywood Cinema. Film Style and Mode of Production to 1960*. London: Routledge.

Branigan, Edward R. (1984). *Point of View in the Cinema. A Theory of Narration and Subjectivity in Classical Film*. Berlin: Mouton.

Bream, Paul (1971). "The Times They Are A-Changing. Paul Bream Looks at Film and Counter Culture." *Films and Filming* 18/2 (November): 31-33.

Breitbart, Eric (1978). "The Social Documentary: Then and Now." *Sightlines* 11/4: 11.

------- (1986/87). "Available Light: 20 Years of Social Issue Documentaries." *Sightlines* 20/2: 10-13.

Breitrose, Henry (1964). "On the Search for the Real Nitty-Gritty: Problems and Possibilities in Cinema Verite." *Film Quarterly* 17/4: 36-40.

Brinckmann, Christine N. (1986). "Der Voice-Over als subjektivierende Erzählstruktur des Film Noir." *Narrativität in den Medien*. Hg. Rolf Kloepfer und Karl-Dietmar Möller. Mannheim, 101-118.

------- (1988). "Zur Didaktik des Dokumentarfilms." *Anglistik und Englischunterricht* 36: 85-91.

------- (1991). "*A Time for Burning* - Eine Analyse." *Der amerikanische Dokumentarfilm der 60er Jahre. Direct Cinema und Radical Cinema.* Hg. Mo Beyerle und Christine N. Brinckmann. Frankfurt am Main und New York: Campus, 166-199.

------- (1996). "Die anthropomorphe Kamera." Derzeit im Druck, 1-17.

Brownson, Carol (1983). "Objectivity and Nonfiction." *Philosophic Exchange 1983. Can Nonfiction Film be Objective?* 47-52.

Burton, Julianne, ed. (1990). *The Social Documentary in Latin America.* Pittsburgh: University of Pittsburgh Press.

Callenbach, Ernest (1961). "Going Out to the Subject." *Film Quarterly* 14/3: 38-40.

Cameron, Ian A./Shivas, Mark (1963a). "Cinéma-Vérité. New Methods. New Approach." *Movie* 8 (April): 12-15.

------- (1963b). "Interviews - Richard Leacock." *Movie* 8 (April): 16-18.

------- (1963c). "Interviews - Albert and David Maysles." *Movie* 8 (April): 19.

------- (1963d). "Interviews - Jean Rouch." *Movie* 8 (April): 21-23.

Carey, Gary (1964). "BeatleMANIA .. and Cinema Verite." *The Seventh Art* 2/3 (Summer): 15; 28-29.

Carroll, Noel (1983). "From Real to Reel: Entangled in Nonfiction Film." *Philosophical Exchange 1983. Can Nonfiction Film be Objective?* 5-45.

------- (1984). "Toward a Theory of Film Suspense." *Persistence of Vision* 1 (Summer): 65-89.

Carson, Kit (1967). "Interview with Ed Pincus and David Neuman." Unveröffentlicht. Archiv des Museum of Modern Art, New York (January 21): 1-64

Carson, Kit/McBride, Jim (1967). "Interview with Donn Alan Pennebaker." Unveröffentlicht. Archiv des Museum of Modern Art, New York (January 27): 1-43.

Chatman, Seymour (1978). *Story and Discourse. Narrative Structure in Fiction and Film.* Ithaca and London: Cornell University Press.

Christgau, Robert (1970). "Leacock Pennebaker: The MGM of the Underground?" *Show* 1/1 (January): 34-37; 92-96.

Collins, Richard (1983). "Seeing Is Believing: The Ideology of Naturalism." *Media, Culture and Society* 5/2 (April): 213-220.

Comolli, Jean-Louis (1980). "Le détour par le direct - Un corps en trop." *Cahiers du Cinéma.* Nos. 209, 211 (1969). Transl. Diana Matias. *Realism and the Cinema. A Reader.* Ed. Christopher Williams. London and Henley: Routledge and Kegan Paul, 225-243.

Corner, John, ed. (1986). *Documentary and the Mass Media.* London: Edward Arnold.

Craddock, John (1972). "The Changing Style of the Documentary." *Film Library Quarterly* 5/4: 21-25.

Culler, Jonathan (1975). *Structuralist Poetics. Structuralism, Linguistics and the Study of Literature.* London and Henley: Routledge & Kegan Paul.

Davidson, Jim (1981). "Direct Cinema and Modernism. The Long Journey to 'Grey Gardens'." *Journal of the University Film Association* 33/1: 3-13.

Day, Aidan (1988). *Jokerman. Reading the Lyrics of Bob Dylan.* Oxford: Basil Blackwell.

De Greef, Willem/Hessling, Willem, eds. (1988). *Image, Reality, Spectator. Essays on Documentary Film and TV.* Leuven and Amersfoort: Acco.

Decker, Christof (1989). *Die Drehsituation im amerikanischen Direct Cinema und ihr Einfluß auf die filmischen Strukturen am Beispiel von* Panola *und* One Step Away *von E. Pincus und D. Neuman.* Frankfurt am Main. Unveröffentlichte Magisterarbeit im Fach Amerikanistik der Universität Frankfurt am Main.

------- (1995). *Die ambivalente Macht des Films. Explorationen des Privaten im amerikanischen Dokumentarfilm.* Trier: WVT.

Decker, Christof/Barchet, Michael (1991). "Einführung in die Filme von Ed Pincus und David Neuman." *Der amerikanische Dokumentarfilm der 60er Jahre. Direct Cinema und Radical Cinema.* Hg. Mo Beyerle und Christine N. Brinckmann. Frankfurt am Main und New York: Campus, 280-292.

Deleuze, Gilles (1989). *Das Bewegungs-Bild. Kino 1.* Frankfurt am Main: Suhrkamp. Übersetzt von Ulrich Christians und Ulrike Bokelmann. Orig. *Cinéma I. L'image-mouvement.* Paris: Les éditions de minuit, 1983.

Deren, Maya, et al. (1972). "Poetry and the Film: A Symposium." New York: Gotham Book Mart and Gallery, Inc.: n.p. Erstveröffentl. *Film Culture* 29 (Summer 1963).

Dickstein, Morris (1989). *Gates of Eden. American Culture in the Sixties.* 1977; New York: Penguin.

Dowley, Tim/Dunnage, Barry (1982). *Bob Dylan: From a Hard Rain to a Slow Train.* Tunbridge Wells: Midas Books.

Drew, Robert L. (1988). "An Independent with the Networks." *New Challenges for Documentary.* Ed. Alan Rosenthal. Berkeley: University of California Press, 389-401.

Eaton, Mick (1979). *Anthropology - Reality - Cinema. The Films of Jean Rouch.* London: British Film Institute.

Ehrenstein, David/Reed, Bill (1982). "Rockumentary." *Rock on Film.* Ed. David Ehrenstein and Bill Reed. New York: Delilah Books, 74-84.

Elder, R. Bruce (1989). *Image and Identity. Reflections on Canadian Film and Culture.* Waterloo, Ontario: Wilfrid Laurier University Press.

Ellis, Jack C. (1989). *The Documentary Idea. A Critical History of English-Language Documentary and Video.* Englewood Cliffs, N.J.: Prentice-Hall.

Engell, Lorenz (1992). *Sinn und Industrie. Einführung in die Filmgeschichte.* Frankfurt am Main und New York: Campus.

Field, Syd/Märthesheimer, Peter/Längsfeld, Wolfgang, u.a. (1992). *Drehbuchschreiben für Fernsehen und Film. Ein Handbuch für Ausbildung und Praxis.* 1979; 4. aktual. Aufl. München und Leipzig: List.

Fischer, Andrew J., (with John Bird) (1963). "Our Life Will Never be the Same Again." *The Saturday Evening Post* (November 16): 25-30; 32-39; 41-44.

Foley, Barbara (1986). *Telling the Truth: The Theory and Practice of Documentary Fiction.* Ithaca and London: Cornell University Press.

Freytag, Gustav (1983). *Die Technik des Dramas.* Stuttgart: Reclam. Der Text folgt der fünften, verbesserten Auflage. Leipzig: S. Hirzel, 1886.

Friedl, Bettina (1994). "Die Grenzen des Bildes: Der Dokumentarstil der dreißiger und sechziger Jahre im Vergleich." *Der amerikanische Dokumentarfilm: Herausforderungen für die Didaktik.* Hg. Lothar Bredella und Günter H. Lenz. Tübingen: Gunter Narr Verlag, 151-165.

Fründt, Bodo (1987). "D. A. Pennebaker." *Süddeutsche Zeitung* (27. Juni): n.p.

Garnham, Nicholas (1972). "TV Documentary and Ideology." *Screen* 13/2 (Summer): 109-115.

Genette, Gérard (1976). "Boundaries of Narrative." *New Literary History* 8/1 (Autumn): 1-13.

Giannetti, Louis D. (1976). *Understanding Movies.* 1972; Englewood Cliffs, N.J.: Prentice-Hall.

Giles, Dennis (1978). "The Name *Documentary*: A Preface to Genre Studies." *Film Reader* 3: 18-23.

Gilliatt, Penelope (1969). "The Current Cinema - Wow! Zowie! Echch!" *The New Yorker* (March 22).

Gitlin, Todd (1987). *The Sixties. Years of Hope, Days of Rage*. Toronto: Bantam Books.

Goldstein, Richard (1990). "Don't Look Back." *Bob Dylan. The Early Years. A Retrospective*. Ed. Craig McGregor. 1972; New York: Da Capo, 205-209. Nachdruck aus *The New York Times* (October 22, 1967).

Gould, Jack (1963). "TV. Too Many Cameras." *The New York Times* (October 22).

Graham, Peter (1964). "Cinema-Verite in France." *Film Quarterly* 17/4 (Summer): 30-36.

Grant, Barry Keith (1991). "Point of View and Spectator Position in *Meat* and *Primate*." *Wide Angle* 13/2 (April): 56-67.

------- (1992). *Voyages of Discovery*. Urbana and Chicago: University of Illinois Press.

Gregor, Ulrich (1964). "Richard Leacock in Berlin." *Filmkritik* 5: 269-271.

------- (1966a). "Leacock oder das Kino der Physiker." *Film* 4: 14-19.

------- (1966b). *Wie sie Filmen. 15 Gespräche mit Regisseuren der Gegenwart*. Gütersloh.

------- (1981). "Was heißt 'dokumentarisch'?" *Abbild der Wirklichkeit*. Hg. Walter Storck. Pfaffenhofen/Ilm, 9-13.

------- (1983). *Geschichte des Films ab 1960*. Bände 3 und 4. 1978; Reinbek bei Hamburg: Rowohlt.

Gregor, Ulrich/Patalas, Enno (1976). *Geschichte des Films 1940-1960*. Band 2. 1973; Reinbek bei Hamburg: Rowohlt.

Grierson, John (1979a). *Grierson on Documentary*. Ed. Forsyth Hardy. Collins 1946; abr. ed. London and Boston: Faber and Faber.

Grierson, John (1979b). "Flaherty's Poetic *Moana*." *The Documentary Tradition*. Ed. Lewis Jacobs. 1971; New York: Norton, 25-26. Erstveröffentlichung *New York Sun* (February 8, 1926).

Guynn, William (1990). *A Cinema of Nonfiction*. Rutherford: Associated University Presses.

Haas, Joseph (1990). "The Panorama Interview ('Bob Dylan Talking')." *Bob Dylan. The Early Years. A Retrospective*. Ed. Craig McGregor. 1972; New York: Da Capo; 108-113. Nachdruck aus *Panorama, Chicago Daily News* (November 27, 1965).

Haleff, Maxine (1964). "The Maysles Brothers and Direct Cinema." *Film Comment* 2/2: 19-23.

Hall, Jeanne Lynn (1990). *Refracting Reality: The Early Films of Robert Drew & Associates*. Ann Arbor, MI: UMI Dissertation Information Service.

Hardy, Forsyth (1979). "Introduction." *Grierson on Documentary*. Ed. Forsyth Hardy. Collins 1946; abr. ed. London and Boston: Faber and Faber, 11-17.

Harpole, Charles H. (1973). "What is the 'Documentary Film'. Some Problems in the Varying Definition of the Documentary Film." *Filmmakers Newsletter* 6/6 (April): 25-27.

Haver, Fritz Werner (1987). *Bob Dylans surrealistische Songpoesie*. Frankfurt am Main: Peter Lang.

Heider, Karl G. (1976). *Ethnographic Film*. Austin: University of Texas Press.

Henderson, Brian (1971). "The Long Take." *Film Comment* 7/2 (Summer): 6-11.

Herlinghaus, Hermann (1982). *Dokumentaristen der Welt in den Kämpfen unserer Zeit*. Berlin (Ost): Henschel.

Heylin, Clinton (1991). *Dylan: Behind the Shades*. London: Viking Penguin.

Hillgartner, Del (1973). "Superserious 8 - Leacock-MIT Super-8 System." *Filmmakers Newsletter* 7/1 (November): 51-55.

Hinckley, David (1983). "A Look at 'Don't Look Back'." *New York Daily News* (February 9).

Hockings, Paul, ed. (1975). *Principles of Visual Anthropology*. The Hague and Paris: Mouton.

Hogenson, Barbara (1983-84). "Robert Drew." *Sightlines* 18/1&2 (Fall/Winter): 22-25.

------- (1984). "D. A. Pennebaker on the Filming of *Don't Look Back*." *Film Library Quarterly* 17/2,3&4: 25-29.

Hohenberger, Eva (1988). *Die Wirklichkeit des Films. Dokumentarfilm - Ethnographischer Film - Jean Rouch*. Hildesheim: Olms Verlag.

Hübner, Christoph (1983). "Das Dokumentarische als Haltung. Notizen zu einer Erneuerung des Films." *Medium* 13/8 (August): 36-38.

Issari, M. Ali/Paul, Doris A. (1979). *What is Cinéma Vérité?* Metuchen and London: The Scarecrow Press.

Jacobs, Lewis, ed. (1979). *The Documentary Tradition*. 1971; 2nd ext. ed. New York: Norton.

Jaffe, Patricia (1965). "Editing Cinema Verite." *Film Comment* 3/3 (Summer): 43-47.

James, David E. (1989). *Allegories of Cinema. American Film in the Sixties*. Princeton: Princeton University Press.

Jersey, William C. (1964). "Some Thoughts on Film Technique." *Film Comment* 2/1 (Winter): 15-16.

------- (1966). "Some Observations on Cinema Verite." *Motive* 27/2: 11-12.

Joannides, Paul (1970-71). "The Aesthetics of the Zoom Lens." *Sight and Sound* 40/1: 40-43.

Jutz, Gabriele/Schlemmer, Gottfried (1990). "Zur Geschichtlichkeit des Blicks." *Sprung im Spiegel. Filmisches Wahrnehmen zwischen Fiktion und Wirklichkeit*. Hg. Christa Blümlinger. Wien: Sonderzahl, 15-32.

Kaminsky, Stuart M. (1972). "The Use and Abuse of the Zoom Lens." *Filmmakers Newsletter* 5/12: 20-23.

Kirchheimer, Manny (1980). "Is There Life After Cinema Verite?" *Film Library Quarterly* 13/1: 23-26.

Klaue, Wolfgang/Leyda, Jay, Hg. (1964). *Robert Flaherty*. Berlin (Ost): Henschelverlag.

Knight, Arthur (1967). "Cinema Verite and Film Truth." *Saturday Review* (September 9): 44.

Koch, Gertrud (1992). *Die Einstellung ist die Einstellung*. Frankfurt am Main: Suhrkamp.

Kolker, Robert Phillip (1971). "Circumstantial Evidence - An Interview with David and Albert Maysles." *Sight & Sound* 40/4: 183-186.

------- (1983). *The Altering Eye. Contemporary International Cinema*. Oxford: Oxford University Press.

Kozloff, Sarah (1988). *Invisible Storytellers. Voice-Over Narration in American Fiction Film*. Berkeley: University of California Press.

Kracauer, Siegfried (1960). *Theory of Film. The Redemption of Physical Reality*. London: Oxford University Press.

Kuehl, Jerry (1988). "Truth Claims." *New Challenges for Documentary*. Ed. Alan Rosenthal. Berkeley: University of California, 103-109. Erstveröffentlichung *Sight & Sound* 50/4 (Autumn 1981).

Kuhn, Annette (1978). "The Camera I. Observations on Documentary." *Screen* 19/2 (Summer): 71-83.

Ladiges, P. M. (1963). "Richard Leacocks Experiment mit der Wirklichkeit. Eine Einführung in das Cinema Verite." *Film* 1/3 (August/September): 10-11.

Leacock, Richard (1950). "To Far Places with Camera and Soundtrack." *Films in Review* 1 (March): 3-7.

------- (1961). "For an Uncontrolled Cinema." *Film Culture* 22/3: 23-25.

------- (1966). "Ricky Leacock on *Stravinsky* Film." *Film Culture* 42 (Fall): 113.

------- (1975). "Ethnographic Observation and the Super-8 Millimeter Camera." *Principles of Visual Anthropology*. Ed. Paul Hockings. The Hague and Paris: Mouton.

------- (1987). "Personal Thoughts and Prejudices about the Documentary." Paper presented at the 23rd C.I.L.E.C.T. Congress at Paris. Rev. version (May): 1-13.

Levin, G. Roy (1971). *Documentary Explorations - 15 Interviews with Film-Makers*. Garden City, N.Y.: Doubleday.

Linton, James M. (1976). "The Moral Dimension in Documentary." *Journal of the University Film Association* 28/2 (Spring): 17-22.

Lipscomb, James C. (1964-65). "Correspondence & Controversy. Cinema Verite." *Film Quarterly* 18/2 (Winter): 62.

Loewinger, Larry (1990). "Get Real. Charlotte Zwerin's Documentary Directions." *The Independent* 13/6 (July): 22-25.

MacDougall, David (1985). "Beyond Observational Cinema." *Movies and Methods. Vol. II.* Ed. Bill Nichols. Berkeley: University of California Press, 274-287.

MacFadden, Patrick (1970). "*Gimme Shelter*." *Film Society Review* 6/3: 39-42.

Maerker, Christa (1983). "'Zu kurz für Experten, zu lang für Idioten.' Anmerkungen zu zwei amerikanischen Dokumentaristen." *Jahrbuch Film 82/83*. München und Wien: Hanser, 144-151.

Mamber, Stephen (1973). "Cinema Verite and Social Concerns." *Film Comment* 9/6: 8-15.

------- (1974). *Cinema Verite in America. Studies in Uncontrolled Documentary*. Cambridge, MA: The MIT Press.

Marcorelles, Louis (1963). "Nothing But The Truth." *Sight & Sound* 32/3: 114-117.

------- (1966). "Maysles Brothers." *Film Culture* 42 (Fall): 114.

------- (1973). *Living Cinema. New Directions in Contemporary Filmmaking.* With Nicole Rouzet-Albagli. New York and Washington: Praeger. Orig. *Eléments pour un nouveau cinéma*. Paris: Unesco, 1970.

------- (1974). "Leacock at M.I.T." *Sight & Sound* 43/2: 104-107.

Maysles, Albert and David (1971). "*Gimme Shelter*. Production Notes." *Filmmakers Newsletter* 5/2 (December): 28-31.

------- (1978). "Financing the Independent Non-Fiction Film." *Millimeter* 6 (June): 74-75.

McGregor, Craig, ed. (1990). *Bob Dylan. The Early Years. A Retrospective.* 1972; New York: Da Capo.

Metz, Christian (1971). *Essais sur la signification au cinéma*, tome I. 1968; Paris: Klincksieck.

------- (1975). "The Imaginary Signifier." *Screen* 16/2 (Summer): 14-76. Orig. *Communications* 23 (Mai 1975).

------- (1976). "History/Discourse: Note on Two Voyeurisms." *Edinburgh '76 Magazine* 1: 21-25.

------- (1977). *Le signifiant imaginaire. Psychoanalyse et cinéma.* Paris: Union générale d'Éditions.

Michener, Charles (1975). "*Grey Gardens.*" *Film Comment* 11/5 (September/October).

Minh-ha, Trinh T. (1990). "Documentary Is/Not a Name." *October* 32: 77-98.

Naficy, Hamid (1981). "'Truthful Witness'. An Interview with Albert Maysles." *Quarterly Review of Film Studies* 6/2 (Spring): 154-179.

------- (1982). "Richard Leacock. A Personal Perspective." *Literature Film Quarterly* 10/4: 234-253.

Nettelbeck, Uwe (1964). "Richard Leacocks Vergötzung der Wirklichkeit." *Filmkritik* 3: 124-128.

Nichols, Bill, ed. (1976). *Movies & Methods*. Berkeley, Los Angeles, London: University of California Press.

------- (1976-77). "Documentary Theory and Practice." *Screen* 17/4 (Winter): 34-48.

------- (1981). *Ideology and the Image*. Bloomington: Indiana University Press.

------- (1983). "The Voice of Documentary." *Film Quarterly* 36/3 (Spring): 17-30.

------- ed. (1985). *Movies & Methods. Vol. II.* Berkeley, Los Angeles, London: University of California Press.

------- (1987). "History, Myth, and Narrative in Documentary." *Film Quarterly* 41/1 (Fall): 9-20.

------- (1991). *Representing Reality*. Bloomington and Indianapolis: Indiana University Press.

------- (1994). *Blurred Boundaries. Questions of Meaning in Contemporary Culture.* Bloomington and Indianapolis: Indiana University Press.

Nowell-Smith, Geoffrey (1976). "A Note on History/Discourse." *Edinburgh '76 Magazine* 1: 26-32.

O'Connell, P.J. (1988). *Robert Drew and the Development of Cinema-Verite in America: An Innovation in Television Journalism.* Ann Arbor, MI: UMI Dissertation Information Service.

Paech, Joachim (1985). "Einleitung in Realismus und Dokumentarismus." *Screen-Theory. Zehn Jahre Filmtheorie in England von 1971-1981.* Hg. Joachim Paech et al. Osnabrück: Selbstverlag Universität Osnabrück, 183-210.

------- (1990-91). "Zur Theoriegeschichte des Dokumentarfilms." *Journal Film* 23 (Winter): 24-29.

------- (1994). "Einige Anmerkungen/Thesen zur Theorie und Kritik des Dokumentarfilms." *Der amerikanische Dokumentarfilm: Herausforderungen für die Didaktik.* Hg. Lothar Bredella und Günter H. Lenz. Tübingen: Gunter Narr Verlag, 23-37.

Partzsch, Klaus (1965). "Wie filmt man Wahrheit? Über Richard Leacock und D. A. Pennebaker." *Film* 6: 18-20.

Pasley, Dan (1969). "'Pop' Goes Rockumentary." *Boston after Dark* (April 30).

Pennebaker, Donn Alan (1968). *Bob Dylan. Don't Look Back.* New York: Ballantine Books.

Plantinga, Carl (1987). "Defining Documentary: Fiction, Non-Fiction, and Projected Worlds." *Persistence of Vision* [The Journal of the Film Faculty of The City University of New York] 5 (Spring): 44-54.

------- (1991). "The Mirror Framed: A Case for Expression in Documentary." *Wide Angle* 13/2 (April): 40-53.

Pryluck, Calvin (1976). "Ultimately We Are All Outsiders. The Ethics of Documentary Filming." *Journal of the University Film Association* 28/1 (Winter): 21-29.

Rabinger, Michael (1987). *Directing the Documentary.* Boston: Focal Press.

Rabinovitz, Lauren (1991). *Points of Resistance. Women, Power & Politics in the New York Avant-garde Cinema, 1943-71.* Urbana and Chicago: University of Illinois Press.

Rabinowitz, Paula (1994). *They Must Be Represented. The Politics of Documentary.* London and New York: Verso.

Regel, Helmut (1979). "Die Authentizität dokumentarischer Filmaufnahmen. Methoden einer kritischen Prüfung." *Möglichkeiten des Dokumentarfilms.* Hg. Wolfgang Ruf. Oberhausen, 165-176.

Reisz, Karel/Millar, Gavin (1968). *The Technique of Film Editing*. London and New York: Focal Press.

Renov, Michael (1986). "Re-thinking Documentary. Toward a Taxonomy of Mediation." *Wide Angle* 8/3&4: 71-76.

------- ed. (1993). *Theorizing Documentary*. New York and London: Routledge.

Reynolds, Charles (1979). "Focus on Al Maysles." *The Documentary Tradition*. Ed. Lewis Jacobs. 1971; 2nd ext. ed. New York: Norton, 400-405. Erstveröffentlichung *Popular Photography* (May 1964).

Richter, Erika/Richter, Rolf/Gersch, Wolfgang (1982). "Richard Leacock, USA 1965. Auf dem Weg zur Wirklichkeit." *Dokumentaristen der Welt in den Kämpfen unserer Zeit*. Hg. Hermann Herlinghausen. Berlin (Ost): Henschel, 343-351.

Rosen, Marjorie (1976). "*Grey Gardens*: A Documentary About Dependency." *Ms. Magazine* (January): 28-30.

Rosen, Philip (1993). "Document and Documentary: On the Persistence of Historical Concepts." *Theorizing Documentary*. Ed. Michael Renov. New York and London: Routledge, 58-89.

Rosenthal, Alan (1972a). "*Don't Look Back* and *Monterey Pop*. Donn Alan Pennebaker, Director-Photographer." *The New Documentary in Action*. Ed. Alan Rosenthal. 1971; Berkeley: University of California Press, 189-199.

------- (1972b). "*Salesman*. Albert Maysles Director-Photographer; Charlotte Zwerin Editor." *The New Documentary in Action*. Ed. Alan Rosenthal. 1971; Berkeley: University of California Press, 76-96.

------- (1978-79). "Ellen Hovde. An Interview." *Film Quarterly* 32 (Winter): 8-17.

------- (1980). *The Documentary Conscience. A Casebook in Filmmaking*. Berkeley: University of California Press.

------- ed. (1988). *New Challenges for Documentary*. Berkeley: University of California.

Roth, Wilhelm (1982). *Der Dokumentarfilm seit 1960*. München und Luzern: C. J. Bucher.

Ruby, Jay (1977). "The Image Mirrored: Reflexivity and the Documentary Film." *Journal of the University Film Association* 19/1 (Fall): 3-11.

Ruoff, Jeffrey K. (1992). "Conventions of Sound in Documentary." *Sound Theory. Sound Practice*. Ed. Rick Altman. New York and London: Routledge, 217-234.

Ruspoli, Mario (1965). "Wie filmt man Wahrheit? Von der 'Kino-Prawda' bis zum 'Cinéma Vérité'." *Film* 2: 46-48.

Sadkin, David (1972). "*Gimme Shelter* - A Corkscrew or a Cathedral?" *Filmmakers Newsletter* 5/2 (December): 20-28.

Sarris, Andrew (1968). "*Don't Look Back* - Digging Dylan." *Film* 67/68: 248-253.

Sayres, Sohnya/Stephanson, Anders/Aronowitz, Stanley/Jameson, Fredric, eds. (1984). *The 60s Without Apology.* Minneapolis: University of Minnesota Press, in cooperation with *Social Text.*

Scaduto, Anthony (1972). *Bob Dylan.* 1971; London and New York: W. H. Allen.

Schmidt, Mathias R. (1982). *Bob Dylans* message songs *der Sechziger Jahre.* Frankfurt am Main und Bern: Peter Lang.

------- (1983). *Bob Dylan und die sechziger Jahre. Aufbruch und Abkehr.* Frankfurt am Main: Fischer.

Sekula, Allan (1978). "Dismantling Modernism, Reinventing Documentary (Notes on the Politics of Representation)." *The Massachusetts Review* 19/4 (Winter): 859-883.

Seldes, Hal J. (1969). "D. A. Pennebaker: The Truth at 24 Frames per Second - A Tight Close-Up of the Maestro of Cinéma Vérité." *Avant-Garde* 7 (March): 46-50.

Shain, Percy (1966). "Real Life Drama Indicts Hypocrisy." *The Boston Globe* (October 18).

Shelton, Robert (1986). *No Direction Home. The Life and Music of Bob Dylan.* New York: Beech Tree Books.

Shindler, Merrill (1976). "Donn Looks Back: Cinéma Vérité with Dylan, Bowie." *Rolling Stone* (December 16): 16; 26.

Silber, Irwin (1990). "An Open Letter to Bob Dylan." *Bob Dylan. The Early Years. A Retrospective.* Ed. Craig McGregor. 1972; New York: Da Capo; 66-68. Nachdruck aus *Sing Out!* (November 1964).

Smucker, Tom (1990). "Bob Dylan Meets the Revolution." *Bob Dylan. The Early Years. A Retrospective.* Ed. Craig McGregor. 1972; New York: Da Capo, 299-305. Nachdruck aus *Fusion* (Oct. 31, 1969).

Sobchack, Thomas/Sobchack, Vivian (1980). "Cinematic Content. The Nonfiction Film." Dies. *An Introduction to Film.* Boston: Little, Brown and Co., 340-409.

Sobchack, Vivian (1984). "Inscribing Ethical Space: Ten Propositions on Death, Representation and Documentary." *Quarterly Review of Film Studies* 9/4 (Fall): 283-300.

Sontag, Susan (1979). *On Photography*. Harmondsworth: Penguin.

Stam, Robert/Burgoyne, Robert/Flitterman-Lewis, Sandy (1992). *New Vocabularies in Film Semiotics. Structuralism, Post-Structuralism and Beyond.* London and New York: Routledge.

Stanzel, Franz K. (1989). *Theorie des Erzählens*. 1979; 4. durchges. Aufl. Göttingen: Vandenhoeck & Ruprecht.

Thompson, Kristin (1988). *Breaking the Glass Armor. Neoformalist Film Analysis.* Princeton, N.J.: Princeton University Press.

Thompson, Kristin/Bordwell, David (1994). *Film History. An Introduction.* New York: McGraw-Hill.

Tolkin, Michael (1976). "What Makes the Maysles Run?" *The Village Voice* (April 12).

Turim, Maureen (1989). *Flashbacks in Film. Memory & History*. New York and London: Routledge.

Utterback, Ann S. (1977). "The Voices of the Documentarist." *Journal of the University Film Association* 29/3 (Summer): 31-35.

Vale, Eugene (1982). *The Technique of Screen & Television Writing*. Englewood Cliffs, N.J.: Prentice Hall.

------- (1987). *Die Technik des Drehbuchschreibens für Film und Fernsehen*. München: TR-Verlagsunion. Übers. Gabi Galster.

Vas, Robert (1966). "Mediation at 24 F.P.S." *Sight & Sound* 35/3 (Summer): 119-124.

Vaughan, Dai (1985). "The Space Between the Shots." *Movies and Methods. Vol. II.* Ed. Bill Nichols. Berkeley: University of California Press, 703-714.

Warth, Eva-Maria (1991). "Richard Leacocks *Happy Mother's Day* und die Fernsehfassung *The Fischer Quintuplets*." *Der amerikanische Dokumentarfilm der 60er Jahre: Direct Cinema und Radical Cinema.* Hg. Mo Beyerle und Christine N. Brinckmann. Frankfurt am Main und New York: Campus, 110-123.

Waugh, Thomas, ed. (1984). *"Show Us Life". Towards a History and Aesthetics of the Committed Documentary*. Metuchen: The Scarecrow Press.

------- (1985). "Beyond Vérité: Emile de Antonio and the New Documentary of the Seventies." *Movies & Methods. Vol. II.* Ed. Bill Nichols. Berkeley, Los Angeles, London: University of California Press, 233-258.

Wember, Bernward (1972). *Objektiver Dokumentarfilm?* Berlin: Colloquium Verlag.

White, Hayden (1990). *Tropics of Discourse. Essays in Cultural Criticism.* 1978; Baltimore and London: The Johns Hopkins University Press.

Wildenhahn, Klaus (1975). "Das Problem einer Ästhetik (2): Die Ausrutscher und die langen Passagen - der Jazz des Cinema Direct; nochmal über einen USamerikanischen Einfluß." *Über synthetischen und dokumentarischen Film.* Frankfurt am Main: Kommunales Kino, 145-166.

Williams, Christopher, ed. (1980). *Realism and the Cinema. A Reader.* London and Henley: Routledge & Kegan Paul.

Willis, Ellen (1990). "Dylan." *Bob Dylan. The Early Years. A Retrospective.* Ed. Craig McGregor. 1972; New York: Da Capo: 218-239. Nachdruck aus *Cheetah* (o.A.).

Winston, Brian (1978-79). "Documentary." *Sight & Sound* 48/1 (Winter): 2-8.

------- (1983). "Hell of a good Sail ... Sorry, No Whales. Direct Cinema, the Third Decade." *Sight & Sound* 52/4 (Autumn): 238-243.

------- (1988). "Documentary: I Think We Are in Trouble." *New Challenges for Documentary.* Ed. Alan Rosenthal. Berkeley: University of California Press, 21-33. Erstveröffentlichung *Sight & Sound* 48/1 (Winter 1978-79).

------- (1995). *Claiming the Real. The Documentary Film Revisited.* London: British Film Institute.

Wolf, Jack C. (1983). "Carroll's 'From Real to Reel'." *Philosophical Exchange 1983. Can Nonfiction Film be Objective?* 55-57.

Wolfe, Tom (1975). "The New Journalism." *The New Journalism.* Ed. Tom Wolfe and E. W. Johnson. London: Picador, 15-68.

Wollen, Peter (1974). *Signs and Meaning in the Cinema.* 1969; London: Secker and Warburg.

Yglesias, Jose (1967). "Whose Truth?" *The Nation* (October 23).

Youdelman, Jeffrey (1982). "Narration, Invention, and History." *Cineaste* 12/2: 8-15.

Young, Colin (1975). "Observational Cinema." *Principles of Visual Anthropology.* Ed. Paul Hockings. The Hague and Paris: Mouton, 65-79.

Zimmerman, Paul D. (1969). "Shooting It Like It Is." *Newsweek* 73/11 (March 17): 134-135.

8. Anhang

Segmentierung von *The Chair* (1963)[1]

	00.00		Titel: Direct Cinema Presents
1. Vor der Verhandlung			
1.1	00.09	12	Exposition: Nizer und Moore auf dem Weg zum Gefängnis.
1.2	03.15	3	Die andere Seite. Ankläger James Thompson.
1.3	03.38	12	Einführung Warden Johnson und Inspektion des "chair".
1.4	08.06	11	Paul Crump wird eingeführt.
1.5	11.27	17	Moore bei der Arbeit an Crumps Fall in seinem Büro.
1.6	14.07	5	Nizer bei der Arbeit an Crumps Fall im Hotel.
1.7	*15.31*	*27*	*Wieder in Moores Büro*[2].
1.8	24.31	3	Ankläger Thompson auf einer Cocktailparty.
1.9	24.57	7	Moores Büro. Sein Statement zur Todesstrafe.
1.10	28.36	11	In Nizers Hotel. Vorbereitung der Verhandlung.
2. Die Verhandlung			
2.1	30.48	6	Exposition. Der Verhandlungsort und die Verfahrensweise.
2.2	31.28	5	Johnson auf dem Weg zur Verhandlung.
2.3	*34.23*	*126*	*Die Verhandlung.*
2.4	62.01	2	Moore beim Bowling nach der Verhandlung.
3. Warten auf das Ergebnis			
3.1	62.40	4	Im Gefängnis. Inspektion des elektrischen Stuhls.
3.2	*63.36*	*8*	*Moores Telefonat mit Mrs. Baker aus Steubenville.*
3.3	66.13	1	Inspektion des elektrischen Stuhls.

1 Die Segmentierung orientiert sich an dem ausführlichen Transkript, das im Rahmen des Projektes "Der amerikanische Dokumentarfilm in Forschung und Lehre der deutschen Amerikastudien" unter Anleitung von Alfred Weber und Steven Kaplan erstellt wurde. Allerdings wurden hier und da Änderungen und Berichtigungen vorgenommen.

2 Die in Kursivschrift aufgeführten Segmente bezeichnen diejenigen, die privilegierte Momente enthalten.

4. Die Entscheidung

4.1	66.49	3	Moore und Thompson warten auf die Entscheidung.
4.2	67.15	3	Reporter versammeln sich vor Gouverneur Kerners Büro.
4.3	67.32	10	In Moores Büro. Positive und negative Gerüchte.
4.4	70.37	8	Montagesequenz. Warten auf das Ergebnis.
4.5	*71.22*	*13*	*Verkündung der Entscheidung im Gefängnis.*
4.6	74.30	4	Moores Büro. Sein Statement für die Reporter.
4.7	75.25	7	Nach getaner Arbeit. Moore beim Pferderennen.

5. Das Nachspiel

5.1	76.24	1	Crump beginnt sein neues Leben.
5.2	77.01	1	Die leere Bank des Begnadigungsausschusses. Abspann.

Segmentierung von *Happy Mother's Day* (1963)

1	00.09	1	Foto - die Fünflinge auf dem Schoß ihrer fünf Geschwister
2	00.46	3	die Fischers vor dem Hospital, von Reportern umringt
3	02.41	8	der Arzt von Mrs. Fischer, die Fünflinge in Brutkästen
4	03.13	4	Luftaufnahmen von Aberdeen
5	04.02	3	die Parade, Mrs. Fischer und die Kinder als Zuschauer
6	05.04	6	Mr. Fischer, der Großvater und die Kinder auf der Farm
7	*06.17*	*10*	*die Fischer-Kinder und fünf junge Kätzchen in der Scheune*[3]
8	06.53	3	auf der Farm, Erläuterung des "milk dispenser"
9	07.23	3	die Journalistin von *Ladies' Home Journal*
10	07.29	1	Mrs. Fischer schaut nach links
11	08.59	9	die Fahrt im Model T Ford und der Fotograf von der *Saturday Evening Post*
12	10.52	8	Mrs. Fischer im Bekleidungsgeschäft
13	11.53	6	der Fotograf von der *Saturday Evening Post* nimmt die Geschenke auf, Thematisierung der *invasion of privacy*
14	12.45	4	im Haus der Fischers, Interviewsituation
********************			
15	14.44	5	Gespräch über die Konsequenzen des Ereignisses (Tourismus, kommerzieller Gewinn) für die Fischers und die Stadt
16	15.54	7	eine Gemeindevertreterin bereitet Mrs. Fischer auf die Parade vor
17	17.39	14	die Vermarktungschancen des Ereignisses werden diskutiert und die Parade weiter vorbereitet
18	18.20	4	im Hospital, die Fünflinge werden gewogen
19	19.00	5	der Morgen der Parade, im Haus der Fischers und Abfahrt
20	19.37	6	"staged preview" der Parade für die Tagesjournalisten
21	*22.03*	*5*	*das Festbankett, die Rede des Bürgermeisters, die Sängerin*
22	24.54	13	die (verregnete) Parade

---

[3] Die in Kursivschrift aufgeführten Segmente bezeichnen diejenigen, die privilegierte Momente enthalten.

Segmentierung von *Don't Look Back* (1967)

1	2.14	1	"Subterranean Homesick Blues", Performance-Sequenz
2	3.31	2	Dylan backstage: "You will start out standing...", Titel, dann tritt er auf die Bühne
3	4.00	1	Titelsequenz: "All I Really Want to Do", Namen der Mitwirkenden, London 1965
4	5.15	6	Dylans Ankunft auf dem Londoner Flughafen
5	6.00	6	Pressekonferenz auf dem Londoner Flughafen
6	7.19	7	Pressekonferenz im Savoy Hotel
7	8.05	3	Joan Baez wird fotografiert
8	9.05	5	Dylan unterhält sich und wird fotografiert
9	10.58	9	Dylan im Hotelzimmer mit Joan Baez, Alan Price und Entourage, "Maggie's Farm" läuft als Platte, Dylan asks: "Who's this Donovan?" (Zeitungsartikel)
10	12.10	7	Empfang bei CBS, Donovan wird erwähnt
11	13.42	4	BBC-Interview für den "African Service"
12	15.12	1	Emshwiller-Archivmaterial: "Only a Pawn in Their Game"
13	17.02	3	Dylan auf der Bühne: "The Times They Are A-Changin'" und "To Ramona"
14	18.00	2	ein Reporter gibt seinen Konzertbericht telefonisch durch
15	18.46	2	kurzes Gespräch mit einem Fan
16	19.46	4	Konfliktsituation im Hotel wegen zuviel Lärms
17	20.44	2	Joan Baez und andere im Auto, eine Konzertkritik wird vorgelesen
18	22.51	4	weibliche Fans, erst auf der Straße, dann mit Dylan backstage - Merseyside
19	24.05	3	Dylan auf der Bühne: "The Times...", Probleme mit dem Ton, Perspektive von backstage
20	24.32	3	Dylan und andere im Auto, "The Times ..." spielt im Radio
21	24.49	1	Konzerthalle, backstage vor dem Konzert
22	27.59	3	Dylan auf der Bühne: "The Lonesome Death of Hattie Carroll"
23	28.46	4	Dylan und ein paar junge Musiker backstage

24	29.52	6	Dylan auf der Flucht vor seinen Fans - "Percy's Song" beginnt schon
25	*37.30*	*20*	*nachts im Hotelzimmer, Joan Baez und Dylan singen Songs,*[4] *Joan Baez: "Percy's Song", "Love is Just a Four Letter Word", "Family Reunion"; Bob Dylan: "Lost Highway", "I'm So Lonesome I Could Cry"*
26	38.16	4	Joan Baez und John Mayall im Auto mit Dylan, Zeitungsüberschrift: "Dylan digs Donovan", Joan Baez singt eine textlich veränderte Version von "It's All Over Now, Baby Blue"
27	39.30	6	Schild: Birmingham Town Hall, Joan Baez und Bob Neuwirth mit Dylan backstage, Dylan geht auf die Bühne, Applaus, dann Schnitt
28	*45.44*	*24*	*Schild: Denmark Street, Holborn, London, Albert Grossman und Tito Burns führen Verhandlungen wegen eines Fernseh-Auftritts von Bob Dylan*
29	46.06	2	Dylan vor einem Musikladen, Werbung für "Subterranean Homesick Blues", ungewöhnliche Gitarren
30	47.45	1	Dylan am Piano
31	47.59	3	Fans auf der Straße
32	*56.14*	*9*	*Dylan backstage im Streitgespräch mit einem Studenten*
33	57.50	3	die Politikergattin und ihre Söhne backstage
34	61.26	6	Alan Price und Dylan backstage
35	62.06	1	Dylan auf der Bühne: "Don't Think Twice, It's All Right"
36	63.12	3	Dylan allein im Zug, Bahnhof: Manchester, Victoria
37	63.31	1	Dylan vor dem Konzert auf der Bühne, Soundcheck
38	64.38	2	nach dem Konzert, Flucht durch einen unterirdischen Korridor zum Taxi
39	*72.51*	*22*	*Donovan und ein paar andere Musiker auf einer Party bei Dylan, Donovan-Zeitungsüberschrift, Glas-Problem, Donovan singt: "To Sing for You", Dylan: "It's All Over Now, Baby Blue"*

[4] Die in Kursivschrift aufgeführten Segmente bezeichnen die längeren Sequenzen und die privilegierten Momente.

40	73.27	4	London, Savoy Hotel, Allen Ginsberg, Donovan-Poster an der Wand, Schild: Dylan-Konzerte ausverkauft
41	73.58	2	im Auto mit Dylans Tourneemanager, Gespräch über Donovan
42	74.48	5	im Inneren der Royal Albert Hall, Marianne Faithfull ist da, Vorbereitungen für das Konzert
43	75.01	2	Fans vor der Halle
44	76.21	4	backstage, Dylan hat Probleme mit seiner Mundharmonika
45	*82.48*	*8*	*Interview mit einem Reporter von Time*
46	83.29	1	Konzertbesucher strömen in die Royal Albert Hall
47	84.25	3	"Is it gonna start on time?", Dylan fragt nach Donovan
48	84.39	1	Konzertbesucher strömen in die Halle
49	85.59	5	Dylan backstage - am Ende: wie Segment 2)
50	*91.16*	*8*	*Dylan auf der Bühne:* *"The Times They Are A-Changin'",* *"Talking World War III Blues",* *Dylan sagt: "I looked in the closet - there was Donovan",* *T.S. Eliot-Zitat,* *Dylan-Ausspruch: "I let you be in my dream, if I can be in your dream",* *"It's All Right Ma (I'm Only Bleeding)",* *"The Gates of Eden"*
51	91.51	5	kurze Pause backstage
52	*93.30*	*2*	*Dylan auf der Bühne:* *"Love Minus Zero/No Limit"*
53	95.38	9	Dylan, Grossman und Neuwirth nach dem Konzert im Taxi und Abspann